DOCAT
무엇을 해야 합니까?

가톨릭 사회 교리서

DOCAT
무엇을 해야 합니까?

가톨릭 사회 교리서

가톨릭출판사

DOCAT
무엇을 해야 합니까?

2016년 6월 16일 교회 인가
2016년 9월 20일 초판 1쇄 펴냄
2025년 1월 24일 초판 8쇄 펴냄

지은이 • YOUCAT 재단
옮긴이 • 김선태
감수 • 유경촌
펴낸이 • 정순택
펴낸곳 • 가톨릭출판사
편집 겸 인쇄인 • 김대영
편집 • 김소정, 강서윤, 김지영, 박다솜
디자인 • 강해인, 이경숙, 정호진
마케팅 • 안효진, 황희진

본사 • 서울특별시 중구 중림로 27
등록 • 1958. 1. 16. 제2-314호
전자우편 • edit@catholicbook.kr
전화 • 1544-1886(대표 번호)
지로번호 • 3000997

ISBN 978-89-321-1456-9 03230

값 20,000원

성경 • 교회 문헌 © 한국천주교중앙협의회

Title of the original German edition: DOCAT - Was tun? Die Soziallehre der katholischen Kircke

© 2015 YOUCAT Foundation gemeinnützige GmbH, Königstein im Taunus.
Sole shareholder of the YOUCAT Foundation is the International Pontifical Foundation Aid to the Church in Need (ACN) based in Königstein im Taunus, Germany.

All rights reserved. The use of the brand is carried out with the consent of the YOUCAT Foundation. YOUCAT® is an internationally registered and protected brand name and logo. Filed under GM: 011929131

Design, layout, illustrations: Alexander von Lengerke, Cologne, Germany

Published by the Austrian Bishops' Conference. Approved by the Council for the Promotion of New Evangelization on April 7, 2016.

이 책의 한국어 출판권은 (재)천주교서울대교구 가톨릭출판사에 있습니다.
저작권법에 의해 보호를 받는 저작물이므로 무단 전재와 무단 복제를 금합니다.

가톨릭의 모든 도서와 성물, 디지털 콘텐츠를 '가톨릭북플러스'에서 만날 수 있습니다.
https://www.catholicbookplus.kr | (02)6365-1888(구입 문의)

일러두기

《DOCAT》은 레오 13세 교황 이후부터 중요한 문헌에서 발전된 가톨릭 교회의 사회 교리를 쉽고 간략하게 옮겨 놓은 책입니다. 특히 젊은이들은 교회의 중요한 문헌들을 직접 읽으며, 진리와 정의와 사랑의 원리에 따라 행동해야 한다고 느낄 것입니다. 프란치스코 교황은 그리스도인들에게 보다 정의로운 세상을 위해 적극 투신하라고 자주 요구했습니다. "이 시대에 혁명가가 아닌 그리스도인은 그리스도인이 아닙니다."

이 책에 사용된 기호의 의미

📖 독자가 내용을 더 깊이 이해하도록 인용한 성경 구절입니다.

❞ 인용문입니다. 인용문은 본문의 의미를 강조하기도 하고, 본문과 다른 의견으로 긴장감을 조성하기도 합니다. 이러한 긴장감은 진리에 대한 관심이 꺼지지 않게 합니다.

⛪ 베드로 대성전 돔 표시와 함께 표기된 인용문은 교황의 중요 가르침입니다. 회칙이나 권고, 담화나 강론 등에서 인용했습니다.

❗ 개념에 대한 설명입니다.

모든 본문 끝에 있는 번호는 본문에 관련된 문항 번호로, 화살표가 담긴 작은 상자 기호로 안내되어 있습니다. 화살표가 가리키는 책은 다음과 같습니다.

→ 간추린 사회 교리
→ 가톨릭 교회 교리서
 YOUCAT

교회 문헌은 한국천주교중앙협의회의 번역 문헌을 사용했습니다. 단 표준어 맞춤법에 따라 표기했으며, 성경 인용 표시는 새 번역 《성경》을 따랐습니다.

제작 · 아른트 퀴퍼스, 페터 살렌베르크
협력 · 1장 · 페터 살렌베르크, 마르코 보닉커, 닐스 베어 2장 · 토마스 베렌츠, 크리스티안 슈톨 3장 · 발터 슈바이들러, 안톤 로신거, 마르코 보닉커 4장 · 크리스토프 크라우스, 요아힘 휩커스 5장 · 우르줄라 노텔러 빌트포이어, 엘리자베트 취드리히 6장 · 아른트 퀴퍼스 7장 · 헤르만 폰 레르, 마르틴 슐라그 8장 · 마르쿠스 크린케, 크리스토프 뵈르 9장 · 게르하르트 크루이프, 율리아 호르스트만, 루이자 피셔 10장 · 마르쿠스 포크트, 베른하르트 모이저 11장 · 슈테판 아렌스, 닐스 베어, 코르넬리우스 슈투름 12장 · 엘마르 나스, 베르트람 마이어, 안노 칠켄스

목차

머리말 사랑하는 젊은 친구들! (프란치스코 교황) • 10

추천의 말 새로운 시대를 향하는 그리스도인의 나침반! (염수정 추기경) • 16

1

하느님의 계획 : 사랑

질문 1~21

하느님이 사랑이시라는 것을 모르면, 그분을 이해할 수 없나요?

우리에게 왜 '사랑의 문명'이 필요하며, 어떻게 사랑으로 세상을 바꿀 수 있나요? • 18

교회의 중요 문헌 • 32

2

함께할 때 우리는 강하다 : 교회와 사회

질문 22~46

왜 교회는 그 자체로 목적이 아닌가요?

왜 교회는 모든 사람이 정의를 누리도록 일하나요?

사회적으로 행동하지 않으면, 올바른 그리스도인이 될 수 없나요? • 36

부록 새로운 매체   50

교회의 중요 문헌 • 58

3

유일하고 무한한 가치 : 인간의 인격

질문 47~83

아무런 가치가 없는 사람일지라도 존엄성이 있나요?

왜 인권은 신앙뿐만 아니라 이성에서도 중요한 가치인가요?

왜 하느님만이 서로 지배하려고 싸우는 인간들을 막으실 수 있나요? • 62

부록 생명 윤리에서의 인격   78

교회의 중요 문헌 • 88

인간 존엄성, 공동선, 보조성, 연대성 : 사회 교리의 원리

질문 84~111

사회 교리의 네 가지 원리는 어떻게 윤리적으로 정당하고 실현 가능한가요?
왜 이 원리들이 사회의 현실을 분석하고 개선하는 데 적합한가요? • 94

교회의 중요 문헌 • 114

사회의 기초 : 가정

질문 112~133

왜 가정이 사회의 기본 단위이며, 가정은 사회에 어떤 기여를 하나요?
가정은 왜 항상 위험에 노출되나요?
이러한 가정을 사회가 특별히 보호해야 하는 이유는 무엇인가요? • 118

교회의 중요 문헌 • 136

직업과 소명 : 인간의 노동

질문 134~157

왜 노동은 인간에게 형벌이 아니라 자아실현의 표현인가요?
왜 노동은 우리를 하느님의 협력자로 만드나요?
인간이 노동을 위해 있는 건가요 아니면 노동이 인간을 위해 있는 건가요? • 138

교회의 중요 문헌 • 156

모든 사람을 위한 복지와 정의 : 경제

질문 158~194

왜 경제에는 고유한 법칙이 있나요?
경제적 행위는 모든 참여자에게 혜택이 있을 경우에만 긍정적인가요?
시장에는 왜 한계가 있나요? 우리는 세계화에 대해 어떻게 대응할 수 있나요? • 160

교회의 중요 문헌 • 184

권력과 도덕 : 정치 공동체

질문 195~228

왜 정치가 인도적이고 유익하기 위해서
저마다의 근거, 합법성, 윤리적 전제 조건이 필요하나요?
그리스도인들은 정치에 개입할 수밖에 없나요?
왜 그리스도인들은 모든 사람의 자유와 정의를 위해 투신해야 하며,
훌륭한 시민이 되는 데 노력해야 하나요? • 188

교회의 중요 문헌 • 210

하나된 세계, 하나된 인류 : 국제 공동체

질문 229~255

왜 그리스도인들은 급진적으로 변화하는 세계에 대처해야 하나요?
왜 교회는 가난한 사람을 우선적으로 돌봐야 하나요?
그리고 어떻게 연대성과 전 세계적인 협력을 이룰 수 있나요? • 212

부록	가난이란 무엇인가요?	221
부록	세계 공공 재화	225

교회의 중요 문헌 • 238

창조의 보전 : 환경

질문 256~269

왜 그리스도인은 자연과 환경에 대해 특별한 관심을 보이나요?
왜 우리는 하느님의 창조를 보호하고,
지구의 자원을 오래 사용하도록 무엇을 해야 하나요? • 240

교회의 중요 문헌 • 252

자유와 비폭력의 삶 : 평화

질문 270~304

우리가 평화를 누리기 위해서는 하느님이 필요한가요?
교회는 평화의 중재를 위해, 갈등을 없애기 위해 무엇을 할 수 있나요?
왜 급진적인 평화주의는 갈등을 해결하지 못하나요?
전쟁이라는 마지막 수단을 언제 사용할 수 있나요? • 254

부록   연구의 자유와 그 악용 가능성   274

교회의 중요 문헌 • 276

개인의 참여와 공동체의 참여 : 사랑의 실천

질문 305~328

그리스도인들은 왜 교회와 정치 특히 사회적 곤경과 갈등에 참여해야 하나요?
왜 그리스도인들은 이웃에게 무언가를 전해 주어야 하나요? • 278

교회의 중요 문헌 • 302

부록
인명 색인 • 308
성경 색인 • 314
표제어 색인 • 315

머리말

프란치스코 교황의 편지

사랑하는 젊은 친구들!

저의 선임자인 베네딕토 16세 교황님은 여러분에게 청년 교리서 《YOUCAT》을 건네주었습니다. 저는 여러분에게 《YOUCAT》과 이어지는 책으로, 교회의 사회 교리를 담은 《DOCAT》을 건네주고 싶습니다.

《DOCAT》이라는 제목에는 "행동하는 것"이라는 뜻(to do)이 담겨 있습니다. 그래서 이 책은 "무엇을 해야 합니까?"라는 질문에 대답해 줍니다. 이 책은 복음으로 먼저 우리 자신을, 이어서 주변 환경을, 마지막으로는 세상 전체를 바꾸는 데 도움을 주는 사용 설명서와 같습니다.

예수님은 "너희가 내 형제들인 이 가장 작은 이들 가운데 한 사람에게 해 준 것이 바로 나에게 해 준 것이다."(마태 25,40) 하고 말씀하셨습니다. 많은 성인들은 이 성경 구절에서 감명을 받았습니다. 아시시의 프란치스코 성인은 이 말씀으로 자기 삶을 바꾸었습니다. 마더 데레사 성녀는 이 말씀으로 회심했습니다. 그리고 샤를 드 푸코 성인은 이렇게 고백했습니다. "모든 복음 가운데서 저에게 가장 큰 영향을 주었고 제 삶을 철저하게 변하게 했던 말씀은 이것입니다. '너희가 내 형제들인 이 가장 작은 이들 가운데 한 사람에게 해 준 것이 바로 나에게 해 준 것이다.' 이것이 영원하신 하느님의 말씀, 곧 예수님의 입에서 나오고, 그 입에서 '이는 내 몸이다. 이는 내 피다.'라는 말씀이 나온 것을 기억한다면, 어찌 제가 작은 이들과 가장 보잘것없는 이들 안에서 예수님을 찾고 그들을 사랑하도록 부르심을 받았다고 생각하지 않겠습니까!"

사랑하는 여러분! 오직 마음의 회개만이 테러와 폭력으로 가득 찬 지구를 인간적인 곳으로 만들 수 있습니다. 그리고 이것은 인내, 정의, 배려, 대화, 청렴, 희생된 사람들과 가난한 사람들과의 연대성, 무한한 희생, 타인을 위해 목숨까지 바치는 사랑 등을 의미합니다. 여러분이 이것을 깊이 이해했다면, 여러분은 현실에 참여하는 그리스도인으로서 세상을 변화시킬 수 있습니다. 그리고 여러분으로 인해 세상이, 지금의 모습처럼 앞으로도 이런 모습이지는 않을 것입니다. 그러나 만일 어떤 그리스도인이 이 시대에 가장 가난한 사람을 보고도 그냥 지나간다면, 그는 진정한 그리스도인이 아닙니다.

어려움을 겪는 많은 지역에서 사랑과 정의의 혁명이 실현되도록 우리가 더 많이 행동할 수 없을까요? 이러한 우리에게 교회의 사회 교리가 큰 도움이 될 것입니다. 크리스토프 쇤보른 추기경과 라인하르트 마르크스 추기경이 충실하게 이끄는 교리서 편집 팀이 가톨릭 사회 교리의 메시지를 세상의 젊은이들에게 내놓기 위해서 노력했습니다. 여기에는 유명한 학자들뿐만 아니라 젊은이들도 협력했습니다. 젊은 가톨릭 신자들은 세상 곳곳에서 가장 좋은 사진들을 보내 주었습니다. 어떤 젊은이들은 본문에 관한 질문과 조언을 아끼지 않으며, 많은 사람들이 쉽게 이해할 수 있는 본문을 만드는 데에 도움을 주었습니다. 이것을 사회 교리에서는 '참여'라고 부릅니다. 바로 협력인 것입니다! 말하자면 이 교리서 편집 팀은 사회 교리의 중요한 원리를 자신들에게 적용한 셈입니다. 그리하여 《DOCAT》은 그리스도인의 행동에 관한 훌륭한 안내서로 세상에 나오게 되었습니다.

오늘날 가톨릭 사회 교리라고 부르는 것은 19세기에 생겼습니다. 이 시기에 산업화로 인해 잔인한 자본주의 곧 인간을 파괴하는 종류의 경제가 나타났습니다. 양심이 없는 거대 자본가들은 가난한 농촌 사람들이 광산이나 그을음투성이인 공장에서 중노동을 하며 박봉을 받게 만들었습니다. 아이들은 태양을 보기 힘들었습니다. 그들은 노예처럼 석탄을 실은 수레를 끌기 위해 지하 탄광으로 보내졌습니다. 이러한 상황에서 그리스도인들은 많은 현실 참여를 통해 이들에게 도움을 주었지만, 그것으로 충분하지 않음을 깨달았습니다. 그리하여 그리스도인들은 불의에 대항하는 사회적·정치적 행동들을 발전시켰습니다.

가톨릭 사회 교리의 기초를 놓은 문서는 1891년에 발표된 레오 13세 교황의 회칙 〈새로운 사태〉입니다. 이 회칙은 새로운 사회 문제들을 다루는데, 여기서 레오 13세 교황은 확실하고 명료하게 말합니다. "정당한 임금을 착취하는 것은 하느님께 복수를 호소하리만치 중대한 과오이다."(14항) 이후 교회는 노동자의 권리를 옹호하기 위해 모든 노력을 다했습니다. 시대가 요구했기 때문에, 가톨릭 사회 교리는 세월이 흐르면서 점점 풍부해지고 세밀해졌습니다. 많은 사람들이 공동체, 정의, 평화와 공동선에 대해 토의했습니다. 그 결과 이 책의 본문에서도 설명하는 인간 존엄성, 연대성과 보조성의 원리를 발견했습니다. 그러나 엄밀하게 보자면 사회 교리는 여러 교황이나 학자들에 의해서 만들어진 것이 아니라, 복음의 핵심에서 나온 것입니다. 사회 교리는 예수님에게서 나옵니다. 곧 예수님은 하느님의 사회 교리 그 자체이신 것입니다.

저는 권고 〈복음의 기쁨〉에서 "배척과 불평등의 경제는 안 된다."(53항)라고 말했습니다. 왜냐하면 그러한 경제는 사람을 죽일 뿐이기 때문입니다. 젊은이의 40퍼센트 혹은 50퍼센트가 실업자인 나라도 있습니다. 노인들은 가치가 없어 보이고 더 이상 생산하지 못한다는 이유로 사회에서 축출되기도 합니다. 농촌 지역의 인구는 점점 감소하고 있습니다. 농촌의 가난한 사람들이 생존을 위해 무언가를 찾을 수 있다는 희망으로 대도시의 빈민촌으로 몰리기 때문입니다. 세계 경제의 생산 논리가 농촌 지역의 농업 경제 구조를 파괴한 것입니다. 그러는 사이에 세계의 1퍼센트의 인구가 전 세계 40퍼센트의 재산을 소유하고, 세계의 10퍼센트의 인구가 전 세계 85퍼센트의 재산을 소유하는 상황에 이르렀습니다. 그러나 세계 인구의 절반이 넘는 사람들에게는 전 세계 1퍼센트의 재산만이 있습니다. 그리고 14억 명의 사람들은 하루에 1유로(약 1,300원)도 되지 않는 돈으로 살고 있습니다.

제가 여러분 모두에게 교회의 사회 교리를 확실히 익히라고 당부하는 것은 단지 편안히 앉아서 사회 교리에 대해 토론하는 모습만을 바라서가 아닙니다. 물론 그것도 좋습니다! 그렇게 하십시오! 그러나 제 꿈은 더 큽니다. 저는 백만 명의 젊은 그리스도인들이, 아니 모든 세대의 그리스도인들이 이웃에게 다가가는 '두 발로 움직이는 사회 교리'가 되기를 원합니다. 예수님과 함께 세상을 위해 자기 자신을 바치며, 그분과 함께 변두리의 더러운 곳 한가운데로 들어가는 사람들이 아니고서는 세상을 변화시킬 수 없습니다. 여러분도 정치에 뛰어들어 정의와 인간 존엄성을 위해, 특히 가장 가난한 사람을 위해 싸우십시오.

여러분 모두가 교회입니다. 교회가 변하고 살아 있는 교회가 되도록 힘을 다하시기 바랍니다. 왜냐하면 교회는 권리를 박탈당한 사람들의 비명에서, 환난을 겪는 사람들의 탄식에서, 아무도 돌보지 않는 사람들의 신음에서 사명을 찾기 때문입니다.

저는 여러분이 행동하길 바랍니다. 많은 사람들이 함께 행동하면, 점점 나은 세상이 될 것이며, 사람들은 하느님의 성령이 여러분을 통하여 활동하신다는 것을 느낄 것입니다. 그러면 여러분은 사람들에게 하느님께 이르는 길을 밝혀 주는 횃불이 될 것입니다.

그러므로 저는 여러분의 마음이 불타오르도록 이 훌륭한 책을 여러분에게 드립니다. 그리고 여러분을 위해 날마다 기도하겠습니다. 여러분도 저를 위해 기도해 주십시오.

프란치스코 교황

Franciscus

추천의 말
새로운 시대를 향하는 그리스도인의 나침반!

† 주님의 평화를 빕니다.

사랑하는 형제자매 여러분!

교회는 "너희는 세상의 빛이다. 너희의 빛이 사람들 앞을 비추어, 그들이 너희의 착한 행실을 보고 하늘에 계신 너희 아버지를 찬양하게 하여라."(마태 5,14.16)라고 하신 예수님의 말씀을 실천하기 위해 노력해 왔습니다.

빛이 되라는 예수님의 말씀은 오늘날 우리에게도 과제로 남아 있습니다. 우리가 사는 이 세계는 곳곳에서 일어나는 불의와 전쟁으로 피폐해졌고, 사회는 불목과 대립으로 문제가 심각해지고 있습니다. 그래서 우리는 더욱 굳건하게 교회의 가르침을 따라 예수님께서 말씀하신 길로 나아가야 합니다.

이 세상 속에서 복음을 살아야 하는 우리에게 교회의 '사회 교리'는 아주 훌륭한 이정표입니다. '사회 교리'는 지난 100여 년 동안 다양한 사회 영역에 교회의 가르침을 체계적으로 제시한 것으로, 그리스도인들이 여러 사회 영역에서 복음으로 열매 맺는 삶을 살 수 있도록 이끌어 주었습니다. 그리고 이러한 필요성은 점점 더 부각되고 있습니다.

《DOCAT》은 프란치스코 교황님이 추천하신 가톨릭 사회 교리서입니다. 이 책은 교황청 산하 조직인 'YOUCAT 재단'의 주관으로 전 세계적인 협력을 통해 신자들이 어떻게 하면 사회 교리를 쉽게 배울 수 있는지 연구하여 출간된 것입니다. 그리하여 '인간이 왜 귀한 존재인지', '사회 안에서 교회의 임무는 무엇인지', '다양한 영역에서 그리스도인은 어떻게 행동해야 하는지'를 문답 형식으로 쉽게 풀어낸 교리서가 될 수 있었습니다.

프란치스코 교황님은 《DOCAT》이 복음으로 먼저 우리 자신을, 이어서 주변 환경을, 나아가 세상 전체를 바꾸어 나가는 데 도움을 줄 책이라고 언급하시며, 우리에게 《DOCAT》을 선물하셨습니다.

이 선물은 우리에게 훌륭한 나침반이 되어 새로운 복음화의 길을 알려 줄 것입니다. 그리하여 어려움 속에서 희망과 삶의 가치를 잃고 살아가는 우리 사회의 모든 이들을 비추는 밝은 빛이 되기를 소망합니다.

프란치스코 교황님의 뜨거운 마음이 제게 전해졌듯이, 여러분에게도 전해지길 간절히 기도하겠습니다.

염수정 안드레아 추기경

질문
1~21

하느님의
계획

사랑

세상은 하느님의 영광을 위하여 창조되었다.

제1차 바티칸 공의회

1. 하느님은 세상과 인간을 창조하실 때 계획에 따라 행동하셨나요?

하느님은 세상 전체를 당신의 생각과 계획에 따라 창조하셨습니다. 바둑이나 장기와 같은 게임을 고안한 사람이 규칙에 따라 게임을 일관성 있게 만드는 것처럼 하느님은 세상을 창조하셨고, 인간을 지어내셨습니다. 그리고 사랑을 당신의 창조에 중심 주제로 삼으셨습니다. 이러한 하느님의 계획은 인간이 서로 사랑하고 하느님의 사랑에 응답하며, 사랑으로 생각하고 말하고 행동하는 것입니다.

➡ 20 ➡ 2062 ➡ 1, 2

> 저는 이전에 다른 누구도 받지 않은 저만의 부르심을 받았습니다. 저는 이 세상에 대한 하느님의 계획 속에 저만의 한 자리를 차지하고 있는 것입니다. 다른 누구도 그 자리는 차지하지 못합니다. 제가 부유하든 가난하든, 사람들에게 멸시를 받든 존경을 받든, 하느님은 저를 아시고 제 이름으로 저를 부르십니다.
>
> 존 헨리 뉴먼 성인(1801~1890년), 영국의 철학자이자 신학자, 개종 후에 가톨릭 교회의 추기경으로 서임

2. 하느님은 도대체 어떤 분이신가요?

하느님은 존재하는 모든 것의 근원이시라고 말할 수 있습니다. 그분은 모든 것의 최종 원인이며, 모든 것을 지탱해 주는 근거이십니다. 현대 과학의 관점에서 말하자면, 그분은 모든 자연법칙의 시작과 근원이십니다. 만일 하느님이 없다면, 세상에 존재하는 모든 것은 스스로 무너질 것입니다. 하느님은 존재하는 모든 것의 목적이십니다.

➡ 34, 279 이하 ➡ 33

> 물론 우리는 우리의 부모에게서 태어났고, 그들의 자녀입니다. 그러나 우리는 하느님에게서도 태어났습니다. 그분은 우리를 당신의 모상대로 창조하셨으며, 당신의 자녀로 우리를 부르셨습니다. 그러기에 모든 인간의 처음에는 우연이나 운명의 장난이 아니라 하느님 사랑의 계획이 있습니다.
>
> 베네딕토 16세 교황, 2006년 7월 9일

3. 하느님이 우리에게 뜻하시는 것은 무엇인가요?

하느님이 우주 전체의 창시자이시라면, 그분은 또한 있어야 할 모든 것의 척도이십니다. 모든 행동은 그분과 그분의 계획에 따라 평가되어야 합니다. 우리는 그분을 통해 선한 행동이 무엇인지 깨달을 수 있습니다. 한마디로 말하자면, 하느님은 우리 생활의 DNA이십니다. 하느님이 우리에게 바라시는 것은 선하고 의로운 삶의 규범과 법칙입니다. 그래서 그리스도인들은 서로 보듬으며 살아갑니다. 왜냐하면 하느님이 먼저 그리스도인들을 사랑으로 대하셨기 때문입니다.

➡ 20, 25, 26 ➡ 1694

> 주님께서는 만물을 창조하셨고 주님의 뜻에 따라 만물이 생겨나고 창조되었습니다.
> 묵시 4,11

> 주님, 당신의 업적들이 얼마나 많습니까! 그 모든 것을 당신 슬기로 이루시어 세상이 당신의 피조물들로 가득합니다.
> 시편 104,24

> 계획에는 없던 일이 하느님의 계획 속에는 있었습니다. 이런 일들이 자주 일어날수록, 하느님의 관점에는 우연이란 없다는 것을 저는 더 깊이 확신하게 됩니다.
>
> 십자가의 데레사 베네딕타 성녀(1891~1942년),
> 유다인이며 그리스도인, 철학자, 가르멜회 수녀, 나치 강제 수용소의 희생자

4. 하느님의 존재를 어떻게 알 수 있나요?

우리가 우리 자신을 생각해 본다면, 스스로 자신을 만들지 않았음을 바로 깨달을 수 있습니다. 아무도 우리에게 존재하기를 원하는지 그렇지 않는지에 대해 묻지 않았습니다. 우리는 갑자기 존재했습니다. 그리고 우리가 유한

> 누군가를 사랑한다는 것은 그에게 "너는 죽지 않을 거야."라고 말하는 것입니다.
>
> 가브리엘 마르셀(1889~1973년), 프랑스의 철학자

> 인간은 구원을 위해 세 가지를 필요로 합니다. 그것은 바로 자신이 믿는 것을 아는 것, 자신이 갈망하는 것을 아는 것, 자신이 행해야 할 것을 아는 것입니다.
>
> 토마스 아퀴나스 성인 (1224/1225~1274년), 중세에 새로운 길을 제시한 정신적 지주이자 교회 학자, 교회의 가장 저명한 신학자

> 창조된 모든 만물은 창조주의 선하심과 풍요로움을 증언합니다. 태양은 그 빛을 발산하고, 불은 그 열을 발산합니다. 나무는 자신의 팔을 뻗어 우리에게 열매를 제공합니다. 물과 공기와 모든 자연은 창조주의 풍요로움을 선포합니다. 그런데 그분의 모상에 따라 창조된 우리는 그분을 묘사하는 것이 아니라 입으로는 그분을 고백하면서도 사랑이 없는 행동으로 그분을 부정하고 있습니다.
>
> 필립보 네리 성인(1515~1595년), 이탈리아의 사제, 오라토리오회 창설자

하다는 것도 알 수 있습니다. 오늘, 내일 아니면 모레에 우리의 삶이 끝날 수도 있습니다. 주변에 있는 모든 것도 언젠가는 더 이상 존재하지 않을 것입니다. 그럼에도 우리는 무한한 것을 생각할 수 있습니다. 지금 존재하고 있고, 앞으로도 영원히 사라지지 않는 것을 생각할 수 있습니다. 즉 우리가 유한한 사물에 둘러싸여 있다 해도 우리는 무한하고 영원한 것을 갈망합니다. 자신의 무언가가 지속되기를 원합니다. 만일 이 세상이 아무 의미 없이 반짝이다가 허무하게 사라지는 스냅 사진이라면 얼마나 슬픈 일이겠습니까? 우리의 존재는 하느님이 계실 경우에만 그분 곁에서 의미를 찾습니다. 그리고 피조물도 스스로의 의미를 찾습니다. 무한한 절대자를 향한 갈망을 모든 문화 안에서 발견할 수 있는 것처럼, 하느님에 관한 생각과 그분을 향한 갈망은 인간 본연의 것입니다.

➡ 20 ➡ 1147 ➡ 20

5. 하느님은 왜 세상과 인간을 창조하셨나요?

하느님은 넘쳐흐르는 사랑으로 세상을 창조하셨습니다. 그분이 우리를 사랑하시는 것처럼 그분은 우리가

당신을 사랑하기를 원하십니다. 그분은 당신 교회의 구성원으로 우리를 부르십니다.

➜ 49, 68, 142 ➜ 2

6 하느님이 사랑으로 세상을 창조하셨다면, 왜 세상은 불의와 억압과 고통으로 가득한가요?

하느님은 세상을 그 자체로 선하게 창조하셨습니다. 그러나 세상은 하느님에게서 멀어졌고, 하느님의 사랑을 거슬렀습니다. 성경에서는 이를 아담과 하와의 타락에 관한 이야기로 설명합니다. 인간은 하느님처럼 되기를 원했습니다. 바벨탑을 보십시오! 그 이후부터 세상에는 파괴적인 법칙이 나타났습니다. 하느님이 계획하셨던 것은 더 이상 이루어지지 않았습니다. 우리의 현실적인 결정도 이 세상의 불의와 고통을 양산합니다. 그릇된 결정은 때때로 악과 죄의 구조를 더욱 단단하게 합니다. 이때 개인은 온전히 악과 불의한 체계 안에서 행동하게 되며 거기에서 빠져나오기 쉽지 않습니다. 예컨데 군인으로 불의한 전쟁에 가담해야만 할 때가 그렇습니다.

➜ 27 ➜ 365 이하, 415 ➜ 66, 68

> 당신께서는 존재하는 모든 것을 사랑하시며 당신께서 만드신 것을 하나도 혐오하지 않으십니다. 당신께서 지어 내신 것을 싫어하실 리가 없기 때문입니다.
> 지혜 11,24

> 나는 내 백성이 겪는 고난을 똑똑히 보았고, 작업 감독들 때문에 울부짖는 그들의 소리를 들었다. 정녕 나는 그들의 고통을 알고 있다. 그래서 내가 그들을 이집트인들의 손에서 구하기 위해 내려왔다.
> 탈출 3,7-8 참조

> 우리는 모두 '죄'라는 감옥에서 태어났습니다.
> **이냐시오 데 로욜라 성인**
> (1491~1556년), 예수회 창설자

> 나는 내가 바라는 것을 하지 않고 오히려 내가 싫어하는 것을 합니다.
> **로마 7,15**

> 하느님은 스스로 자유롭게 결정할 수 있도록 영혼을 만드셨습니다. 그 결과 하느님은 영혼에게 그 자유로운 의지를 떠나서는 아무것도 베풀지 않으시고, 영혼이 원하지 않는 것을 부당하게 요구하시지 않습니다.
> **마이스터 에크하르트(1260년경~1328년경), 도미니코회 사제이자 신비가**

7. 하느님은 왜 인간에게 악을 행할 가능성을 주셨나요?

하느님이 인간을 창조하신 이유는 사랑하기 위해서입니다. 그러나 사랑은 강요할 수 없습니다. 인간이 진정으로 사랑할 수 있기 위해서는 자유로워야 합니다. 순수한 자유가 주어졌다면 거기에는 그릇된 결정을 할 가능성도 주어진 것입니다. 사실 인간은 자유 자체를 파괴할 수도 있습니다.

➔ **311 이하** ➔ **286**

8. 인간이 하느님을 배반했을 때, 하느님은 인간을 홀로 놔두시나요?

그렇지 않습니다. 하느님의 사랑은 언제까지나 스러지지 않습니다(1코린 13,8 참조). 그분은 우리를 찾아 나서고, 동굴 속에 숨어 있는 우리에게 손수 찾아오시어 우리를 만나기를 원하십니다. 그분은 당신이 누구인지 우리에게 알려 주려 하십니다.

➔ **27, 773**

> "나는 죄가 너무 많아서, 하느님은 나를 용서하시지 않을 거야."라고 말하는 사람들이 있습니다. 이는 하느님에 대한 명백한 모독입니다. 하느님의 자비로움에 한계를 짓는 말이기 때문입니다. 하느님의 자비는 무한하고 끝이 없습니다. 그분의 자비를 의심하는 것보다 더 크게 그분을 모욕하는 행위는 없습니다.
> **요한 마리아 비안네 성인 (1786~1859년), 고해 사제로 매년 2만여 명의 신자들에게 성사를 줌, 본당 신부의 수호 성인**

9. 하느님은 어떻게 당신을 찾게 하시나요?

하느님은 당신 자신을 우리에게 드러내거나 계시하심으로써 당신을 찾게 하십니다. 우리는 자연으로부터 하느님을 인식하고, 관상을 통하여 하느님이 존재하신다는 사실을 깨달을 수 있습니다. 그러나 하느님이 정확히 어떻게 존재하시고, 그분의 생각과 계획이 무엇인지는 우리의 이성에 가려져 있습니다. 그래서 하느님이 당신을 우리에게 알려 주셔야 합니다. 그분은 우리에게 하나의 관념 또는 책이나 정치적 체계로 당신 자신을 알려 주신 것이 아니라 사람이 되심으로써 알려 주셨습니다. 예수 그리스도 안에서 하느님은 당신 자신을 완전하게, 그리고 결정적으로 계시하셨습니다. 그래서 우리는 하느님이 어떤 분인지 이해할 수 있게 되었습니다. 예수님은 하느님의 말씀이십니다.

➡ 20, 21 ➡ 36~38 ➡ 7~10

> 내 생각은 너희 생각과 같지 않고 너희 길은 내 길과 같지 않다. 주님의 말씀이다. 하늘이 땅 위에 드높이 있듯이 내 길은 너희 길 위에, 내 생각은 너희 생각 위에 드높이 있다.
>
> 이사 55,8-9

10 하느님은 예수님 이전에 어떻게 당신 자신을 계시하셨나요?

하느님은 당신의 존재를 인간의 이성 인식에 가려진 채로 계시지 않았습니다. 하느님은 예수님 이전에 이스라엘 민족의 역사에서 당신의 내면을 보여 주셨습니다. 하느님은 아브라함과 이사악과 야곱에게 말씀하셨고, 모세에게 당신 백성을 이집트 종살이에서 해방하는 사명을 맡기셨습니다. 그분은 늘 예언자들을 부르시어 당신의 이름으로 행동하게 하셨습니다.

➡ 54 이하 ➡ 7~8

> 이스라엘은 하느님의 백성이며, 하느님과 인간 사이의 친교를 나타냅니다. 이스라엘은 선택된 백성입니다. 이것은 자연적 사건이나 문화적인 사건이 아닙니다. 오히려 초자연적 사건입니다.
>
> 요한 바오로 2세 성인 교황, 1997년 10월

11 이스라엘 백성은 하느님의 자기 계시에 어떻게 응답하나요?

일단 하느님을 깨닫게 되면 이전처럼 있을 수 없습니다. 이스라엘 백성은 하느님과 맺은 계약을 통해서 이것을 분명하게 보여 줍니다. 이 계약의 표지는 하느님이 시나이 산에서 모세에게 맡기신 십계명입니다(탈출 19-24장 참조). 우리가 십계명을 받아들여 의롭게 행동하려고 노력한다면, 이것이 바로 하느님의 자비로운 사랑에 대한 응답입니다. 이렇게 우리는 세상을 위한 하느님의 계획에 협력하게 되는 것입니다.

➡ 22 ➡ 34

하느님의 계획 1

12 십계명은 우리의 공동생활에 어떤 의미가 있나요?

하느님은 십계명을 통해 선한 생활을 위한 영원한 원칙

> 모든 문화에는 윤리적으로 일치하는 규범들이 있습니다. 어떤 것들은 독자적이고 또 어떤 것들은 서로 관련되어 있지만, 창조주께서 원하신 하나의 인간 본성을 나타냅니다. 윤리적 지혜의 전통에서는 이를 자연법으로 이해합니다.
>
> 베네딕토 16세 교황, 〈진리 안의 사랑〉 59항

! **회칙**은 교황의 공식적인 사목 교서입니다.

을 우리에게 주셨습니다. 우리는 그 원칙에 삶의 방향을 맞출 수 있습니다. 그러면 하느님이 마음에 두셨던 세상이 이루어집니다. 거기에서 우리는 우리의 의무가 무엇인지 체험합니다. 예를 들어 누구에게서 무언가를 훔쳐서는 안 된다고 말이지요. 동시에 우리의 권리도 분명해집니다. 곧 누구도 우리에게서 무언가를 훔쳐서는 안 된다는 것입니다. 십계명의 내용은 자연법과 유사합니다. 선한 행동의 표상으로서 모든 인간의 마음속에 새겨진 것과 유사합니다. 그 안에는 인간과 문화를 결합시키는 보편적인 행동 방식이 기록되어 있습니다. 그러기에 십계명은 사회적 공동생활의 근본 규칙이기도 합니다.

→ 22 → 434 → 335, 348 이하

> 십계명을 이행하기 위해 **3천만 개 이상의 법률**이 이 세상에 있다는 사실이 저는 늘 놀랍습니다.
>
> 알베르트 슈바이처(1875~1965년), 선교사이며 의사, 노벨 평화상 수상자

13 하느님은 나자렛 예수님을 통해서 어떻게 당신 자신을 계시하시나요?

> 제게 예수님은 저의 하느님, 저의 유일한 사랑이십니다. 예수님은 모든 것 안에서 저의 모든 것이시며 저의 전체이십니다. 예수님, 저는 온 마음으로, 저의 온 존재로 당신을 사랑합니다.
>
> 마더 데레사 성녀(1910~1997년), '콜카타의 천사', 수도회 창설자, 노벨 평화상 수상자

당신 자신을 드러내시는 하느님의 계시는 예수 그리스도를 통해 절정에 이릅니다. 사람이시며 하느님이신 그분의 인격을 통해 하느님의 사랑이 절대적이고 탁월한 방식으로 나타납니다. 요한 복음사가가 전해 주듯이 하느님의 말씀은 예수님을 통해 사람이 되셨습니다. 하느님이 누구이신지, 그분이 어떻게 사람을 만나시는지 예수 그리스도를 통해 볼 수 있을 뿐만 아니라 그 육신을 만질 수도 있습니다. 그래서 그분은 "나를 본 사람은 곧 아버지를 뵌 것이다."(요한 14,9) 하고 말씀하셨습니다. 예수님은 죄 말고는 모든 점에

서 우리 인간과 같아지셨습니다. 그분은 이상적 인간, 곧 하느님의 계획에 따른 인간이십니다. 예수님은 하느님이 원하시는 사랑을 실천하셨습니다. 그리스도인으로 산다는 것은 되도록 예수님과 가까워지는 것을 뜻합니다. 우리는 성사를 통해서 예수님과 내적으로 가장 깊이 결합합니다. 그리하여 우리는 '그리스도의 몸'이 됩니다.

➡ 28~29 ➡ 456 이하 ➡ 9~10

> 인간의 나약함은 힘의 원천입니다. 예수님은 불가능한 것의 대가이십니다.
>
> **샤를 드 푸코 성인**(1858~1916년), 프랑스의 사제이자 수도승, 은수자

14 신약 성경에서 사랑의 새 계명은 무엇인가요?

"남이 너희에게 해 주기를 바라는 그대로 너희도 남에게 해 주어라."(루카 6,31)라는 황금률은 여러 문화에서 선한 삶의 규범으로 알려져 있습니다. 구약 성경에서는 사랑의 계명을 이보다 더 강하게 요구합니다. "네 이웃을 너 자신처럼 사랑해야 한다."(레위 19,18) 예수님은 서로 사랑하라는 계명을 당신 자신과 당신의 희생적인 삶에 결합시킴으로써, 이 계명을 드높이시고 구체화하십니다. "내가 너희를 사랑한 것처럼 너희도 서로 사랑하여라."(요한 13,34) 이러한 사랑은 공동체성과 인격성을 실현합니다. 우리 각자는 하느님께 사랑을 받는 독특하고 유일한 인격체입니다. 그리고 그 사랑을 통해 다른 사람과 관계를 맺습니다. 하느님의 사랑은 모든 인간이 기여할 수 있는 '사랑의 문명'(바오로 6세 복자 교황과 요한 바오로 2세 성인 교황)의 시작입니다.

> 한 사람을 사랑하는 것보다 모든 사람을 사랑하는 것이 더 쉽습니다. 인류 전체에 대한 사랑은 "이웃 사랑이 희생을 요구한다."라는 말 외에 다른 것이 필요 없습니다.
>
> **페터 로제거**(1843~1918년), 오스트리아의 작가

➡ 54 ➡ 2055 ➡ 322

15 인간은 사랑하도록 부름을 받았나요?

그렇습니다. 사랑을 받고 또 사랑하는 것은 인간의 본질과 깊이 일치합니다. 여기에서 하느님은 우리에게 당신 자신을 그 모범으로 보여 주십니다. 예수님이 보여

> 사랑은 오늘 시작합니다. 오늘 누군가 어려움을 겪고 있습니다. 오늘 누군가 길바닥에 누워 있습니다. 오늘 누군가 굶주립니다. 그래서 우리는 오늘 투신해야 합니다. 어제는 지나갔습니다. 내일은 아직 오지 않았습니다. 우리는 오직 오늘 사랑하고, 봉사하고, 굶주린 사람에게 음식을 나누어 주고, 헐벗은 사람에게 입을 것을 주고, 갈 곳 없는 이에게 거처할 곳을 마련해 줌으로써 하느님을 알릴 수 있습니다. 내일까지 기다리지 마십시오! 오늘 우리가 그들에게 아무것도 주지 않으면, 내일 그들은 죽어 있을지도 모릅니다.
>
> **마더 데레사 성녀**

! **덕**(라틴어 Virtus, 능력)은 올바른 윤리적 습관입니다.

> 정의가 사랑과 구별되는 것은 바로 이것입니다. 곧 정의의 상황에서 사람들은 서로 나누어진 '타인'으로, 거의 이방인으로서 맞서 있습니다. …… 정의는 타인을 타인이게 하는 것을 의미합니다. 사랑할 수 없는 것을 인정하는 것입니다. 정의는 나와 같지 않은 타인이 있다는 것, 그 것이 그에게 속한다는 것을 뜻합니다. 정의로운 사람은, 그가 타인을 인정하고 그의 것을 그에게 속하게 함으로써 의롭게 됩니다.
>
> **요제프 피퍼**(1904~1997년), **독일의 철학자**

주셨던 것처럼, 하느님은 그 자체로 사랑이십니다. 성부와 성자와 성령 사이에 영원한 사랑이 이루어지고 있습니다. 이러한 사랑의 친교에 인간도 참여하는 것입니다. 우리가 하느님 사랑을 멀리하지 않고 마음을 열 때, 비로소 우리의 삶은 올바르게 실현될 수 있습니다. 사랑은 우리의 도움을 필요로 하는 이웃에게 우리의 마음을 열게 하고, 우리가 자기 자신을 넘어서게 합니다. 예수 그리스도는 인간에 대한 사랑과 온전한 자유 의지로 십자가에서 희생되셨고, 당신의 인간적 생명을 친히 봉헌하심으로써 사랑의 위대한 업적을 완수하셨습니다.

➜ 34~37   ➜ 1, 260   ➜ 309

16 이웃을 사랑하는 법을 배울 수 있나요?

물론입니다. 이웃을 사랑하는 것은 매우 중요합니다. 사랑은 단지 감정이 아닙니다. 사랑은 **덕**으로서 훈련을 통해 키울 수 있습니다. 더 용감하고, 더 대담하고, 더 의롭고, 더 사랑스러운 사람이 되는 것은 모든 그리스도인에게 해당되는 순수한 요구입니다. 우리는 세상을 다른 사람의 관점에서 바라보는 훈련을 해야 합니다. 진심 어린 호의를 경험한 사람은 자신이 인격체로서 받아들여진다는 것을 느끼며, 자기 자신을 발전시킬 수 있습니다. 우리가 순수하게 사랑하는 법을 익힌다면, 우리는 하느님의 도움으로 아주 고통스럽고 냉대를 받는 곳에서도 사랑을 실천할 수 있습니다. 가장 가난한 사람을 돌볼 때가 그런 경우입니다. 또한 우리의 반대자들을 새로운 방식으로 대해야 할 경우 곧 우리가 복수와 증오와 폭력을 포기할 때가 바로 그런 경우입니다.

➜ 105, 160, 184, 193   ➜ 2052, 2055, 2069, 2443~2446
➜ 321, 328

17. 역사에 의미와 발전이 있나요?

예수님을 통하여 베풀어진 구원(궁극적인 완성, 완전한 행복)은 소수의 사람에게만 전해지는 것이 아닙니다. 하느님은 모든 사람의 구원을 바라십니다. 이 구원은 인간을 모든 차원에서 해방합니다. 곧 육신과 정신에서, 개인적인 차원과 사회적인 차원에서, 지상의 역사에서 그리고 마침내 하늘에서 영원히 해방합니다. 우리가 살고 있는 이 시대의 역사 안에서 구원은 이미 시작되었습니다. 하지만 내세에서 완성될 것입니다. 그러기에 우리는 지상에서 구원을 약속하는 모든 정치적인 이념을 비판해야 합니다. 우리가 하늘나라에서만 낙원을 찾을 수 있다는 것은 결코 사람들을 위로하거나 세상을 등한시한다는 의미는 아닙니다. 오히려 우리는 영원한 생명에 대한 희망으로부터 현실을 의롭게 만들고 사랑으로 가꿀 수 있습니다. 우리가 지상에서 행하는 것은 하나도 사라지지 않습니다. 완성될 내세에 그대로 남아 있습니다.

➡ 40~58 ➡ 450 ➡ 110

> 우리는 자기 자신을 추구할 경우, 선한 것을 행할 수 없다고 생각합니다.
>
> 아기 예수의 데레사 성녀(1873~1897년), 신비가이자 교회 학자

18. 사회의 변화는 어떻게 이루어지나요?

그리스도교의 메시지인 하느님의 자기 계시는 우리의 모든 관계를 변화시킵니다. 우리는 세상과 사회에 대한 다른 시각을 얻게 됩니다. 모든 변화의 시작은 인간의 마음에서 출발합니다. 먼저 인간은 내적으로 자신을 변화시킴으로써 하느님의 계명에 따라 생각하고 살아야 합니다. 그런 다음 외적으로도 활동할 수 있습니다. 항상 다시 새롭게 추구해야 할 마음의 회개는 더 나은

> 저는 보편적 윤리가 있다고 믿습니다. 곧 정의가 승리할 것이라고 믿습니다. 친절과 웃음이, 사랑과 자비와 나눔이 승리할 것입니다. 왜냐하면 우리는 선을 위해서 창조되었기 때문입니다. 우리는 사랑을 위해 지어졌습니다.
>
> 데즈먼드 음필로 투투(1931년 출생), 남아프리카 공화국의 성직자, 노벨 평화상 수상자

> 그리스도인은 확증된 희망과 순수하게 결합하는 존재입니다.
>
> 페터 하네, 독일의 방송인

> 개인주의를 극복할 수 있을 때, 우리는 대안적 생활 양식을 효과적으로 발전시킬 수 있고 사회에 중요한 변화를 불러일으킬 수 있을 것입니다.
>
> 프란치스코 교황, 〈찬미받으소서〉 208항

> 단 한 사람도 사랑하지 않은 이는 하느님의 마음에 들 수 없습니다. 모든 사람을 사랑하신 예수님처럼 사랑합시다. 예수님이 모든 사람에게 바라셨던 선을 우리가 원하면 사랑할 수 있습니다. 또 있는 힘을 다하여 그들에게 모든 선을 행함으로써, 그들 각자를 위해 수고를 봉헌하려는 각오로 그들의 구원을 위해 투신함으로써 그들을 사랑할 수 있습니다.
>
> 샤를 드 푸코 성인

> 그대가 눈앞에 있는 형제를 사랑하지 않는다면, 그대는 보이지 않는 하느님을 사랑할 수 없습니다.
>
> 아우구스티노 성인(354~430년), 교회 학자, 초대 교회의 유명한 저술가이자 신학자

세상을 건설하기 위한 실제적인 시작입니다. 그런 다음 비로소 우리는 제도와 체제를 변화시키고 개선하는 방법을 깨닫습니다.

➡ 42 ➡ 1889

19. 인간이 짓는 죄의 핵심에는 왜 인간의 자기 소외가 있나요?

> 하느님은 당신을 사랑하는 이들을 위해 모든 것을 좋게 바꿔 놓으십니다. 하느님은 그들의 오류와 실수까지도 그들에게 선이 되게 하십니다.
>
> 아우구스티노 성인

인간이 이기적으로 자기 자신을 보다 보면 위축됩니다. 우리는 자기 자신만으로 충분하지 않도록 만들어졌습니다. 우리에게는 공동체가 필요하고, 자유롭게 우리 존재의 의미와 근원에 다가가는 것, 말하자면 하느님께 나아가는 것이 필요합니다. 그러므로 우리는 스스로에게서 벗어나야 합니다. 우리는 사랑을 위해 창조되었기 때문입니다. 우리는 사랑함으로써 우리 자신을 넘어서 다른 사람을 향하고, 궁극적으로는 하느님을 향합니다. 자기 자신을 향하는 것은 죄를 짓는 것과 같습니다. 사랑하지 않는 사람은, 사랑할 수 없는 사람은 자기 소외 속에서 사는 것입니다. 이것은 사회 전체에도 마찬가지입니다. 소비와 생산, 기술적 생존을 전면에 부각시키는 곳에서는 연대성과 인간애가 결핍될 것입니다. 그런 사회는 인간을 위해 존재하는 것이 아니라, 인간이 사회를 위해 존재하는 것입니다.

> 우리가 자신을 속이고 양심의 가책을 억누르는 때보다 통찰력을 잃을 때는 없을 것입니다.
>
> 프랑수아 페넬롱(1651~1715년), 프랑스의 대주교

➡ 47~48 ➡ 400 ➡ 315

20. 하느님의 계획 안에서 교회의 사명은 무엇인가요?

> 봉사하는 사랑은 엄청난 힘을 지니고 있습니다. 가장 위대한 힘을 지니고 있습니다. 그것과 비교할 수 있는 것은 아무것도 없습니다.
>
> 표도르 M. 도스토옙스키 (1821~1881년), 러시아의 작가

하느님 사랑의 기본 계획은 당신의 아들 예수 그리스도를 통하여 모든 인간을 해방하고 구원하는 것입니다. 예수님이 우리를 구원하시기 위해 당신과 깊은 친교를 맺도록

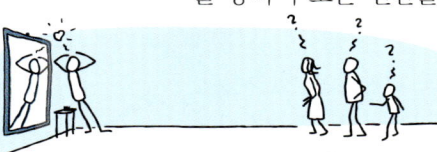

초대하셨기 때문에 교회가 존재하는 것입니다. 이런 친교 곧 '그리스도의 몸'이 교회입니다. 세례와 다른 성사들을 통하여 우리는 그리스도께 속하게 되고, 그분을 통하여 영원한 새 생명을 선사받습니다. 하느님의 말씀을 들음으로써 우리는 그분의 뜻을 따릅니다. 교회는 인간이 하느님의 사랑으로 자기 자신을 성장시키는 장소입니다. 교회는 스스로 목적이 될 수 없습니다. 교회는 인간과 사회에 대한 책임이 있으며, 활동을 통해 인류 공동체의 평화와 발전을 위해 기여해야 합니다.

➡ 49~51 ➡ 122, 123

> 저는 모든 순간마다 세상의 발전과 구원을 촉진하여 세상의 짐을 덜어 줄 수 있습니다. 혹은 세상의 발전을 저지하고 방해할 수도 있습니다. 뿌려지는 모든 씨는 싹이 틉니다.
>
> **루트 파우**(1929년 출생), 독일의 수도자이며 나병 의사

21 교회에서 하느님 나라를 볼 수 있나요?

교회가 존재하는 이유는, "세상 안에 하느님을 위한 공간이 되기 위해서"입니다. 또 "하느님이 그 안에 거주하시어 세상이 그분의 '나라'가 되기 위해서"입니다(요제프 라칭거 추기경). 예수 그리스도로 말미암아 하느님 나라는 실제로 이 세상에서 시작되었습니다. 성사가 베풀어지는 곳이면 어디나 죄와 죽음의 낡은 세계가 근절되고 새롭게 변화됩니다. 곧 새로운 창조가 이루어지고, 하느님 나라를 볼 수 있을 것입니다. 그러나 그리스도인들이 자신에게 주어지는 새 생명을 행동으로 확실히 옮기지 않으면, 성사는 공허한 표지로 머뭅니다. 다른 사람들에게 빵을 주기를 거절하면서 영성체를 할 수는 없습니다. 성사는 사랑을 외칩니다. 사랑은 "자기 자신에서 벗어나 가장자리 끝까지 갈" 각오를 하게 합니다. "지리적인 경계만이 아니라, 인간 실존의 한계에까지 가게 합니다. 죄 신비의 한계, 고통의 한계, 불의의 한계, 무시의 한계, 그릇된 종교적 실천의 한계, 사고의 한계, 모든 환난의 한계에까지 가게 합니다."(호르헤 마리오 베르골료 추기경)

➡ 49~51 ➡ 123, 124

> 다른 이들에게 다가가는 것은 괴로운 일이 아니라 행복한 일입니다.
>
> **엠마뉴엘**(1908~2008년), 시온의 노트르담 수도회 수녀, '가난한 이들의 어머니'

> "주님께서 나에게 기름을 부어 주시니 주님의 영이 내 위에 내리셨다. 주님께서 나를 보내시어 가난한 이들에게 기쁜 소식을 전하고 잡혀간 이들에게 해방을 선포하며 눈먼 이들을 다시 보게 하고 억압받는 이들을 해방시켜 내보내며 주님의 은혜로운 해를 선포하게 하셨다." 예수님께서 두루마리를 말아 시중드는 이에게 돌려주시고 자리에 앉으시니, 회당에 있던 모든 사람의 눈이 예수님을 주시하였다. 예수님께서 그들에게 말씀하기 시작하셨다. "오늘 이 성경 말씀이 너희가 듣는 가운데에서 이루어졌다."
>
> **루카 4,18–21**

교회의 중요 문헌

사랑

`어머니요 스승` 그리스도의 사랑

그리스도의 사랑으로 움직이는 사람은 다른 사람들을 사랑하지 않을 수 없어 다른 사람들의 필요와 고통과 기쁨을 자기 자신의 것으로 삼는다. 그의 활동은 어떠한 자리에서나 확고하고 민첩하고 완전히 인도적이며 다른 사람들의 이익을 배려한다. 그 까닭은 이렇다.
"사랑은 오래 참습니다. 사랑은 친절합니다. 사랑은 시기하지 않습니다. 사랑은 자랑하지 않습니다. 사랑은 교만하지 않습니다. 사랑은 무례하지 않습니다. 사랑은 사욕을 품지 않습니다. 사랑은 성을 내지 않습니다. 사랑은 앙심을 품지 않습니다. 사랑은 불의를 보고 기뻐하지 아니하고 진리를 보고 기뻐합니다. 사랑은 모든 것을 덮어주고 모든 것을 믿고 모든 것을 바라고 모든 것을 견디어 냅니다."(1코린 13,4-7)
요한 23세 교황, 회칙 〈어머니요 스승〉(1961년) 257항

`인간의 구원자` 사랑에는 하나의 이름이 있다

창조의 하느님께서 구속의 하느님으로 계시되신다. "진실하신" 하느님, 창조의 날에 드러내신 인간과 세상에 대한 사랑에 성실하신 하느님으로 계시된다. 하느님의 사랑은 정의가 요구하는 바는 무엇이나 다 이루기 전에는 돌아가지 않는 사랑이다. 그러므로 "하느님께서는 죄를 모르시는 그리스도를 죄 있는 분으로 여기셨다." 성자께서 죄라면 아무것도 모르시면서도 "죄 있는 분으로 여겨지셨다면", 그것은 오로지 언제나 창조계 전체보다 위대한 사랑, 하느님 자신인 그 사랑을 계시하기 위함이었다. "하느님은 사랑이시다." 무엇보다도 우선 사랑은 죄보다, 약점보다, "피조물이 제 구실을 못하게 된 것"보다 위대하다. 사랑은 죽음보다 강하다. 사랑은 언제든지 일어나 용서할 준비가 되어 있고, 방탕한 아들을 맞으러 달려갈 준비가 언제나 되어 있으며, "장차 우리에게 나타날 영광"으로 부름 받은 "하느님의 자녀가 나타나기를" 늘 기다리며 찾는다. 이 사랑의 계시를 자비라고도 일컫는데 인간의 역사에서 이 사랑과 자비의 계시가 예수 그리스도라는 구체적인 형상과 이름을 취했던 것이다.
요한 바오로 2세 교황, 회칙 〈인간의 구원자〉(1979년) 9항

`인간의 구원자` 인간은 사랑 없이는 살 수 없다

인간에게 사랑이 계시되지 않을 때, 인간이 사랑을 만나지 못할 때, 사랑을 체험하고 자기 것으로 삼지 못할 때, 사랑에 깊이 참여하지 못할 때, 인간은 자기에게도 이해할 수 없는 존재로 남게 되며 그의 생은 무의미하다. 이미 말한 바 있듯이 구원자 그리스도께서 "인간을 인간에게 완전히 드러내 보여 주시는" 분이 되시는 까닭이 여기에 있다. 이런 표현을 써도 좋다면 이것이 구속 신비의 인간적 차원이다. 이 차원에서 인간은 자신의 인간성에 깃들어 있는 위대함과 존엄성과 가치를 다시 발견한다. 구속의 신비 안에서 인간은 새롭게 "표현되며" 어느 면에서 새롭게 창조된다. 인간이 새롭게 창조된다! "유다인이나 그리스인이나 종이나 자유인이나 남자나 여자나 아무런 차별이 없습니다. 그리스도 예수 안에서 여러분은 모두 한 몸을 이루었기 때문입니다." 무릇 인간으로서 자신을, 자기 존재의 즉각적이고 부분적이며 때로는 피상적이고 심지어 가공적(架空的)이기까지 한 척도와 기준에 따라서가 아니라, 어디까지나 있는 그대로 철저하게 이해하고자 하는 사람은, 자신의 불안정과 불확실, 자신의 약함과 죄 많음, 자신의 삶과 죽음을 그대로 안고 그리스도께 다가가지 않으면 안 된다. 말하자면 자신의 존재 전체로 그리스도께 몰입하여야 한다. 자기를 발견하려면 강생과 구속의 실재 전부를 "자기 것으로 삼고" 거기에 동화하여야 한다. 만일 인간 내면에 이 깊은 진전이 이루어진다면 그 결실로 인간은 하느님을 흠숭할 수 있을뿐더러 자기 자신에 관해서도 깊은 놀라움을 금치 못할 것이다. 인간이 그토록 "위대한 구세주를 얻게" 되었다면, 인간이 "멸망하지 않고 영원한 생명을 얻도록" 하느님께서 당신의 "외아들을 보내 주시었다면" 창조주의 눈에 인간이 얼마나 고귀한 존재이겠는가!

요한 바오로 2세 교황, 회칙 〈인간의 구원자〉(1979년) 10항

생명의 복음 　　하느님 의식과 인간의 의식

하느님 의식이 실종될 때, 인간 의식, 그 존엄성과 생명의 의식이 사라지는 경향도 생겨납니다. 마찬가지로, 도덕률에 대한 조직적인 공격, 특히 인간 생명과 존엄성에 관한 중대한 문제에 대한 공격은 살아 계시고 구원하시는 하느님의 존재를 식별할 수 있는 능력을 점점 약화시키는 결과를 낳습니다.

요한 바오로 2세 교황, 회칙 〈생명의 복음〉(1995년) 21항

하느님은 사랑이십니다　　그리스도인 존재의 기초

그리스도인이 된다는 것은 윤리적 선택이나 고결한 생각의 결과가 아니라, 삶에 새로운 시야와 결정적인 방향을 제시하는 한 사건, 한 사람을 만나는 것입니다. 요한 복음서는 그 사건을 이렇게 말합니다. "하느님께서는 세상을 너무나 사랑하신 나머지 외아들을 내주시어, 그를 믿는 사람은 누구나 …… 영원한 생명을 얻게 하셨다."(요한 3,16)

베네딕토 16세 교황, 회칙 〈하느님은 사랑이십니다〉(2005년) 1항

하느님은 사랑이십니다　　영원한 사랑

사랑은 더 높은 차원으로 성장하고 내적으로 정화해 가며 이제 결정적인 사랑이 되고자 합니다. 결정적인 사랑이란 두 가지 의미, 곧 (오로지 이 사람뿐이라는) 배타의 의미와 '영원'이라는 의미를 지닙니다. 사랑은 시간을 비롯한 온 삶을 그러안습니다. 그럴 수밖에 없는 것이, 사랑의 약속은 궁극적인 것을 바라보기 때문입니다. 곧 사랑은 영원을 바라봅니다.
베네딕토 16세 교황, 회칙 〈하느님은 사랑이십니다〉(2005년) 6항

하느님은 사랑이십니다   교회의 봉사인 사랑

교회의 모든 활동은 인간의 완전한 행복을 추구하는 사랑의 표현입니다. 그 활동은 역사상 흔히 영웅적인 방식으로 말씀과 성사를 통하여 인간의 복음화를 추구하며, 인간의 다양한 삶과 인간 활동 분야에서 인간의 진보를 추구합니다. 그러므로 사랑은 교회가 물질적 요구를 포함한 인간의 요구와 고통에 끊임없이 부응하려는 봉사입니다. 이러한 이유로 제가 이 회칙의 제2부에서 숙고하고자 하는 것이 바로 사랑의 봉사입니다.
베네딕토 16세 교황, 회칙 〈하느님은 사랑이십니다〉(2005년) 19항

하느님은 사랑이십니다   사랑이 없는 사회

사랑—카리타스—은 언제나 필요하며, 가장 정의로운 사회에서도 필요한 것입니다. 사랑의 봉사가 필요 없을 만큼 정의로운 국가 질서는 없습니다. 사랑을 제거하고자 하는 사람은 누구나 인간도 그렇게 제거할 수 있습니다. 위로와 도움을 찾는 고통은 어디에나 있기 마련입니다. 외로움도 어디에나 있습니다. 구체적인 이웃 사랑의 형태를 통한 도움, 곧 물질적 도움이 필요한 상황도 어디에나 있습니다. 모든 것을 제공해 주겠다고 모든 것을 자신에게 끌어들이는 국가는 결국 고통받는 사람, 곧 모든 사람이 필요로 하는 인격적인 사랑의 관심을 제공해 줄 수 없는 관료 체제가 되고 말 것입니다.
베네딕토 16세 교황, 회칙 〈하느님은 사랑이십니다〉(2005년) 28항

진리 안의 사랑   사랑 ― 중심 가치

사랑은 교회의 사회 교리의 핵심입니다. 이 교리가 제시하는 모든 책임과 의무는 사랑에서 나옵니다. 예수님께서는 율법 전체의 종합이 사랑이라고 가르치셨습니다(마태 22,36-40 참조). 사랑은 인간이 하느님과 그리고 이웃과 맺는 인격적 관계의 참된 본질입니다. 사랑은 친구나 가족, 소집단에서 맺는 미시적 관계뿐만 아니라 사회, 경제, 정치 차원의 거시적 관계의 원칙이 됩니다. …… 모든 것은 하느님의 사랑에서 나오고 사랑으로 모습을 갖추며 사랑을 지향하기 때문입니다. 사랑은 하느님께서 인류에게 주신 최고의 선물로 하느님의 약속이며 우리의 희망입니다.
베네딕토 16세 교황, 회칙 〈진리 안의 사랑〉(2009년) 2항

복음의 기쁨   사랑은 구원하고 해방한다

풍요로운 우정으로 꽃피우는 하느님 사랑과 만남으로써, 또는 그 사랑과 새롭게 만남으로써 비로소 우리는 자신의 고립감과 자아도취에서 벗어나게 됩니다. 우리가 더욱 인간다워질 때, 곧 우리 자신을 벗어나 우리 존재의 가장 완전한 진리에 이르도록 이끄시는 하느님께 우리 자신을 내어 맡길 때, 비로소 우리는 온전한 인간이 됩니다. 바로 여기에 복음화 활동의 원천이 있습니다. 따라서, 삶의 의미를 되찾아 주는 사랑을 받았는데, 어떻게 이 사랑을 다른 이들과 나누지 않을 수 있겠습니까?

프란치스코 교황, 권고 〈복음의 기쁨〉(2013년) 8항

`복음의 기쁨` **사랑의 큰 계획**

교회가 된다는 것은 아버지 사랑의 큰 계획에 따라 하느님의 백성이 되는 것을 의미합니다. 이는 인류 가운데에서 하느님의 누룩이 되는 것을 의미합니다. 이는 자주 길을 잃고 방황하는 우리 세상에 하느님의 구원을 선포하고 전하는 것을 말합니다. 이 세상은 그 길을 다시 걸어갈 용기와 희망과 힘이 필요합니다. 교회는 보답을 바라지 않고 베푸는 자비의 자리가 되어야 합니다. 이는 모든 이가 환대와 사랑과 용서를 받고 복음의 선한 삶을 살도록 격려를 받는다고 느낄 수 있는 자리입니다.

프란치스코 교황, 권고 〈복음의 기쁨〉(2013년) 114항

`복음의 기쁨` **마지막 종합**

분명히 신약 성경의 저자들은 그리스도교의 도적적 메시지의 핵심을 보여 주려고 할 때마다 이웃 사랑이라는 근본적 요구를 제시합니다. "남을 사랑하는 사람은 율법을 완성한 것입니다. 사랑은 율법의 완성입니다."(로마 13,8.10) 이는 바오로 성인의 말씀으로, 그에게 사랑의 명령은 율법의 종합일 뿐 아니라 바로 율법의 핵심과 목적을 이루는 것입니다. "사실 모든 율법은 한 계명으로 요약됩니다. 곧 '네 이웃을 너 자신처럼 사랑하여라.' 하신 계명입니다."(갈라 5,14) 바오로는 자신의 공동체들에게 그리스도인의 삶을, 사랑을 키우는 여정으로 제시하였습니다. "여러분이 서로 지니고 있는 사랑과 다른 모든 사람을 향한 사랑도 주님께서 더욱 자라게 하시고 충만하게 하시기 바랍니다."(1테살 3,12) 마찬가지로 야고보 성인은 그리스도인들이 그 어떤 계명에도 소홀하지 않도록 "성경에 따라 '네 이웃을 너 자신처럼 사랑하여라.' 하신 지고한 법을"(야고 2,8) 이행하라고 권고하였습니다.

프란치스코 교황, 권고 〈복음의 기쁨〉(2013년) 161항

`찬미받으소서` **취소하지 않는 사랑**

우리의 공동의 집을 보호해야 하는 긴급한 과제에는 모든 인류 가족을 함께 모아 지속 가능하고 온전한 발전을 추구하도록 하는 일도 포함됩니다. 상황이 변할 수 있다는 것을 우리는 알고 있기 때문입니다. 창조주께서는 우리를 저버리지 않으십니다. 창조주께서는 사랑의 계획을 결코 포기하지 않으시고 우리를 창조하신 것을 후회하지 않으십니다. 인류는 여전히 우리의 공동의 집을 건설하는 데에 협력할 능력이 있습니다.

프란치스코 교황, 회칙 〈찬미받으소서〉(2015년) 13항

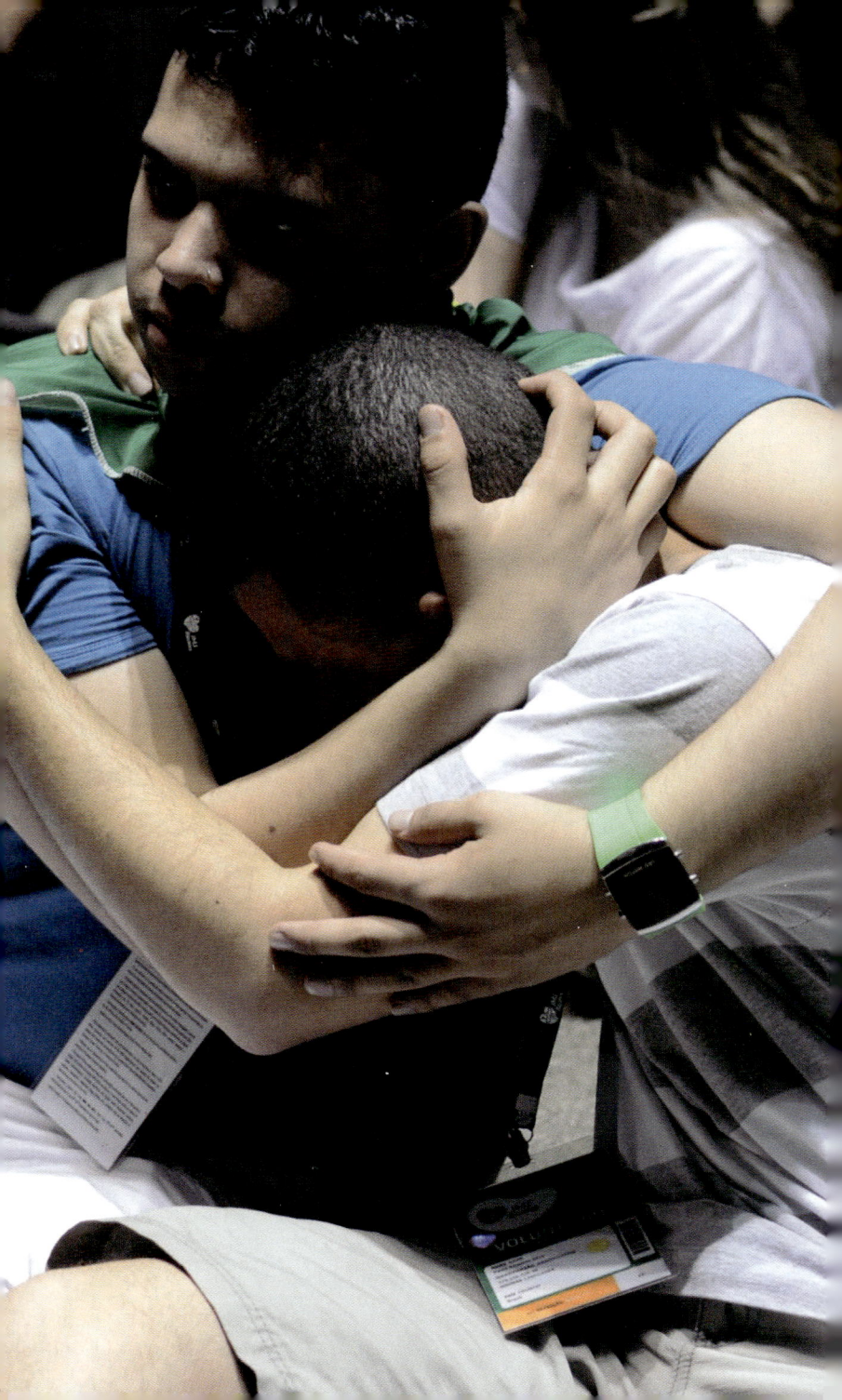

질문
22~46

함께할 때
우리는 강하다

교회와 사회

> **그대가 할 수 있는 모든 선을
> 모든 도구와 방법을 사용하여
> 모든 장소와 모든 시간에 모든 사람을 위해 행하라.**
>
> 존 웨슬리(1703~1791년), 영국의 신학자, '존 웨슬리의 규칙'으로 알려짐

22 교회에는 왜 사회 교리가 있나요?

인간은 철저하게 **사회적** 존재입니다. 인간은 땅에서와 마찬가지로 하늘에서도 공동체를 지향하고 있습니다. 구약 시대에 하느님은 당신 백성에게 인도적인 질서와 계명을 주셨고, 백성들은 그것으로 의롭고 선하게 살 수 있었습니다. 인간의 이성은 정의로운 관계와 불의한 관계를 구별할 수 있고, 정의로운 질서를 이루는 데 필요한 것을 식별할 수 있습니다. 정의가 비로소 사랑 안에서 완성된다는 것을 우리는 예수님에게서 깨닫습니다. 연대성에 관한 사회 교리의 개념은 그리스도교의 이웃 사랑에서 영감을 얻은 것입니다.

➡ **62 이하**   ➡ **2419, 2420, 2422, 2423**   ➡ **45, 438**

> **사회적**(social, 라틴어로 '공동의, 함께하는'을 뜻하는 'socialis'에서 유래)이란 말은 국가와 사회 안에서 인간의 공동생활에 관련되는 또 인간 사회에 관련되며 사회에 속하는 일을 가리킵니다.

> 모든 그리스도인은, 또 사목자들은 더 나은 세계의 건설에 진력하라는 부르심을 받고 있습니다. 교회의 사회 교리는 무엇보다도 긍정적이고 적극적인 제안을 하며 개혁적인 활동 방향을 가리켜 줍니다. 이러한 의미에서 예수 그리스도의 사랑의 성심에서 나오는 희망을 끊임없이 가리킵니다.
>
> 프란치스코 교황,
> 〈복음의 기쁨〉 183항

23 사회 교리의 과제는 무엇인가요?

사회 교리에는 두 가지 과제가 있습니다.

1. 복음에서 나타나듯이 정의로운 사회적 행동의 의무를 제시하는 것.
2. 사회적, 경제적 혹은 정치적 구조가 복음의 메시지와 모순되는 곳을 정의의 이름으로 고발하는 것.

그리스도교 신앙은 인간의 존엄성에 대한 명확한 개념을 지니고 있으며, 이로부터 자유롭고 정의로운 사회 질서를 가능하게

하는 일정한 원리와 규범과 가치의 개념들을 끌어냅니다. 이렇게 명확하게 생긴 사회 교리의 원리들은 실질적인 사회적 문제에 항상 적용해야 합니다. 사회 교리를 적용할 때 교회는 다양한 이유로 자신들의 목소리를 낼 수 없는 사람들과 불의한 구조에 시달리는 사람들의 변호인이 됩니다.

➜ 81, 82 ➜ 2423

> 교도권은 하느님의 말씀 위에 있지 아니하고 하느님의 말씀에 종속되어 봉사한다. 이 권한은 전해진 것만 가르치며, 하느님의 명령과 성령의 도우심으로 그것을 경건히 듣고 거룩하게 보존하고 성실히 해석한다. 그리고 교도권은 하느님에게서 계시되어 믿어야 할 것으로 제시하는 모든 것을 이 유일한 신앙의 유산에서 얻어 낸다.
>
> 제2차 바티칸 공의회, 계시 헌장 〈하느님의 말씀〉 10항

24 누가 교회의 사회 교리를 확정하나요?

교회의 모든 구성원이 교회의 사명과 카리스마에 일치하며 사회 교리의 생성에 참여합니다. 사회 교리의 원리들은 교회의 중요한 문헌에서 다듬어 표현되었습니다. 사회 교리는 교회의 공식적인 '가르침'입니다. 교회의 교도권 즉 교황과, 교황과 결합되어 있는 주교들이 정의롭고 평화로운 사회가 어떻게 조성되어야 하는지를 교회와 인류에게 명확하게 가르칩니다.

➜ 70, 90 ➜ 344

> 눈먼 이들이 보고 다리저는 이들이 제대로 걸으며, 나병 환자들이 깨끗해지고 귀먹은 이들이 들으며, 죽은 이들이 되살아나고 가난한 이들이 복음을 듣는다.
>
> 마태 11,5

> 나이든 노숙자가 길에서 얼어 죽은 것은 기사화되지 않으면서, 주가 지수가 조금만 내려가도 기사화가 되는 것이 말이나 되는 일입니까? 이것이 바로 배척입니다. 한쪽에서는 굶주림에 시달리는 사람들이 있는데도 음식이 버려지고 있는 현실을 우리는 더 이상 가만히 보고 있을 수만은 없습니다. 이는 사회적 불평등입니다.
>
> 프란치스코 교황, 〈복음의 기쁨〉 53항

> 사랑은 교회의 사회 교리의 핵심입니다.
>
> 베네딕토 16세 교황, 〈진리 안의 사랑〉 2항

25 교회의 사회 교리는 어떻게 생성되었나요?

사회적인 문제에 대한 고민 없이는 아무도 복음을 들을 수 없습니다. '사회 교리'는 레오 13세 교황의 〈새로운

사태> 이후 사회적 문제들에 대해 교도권이 응답한 가르침을 의미합니다. 19세기 산업화가 이루어지면서 전적으로 새로운 '사회적 문제들'이 제기되었습니다. 많은 사람들이 농업이 아니라 산업에 종사하고 있었습니다. 노동 재해 방지, 의료 보험, 휴가를 받을 권리 등이 없었고 어린이 노동이 자주 강요되었습니다. 그래서 노동자의 권익을 위해 일하는 노동조합이 결성되었습니다. 이와 같은 맥락으로 레오 13세 교황은 특별한 대책을 취해야 한다고 분명히 말했습니다. 그리고 회칙 <새로운 사태>에서 정의로운 사회 질서의 개요를 간략하게 제시했습니다. 그 이후 교황들은 항상 새롭게 '시대의 징표'에 대해 응답했고, <새로운 사태>의 전통 안에서 특별히 절박한 사회적 문제들에 대해 언급했습니다. 이러한 시대의 흐름에서 모인 가르침을 사회 교리라고 부릅니다. 교황 문헌, 공의회 문헌, 교황청 문헌 등의 교회의 보편적인 견해 외에도 주교회의의 사회 선언 등과 같은 지역적 견해도 교회의 사회 교리라고 부릅니다.

➡ 87, 88, 104 ➡ 2419~2423

26 어째서 교회는 개인에게만 관심을 두지 않나요?

이전에 사람들은 교회가 개인의 영혼 구원에만 관심을 둔다고 비난했습니다. 실제로 하느님 앞에서 각각의 개인은 중요합니다. 우리는 모두 독특하고 유일한 존재입니다. 그럼에도 우리는 어머니의 배 속에 있을 때부터 다른 사람과 친교를 나누도록 창조되었습니다. 다른 사람과 선한 관계를 맺을 때에만 우리는 행복할 수 있습니다. 이미 천지 창조에 관한 말씀에 이런 내용이 있습니다. "주 하느님께서 말씀하셨다. '사람이 혼자 있는 것이 좋지 않으니, 그에게 알맞은 협력자를 만들어 주겠다.'" (창세 2,18) 하느님은 인간의 온전한 행복에 관심을 두시

주님께서 카인에게 물으셨다. "네 아우 아벨은 어디 있느냐?" 그가 대답하였다. "모릅니다. 제가 아우를 지키는 사람입니까?"
창세 4,9

그 어느 누구도 더 이상, 종교가 사적인 영역에 국한되어야 하고 오로지 영혼이 천국에 들어가도록 준비하기 위해서만 종교가 존재한다고 주장할 수 없습니다.
프란치스코 교황,
<복음의 기쁨> 182항

고, 인간이 다양한 방식으로 참여하는 것, 곧 공동체의 발전에도 관심을 두고 계십니다.

➡ 61 ➡ 210, 321

27 왜 교회는 연대성의 실현을 위해 노력하나요?

연대하지 않는 교회는 그 자체로 모순입니다. 교회는 하느님과 인간 사이의 연대가 계속 일어나는 장소이기 때문입니다. 교회라는 공동체 안에서 하느님의 사랑이 인간에게 계속 이어져야 하고, 마침내 모든 인간에게 다다라야 합니다. 교회는 하느님이 모든 인간을 모으기를 바라시는 장소, 곧 "사람들 가운데에 있는 하느님의 거처"(묵시 21,3 참조)입니다. 교회는 모든 인간이 하느님과 이루는 일치 그리고 모든 인간이 서로 이루는 일치의 "표징이며 도구"(교회 헌장 〈인류의 빛〉 1항)입니다. 교회는 주님의 모범에 따라 이 시대의 무기력한 이, 희생된 이, 가난한 이들과 연대를 이루어야 합니다. 하느님은 이러한 교회를 통하여 모든 문화와 민족들에게 다가가시어 그들을 도와주십니다. 인간이 세상을 인간적으로 가꾸려는 곳에 하느님이 함께하십니다. 그러기에 교회는 하느님의 구원을 세상에 보여 주기를 원하는 모든 사람과 연대합니다.

➡ 60 ➡ 122

> 여인이 제 젖먹이를 잊을 수 있느냐? 제 몸에서 난 아기를 가엾이 여기지 않을 수 있느냐? 설령 여인들은 잊는다 하더라도 나는 너를 잊지 않는다.
>
> 이사 49,15

> 하늘 아래 인간이 가질 수 있는 가장 큰 선물은, 함께하는 이들과 잘 사는 것입니다.
>
> **아시시의 에지디오 복자**
> (1190년경-1262년),
> 아시시의 프란치스코 성인의 친한 친구 중 한 사람

> 자애와 진실이 서로 만나고 정의와 평화가 입 맞추리라. 진실이 땅에서 돋아나고 정의가 하늘에서 굽어보리라.
>
> 시편 85,11-12

사회 교리의 이정표

년도	이름	핵심 주제
1891	레오 13세 교황 회칙 〈새로운 사태〉(RN)	사회 교리에 관한 첫 회칙으로 소유권, 계급 투쟁 거부, 약한 사람의 권리, 가난한 사람의 존엄성, 노동자의 권리, 업종별 협회의 기초 등을 다루었다.
1931	비오 11세 교황 회칙 〈사십주년〉(QA)	〈새로운 사태〉의 반포 40주년을 기념하여 발표된 회칙으로 가족을 부양할 수 있는 임금 요구, 무한한 자유 경쟁 거부, 보조성 원리의 전개 등을 언급했다.
1961	요한 23세 교황 회칙 〈어머니요 스승〉(MM)	사회 교리의 목적은 욕구를 만족시키는 것만이 아니라 각 개인의 존엄을 촉진하는 순수한 공동체를 형성하는 것임을 언급했다.
1963	요한 23세 교황 회칙 〈지상의 평화〉(PT)	평화 촉진과 인권 신장을 교회의 근본적인 관심 주제로 제시했다.
1965	제2차 바티칸 공의회 문헌, 사목 헌장 〈기쁨과 희망〉(GS)	현대 문화, 경제 그리고 사회와 포괄적인 대화를 시작했다. 사회와 그 구조는 "인간의 계발"(25항)에 맞추어져 있어야 한다고 제시했다.
1965	제2차 바티칸 공의회 문헌 〈종교 자유 선언〉(DH)	교회가 종교 자유를 인격의 존엄성에 기초하는 권리로 공포했다. 이 선언의 목적은 종교의 자유를 전 세계의 국가 헌법에 명시하게 하는 데 있다.

연도	문헌	내용
1967	바오로 6세 교황 회칙 〈민족들의 발전〉(PP)	모든 민족들의 발전과 전 세계적인 평화를 위한 공동 노력에 대해 숙고했다.
1971	바오로 6세 교황 교서 〈팔십주년〉(QA)	〈새로운 사태〉의 반포 80주년을 맞이하여 특별한 문제들 곧 실업, 환경 문제, 인구 증가 등에 대해 언급했다.
1981	요한 바오로 2세 교황 회칙 〈노동하는 인간〉(LE)	인간의 노동은 수입에만 기여하는 것이 아니라 특별한 존엄성을 지닌다는 것과, 인간의 존엄성과 그리스도의 소명에 한 부분을 차지함을 언급했다.
1987	요한 바오로 2세 교황 회칙 〈사회적 관심〉(SRS)	회칙 〈민족들의 발전〉 반포 20주년을 맞아, 이른바 제3세계의 발전에 대해 새롭게 언급하며 발전은 경제에 국한되는 것이 아니라 포괄적이고 윤리적으로 이해되어야 한다고 전했다.
1991	요한 바오로 2세 교황 회칙 〈백주년〉(CA)	〈새로운 사태〉의 반포 100주년을 기념하여 공산주의의 붕괴 이후에 민주주의와 자유로운 시장 경제를 다루며, 시장은 연대적인 범위 안에 있어야 한다고 밝혔다.
2009	베네딕토 16세 교황 회칙 〈진리 안의 사랑〉(CIV)	〈민족들의 발전〉을 새롭게 해석하면서 세계화의 다양한 측면을 상세하게 다뤘다.
2015	프란치스코 교황 회칙 〈찬미받으소서〉(LS)	프란치스코 교황의 두 번째 회칙으로, 모든 인간이 생명과 포괄적인 인간 발전에 대한 권리를 지니고 있다는 거시적 지평에서 환경보전에 대한 문제를 다뤘다.

> 가난한 이들을 사랑하십시오. 그리고 그들에게 등을 돌리지 마십시오. 가난한 이들에게 등을 돌리는 것은 그리스도께 등을 돌리는 일이기 때문입니다. 그리스도는 몸소 굶주린 이, 헐벗은 이, 나그네가 되셨습니다. 그로써 당신과 내가 그분을 사랑할 기회를 갖게 되었습니다.
>
> 마더 데레사 성녀

> 교회에 나간다는 이유로 자신을 그리스도인으로 여기는 사람은 잘못 생각하는 것입니다. 차고에 있다고 해서 자동차가 되는 것이 아닙니다.
>
> 알베르트 슈바이처

28 사회 교리와 신앙은 어떻게 관련되나요?

사회적으로나 정치적으로 활동하는 사람이 모두 그리스도인은 아닙니다. 그러나 사회에 참여하지 않는다면 그리스도인이라고 말하기가 어렵습니다. 복음은 사랑과 정의, 자유와 평화를 위해 투신하라고 강력하게 말합니다. 예수님이 선포하신 하느님 나라의 도래는, 개별 인간만을 치유하고 구원하는 것이 아닙니다. 오히려 공동체의 새로운 형태, 말하자면 평화와 정의의 나라를 시작하는 것입니다. 이 나라는 궁극적으로 하느님만이 오게 할 수 있지만, 그리스도인들은 더 나은 사회를 목표로 노력해야 합니다. 그리스도인들은 '하느님 나라와 더욱 일치하는, 보다 인간적인' 도시를 건설해야 합니다. 예수님은 하느님의 나라를, 밀가루를 점점 부풀어 오르게 하는 누룩과 비교하셨습니다(마태 13,33 참조). 이는 그리스도인들이 사회 안에서 활동해야 할 방법을 알려 주신 것입니다.

→ 63 → 123

> 첫 선포는 우리가 하느님의 사랑을 받아들이고 하느님께서 우리에게 베푸신 바로 그 사랑으로 하느님을 사랑하도록 초대하는 것입니다. 이 첫 선포를 받아들일 때, 우리 삶과 활동에서 주요한 근본적인 응답이 나오게 됩니다. 곧 다른 이들의 선익을 바라고 찾고 보호하게 되는 것입니다.
>
> 프란치스코 교황,
> 〈복음의 기쁨〉 178항

29 사회 발전이 교회의 최종적 목적일 수 있나요?

정의로운 사회가 건설된다 해도, 교회의 갈망이 목적을 다 달성한 것은 아닙니다. 교회가 선포하는 구원은 지상에서 시작합니다. 그것은 개별 인간을 구원하고, 인간관계를 변화시키며, 공동체의 상처를 치유합니다. 구원은 지상에 있는 정의로운 사회 구조 안에서 희망의 표지로 시작합니다. 그럼에도 '새 도시'는 인간이 전력투구하는 노력의 결과가 아닙니다. 우리가 있는 힘을 다 기울여 모든 것을 행한다면, "거룩한 도성 새 예루살렘"(묵시 21,2)이 하늘에서 우리에게 내려오는 것입니다. 평화가 이루어지는 것은 오직 하느님의 선물로만 가능합니다.

→ 64, 65, 67 → 769

개발 도상국의 사회 발전을 위한 원조와 복음화를 위한 선교는 어떻게 해야 하나요?

개발 도상국에 대한 원조와 신앙 선포는 서로 손을 잡고 가야 합니다. 전례와 선교 외에도 사랑 곧 행동하는 이웃 사랑이 있습니다. 이것은 교회의 세 가지 직무입니다. 만일 교회가 신앙만 선포하고 인간의 고통스러운 상황을 무시한다면 예수님을 배반하는 것입니다.

> 초대 교회에서는 어떠했습니까? 다른 사람들이 참된 그리스도인들을 알아보았습니까? 그들은 서로에게 행하는 사랑을 보고 그리스도인들을 알아보았습니다.
>
> 마더 데레사 성녀

 하느님만이 인간의 구원이십니다. 우리는 지난 역사에서 하느님을 거부했던 국가들이 경제뿐만 아니라 영혼까지도 심연에 떨어진 것을 보았습니다.

베네딕토 16세 교황, 2006년 2월 5일

예수님은 육신과 영혼을 지닌 인간을 그 인격적인 단일성과 사회적 필요 안에서 받아들이시고 구원하셨습니다. 그러나 만일 교회가 인간의 사회적 발전만을 촉진한다면, 하느님과 영원한 친교로 부르심을 받은 개별 인간의 존재를 저버리는 것입니다. 그리고 그리스도 몸의 지체인 인간의 사회적 규정에도 어긋나는 것입니다. 만일 복음의 사회적 메시지를 그 신앙 메시지에서 떼어 놓는다면, 복음을 양분시키는 것입니다.

> 물질적이고 기술적인 원칙에 따라 이루어진 서구 사회의 개발 도상국 원조는 하느님을 외면할 뿐만 아니라 더 잘 안다는 자만심과 함께 인간을 하느님에게서 밀어냈습니다. 결국 제3세계를 현대에서 사용하는 의미인 제3세계로 만들었습니다.
>
> 베네딕토 16세 교황, 2009년 3월 19일

> 정의와 평화 안에서 참되고 진정한 인간 발전을 증진시키지 못한다면 어떻게 사랑의 새 계명을 선포할 수 있겠습니까?
>
> 바오로 6세 복자 교황, 〈현대의 복음 선교〉 31항

➡ 66

> 세계관이 중립적인 자유 국가는 윤리적인 의무와 자기 국민에 대한 책임감으로부터 삶을 영위합니다. 그리고 그 자신이 만들 수도 보증할 수도 없는 전제 조건으로부터 삽니다. 이러한 책임감은 다원화된 사회 안에서도 종교적 기초를 지니고 있습니다. 그러기에 살아 있는 교회는 이런 기초를 항상 다시 새롭게 하는 데에 크게 기여할 수 있습니다.
>
> 에른스트 볼프강 뵈켄푀르데
> (1930년 출생), 독일 헌법 재판관

> 기쁨과 희망, 슬픔과 고뇌, 현대인들 특히 가난하고 고통받는 모든 사람의 그것은 바로 그리스도 제자들의 기쁨과 희망이며 슬픔과 고뇌이다.
>
> 제2차 바티칸 공의회, 사목 헌장 〈기쁨과 희망〉 1항

31 교회는 사회적 문제에 어느 정도까지 관여할 수 있나요?

> 난민 문제를 공동으로 다루는 일이 필요합니다. 지중해가 거대한 공동묘지가 되는 것은 받아들일 수 없습니다. 날마다 유럽 해안에 상륙하는 작은 배에는 환대와 도움이 필요한 사람들이 가득 차 있습니다.
>
> 프란치스코 교황, 2014년 11월 25일 유럽 의회에서 연설

국가와 정치를 바꾸는 것이 교회의 사명은 아닙니다. 그러기에 교회는 사회의 개별 문제에 대한 전문적인 해결 방안들을 제시하지 않습니다. 교회는 직접 정치 활동을 하는 것이 아니라 복음을 통하여 정치에 영감을 불어넣습니다. 여러 회칙에서 교황들은 정의로운 사회 건설에 도움이 되는 임금, 소유권과 노동조합 등과 같은 일정한 사회적 주제에 대해 주된 사상을 발전시켰습니다. 하지만 정치에 구체적으로 개입하는 것은 오직 거기에 참여하는 평신도에 의해 이루어집니다. 한

편 많은 그리스도인들은 자신들의 그리스도교적 행동과 사상을 위한 단체, 조합, 협회 등을 조직함으로써 난민 돕기나 피고용자 보호 등과 같은 사회적 문제에 직접 투신합니다.

➡ 68 ➡ 440

32 교회는 특정한 사회적·정치적인 모델을 선호하나요?

교회는 자유 민주주의를 선호합니다. 왜냐하면 이 체제는 모든 사람의 사회적 참여와 인권 보호를 가장 잘 보장해 주기 때문입니다. 요한 바오로 2세 성인 교황은 회칙 〈백주년〉에서 이러한 뜻을 밝혔습니다. "교회는 민주주의를 높이 평가하는데, 이 체제는 확실히 시민들에게 정치적 결정에 참여할 중요한 권한을 부여하며, 피지배자들에게는 지배자들을 선택하거나 통제하거나 필요한 경우에는 평화적으로 대치할 가능성을 보장해 준다. 따

> 그들이 공산주의자들을 끌어낼 때 저는 침묵했습니다. 저는 공산주의자가 아니었기 때문입니다. 그들이 사회주의자들을 끌어낼 때 저는 침묵했습니다. 저는 사회주의자가 아니었기 때문입니다. 그들이 노동조합원들을 끌어낼 때, 저는 침묵했습니다. 저는 노동조합원이 아니었기 때문입니다. 그들이 저를 끌어낼 때, 저를 위해 저항할 사람은 아무도 없었습니다.

마르틴 니묄러(1892~1984년), 독일의 루터파 신학자, 나치즘을 반대했던 투쟁가

> "주님, 저희가 언제 주님께서 굶주리시거나 목마르시거나 나그네 되신 것을 보고, 또 헐벗으시거나 병드시거나 감옥에 계신 것을 보고 시중들지 않았다는 말씀입니까?" 그때에 임금이 대답할 것이다. "내가 진실로 너희에게 말한다. 너희가 이 가장 작은 이들 가운데 한 사람에게 해 주지 않은 것이 바로 나에게 해 주지 않은 것이다."
>
> 마태 25,44–45

> 단 한 사람이라도 그가 더 나은 삶을 살도록 도울 수 있다면, 그것으로 이미 제 삶의 봉헌은 의롭게 됩니다. 하느님의 충실한 백성이 된다는 것은 참으로 좋습니다. 우리가 벽을 허물고 우리 마음이 사람들의 얼굴과 이름으로 가득할 때 우리는 충만해집니다.
>
> 프란치스코 교황, 〈복음의 기쁨〉 274항

라서 교회는 사적 이익이나 이데올로기적 목적을 위하여 국가 체제를 점령하고 폐쇄된 지배자들의 집단을 형성하는 것을 도와주면 안 된다. 진정한 민주주의는 법치 국가에서만 존재할 수 있으며, 올바른 인간관의 기초 위에 성립한다."(46항)

➡ 72, 73

33 교회가 사회적 문제에 대해 입장을 표명한다면 권한을 넘어서는 건가요?

교회가 사회적 문제들에 대해 입장을 표명한다고 해서 '남의' 일에 참견하는 것은 결코 아닙니다. 가정은 사회의 기본 단위로서 국가에 속한 것이 아닙니다. 마찬가지로 개별 인간도 국가에 속하는 것이 아닙니다. 교회는 복음에서 영감을 받아 자기 자신을 인간의 타고난 권리와 인간 공동체의 변호인으로 여깁니다. 불의가 공동생활을 위협할 경우 그 입장을 표명하는 것은 교회의 권리이며 의무입니다. 그러나 이를 통해 교회는 권력과 외적인 영향력을 손에 넣으려고 하지 않습니다.

➡ 69~71 ➡ 1913~1917 ➡ 322, 328

34 사회 교리는 폐쇄적인가요?

그렇지 않습니다. 사회 교리는 외적으로 복잡한 사회적·경제적·정치적 관계를 판단할 수 있도록 특별히 완성된 신학적 가르침이 아닙니다. 오히려 사회 교리는 정치학·경제학·자연 과학·기술 과학·사회 과학 등과의 항구한 대화에 큰 가치를 두고 있습니다. 그래서 오히려 사회 교리를 통해 인간 그리고 공동생활의 관계를 잘 이해하고 존중하고 해석할 수 있습니다.

➡ 76~78

정치

경제

자연

기술

사회

35 사회 교리는 오직 그리스도인만을 위한 것인가요?

사회 교리에는 일반적인 이성으로 이해할 수 없는 것은 하나도 없습니다. 그러나 교황들은 사회 교리가 교회 공동체를 위해 특별한 중요성을 지니고 있다고 항상 강조했습니다. 사회 교리는 의로우시며 사랑이신 하느님에 대한 신앙에서 본질적인 자극을 받습니다. 그래서 사랑과 정의의 모든 행동은 하느님의 빛과 약속에 바탕을 둡니다. 이것은 그리스도인들에게 선을 실제로도 실천하라는 의무를 부과합니다. 하지만 여기에 그치지 않고 사회 교리를 통해 선의의 모든 사람들도 같은 호소를 느껴야 할 것입니다.

➡ 75, 83, 84 ➡ 328

> 신자들은 세상이 우연히 생겨난 것도, 엄밀한 필연성에서 생겨난 것도 아닌, 하느님의 계획에 따라 생겨난 것이라고 믿습니다. 따라서 우리가 사는 세상이 하느님의 계획에 실질적으로 부응하여 창조주께서 지켜보시는 가운데 한 가족으로 살아갈 수 있도록, 신자들은 선의의 모든 사람, 다른 종교의 신자들이나 비신자들과도 함께 노력할 의무가 있습니다.
>
> **베네딕토 16세 교황,**
> **〈진리 안의 사랑〉 57항**

> 사랑은 선을 기뻐합니다. 선은 사랑의 유일한 이유입니다. 사랑한다는 것은 누구에겐가 선을 행하기를 원하는 것을 뜻합니다.
>
> **토마스 아퀴나스 성인,**
> **〈신학대전〉**

36 사회 교리는 원래 완성된 것인가요?

오늘날 사회는 끊임없이 발전하고 있으며, 모든 차원에서 역동적인 모습을 보이고 있습니다. 그러기에 사회 교리도 결코 그 자체로 폐쇄되고 끝난 가르침으로 간주할 수 없습니다. 사회 교리는 복음의 확고한 바탕 위에 서 있고, 확실한 원칙과 사상들과 함께하고 있습니다. 사회 교리는 바로 이러한 바탕 위에서 사회적 문제와 현재의 도전들에 대해 늘 새롭게 답을 찾아야 합니다.

➡ 85, 86

> 이 행성에 거주하는 대부분의 사람들은 자신을 신앙인이라고 고백합니다. 이 사실이 자연 보호, 가난한 이들의 보호, 존중과 형제애의 관계망 구축을 목적으로 하는 대화를 서로 나누는 계기가 되어야 합니다.
>
> **프란치스코 교황,**
> **〈찬미받으소서〉 201항**

부록

새로운 매체

> 실제적인 모든 삶은 만남입니다.

마르틴 부버(1878~1965년), 오스트리아 태생의 유다인 철학자이자 신학자

> 우리가 서로 말할 수 있다는 것이 우리를 인간으로 만들어 줍니다.

칼 야스퍼스(1883~1969년), 독일의 철학자

> 웹web은 기술적인 발명품이라기보다는 사회적 발명품입니다.

팀 버너스 리(1955년 출생), HTML의 고안자이며 인터넷 창시자

37 매체는 어떤 목적으로 있나요?

직접적인 소통이 불가능하기 때문에, 우리에게는 정보의 간접적인 전달자이며 의견 교환과 토론의 자리로서 매체가 필요합니다. 매체는 교육·정보·오락에 기여하는데, 때때로 그중에서 오락이 우위를 차지하기도 합니다. 이처럼 현대 사회에서는 매체 없이 소통하거나 집단을 형성하기가 어렵습니다. 매체는 사회를 결속하는 소통의 집합체와 같은 것입니다. 사회가 거대하고 복잡할수록 그만큼 매체는 중요하고 필요합니다. 특히 민주주의 사회에서는 자유로운 의견 교환과 정보 교환을 기초로 한 모든 사람의 참여 없이는 그 기능이 발휘될 수 없습니다.

→ 414, 415 → 2993, 2994

38 교회는 매체를 어떻게 보나요?

매체는 현대 사회에 필요한 구성 요소로, 그 자체가 목적은 아닙니다. 오히려 사회적 소통 도구로서 인간에게 기여하고, 인간 상호 간의 소통을 위해 봉사합니다. 한편 매체와 매체를 만들고 확산시키는 사람들은 윤리적인 요구를 받습니다. 그들은 상호 간의 소통에 목적을 두고 행동해야 합니다. 그러기에 이러한 소통에 기여하

는 것은 무엇인지, 또 소통을 방해하는 것은 무엇인지, 사람들과 그 사회적 관계를 촉진할 수 있는 것은 무엇인지, 어떤 발전이 공동선, 곧 의견과 정보의 자유로운 교환에 기여하는지 알아야 합니다. 1948년에 설립된 교황청 사회홍보평의회는 신앙이 매체를 통해 적절한 방식으로 선포될 수 있는가 하는 문제에 대해 집중적으로 다루고, 다른 한편으로는 매체를 올바로 사용하는 방식에 대해서 연구하고 있습니다.

➡ 166, 414, 415 ➡ 2494, 2495 ➡ 459

> 사람은 의사소통을 하지 않을 수 없습니다.
> **폴 바츨라빅**(1921~2007년), 미국의 커뮤니케이션 학자

> 저는 사생활의 영역에 대한 권리가 필요하다고 봅니다. 곧 접근이 방해받지 않고 차단되지 않는 권리가 필요합니다. 상업 시장에 대한 자유로운 접근도 중요합니다. 정치적인 웹사이트도 자유롭게 접근할 수 있어야 합니다. 비록 불법적이고 끔찍한 내용들을 마구 옮기는 사람이더라도 접근할 수 있어야 합니다. 그런 다음 접근에 대한 기본적인 권리가 자연스럽게 생길 것입니다. 아직도 인류의 절반 이상이 웹을 사용할 수 없습니다.
> **팀 버너스 리**, 인터넷 헌장에서 명시되어야 할 내용을 묻는 질문에 대한 답변

39 교회는 사회 관계망에 대해 어떤 입장인가요?

인터넷, 특히 사회 관계망(이하 SNS)을 소통 가능성을 확장시키는 중요한 수단으로 봅니다. 베네딕토 16세 교황은 이러한 점을 자주 다루었습니다. "새로운 기술은 공간과 문화의 경계를 넘어 사람들을 서로 만나게 해 주고, 그렇게 하여 우정을 쌓을 수 있는 완전히 새로운 세계를 만들어 냅니다. 이것은 우리에게 커다란 기회이기

> 새 매체들은 열린 세계이며, '눈높이'로부터 자유롭습니다. 이 매체들은 확정된 권위나 제도의 공헌을 자동적으로 인정하거나 거기에 특권을 부여하지 않습니다. 이러한 환경에서 권위는 권리가 아니라 스스로 얻어야 합니다.
> **클라우디오 마리아 첼리**(1941년 출생), 대주교, 교황청 사회홍보평의회 의장

도 하지만, 있을 수 있는 위험들을 깨닫고 더욱 조심하여야 합니다."(제45차 홍보 주일 담화) 모든 매체와 마찬가지로 SNS도 공공복지와 인간 발전에 기여해야 합니다. 베네딕토 16세 교황은 '디지털 시대에 소통의 의미에 대한 진지한 성찰'을 요구합니다. SNS를 통해 대화를 나누는 소통은 교회에 친교를 직접적으로 실현하는 큰 기

회를 제공합니다. 베네딕토 16세 교황은 트위터에 가입했고, 프란치스코 교황은 자신의 트위터 계정(@Pontifex)에 2016년 초 약 2천 6백만 명의 팔로워가 있습니다.

➡ 415 ➡ 2494, 2496

> 사회 관계망은 복음화의 수단이 될 뿐 아니라 인간 발전의 요소가 될 수 있습니다.
>
> 베네딕토 16세 교황, 2013년 제47차 홍보 주일 담화

> 커뮤니케이션 자유권을 행사하는 것이 부자, 지식인, 정치적인 힘을 지닌 사람들에게 종속되어 있다는 것은 받아들일 수 없다. 커뮤니케이션권은 모든 사람의 권리이다.
>
> 교황청 사회홍보평의회 사목훈령, 〈새로운 시대〉 15항

40 디지털 양극화 현상은 왜 생기나요?

공동체를 형성하는 데 모든 사람이 참여하는 것이 사회적인 소통 수단의 최종 목적입니다. 어떤 사람들이 구조적이거나 경제적 혹은 개인적 이유에서 인터넷에 접근할 수 없거나 그것을 적절하게 이용할 수 없다면, 그들은 처음부터 인터넷과 SNS에서 배제된 것입니다. 여기에서 개인이나 특정 계층이 배제되지(디지털 양극화) 않도록, 교회는 항상 모든 사람이 사회적인 소통 수단에 자유롭게 접근할 수 있도록 요구합니다. 아울러 독점적인 운영과 이념적인 통제가 있어서는 안 된다고 강조합니다. 나이든 사람, 실업자, 교육을 적게 받은 사람 등이 배제된다면, 사회적 양극화에 대해 말해야 합니다. 이러한 양극화는 반드시 극복되어야 합니다. 따라서 여기서 양극화는 의사소통의 과정만이 중요한 것이 아닙니다. 개인이나 특정 계층이 정보와 교육과 발전에서 배제되는 구조를 극복하는 것도 중요합니다.

> 어느 날 아침 우리는 잠에서 깨어나 더 이상 손으로 글을 쓸 수 없다는 것과 책상 위에는 편지 봉투와 편지지가 사라지고 만년필에는 잉크가 말랐다는 것을 확인하게 될 것입니다. 우리는 입을 열지만 목소리가 나지 않습니다. 우리는 손을 흔들거나 큰 소리로 웃는 것을 잊어버렸습니다. 물론 우리는 계속 의사소통을 할 수 있습니다. 획일화된 동일한 스타일로 모든 것을 소통하는 것입니다. 우리가 나누는 메시지들 사이에 유일한 차이는 그 내용뿐입니다.
>
> 클리포드 스톨 (1950년 출생), 미국의 천문학자이자 사이버 보안 전문가

➡ 414, 416, 557, 561 ➡ 2495, 2498, 2499

41 매체를 올바르게 이용하려면 어떻게 해야 하나요?

매체를 의미 있게 이용하는 것은 모든 사람에게 중대하게 요구되는 사항입니다. 전통적 언론 매체인 신문, 라

디오, 텔레비전은 사람들이 어떤 매체를 이용하여 시간을 보낼지 결정하게 만들었습니다. 그러나 이러한 수동적 소비는 종종 정신적으로 공허하고 스스로를 비참하게 느끼는 사용자를 양산합니다. 여기서 부모, 선생, 청소년 지도자는 특별한 책임을 지니고 있습니다. 그들은 어린이들과 청소년들에게 매체 이용에 대한 좋은 모범을 보여야 하고, 그들을 풍요롭게 하는 매체들을 가까이 하도록 도와주어야 합니다. 한편으로 디지털 매체에는 새로운 책임이 추가됩니다. 이제 우리는 다른 사람들이 생산하고 보내는 것을 받아들이는 수동적인 수용자가 결코 아닙니다. 우리는 SNS에서 언제나 생산자로 활동할 수 있습니다. 무언가를 연결하고 설명하거나 칼럼이나 동영상, 사진 등을 온라인에 올릴 수 있습니다. 즉 우리는 다른 매체의 제작자에 버금가는 책임을 지니고 있는 것입니다.

➡ 376, 560, 563 ➡ 2496

> 그는 페이스 북에 1,000여 명의 친구들이 있지만 정말 친한 친구는 하나도 없습니다.
>
> **익명**

> 인터넷은 사냥하는 자리, 밝히고 투시하는 자리입니다. 최악의 경우에는 다른 사람을 처형하는 장소이며, 음란물의 장소입니다. 사생활을 숨기거나 들추는 자리입니다. 악의가 없을 경우에는 현실 도피자들이 푸념하는 자리입니다.
>
> **브루스 윌리스**(1955년 출생), 미국의 영화배우

42 매체를 이용할 때 우리에게는 어떤 책임이 있나요?

매체는 사람들을 서로 결합시킬 수도 있고 혹은 고립시

> 디지털 매체는 우리를 둔감하게, 바보스럽게, 공격적이게, 외롭게, 병들고 불행하게 만들 수 있습니다.
>
> 만프레드 슈피처(1958년 출생), 독일 정신과 의사, 《디지털 치매》

디지털 세계에서 정보 전달은 사회적 네트워크 안에 정보를 공개한다는 의미가 점점 더 강해지고 있습니다. 그 안에서 지식은 개인적인 교환 형태로 공유됩니다. 정보의 생산자와 소비자의 구분이 명확하지 않고 상대적이며, 커뮤니케이션은 데이터 교환만이 아니라 오히려 공유의 형태로 드러납니다.

베네딕토 16세 교황, 2011년 제45차 홍보 주일 담화

킬 수도 있습니다. 매체는 사람들을 풍요롭게 하고 더 현명하게 도와주며 격려할 수 있습니다. 하지만 악으로 유혹할 수도 있습니다. 우리가 매체와 SNS를 통해 행하는 것은 모든 사람과의 소통이라는 목적에 기여해야 합니다. 바벨의 언어 혼란(창세 11,4-8 참조)을 극복하고 하느님의 성령을 통해 모든 사람이 서로 이해할 수 있게(사도 2,5-11 참조) 해야 합니다. 여기서 윤리적 핵심 개념은 '책임'입니다. 우리가 진리를 깨닫고 사랑을 추구하기를 바라시는 하느님께 책임감을 갖고 응답해야 합니다. 이웃이 매체를 통해 일치하고 참여하고 풍요로워지는 데 우리의 책임이 있습니다. 우리가 매체를 통해 다른 사람과 참된 친교를 나누는 데에도 책임이 있습니다. 자기 자신을 최우선으로 여기는 고립 상태에 빠져 다른 사람들과 그들의 곤경을 외면하지 말아야 합니다.

→ 198, 416, 562   → 2494, 2495, 2497   → 459, 460

43 인터넷에서 이상적인 의사소통은 어떤 모습인가요?

그리스도인들이 '디지털 대륙'을 정복하여 복음의 빛으

로 가득 채우는 것이 소원이듯이, 그리스도인들의 의사소통의 방식은 일반적인 모습과는 달라야 합니다. 그리스도인들이 신앙에 관한 주제를 다루는 소식을 전하고 블로그를 꾸미는 것은 중요합니다. 그러나 그리스도인들이 인터넷에서 다른 사람들을 단죄한다면, 다른 사람을 비방하고 끌어내리고 신랄하게 비난한다면, 그래서 분열을 조장하거나 거기에 동조한다면, 프란치스코 교황이 〈복음의 기쁨〉에서 요구하는 다음의 내용과는 반대로 행동하는 것입니다. "복음의 기쁨은 모든 민족들을 위한 것입니다. 여기에는 그 누구도 예외가 될 수 없습니다."(23항) SNS 안에서 그리스도인들이 활동하는 것도 복음화를 위해서입니다. "교회는 오늘날 세상에 나아가 모든 이에게, 모든 장소에서, 온갖 기회에, 주저하거나 망설이지 말고 두려움 없이, 복음을 선포하는 것이 매우 중요합니다."(23항)

➡ 415 ➡ 2468 ➡ 455

> 알 권리와 알릴 자유는 직결되어 있다. 사회생활은 개인과 집단끼리의 계속적 교류와 대화로 영위된다.
>
> **교황청 사회홍보평의회 사목 훈령, 〈일치와 발전〉 44항**

> 자기에게 정신적인 손해를 끼치는 원인이나 기회가 되는 것, 또는 나쁜 표양을 통하여 남을 위험에 빠트릴 수 있는 것, 또는 좋은 커뮤니케이션을 방해하고 나쁜 커뮤니케이션을 조장하는 것들을 회피하여야 한다. 이는 오로지 경제적 목적으로 이 매체를 이용하는 업자들에게 많은 돈을 주고 마는 것이다.
>
> **제2차 바티칸 공의회, 사회 매체에 관한 교령 〈놀라운 기술〉 9항**

44 좋은 매체와 나쁜 매체가 있나요?

매체는 그 자체로 좋지도 나쁘지도 않습니다. 어떤 매체는 더 유용하고, 또 어떤 매체는 덜 유용할 뿐입니다. 따

왜곡된 정보는 절반만을 알려 주는 것을 뜻합니다. 자신에게 유리한 부분만을 알려 주는 것입니다. 그래서 라디오를 듣거나 텔레비전을 보는 사람은 온전한 판단을 내릴 수 없습니다. 그는 수단을 지니고 있는 것이 아니라 수단이 그에게 주어졌기 때문입니다. 그러니 여러분은 이러한 죄를 피하시기 바랍니다.

프란치스코 교황, 2014년 3월 22일 기자들에게 전한 메시지

> 구글은 매체가 아닙니다. 구글은 하나의 장사 모델입니다.
>
> 프랑크 마이어(1944년 출생), 스위스의 기자

매체와 디지털 세계가 어디에나 존재하면서 사람들이 현명한 삶의 방식을 배우고 깊이 생각하며 넉넉히 사랑하는 법을 배우지 못하도록 영향을 행사합니다. …… 자기 성찰, 대화, 사람들과 편견 없는 만남의 결실인 참된 지혜는 단순히 자료 축적으로 얻어지는 것이 아닙니다. 자료의 축적은 결국 과부하와 혼란을 일으켜 일종의 정신적 오염을 낳습니다.

프란치스코 교황, 〈찬미받으소서〉 47항

라서 어떤 목적으로 매체를 사용하고, 어떻게 그것을 취급하는지가 중요합니다. 우리는 그 자체로도 의미 있는 매체를 무익한 정보와 오락으로 무의미하게 만들 수 있습니다. 그래서 사람들을 실제적인 삶에서 멀어지게 할 수 있습니다. 매체 소유자는 점점 거세지는 상업화에 굴복하여 이용자가 매체에 중독되게 함으로써 수입을 올릴 수 있습니다. 매체는 희망이 없는 비참한 세계를 속이는 값싼 사치품으로 자주 타락합니다. 사람들은 폭력을 예찬하는 내용 때문에, 더 심하게는 외설적인 내용 때문에 인터넷에 빠져들고 있습니다. 인터넷 매체 생산자들은 자신들의 매체에 종속되고 중독된 사용자를 만들기 위해, 컴퓨터 게임과 같은 매체의 새로운 표현 형태와 판매 전략을 발전시킵니다. 이러한 모든 것은 매체의 남용입니다. 그리스도인들은 이러한 내용들을 시종일관 멀리해야 하며, 사랑과 열린 마음으로 인터넷에

중독된 사람들, 특히 청소년을 그 곤경에서 빠져나오도록 도와주어야 합니다.

➡ 2498, 2499

45 매체의 남용을 어떻게 해야 막을 수 있나요?

일단 매체의 남용은 단호하게 대처해야 합니다. 아주 긴급한 경우에 시장도 윤리적인 목적 설정이 필요합니다. 인터넷 매체 생산자는 공동선의 윤리적 이상과 인류의 발전에 기꺼이 따르기를 더 요구받고 있습니다. 음란물과 아동 포르노의 확산은 정부 차원에서 계속 제거하며 차단해야 할 아주 나쁜 현상입니다. 인터넷의 익명성으로 말미암아 점점 확산되는 사이버 따돌림과 중상中傷에 관한 모든 형태 역시 받아들일 수 없는 것입니다. 구글과 같은 기업체를 통해 혹은 정부를 통해서도 자료가 남용될 수 있다는 점을 고려하면 사람들이 자신에 관해 모든 것을 공개하지 않도록 해야 하며, 은밀한 종류의 촬영에 스마트폰을 이용하지 않는 것도 중요합니다.

➡ 235, 349 ➡ 459

> 냉정한 말은 사람의 마음을 경직되게 하고, 성급한 말은 힘들게 하고, 쓰디쓴 말은 괴로움을 안겨 주고, 성난 말은 노여움을 줍니다. 친절한 말은 사람의 마음속에 즐거움을 가져다줍니다. 그 말은 사람의 기분을 돋우고, 달래고, 위로합니다.
>
> **블레즈 파스칼(1623~1662년), 프랑스의 수학자이자 철학자**

> 시대에 뒤떨어지지 않고, 한없이 풍요로운 복음이 모든 이의 정신과 마음에 다다를 수 있는 표현 방식을 찾으려면, 새로운 언어를 사용하는 능력이 필요합니다.
>
> **베네딕토 16세 교황, 2013년 제47차 홍보 주일 담화**

46 교회는 모든 기술 발전에 함께해야 하나요?

과학과 기술은 '하느님이 선사하신 피조물의 훌륭한 열매'입니다. 하지만 진보 그 자체가 목적은 아닙니다. 무언가가 새로운 것이라고 해서, 그것이 자동적으로 선한 것은 아닙니다. 모든 발전은 인간과 공동선에 기여하는지 혹은 도리어 인간의 존엄성을 경시하고 있지 않는지 그 여부를 점검해야 합니다. 왜냐하면 발전은 그릇된 가치들을 감언이설로 믿게 하거나 거기에 종속되게 할 수 있기 때문입니다.

➡ 457, 458 ➡ 2493, 2294

교회의 중요 문헌

교회와 사회

새로운 사태   **교회의 사회적 사명**

새로운 산업의 성장과 새로운 기술의 발전, 변화된 노사 관계, 극소수의 막대한 부요와 대다수의 빈곤, 노동자들의 자기 신뢰 증가와 상호 결속의 필요성, 그 밖에 윤리의 타락이 투쟁을 일으키게 되었다.

레오 13세 교황, 회칙 〈새로운 사태〉(1891년) 1항

새로운 사태   **인간에게는 공동체가 필요하다**

인간은 자신의 연약함에 대한 뼈저린 체험으로 말미암아 자신의 활동을 다른 사람의 활동과 연합시키려는 강한 충동을 느낀다. …… 이 자연적 성향으로 인하여 인간은 큰 사회단체인 국가 및 다른 개별 단체들을 형성하게 된다. 이 개별 단체는 분명히 작고 불완전하지만 참다운 사회단체이다.

레오 13세 교황, 회칙 〈새로운 사태〉(1891년) 35항

기쁨과 희망   **모든 인간의 평등과 사회적 정의**

모든 사람이 이성적 영혼을 갖추고 하느님의 모습으로 창조되어 같은 본성과 같은 기원을 가지고 있으므로, 또 그리스도께 구원을 받고 동일한 신적 소명과 목적을 지니고 있으므로, 모든 사람의 근본적 평등은 더욱더 인정을 받아야 한다.

분명히 육체적 능력이 다르고 지성적 도덕적 역량이 다르므로 모든 사람이 동등하지는 않다. 그러나 인간 기본권에서 모든 형태의 차별, 사회적이든 문화적이든, 또는 성별, 인종, 피부색, 사회적 신분, 언어, 종교에서 기인하는 차별은 하느님의 뜻에 어긋나는 것이므로 극복되고 제거되어야 한다. 그러한 인간 기본권이 아직도 어디에서나 온전히 보호받지 못하고 있다는 것은 참으로 통탄할 일이다. 이를테면 자유로이 배우자를 선택하고 생활 신분을 받아들일 권리, 또는 남성이 받을 수 있는 것과 동등한 교육과 문화의 기회가 여성에게 거부되는 경우가 그렇다.

더욱이 인간들 사이에 정당한 차이가 있다 하더라도, 평등한 인간 존엄성은 더욱 인간답고 공평한 생활 조건에 이르게 되기를 요구한다. 하나인 인간 가족의 구성원들이나 민족들 사이의 지나친 경제적 사회적 불평등은 추문을 일으키고, 사회 정의, 평등, 인간 존엄성은 물론 사회적 국제적 평화에 배치되기 때문이다.

그리고 사립이든 공립이든 모든 인간 단체는 인간의 존엄과 목적에 봉사하며 온갖 사회적 정치적 예속을 거슬러 줄기차게 투쟁하고 모든 정치 체제 아래에서 인간의 기본권을 수호하도록 진력하여야 한다. 더 나아가서, 이러한 단체들은 바라는 목적을 달성하는 데에 때로는 상당히 긴 시간이 필요하다 하더라도, 모든 것 가운데에서 가장 드높은 정신적 실재에 점차 부응해 나가야 한다.

제2차 바티칸 공의회, 사목 헌장 〈기쁨과 희망〉(1965년) 29항

백주년 　　사회적 갈등의 원인들

교회는 사회적 복음 메시지를 어떤 기술이나 단순한 이론처럼 보지 않고 사실은 무엇보다도 먼저 행동하는 기반과 기회로 생각한다. 이 메시지에 감화되어 초기 그리스도인들 중 어떤 이들은 자신들의 재산을 가난한 이들에게 나누어 주었으며, 그들이 다양한 사회 계층에 속함에도 불구하고 평화로운 공동체로서 살 수 있었다는 것이 증명되었다. 복음의 힘으로 여러 세기 동안 수도자들은 땅을 경작했으며, 수사들과 수녀들이 가난한 이들을 받아들이기 위하여 병원, 보호 시설 그리고 자선 협회를 세웠으며, 여러 계층의 남녀들은, "너희는 여기 있는 형제 중에 가장 보잘것없는 사람 하나에게 해 준 것이 바로 나에게 해 준 것이다."(마태 23,40)고 하신 그리스도의 말씀은 경건한 원의로 남아 있으면 안 되고 오히려 구체적 생활의 실천이 되어야 한다는 확신을 가졌기 때문에 궁핍하고 주변화 된 이들을 위한 봉사에 투신했다.

요한 바오로 2세 교황, 회칙 〈백주년〉(1991년) 57항

진리 안의 사랑 　　사회 커뮤니케이션 수단의 새로운 중요성

좋든 나쁘든 사회 커뮤니케이션 매체는 현대 생활에 너무도 필수적인 부분이어서, 매체가 중립적이며 따라서 인간에 관한 어떤 도덕적 가치들에도 영향을 받지 않는다고 주장하는 것은 터무니없어 보입니다. 흔히 매체의 순전히 기술적인 성격을 강조하는 그러한 시각은 시장을 지배하고자 매체를 경제 이익에 종속시키고, 특히 이념적 정치적 목적에 이용되는 문화적 요소들을 강요하려는 시도들에 예속시키려는 행위를 지지하는 것입니다. 현실과 인간에 대한 태도에 변화를 가져오는 매체의 근본적 중요성을 고려할 때, 우리는 매체의 영향, 특히 그것이 세계화와 민족들의 연대 발전이 지닌 윤리적 문화적 차원에 미치는 영향을 주의 깊게 성찰하여야 합니다. 세계화와 발전에 윤리적으로 접근할 필요성에 비추어 매체의 의미와 목적을 인간학적 관점에서 추구하여야 합니다. 이는 매체가 기술의 발전으로 정보 전달의 가능성을 증대시킬 뿐만 아니라 무엇보다도 참된 보편적 가치들을 반영하는 인간관과 공동선을 지향할 때에 인간을 교화시키는 효과를 가질 수 있음을 의미합니다. 사회 커뮤니케이션 매체는 단지 상호 연결과 사상 보급의 가능성을 증대시킬 뿐이지, 모든 사람의 자유를 증진하거나 발전과 민주주의를 보편화시키는 것은 아닙니다. 매체가 그러한 목적을 달성하려면 인간과 민족들의 존엄을 증진하는 데 초점을 맞추어야 하며, 명백히 사랑에서 영향을 받고 진리와 선,

그리고 혈연과 또 혈연을 넘어선 형제애에 이바지하여야 합니다. 사실, 인간의 자유는 본질적으로 이러한 상위의 가치들과 연결되어 있습니다. 매체가 공동 정의 추구에 모든 사람의 참여를 촉진하는 데에 이용될 때 인류 가족의 친교와 사회의 도덕적 기풍을 성장시키는 데 크게 기여할 수 있습니다.

베네딕토 16세 교황, 회칙 〈진리 안의 사랑〉(2009년) 73항

새로운 매체의 적법성

오늘날 디지털 영역이 많은 사람들이 살고 있는 현실임을 우리는 인정해야 합니다. 가장 명확히는 서구 사회에서 그렇고, 이것이 개발 도상국의 젊은이들에게서도 점점 증대되고 있습니다. 우리는 디지털 영역을 어떤 방식으로든지 '현실적' 공간보다 덜 중요한 '잠재적' 공간으로 여겨서는 안 됩니다. 교회가 이러한 공간에서 존재하지 않는다면, 즉 복음이 '디지털'로 선포되지 않는다면, 우리는 그것을 세상으로 여기고 또 실제로 거기에서 '살고' 있는 많은 사람들을 잃을 위험이 있는 것입니다. 그 영역은 공개 토론장입니다. 그들의 정보들과 소식들은 여기에 관련되어 있고, 여기에서 그들은 자신들의 의견을 형성하고 표현하고, 논쟁에 참여하고 대화를 하며 자신들의 물음에 대한 대답을 찾습니다. 교회는 이미 디지털 공간 안에 현존하고 있습니다. 하지만 이러한 현존이 효과적이기 위해서 우리의 소통 양식이 변화되어야 한다는 도전을 받고 있습니다. …… 새 매체들은 열린 세계이며, '눈높이'로부터 자유롭습니다. 이 매체들은 확정된 권위나 제도의 공헌들을 자동적으로 인정하거나 거기에 특권을 부여하지 않습니다. 이러한 환경에서 권위는 권리가 아니라 스스로 얻어야 합니다. 이것이 뜻하는 바는, 정치적이고 사회적인 제도뿐만 아니라 교회의 교계 제도도 자신들의 소통이 이러한 공개 토론장에서 적절한 주목을 받을 수 있도록 새로운 형태를 찾아야 한다는 것입니다.

클라우디오 마리아 첼리 대주교, 교황청 사회홍보평의회 의장, 세계주교 대의원회의 제13차 정기 총회(2012년), 교회의 커뮤니케이션을 위한 사회 관계망의 중요성에 대한 연설

복음의 기쁨 — 커뮤니케이션의 더 큰 가능성

인간 커뮤니케이션 수단과 관계망들이 유례없는 발전을 이룬 오늘날, 우리는 함께 사는 '신비', 서로 어울리고 만나고 서로 감싸고 지지하며 이 흐름에 참여하는 신비를 발견하고 전달하도록 도전받고 있음을 느낍니다. 이 흐름은 약간은 혼란스럽지만 형제애의 진정한 체험과 연대의 행렬과 거룩한 순례가 될 수 있습니다. 따라서 커뮤니케이션의 더 큰 가능성은 모든 이에게 만남과 연대를 위한 더 큰 가능성이 됩니다. 우리가 이 길을 따를 수 있다면, 우리는 참으로 좋고 자유롭고 위안을 얻으며 희망이 가득할 것입니다! 우리 자신에게서 벗어나 다른 이들과 함께하는 것은 우리에게 좋습니다. 자기 자신에게 갇히는 것은 자기 안에만 머무는 내재성이라는 쓰디쓴 독약을 맛보는 것이고, 우리의 모든 이기적인 선택으로 인류는 더욱 궁지에 몰리게 됩니다.

프란치스코 교황, 권고 〈복음의 기쁨〉(2013년) 87항

💬 의사소통의 좋은 측면

의사소통이 잘 되면 우리는 서로 더욱 가까워지고 더 잘 알게 되며, 궁극적으로 일치를 더욱 잘 이룰 수 있습니다. 우리가 서로의 말을 귀담아 듣고 서로에게 배울 준비가 되어 있을 때 비로소 우리를 갈라놓은 벽들은 무너질 수 있습니다. 우리는 이해와 상호 존중을 증진시켜 주는 대화를 통하여 서로의 차이를 해소해야 합니다. 만남의 문화를 위하여 우리는 줄 뿐만이 아니라 받을 준비도 해야 합니다. 이와 관련하여 대중 매체는 특별히 인간 커뮤니케이션 관계망이 전례 없이 발전한 오늘날 아주 큰 도움을 줄 수 있습니다. 특히 인터넷은 모든 사람에게 만남과 연대의 무한한 가능성을 열어 줍니다. 이것은 정말 좋은 것으로 하느님의 선물입니다.

…… 인터넷을 통하여 그리스도교 메시지는 "땅끝에 이르기까지"(사도 1,8) 전해질 수 있습니다. 우리 교회의 문을 열어 둔다는 것은 디지털 환경 안에서도 문을 열어 둔다는 것을 의미합니다. 그리하여 사람들이 어떠한 처지에 있든 교회 안으로 들어올 수 있고, 복음이 교회의 문턱을 넘어 모든 이에게 전해질 수 있게 하는 것입니다. 우리는 교회를 모든 사람의 집으로 보여 주라는 부르심을 받고 있습니다. 우리가 그러한 교회의 모습을 전할 수 있습니까? 커뮤니케이션은 교회 전체의 선교 소명을 보여 주는 수단입니다. 오늘날 사회 관계망은 신앙의 아름다움, 그리스도를 만나는 아름다움을 되찾으라는 이러한 부르심을 실천하는 한 가지 방법이 됩니다. 커뮤니케이션 분야에서도 우리는 따스함을 전하고 마음에 불을 놓을 수 있는 교회가 필요합니다.

프란치스코 교황, 제48차 홍보 주일 담화(2014년)

질문 47~83

유일하고 무한한 가치

인간의 인격

"우리와 비슷하게 우리 모습으로 사람을 만들자." 하느님께서는 이렇게 당신의 모습으로 사람을 창조하시되 남자와 여자로 그들을 창조하셨다.

창세 1,26-27 참조

! **하느님의 모상**(라틴어로 Imago Dei)은 모든 피조물 가운데 가장 탁월한 인간의 지위를 성경적으로 묘사하는 가르침입니다. 하느님과 소통할 수 있는 존재를 의미합니다.

💬 인간은 그 깊은 본성에서부터 사회적 존재이다.
제2차 바티칸 공의회, 사목 헌장 〈기쁨과 희망〉 12항 참조

⛪ 인간이 영적으로 성장하고, 인간 영혼이 그 자체와 하느님께서 마음 깊이 새겨 주신 진리들을 인식하게 될 때, 그리고 인간이 자기 자신과 또 창조주와 대화를 나눌 때 인간은 발전합니다. 하느님에게서 멀어질 때, 인간은 불안해하고 병들게 됩니다.
베네딕토 16세 교황, 〈진리 안의 사랑〉 76항

47 우리가 인격에 대해 말하는 것은 무엇을 뜻하나요?

우리는 '인격'이라는 말로 모든 사람이 침해받을 수 없는 존엄성을 지닌다고 표현합니다. 인간은 하느님의 모습으로 창조되었습니다(창세 1,27 참조). 따라서 인간은 창조주 하느님을 대리하는 피조물입니다. 인간은 "지상에서 그 자체를 위하여 하느님께서 바라신 유일한 피조물"(사목 헌장 〈기쁨과 희망〉 24항)입니다. 하느님의 피조물로서 인간은 '무엇'이 아니라 '누구'이기에 비할 데 없는 가치가 있습니다. 인간은 인격이 있기에 자기 자신을 깨달을 수 있고, 자기 자신에 대해 생각할 수 있으며, 자기 자신에 대해 결정할 자유가 있고, 다른 사람과 친교를 이룰 수 있습니다. 그리고 하느님께 믿음으로 응답하도록 부르심을 받았습니다. 그러므로 인간이 **하느님의 모상**이라는 것은, 인간이 항상 하느님과 관련하여 존재하고, 오직 하느님 안에서 자신의 가능성을 충만하게 실현할 수 있음을 의미합니다.

➡ 108, 109 ➡ 356~361, 1702, 1704 ➡ 56, 58, 63

48 왜 모든 인간은 사회적 존재인가요?

인간은 다른 사람들의 도움을 받아야만 살 수 있고 또 성장할 수 있습니다. 그래서 하느님과의 좋은 관계뿐만 아니라 다른 사람들과도 좋은 관계를 이루며 살아야 합니다. 그렇게 가정이 시작되고, 친구 관계가 이루어집니다. 그리고 마침내 사회 전체가 형성됩니다. 인간의 사회적 차원을 위한 근본 원리는 우리가 남자와 여자로 창조되었다(창세 2,23 참조)는 데에 있습니다. 처음부터 남자와 여자는 동등한 존엄성을 지니고 있습니다. 그들은 서로를 도와주고 보완함으로써 자신들의 삶을 실현합니다. 하느님은 남자와 여자 사이의 사랑의 결합을 자녀로 열매 맺게 하십니다. 그러기에 가정은 모든 사회의 가장 기본적인 단위입니다.

➡ 110, 111 ➡ 360, 361 ➡ 61, 64

> 인간의 존엄성은 침해되어서는 안 되며, 국가는 이 불가침의 원칙을 확인하고 보호할 의무를 지닌다.
> 독일 헌법 1조 1항

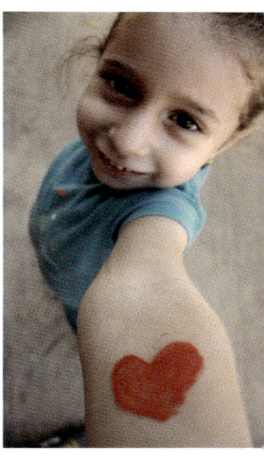

49 사회적으로 산다는 것은 무엇을 뜻하나요?

우리는 사회의 가장 기본적인 단위인 가정 안에서 가장 근본적이고 사회적인 만남을 체험합니다. 가정에서 서로 대화를 나누고 배려하고, 개인의 관심사를 항상 공동체와 모든 사람의 선익에 종속시키는 것은 아주 유익한 일입니다. 가정에서 아이가 태어나기 때문만은 아니지만, 하느님이 창조적이신 것처럼 가정은 창조적입니다. 우리 인간은 관계를 맺는 사회적 존재로서 하느님의 창조에 참여하고 있습니다. 그러기에 우리는 다른 모든 생명체에 대한 책임이 있습니다. 이 각각의 생명체는 거룩하고 신성합니다. 항상 그렇습니다. 우리의 사회적 책임은 우리가 사랑으로 대해야 하는 동물과도 관련이 있습니다. 또한 자연과도 관련이 있어, 우리는 자연을 착취하는 것이 아니라 지속적으로 책임 있게 이용해야 합니다. 하지만 가톨릭 사회 교리의 중심에는 인간이 자리

> 목적의 왕국에서 모든 것은 값어치가 있거나 존엄성이 있습니다. 값어치가 있다는 것은 다른 것에 의해 대체될 수 있는 상대적 가치를 지니는 것이고, 존엄성이 있다는 것은 모든 값어치를 초월한 것이므로 대체할 수 없는 숭고한 내적 가치를 지니는 것입니다.
> 임마누엘 칸트(1724~1804년), 독일의 철학자, 《윤리 형이상학 정초》

잡고 있으며, 인간은 사회를 실제로 이끌어 가는 주체입니다. 그러기에 인간은 사회적으로 행해지는 모든 것 안에서 우위를 차지합니다.

➡ 105~107, 110~114 ➡ 1877~1885 ➡ 321~323

> 우리는 이웃을 사랑해야 합니다. 왜냐하면 그가 선하기 때문이거나 그가 선한 사람이 되게 하기 위해서입니다.
> **아우구스티노 성인**

50 인간의 인격은 무엇에 의해 침해받나요?

인간의 인격과 존엄성은 여러모로 침해받을 위험에 방치되어 있습니다. 그 혼란과 파괴의 결정적인 요소를 우리는 '죄'라고 부릅니다. '원죄'로 하느님께 맞선 아담은 죄를 짓고 상처를 입을 수밖에 없는 인간의 원형입니다. 우리는 모두 인간입니다. 그리고 우리는 모두 죄인입니다. 우리가 죄를 짓고 삶으로써 다른 사람에게 상처를 줍니다. 바로 그렇기 때문에 지상은 낙원이 아닙니다. 우리는 매 순간마다 죄를 거부할 수 있습니다. 그러나 죄의 힘은 자유가 자리를 잡고 있는, 우리의 내면 중심까지 영향을 미칩니다. 그래서 우리는 자발적으로 악을 행하고, 자유로이 하느님의 뜻에 반대하며, 생명의 원천이신 하느님으로부터 멀어지는 것입니다.

➡ 117, 120, 576, 578 ➡ 390, 396~406, 415
➡ 66~70, 287, 288, 315

> 악은 선의 결핍입니다.
> **토마스 아퀴나스 성인, 《신학대전》**

> 만일 우리가 죄 없다고 말한다면, 우리는 자신을 속이는 것이고 우리 안에 진리가 없는 것입니다.
> **1요한 1,8**

> 그들은 아이들을 어머니의 가슴에서 끌어냈습니다. 그리고 아이들의 다리를 움켜잡고 머리를 바위에 내려쳤습니다. 혹은 아이들의 팔을 붙잡고 강에 내던졌습니다. 그리고는 아이들이 강물에 떨어질 때 소리쳤습니다. "지옥의 산물이여, 여기에 잠겨라!"
> **바르톨로메 데 라스 카사스** (1474~1566년), 에스파냐의 성직자, 도미니코회 수사, '인디언의 사도', (식민자들에게 반대한 호소문)

51 죄도 사회적 차원을 지니고 있나요?

죄는 한 인간의 자유롭고 의식적인 행동입니다. 그러나 죄는 인간관계 안에서 즉, 사회 전체에서도 작용합니다. 그러기에 죄는 개인적인 차원과 동시에 사회적인 차원을 지니고 있습니다. 죄는 죄를 지은 자기 자신에게도 나쁜 것이지만, 동시에 공동체에 상처를 입히고 다른 사람들에게도 해를 끼칩니다. "그러는 가운데 이 구조들이 강화되고 확장되고 다른 죄들의 원천이 되며 아울러 사람들의 행동에 영향을 끼칩니다."(요한 바오

> 우리가 쉽게 죄를 짓는 것은 거기에 동의하기 때문입니다.
> **장 파울**(1763~1825년), 독일의 작가

로 2세 성인 교황, 〈사회적 관심〉 36항 참조) 예를 들어 부당한 폭력을 행사하거나 소수를 보호하지 않는 정치 제도를 생각해 봅시다. 죄는 결코 운명이 아닙니다. 죄에 빠진 구조들은 변화시킬 수 있습니다. 죄를 깨닫고 인정하는 것이 죄에서 벗어나는 첫 번째 걸음입니다. 예수 그리스도는 우리를 죄의 종살이에서 구해 내시기 위해 오셨습니다. 죄에 연루된 창조는 그리스도를 통해서 사랑과 정의로 해방됩니다. '사랑의 문명'은 개인의 회개와 하느님과의 화해로부터 시작합니다.

> **!** **가난의 희생자들**
>
> 우리가 현실을 더 깊이 들여다보면, 이러한 가난이 우연이 아니라 경제적 · 사회적 · 정치적인 구조들과 또 다른 상황의 결과라는 것을 확인하게 됩니다. …… 이러한 극단적인 가난은 일상생활에서 매우 구체적인 모습을 보여 주고 있는데, 우리는 거기에서 우리의 주님 그리스도께서 고통을 겪으시는 모습을 분명하게 깨닫습니다. 우리에게 질문을 제기하고 간절히 호소하는 그분의 그 구체적인 얼굴들이란
>
> → 가난으로 인해 태어나자마자 영양실조에 걸린 아이들의 얼굴
> → 사회 안에서 마땅한 자리를 찾지 못해 갈피를 잡지 못하는 젊은이의 얼굴
> → 터무니없이 적은 임금을 받는 노동자의 얼굴
> → 사회 변두리 집단의 얼굴 등입니다.
>
> 〈현재와 미래의 라틴아메리카 복음화를 위한 푸에블라 문헌〉 (1979년), 30~39항

➡ 115~119, 193, 566

➡ 1868, 1869 ➡ 320

> 자신의 영혼을 무시하지 마십시오. 자신의 영혼을 무시하면, 다른 사람들에게 주어야 할 것을 줄 수 없습니다. 그러기에 그대는 자신을 위해서, 자신의 영혼을 위해서 시간을 마련해야 합니다.
>
> 가롤로 보로메오 성인
> (1538-1584년), 밀라노 교구장,
> 가톨릭 개혁 운동의 기수

> 키스 한 번 하기 위해 1,000달러를 내면서, 영혼을 사기 위해서는 50센트를 내는 곳이 할리우드입니다.
>
> 메릴린 먼로(1926-1962년),
> 미국의 여배우, 할리우드 스타

> 인식의 순간에 인간의 정신은 무한한 것이 됩니다.
>
> 토마스 아퀴나스 성인,
> 《이교도 논박》

! 초월(transcendence, 라틴어로 '넘어서다'를 뜻하는 'transcendere'에서 유래) 인간은 자신의 실존을 통해서 자기 자신을 넘어서기 때문에, 하느님과 관련하지 않고서는 이해될 수 없습니다.

52 인간 인격의 단일성은 어디에 있나요?

인간에게는 육신과 영혼이 있습니다. 그러나 이러한 분리는 실재가 아닙니다. 인간 인격은 항상 육신과 영혼의 일치로 존재합니다. 유물론은 영혼을 순전하게 물질과 육신의 활동으로 여깁니다. 반면 유심론은 육신을 타락한 영혼으로 폄하합니다. 교회는 두 이론 모두를 거부합니다. 우리 육신은 영혼의 감옥이 아닙니다. 영혼은 본질적으로 살아 있는 인간의 것입니다. 육신을 통해서 인간은 지상과 결합되어 있고, 자연의 일부가 됩니다. 또한 영혼으로 자신의 인격적 정체성인, '자아'를 찾습니다. 그뿐만 아니라 인간의 영혼은 하느님을 바라보고 하느님에 의해 항상 관조됩니다. 그러기에 영혼은 불멸합니다. 그러나 육신도 결코 경시되어서는 안 됩니다. 왜냐하면 육신은 하느님에 의해 손수 창조되었고 마지막 날에 부활하도록 되어 있기 때문입니다. 예수님도 인간의 육신이 곤경에 처할 때 치유해 주셨습니다. 인간은 물질적인 동시에 영적인 존재입니다.

➡ 127~129 ➡ 355~357, 380 ➡ 58

53 인간은 왜 자기 자신을 넘어서 생각하나요?

창조 전체에서 인간만이 무한한 것에 열려 있고, 궁극적인 답을 갈망합니다. 철학은 인간이 초월에 개방되어 있고, 자기 자신을 넘어설 수 있다고 말합니다. 인간은 자기 자신과 다를 뿐만 아니라 더 위대한 존재를 인식하며 이해할 때 비로소 자기 자신이 됩니다. 그 존재는 모든 생명의 근원인 하느님이십니다. 인간은 하느님께 열려 있기 때문에 타인에게도 열려 있고 또 그들을 존중할 수 있습니다. 타인을 인정하고 그들과의 친교와 대화 등을 통해 자기 자신에게 더욱 가까이 갈 수 있습니다.

➡ 130 ➡ 27~30, 1718, 1719, 1725, 2548~2550, 2557 ➡ 3, 4, 281, 468, 470

> 타인을 인정하는 것은 갈망을 인정하는 것을 뜻합니다. 타인을 인정하는 것은 주는 것을 의미합니다. …… 우리는 오직 주거나 거부함으로써 이방인과 과부와 고아의 시선을 인정할 수 있습니다.
>
> 에마뉘엘 레비나스(1905~1995년), 리투아니아 출신의 유다계 프랑스 철학자, 〈전체성과 무한〉

> 인류애의 본질은 인간이 결코 어떤 목적에도 희생되어서는 안 된다는 점에 있습니다.
>
> 알베르트 슈바이처

54 무엇 때문에 인간은 유일무이한 존재인가요?

하느님이 유일한 인격으로 원하셨던 인간을 사랑으로 창조하셨고, 더 큰 사랑으로 구원하셨기 때문에 모든 인간이 유일무이한 것입니다. 이것은 인간이 어떤 존엄성을 지니고 있는지 그리고 모든 사람을 인격체로서 진지하게 받아들이고 더 크게 존중하는 일이 얼마나 중요한지 알려 줍니다. 이것은 정치적 체계와 제도에도 마찬가지입니다. 정치 제도는 인간의 자유와 존엄성을 존중해야 합니다. 그뿐만 아니라 모든 인간의 폭넓은 발전에도 공헌해야 합니다. 공동체는 개인이나 특정 계층을 발전에서 배제할 수 없습니다.

➡ 131 ➡ 2419, 2420, 2422, 2423 ➡ 438

> 우리는 우연한 진화의 무의미한 산물이 아닙니다. 우리 한 사람 한 사람은 하느님의 사유의 산물입니다. 우리 한 사람 한 사람은 하느님께서 뜻하시고, 사랑하시고, 필요로 하시는 존재입니다.
>
> 베네딕토 16세 교황, 2005년 4월 24일 즉위 미사 강론

55 사회는 개별 인간에 대해 어떤 의무가 있나요?

정의로운 사회는 인간 인격의 존엄성을 존중하고 촉진해야 합니다. 사회의 질서는 인간을 위해 있으며, 인간

> 가장 중요한 시간은 항상 현재의 순간입니다. 가장 중요한 사람은 항상 그대가 지금 마주 보고 있는 사람입니다. 가장 중요한 행동은 항상 사랑입니다.
>
> 마이스터 에크하르트

> 사회 질서와 그 발전은 언제나 인간의 행복을 지향하여야 한다. 사물의 안배는 인간 질서에 종속되어야 하며 그 반대가 되어서는 안 되기 때문이다.
>
> **제2차 바티칸 공의회, 사목 헌장 〈기쁨과 희망〉 26항**

> 모든 사람에게 동등한 권리를! 자신의 소질의 발전시키고 능력을 발휘하는 데 동등한 권리를 보장하라! 독립적인 발전을 제한하지 말라!
>
> **루이제 오토-페터스(1819~1895년), 독일 여성 운동의 주창자**

> 자유는 책임을 뜻합니다. 이것이 대부분의 사람들이 자유를 두려워하는 이유입니다.
>
> **조지 버나드 쇼(1856~1950년), 아일랜드 태생의 영국 소설가**

> 너희가 진리를 깨닫게 되면, 진리가 너희를 자유롭게 할 것이다.
>
> **요한 8,32 참조**

> 하느님이 없는 양심은 경악스러운 것입니다.
>
> **표도르 M. 도스토옙스키**

> 성령께서 이끄시는 대로 자신을 내어 맡기는 것보다 더 큰 자유는 없습니다. 이는 모든

이 존엄한 삶을 사는 데에 필요로 하는 것을 지향해야 합니다. 이것은 경제적·정치적·사회적 목적을 위한 온갖 형태의 착취와 도구화를 배제합니다. 인간은 어떤 목적에 도달하기 위한 도구일 수 없습니다. 오히려 인간은 그 자체로 목적이 되어야 합니다.

➡ 132, 133 ➡ 1886, 1887 ➡ 324

세 가지 자유의 의미

무엇으로부터 자유 = 어떤 것에서 벗어나는 외적인 자유

무엇에 대한 자유 = 원하는 것을 선택할 수 있는 자유

무엇을 위한 자유 = 무언가를 행할 수 있는 내적 자유

---

56 인간에게는 얼마나 많은 자유가 필요한가요?

자유는 근본적인 가치입니다. 자유롭게 존재하고 자유롭게 행동하는 것은 인간이 본래 지닌 권리입니다. 자유롭게 결정할 수 있을 경우에만 자신의 행동에 대한 책임을 온전하게 질 수 있습니다. 자유로운 인간만이 사랑으로 하느님께 응답할 수 있습니다. 오직 자유 안에서만 인간은 사회적이고 인격적인 삶을 살 수 있습니다. 그런데 인간의 자유는 정치적·사회적·재정적·법적·문화적 상황으로 인해 항상 제한받고 있습니다. 한 인간에게 자유를 앗아 가거나 부당하게 제한하는 것은 심각한 불의입니다. 이것은 인간의 존엄성을 해치고, 그 인격의 성장을 방해합니다.

➡ 135~137 ➡ 1705, 1706, 1733 ➡ 286, 287

57 인간은 어떻게 자유롭나요?

인간의 자유에는 목적이 있습니다. 자유는 우리가 의지와 이성으로 참으로 선한 것을 행하기 위해 있는 것입니다

다. 자유는 하느님이 마련해 두신 세상의 방식, 곧 자연법과 창조 질서에 방향을 맞추어야 합니다. 우리는 양심을 통해서 선과 악에 대한 진리를 깨달을 수 있습니다. 양심은 인간 안에 있는 진리의 목소리, 모든 사람의 마음에 쓰여 있는(로마 2,15 참조) 자연법입니다. 우리는 양심 안에서 이성을 통해 모든 시대에 선하게 여겨진 가치들을 인식합니다. 속이는 것, 빼앗는 것, 죽이는 것은 결코 옳은 것일 수 없습니다. 하지만 종종 양심은 혼미해지기도 합니다. 자유는 항상 선만을 좋아하는 것이 아니라 종종 이기주의적인 것, 겉치레적인 선을 좋아하기도 합니다. 이 때문에 양심에 대한 교육을 받아야 하며, 참된 가치에 대해 가르침을 받아야 합니다. 그리고 자유로 참된 선을 완성할 수 있기 위해서 예수 그리스도를 통한 해방이 필요합니다.

➡ 16, 138~143 ➡ 1705, 1706, 1730~1733, 1738, 1740~1744 ➡ 288, 289

> 모든 동물은 평등합니다.
> 그러나 어떤 동물들은 더욱 평등합니다.
>
> 조지 오웰(1903~1950년), 영국의 작가, 《동물 농장》

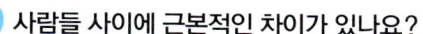

58 사람들 사이에 근본적인 차이가 있나요?

없습니다. 하느님은 모든 사람을 당신의 모습대로 창조하셨고, 이를 통해 모든 사람은 성·출신·종교·인종에 구애받지 않고 신성하며 평등한 존엄성을 지니고 있

것을 마지막 하나까지도 계획하고 통제하려 하지 말고, 성령께서 우리에게 빛을 밝히시고 안내하시고 지도하시어 당신께서 바라시는 대로 우리를 이끄시게 하는 것입니다.

프란치스코 교황,
〈복음의 기쁨〉 280항

내가 책임지고 돌보고 보호해야 할 내 이웃과 바른 관계를 이루어 유지해야 하는 의무를 저버리면, 나 자신, 다른 이, 하느님, 지구와 각각 맺은 관계를 망쳐 버리게 됩니다. 이러한 모든 관계를 소홀히 하면, 정의가 이 땅에 존재하지 않게 되면, 삶 자체가 위험에 빠지게 된다고 성경이 우리에게 말해 줍니다. 이는 정의와 평화의 조건을 계속 충족시키지 못하는 인류를 하느님께서 쓸어버리시겠다고 경고하시는 노아의 이야기에 나타납니다. …… 모든 것은 서로 관계를 맺고, 우리 자신의 삶과 자연과 맺은 관계를 올바로 돌보는 것은 형제애, 정의, 다른 이에 대한

충실함과 떼어 놓을 수 없는 것입니다.

프란치스코 교황,
〈찬미받으소서〉 70항

> 다른 사람을 사랑한다는 것은, 하느님이 만드신 그대로 그를 바라보는 것입니다.
>
> 표도르 M. 도스토옙스키

교회는 남성보다 더 많은 여성 특유의 감수성, 직관, 고유한 역량으로 여성들이 사회에 꼭 필요한 기여를 하고 있음을 인식합니다. …… 그러나 아직도 여성이 교회 안에서 더욱 적극적인 역할을 할 수 있는 기회를 넓혀야 합니다. …… 성찬례에서 자신을 봉헌하시는 신랑이신 그리스도의 표징으로 사제직을 남성에게만 유보하는 것은 토론의 여지가 없는 문제입니다. 그러나 이는 성사권을 일반적인 권력과 지나치게 동일시하는 경우에 특별한 논란거리가 될 수 있습니다. …… 교회에서 역할은 "다른 사람에 대한 우월 의식을 조장하지" 않습니다. 실제로 여성이신 마리아께서는 주교들보다 더 존귀하신 분이십니다.

프란치스코 교황, 〈복음의 기쁨〉 103, 104항

> 저는 발이 없는 사람을 만날 때까지 신발이 없다고 울었습니다.
>
> 헬렌 켈러(1880~1968년), 미국의 작가이자 사회 사업가, 청각 및 시각 장애자

습니다. 그렇기 때문에 모든 사람의 인격적 성장과 존엄성을 지키기 위해 남녀나 민족 사이의 불평등은 극복되어야 합니다.

➡ 144, 145 ➡ 1934, 1935 ➡ 330, 331

59 남자와 여자는 무엇이 같고, 무엇이 다릅니까?

남자와 여자는 하느님 앞에서 인격체로서 동등한 존엄성을 가지고 있습니다. 그러나 하느님은 인간을 추상적인 인간이 아니라, 성적인 정체성을 지닌 남자와 여자로 창조하셨습니다. 그리고 남존여비 사상이나 급진적 페미니즘처럼 남자와 여자가 서로 지배하거나 배척하지 않고, 근본적인 방식으로 서로를 향하고 또 서로가 필요하도록 창조하셨습니다. 남자 혹은 여자로 존재한다는 것은 일정한 역할을 맡는 것 이상을 의미합니다. 그리스도교의 관점에서 볼 때 남자와 여자는 서로 사랑함으로써 하느님의 모상을 완전하게 실현합니다.

➡ 146, 147 ➡ 2331~2336 ➡ 330, 331

60 교회는 장애인 차별에 대해 어떻게 말하나요?

사회 교리에 따르면 사회 정의가 실현되는 순간은 모든 사람이 사회 안에서 경제적 · 정치적 · 사회적 · 문화적으로 온전하게 참여할 수 있을 때입니다. 그러한 참여를 배제시키는 차별은 정의가 실현되는 것을 방해합니다. 그러기에 국가와 사회의 과제는 장애인의 참여까지 보장되는 환경을 만드는 것입니다. 왜냐하면 인간의 존엄성은 궁극적으로 육체적이고 정신적 능력에 종속되어 있지 않으며, 인간의 품위는 업적이나 효율을 통해서 정의될 수 없기 때문입니다.

➡ 148 ➡ 1936, 1937 ➡ 331

> 공동체는 인간들의 이익의 집합체가 아니라 그 희생의 집합체입니다.

앙투안 드 생텍쥐페리(1900~1944년), 프랑스의 작가이자 비행사

61 '인간은 공동체적 존재'라는 표현이 무엇을 의미하나요?

동물은 서로 규합합니다. 그들은 무리를 형성하거나 집단으로 행동합니다. 이에 비해 인간에게는 공동체성이 있습니다. 깊은 내면에서 공동체이자 관계이신 하느님은 인간이 관계를 맺는 본질을 지니도록 특별히 창조하셨습니다. 인간은 자유롭고 의식적인 선택으로 공동체를 이루고, 그 안에서 책임을 맡고 또한 공동체에 영향을 줍니다. 인간은 다양한 관계들을 지향하고, 다른 사람들과의 관계에 깊이 파묻혀 있으며 함께 작업해야 할 필요성을 깨닫습니다. 가족, 단체, 국가, 교회 등 모든 공동체 안에서 인간은 일치의 원리를 통해 서로 연결되어 있습니다. 인간은 자신들의 역사에 관여하며 미래를 준비합니다.

> 인간은 책임을 질 수 있습니다. 그래서 자신들의 행동에 대해 책임을 집니다. 우리는 동물들이 행한 것에 대해 그들에게 책임을 지우지 않습니다. 자신의 행동에 책임을 지는 존재는 존엄을 지니고 있습니다. 이러한 존엄은 다른 사람들이 부여하는 것이 아니라, 그들이 호모 사피엔스 종種에 속하기 때문에 지니는 것입니다.

로버트 스페만(1927년 출생), 독일의 철학자, 라디오 인터뷰, 2007년 9월 14일

➡ 149 ➡ 1879, 1880 ➡ 321, 322

62 왜 인간은 종종 공동체에 반대하는 행동을 하나요?

인간이 사회적 존재라 할지라도 종종 반사회적으로 행동합니다. 이기심, 탐욕과 망상은 다른 사람들을 그릇된

> **공동선**이란 모든 사람에게 공통된 선입니다. "개인과 가정과 단체가 더 충만하게 더욱 쉽게 자기 완성을 추구할 수 있는 사회생활 조건의 총체를 포괄한다." (제2차 바티칸 공의회, 사목 헌장 〈기쁨과 희망〉 74항)

목적으로 이끌고, 그들을 착취하고 억압하거나 무방비 상태로 놔둡니다. 그러나 참된 공동체는 자기 자신과 다른 사람을 위해 선을 바라는 사람들의 자유로운 결합체입니다. 공동의 활동을 통해 개인에게는 닫혀 있는 **공동선**에 이를 수 있습니다. 예를 들어 이러한 공동선의 모습은 재난을 당한 이들을 위해 함께 모은 성금이나 많은 사람들이 자신들의 재능을 내놓았을 때 소리를 내는 오케스트라에서 볼 수 있습니다.

➡ 150, 151 ➡ 1882, 1931 ➡ 327, 328

> 저는 당신의 의견에 동의하지 않습니다. 하지만 저는 당신의 말할 자유를 위해 끝까지 싸울 것입니다.
> 에블린 베아트리체 할 (1868~1939년), 영국의 작가

63 인권은 어떤 의미가 있나요?

요한 바오로 2세 성인 교황은 세계 인권 선언(1948년)에 대해 "인류의 윤리적 발전 여정에서 참으로 획기적인 사건입니다."(1979년 10월 2일)라고 말했습니다.

➡ 152 ➡ 1930 ➡ 136

> 모든 사람은 태어날 때부터 자유롭고, 존엄하며, 평등하다.
> 모든 사람은 이성과 양심을 가지고 있으므로
> 서로에게 형제애의 정신으로 대해야 한다.
> 세계 인권 선언 제1조

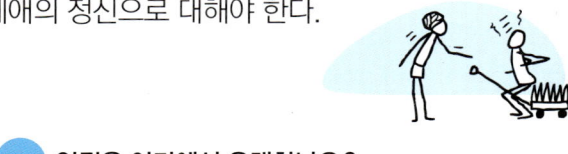

64 인권은 어디에서 유래하나요?

> 누군가의 인권을 인정하지 않는 것은 그가 인간이라는 사실을 경멸한다는 뜻입니다.
> 넬슨 만델라(1918~2013년), 남아프리카공화국 대통령, 흑인 인권 운동가, 노벨 평화상 수상자

인권은 법조인들이 창작한 것도, 선한 정치인들이 자의적으로 협정한 것도 아닙니다. 오히려 인권은 인간의 본성과 함께 타고난 권리입니다. 인권은 오늘날 모든 한계를 넘어서 자유와 존엄성과 동등한 권리 안에서 영위하는 삶을 위한 기본적인 합의를 토대로 합니다. 인권은 이성에 의해 깨달을 수 있으며, 인간이 하느님의 모상으로서 지니는 존엄성에 근거합니다. 그래서 인권은 보

편적이며 장소와 시간에 예속되지 않습니다. 그리고 인권의 근간을 이루는 것이 인간의 존엄성이기 때문에 침해될 수도 없고, 양도될 수도 없습니다. 달리 말하자면 아무도 다른 사람에게서 인권을 빼앗아서는 안 됩니다. 혹은 다른 사람에게 인권의 박탈을 선고하거나 배당할 권한도 없습니다. 따라서 인권은 총체적으로 인정되어야 하며 이념적으로 변질되지 않도록 보호해야 합니다. 인권 침해가 알려지거나 개별 국가에서 인권이 아직 인정되지 않을 경우, 모든 사람 특히 그리스도인들은 목소리를 높여야 합니다.

➡ 153, 154 ➡ 1701~1709 ➡ 280

> 가끔 태아의 생명을 수호하려는 교회의 노력을 비웃으며 교회의 입장을 관념적이고 반계몽적이며 보수적이라고 비난하는 시도들이 있습니다. 그러나 아직 태어나지 않은 생명에 대한 이러한 수호는 그 밖의 다른 모든 인권 수호와 밀접히 관련됩니다. 이는 인간은 어떤 상황에서든 모든 발달 단계에서 언제나 신성 불가침의 존재라는 확신을 전제로 합니다. 인간은 그 자체로 목적이지 다른 문제들을 해결하기 위한 수단이 결코 아닙니다.
>
> 프란치스코 교황,
> 〈복음의 기쁨〉 213항

65 인권은 구체적으로 무엇에 관하여 다루나요?

가장 기본적인 인권은 생명에 대한 권리입니다. 이 권리는 탄생에서부터 통용됩니다. 인간은 이 시점부터 이미 고유의 인격체로서 존중받아야 합니다. 인권은 표현의 자유에 대한 권리입니다. 또한 자기 자신과 가족을 위한 생계비를 버는 노동에 대한 권리를 아무도 박탈해서는 안 되는 것도 인권입니다. 가정을 이루고 자녀를 낳고 양육하는 권리도 인권입니다. 그리고 종교에 대한 자유로운 선택과 수행 생활의 권리도 매우 중요한 인권입니다. 종교적인 일에 강요는 있을 수 없습니다.

➡ 155

> 창조주 하느님에 대한 확신에 의해서 인권에 대한 인식, 법 앞에 모든 인간이 평등하다는 인식, 모든 인간에게서 존엄성이 침해될 수 없다는 인식, 각자의 행동에 대한 인간의 책임 의식이 발전되었습니다.
>
> 베네딕토 16세 교황,
> 2011년 9월 22일 독일 연방 의회에서 행한 연설

66 권리와 의무는 어떤 관계가 있나요?

다른 사람을 상대로 권리를 행사하는 사람에게는 그 순간 의무와 책임이 부과됩니다. 이에 대해 요한 23세 성인 교황은 〈지상의 평화〉에서 이렇게 언급했습니다. "자기의 권리를 주장하면서 부과된 의무들을 잊거나 중요하게 여기지 않는 자들은, 한편으로 집을 지으면서, 다른

> 우리 연합국 국민들은 우리 일생 중에 두 번이나 말할 수 없는 슬픔을 인류에 가져온 전쟁의 불행에서 다음 세대를 구하고, …… 정의와 조약 및 기타 국제법의 연원으로부터 발생하는 의무에 대한 존중이 계속 유지될 수 있는 조건을 확립하며 …… 결의하였다. 제1조 국제 연합의 목적은 다음과 같다. 1. 국제평화와 안전을 유지하고, 이를 위하여 평화에 대한 위협의 방지, 제거 그리고 침략 행위 또는 기타 평화의 파괴를 진압하기 위한 유효한 집단적 조치를 취하고 평화의 파괴로 이를 우려가 있는 국제적 분쟁이나 사태의 조정·해결을 평화적 수단에 의하여 또한 정의와 국제법의 원칙에 따라 실현한다.

**국제 연합 헌장,
1945년 6월 26일 제정**

한편으로 파괴하는 위험한 행동을 하는 자들이다."⁽³⁰항⁾

➔ 156 ➔ 2235~2243 ➔ 376

67 민족들 사이의 권리는 어떻게 행사될 수 있나요?

개별 인간만이 아니라 민족들도 당연히 권리를 가집니다. 나라 전체가 강한 국가들에 의해 정복되고, 분할되고, 위성 국가로 전락하고, 희생물이 되거나 착취의 대상이 된다면 불의한 것입니다. 모든 민족은 천부적으로 존립과 독립, 고유한 언어와 문화 그리고 자유로운 자기 결정에 대한 권리가 있으며, 자유로운 방식으로 협력할 국가를 자유롭게 선택할 수 있는 권리가 있습니다. 인권은 국가들을 우선시하는 차원에서 적용되어야 합니다. 그 결과 모든 민족 사이의 평화, 존중과 연대성이 실현될 수 있습니다. 그러나 내부의 인권을 거부하거나 소수를 억압하기 위해서 국제법의 우위성을 구실로 삼아서는 안 됩니다.

> 콜럼버스를 최초로 발견한 미국인은 큰 실수를 한 것이다.

게오르크 크리스토프 리히텐베르크(1742~1799년), 독일의 물리학자

➔ 157 ➔ 446, 447

68 인권과 국제법은 어떻게 완성될 수 있나요?

우리는 매일 온갖 종류의 폭력 곧 인종 말살, 전쟁과 낙태, 기아와 착취 등을 봅니다. 어린이가 군인으로 징집되고 죽음으로 내몰리고 있습니다. 새로운 형태의 노예 제도가 생기기도 합니다. 인신매매, 매춘과 마약 등의 불법적인 거래가 수십억 달러(약 수조 원) 규모가 되었고, 여기에는 정치권력과 정부마저 연루됩니다. 그리스도인들은 자기 자신들의 안전과 관련될 경우에만 항거해서는 안 됩니다. 그리스도인들은 자신에게 모든 인간의 기본권을 옹호하고 강화할 사명이 있다는 것을 알아야 합니다. 그래서 교회는 기회가 있을 때마다 모든 장소에서 인권의 보편적인 실현과 준수를 중요시 여기고, 특히 내면적으로 인권을 존중할 의무가 있습니다.

➡ 158, 159 ➡ 1913~1917 ➡ 329

윤리적 원칙에 기초하는 새로운 질서는 다른 국가들의 안전과 자유, 영토의 범위 및 방위 능력에 손실을 주는 행위를 금지합니다. 강대국들이 막중한 발전 가능성과 강한 세력을 갖고 있기에, 강대국들과 약소국들 사이에 경제적 제약을 만드는 것은 불가피합니다. 이는 약소국들은 강대국 사이에서 갈등을 겪으면서 중립을 지키고, 정치적 자유와 공동선을 위하여 그들의 권리를 수호해야 하기 때문입니다. 어떤 국가도 이 권리를 부정할 수 없습니다. 그 이유는 이것이 자연법 자체의 요청이며 또한 국제법에서도 그러하기 때문입니다. 또한 약소국가들도 그들 자신의 경제적 발전에 대한 권한을 갖고 있습니다. 이는 약소국가들이 물질적 복지, 문화적, 정치적 발전과 함께 모든 인간의 공동선을 합당하게 증진시킬 수 있는 권리의 효과적인 보장책이 됩니다.

비오 12세 교황, 1941년 예수 성탄 대축일 담화

너희는 이방인을 억압하거나 학대해서는 안 된다. 너희도 이집트 땅에서 이방인이었다.

탈출 22,20

> 모태에서 너를 빚기 전에 나는 너를 알았다.
> 태중에서 나오기 전에 내가 너를 성별하였다.
>
> 예레 1,5

부록

생명 윤리에서의 인격

69 생명 윤리에서의 관건은 무엇인가요?

'생명 윤리'라는 단어는 생명을 의미하는 그리스어 비오스βίος와 도덕, 풍습, 선한 습관을 의미하는 에토스ἦθος에서 유래했습니다. 이는 살아 있는 모든 것을 바르게 대하는 가르침이라는 뜻입니다. 그러므로 생명 윤리는 어떻게 본성을 보존하고, 삶의 공간들을 보호하며 기후 변화를 막을 수 있는가 등을 연구하는 환경 윤리 같은 것만이 아닙니다. 올바른 생명 윤리는 인간의 윤리여야 합니다. 왜냐하면 유전자 연구나 "극심한 고통 중에 있는 자기 자신이나 다른 사람을 죽일 수 있는가?" 하는 안락사 문제에서만 인간의 존엄이 달려 있는 것이 아니기 때문입니다. 국가 사회주의(나치즘)에서는 "살 가치가 없는 생명"이라는 말이 만들어졌습니다. 국가 사회주의자들은 범죄를 통해 자기 자신들을 생명과 죽음의 주인으로 만들었던 것입니다. 인간은 탄생부터 인격체로 존

> 하느님의 사랑은 아직 자기 어머니 배 속에서 새롭게 잉태된 아이와 어린이, 젊은이나 성인이나 늙은이 등에 차별을 두지 않습니다. 하느님은 그들 각자에게서 당신의 형상과 유사성의 흔적을 보시기 때문에 그들을 차별하시지 않습니다. …… 그러므로 교회의 교도권은 잉태부터 자연적인 죽음에 이르기까지 모든 인간 생명에 있는 신성불가침의 특성을 선포했습니다.
>
> **베네딕토 16세 교황,
> 2006년 2월 27일 강론**

중받아야 합니다. 인간은 다른 모든 사람을 마주하여 인간으로 요구할 수 있는 권리가 있습니다. 아무도 인간이 하느님께 받은 존엄성을 빼앗을 수 없습니다. 그 누구도 다른 사람의 신성불가침을 어겨서는 안 됩니다. 한 인간을, 늙거나 병들고 아직 태어나지 않았거나 장애가 있다는 이유로 연구의 대상으로 삼아서도 안 됩니다. 인간의 존엄성은 인권의 참된 토대며, 정치 질서를 정당화하는 토대이기도 합니다.

➡ 472~475 ➡ 2318~2330, 2274~2278, 2280~2283
➡ 435

> 난자가 수정되는 그 순간부터 아버지의 생명도 아니고 어머니의 생명도 아닌 한 생명이 시작된 것입니다. 그 생명은 스스로 성장하는 새로운 인간 존재의 생명입니다. 그 존재가 기왕에 인간이 아니라면 결코 인간으로 자라날 수 없을 것입니다.
>
> 요한 바오로 2세 성인 교황,
> 〈생명의 복음〉 60항

> '존엄'이라는 단어가 개인에게 의미할 수 있는 것은, 본질적으로 행동하는 모든 것은 부모의 관심에서만이 아니라 특히 자기 자신의 관심에 놓여 있어야 한다는 것입니다. 인간의 배아는, 토마스 아퀴나스 성인이 말한 것처럼 자기 자신을 위해 존재하는 자기 목적입니다. 이런 점은 칸트도 동의했습니다.
>
> 로버트 스페만, 라디오 인터뷰

70 왜 우리는 생명 윤리에 대한 책임을 져야 하나요?

"병든 사람, 아직 태어나지 않은 사람, 나이 든 사람들은 어떤 가치를 지니고 있나요?"와 같은 생명 윤리와 관련된 질문에서 중요한 것은 이것이 개인에 대한 사적인 결정이 아니라는 것입니다. 많은 것이 정치적 차원에서 규정됩니다. 인간 배아 연구와 **줄기세포 연구** 등과 같은 새로운 과학 기술은 새로운 답을 요구합니다. 그리스도인들은 사회적 책임을 진지하게 받아들이고 사회 안에서 인도적이고 공익적인 조건들을 능동적으로 함께 만들기 위해 높은 능력을 갖추어야 합니다.

➡ 472~480 ➡ 2274~2278, 2280~2283, 2318~2330

> **줄기세포 연구**는 인간의 배아를 배양하고 파괴합니다. 여기에서 인간 생명의 살해가 이루어지기 때문에 이것은 연구로 허용될 수 없습니다.

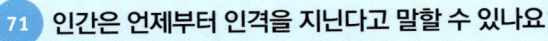

인간은 메커니즘의 톱니바퀴가 되는 위험에 처해 있습니다. 많이 사용하는 소비재의 기준에 따라 사람을 취급하는 것입니다. 그래서 생명이 이 메커니즘에 더 이상 유용하지 않으면, 인간은 고려할 필요도 없이 환자, 노인, 태어나기 전에 살해되는 태아처럼 도태되고 맙니다. …… 이것은 '내던져 버림의 문화'와 '거리낌 없는 소비 주의'의 결과입니다. 이에 비해 인간 존엄성을 주장하는 것은, 우리에게 무상으로 선사되기에 교환이나 매매의 대상이 될 수 없는 인간 생명의 소중함을 깨닫는 것을 의미합니다.
프란치스코 교황, 2014년 11월 25일 유럽 의회에서 연설

71 인간은 언제부터 인격을 지닌다고 말할 수 있나요?

어떤 사람들은 인간이 태어날 경우에 인격을 지닌다고 생각합니다. 또 어떤 사람들은 이를 부정하며, 생각하고 결정할 수 있을 경우에 비로소 인격을 지녔다고 말할 수 있다고 합니다. 또 다른 사람들은 인간 존재의 시작이 뇌간이 형성되는 시점이나 세포 분화 시점까지 거슬러 올라간다고 말합니다. 교회는 이러한 모든 주장을 거부합니다. 인간의 생명은 난자와 정자의 융합부터 시작합니다. 교회는 배아 단계의 가장 이른 시점부터 임신까지의 모든 생명체를 절대적으로 보호해야 할 것으로 봅니다. 배아도 이미 온전한 인간이며, 모든 인간과 동일한 존엄성을 지니고 있습니다. 따라서 태내의 가장 나약한 구성원의 존엄성을 인정하고 존중해야 합니다.

➔ 2319, 2322, 2323 ➔ 56, 58, 62, 63

72 인간 인격은 언제 특히 위태로워지나요?

인간은 특히 자신의 생명이 시작될 때와 끝날 때에 자신의 생명권, 인간 존엄성, 불가침성 등을 스스로 변호할 수 없습니다. 인간은 다른 인간 생명체의 침해할 수 없는 존엄성과 신성함을 인정하고, 다른 생명을 사랑하고, 받아들이며, 돕고, 배려하고, 보호하고, 먹이고, 동행하는 다른 사람을 필요로 합니다. 도움이 필요한 인간을 부담스럽게 여긴다면 그것은 연대성이 사라진 것으로 보아야 할 것입니다. 그리스도인들은 그 자체로 발언권이 없는 사람들을 위해 목소리를 높여야 합니다. 병들고 장애가 있는 이의 생명도 신성한 존엄성을 지니고 있으며, 어떠한 경우에도 그들을 열등하거나 무가치하게 여겨서는 안 됩니다.

➔ 160, 458 ➔ 2276, 2322

인간의 인격

73. 의도적으로 배아를 선택할 수 있나요?

특이한 염색체 발견 때문에 하나의 배아를 없애는 것은 인간 존엄성을 존중하는 계명과 생명의 기본권과 육신의 불가침성 권리에 위배되는 것입니다. 장애를 지니고 태어난 인간처럼, 결함이 있는 유전자를 지닌 것으로 예측되는 배아도 보호받아야 합니다.

➡ 235, 236 ➡ 2275, 2323 ➡ 385

> 생명은 임신[수정 수정] 순간부터 최대의 배려로 보호받아야 한다. 낙태와 유아 살해는 흉악한 죄악이다.
>
> 제2차 바티칸 공의회, 사목 헌장 〈기쁨과 희망〉 51항

> 나는 어떤 여성에게도 낙태시킬 수 있는 피임약을 주지 않겠다.
>
> 히포크라테스 선서(기원전 약 460~370년)

74. 교회는 왜 낙태를 거부하나요?

모든 사람은 임신되는 순간부터 절대적인 권리와 침해될 수 없는 인격적 존엄성을 지닙니다. 그러기에 교회는 배아의 살해를 항상 거부합니다. 어떤 상태에 있든지 아이를 임신했다면, 어떤 발전 단계에 있든지 이 새로운 인간이 존재한다면, 이 배아가 어떤 질병을 가지고 이 세상에 태어날 것인지 예상될지라도 낙태를 항상 거부합니다. 배아는 발달하여 인간이 되는 것이 아니라 이미 인간으로서 발달하고 있는 것입니다. 그러기에 낙태는 어떤 경우든지 무죄한 인간을 고의적으로 살해하는 것입니다. 그리스도인들이 갈등의 상황 속에 있는 여자들을 도와주어 그들이 아이에 대한 결정을 쉽게 내리도록 낙태 거부에 대한 모든 행동을 멈춘다면, 낙태 자유에 관한 입법 활동에 반대하는 교회의 참여는 신빙성을 잃을 것입니다. 어머니의 자유권은 아이의 생명권에 거슬러 행사되어서는 안 됩니다.

➡ 2270, 2275, 2322 ➡ 292, 379, 383, 384

> 7년 전에 우리 딸 비비안 조는 낙태를 통해 죽었습니다. …… 우리가 오늘 이에 대해 생각하고 느끼는 것 가운데 그 어떤 것도 그 죽음을 일어나지 않는 것으로 만들 수 없습니다.
>
> 익명

> 기술이 위대한 윤리 원칙들을 인정하지 않으면, 결국 모든 행위를 정당화하게 됩니다.
>
> 프란치스코 교황, 〈찬미받으소서〉 136항

> 인간이 모태 속에서도 안심할 수 없다면, 도대체 이 세상 어디에서 안심할 수 있겠습니까?
>
> 필 보스만스(1922~2012년), 벨기에의 사제

75. 성폭행으로 임신하게 된 여성을 어떻게 도울 수 있나요?

성폭행의 경우 두 가지 사안을 구별해야 합니다. 하나는 여성을 상대로 한 끔찍한 폭행 범죄라는 점입니다.

원하지 않은 임신! 무엇을 할 수 있나요?

원하지 않은 임신이 이루어진 긴급한 상황이라면 사제나 교회 상담소를 직접 찾아가는 것이 좋습니다. 우리는 타인을 단죄하지 않고 서로 사랑으로 맞아들여야 합니다. 이러한 상황에서는 누구도 홀로 있어서는 안 됩니다. 그리고 다양한 수단과 방법으로 도움을 주어야 합니다.

> 사실 인간과 환경의 관계는 인간들 사이의 관계와 하느님과 인간의 관계와 결코 분리될 수 없습니다. …… 모든 것이 서로 관계를 맺고 있기에 자연 보호와 낙태의 정당화도 양립할 수는 없습니다.
>
> 프란치스코 교황,
> 〈찬미받으소서〉 119, 120항

> 어린이들은 희망입니다.
>
> 노발리스(1772~1801년),
> 독일의 작가

> 자기 아들의 피부색 때문에 동성애자 백인 미국 여성이 정자은행에 손해 배상을 청구했습니다. 그 여성이 선택한 다른 백인 기증자의 정자가 아니라, 아프리카계 미국인의 정자가 실수로 보내졌던 것입니다. 아이를 낳을 때 이 여성은 충격을 받았습니다. 자신이 원했던 일이 일어나지 않았기 때문입니다. 소송은 법원에 의해 이유 없는 것으로 각하되었습니다.
>
> 독일 RPR1방송,
> 2015년 9월 8일

이 범죄는 형법으로 조사해야 하고, 가해자는 윤리적으로 비난받아야 합니다. 해당 여성에게는 국가 차원에서뿐만 아니라 교회의 입장에서도 도움을 주어야 합니다. 사제나 교회 병원과 상담소에서 특별히 양성된 전문가가 해당 여성에게 도움을 주어야 합니다. 그들은 당사자를 위로하고, 문제를 해결하도록 도울 수 있습니다. 다른 하나는 이 상황에서 생긴 아이에 대한 부분입니다. 그 아이도 하느님의 사랑을 받는 인간입니다. 아이는 친아버지에 예속되지 않습니다. 그리고 하느님에게는 그 아이에 대한 계획이 있습니다. 여성의 영적인 상처가 감당할 수 없을 만큼 크더라도 아이는 위로가 될 수 있고, 여성에게 새 희망을 줄 수 있습니다. 늘 그러하듯이, 하느님은 인간과 함께하시고, 선을 바라십니다. 인간의 자유 때문에 하느님은 범죄를 막으실 수 없습니다. 그러나 그 상황에서도 새로운 희망을 주는 분이십니다. 잉태된 아기는 어머니의 돌봄과 사랑을 필요로 합니다. 아울러 사회에서도 임신한 여성이 편안함을 느낄 수 있게 배려해야 합니다. 그럼에도 낙태가 이루어졌을 경우, 교회는 해당 여성의 입장에 서서 쓰라린 상처를 함께 이겨 내도록 도와야 합니다.

→ 2270~2275, 2284~2287, 2322
→ 292, 379, 383, 384, 386, 392

76 착상 전 유전자 진단에 대해 어떤 입장을 취해야 하나요?

새로운 의학 기술은 종종 임신한 여성과 자라는 아이를 위해 유익한 것들을 제공합니다. 그러나 착상 전 유전자 진단PGD은 인간의 생명을 평가하여 선택할 위험이 상당히 많습니다. 유전자에 이상이 있고 장애가 의심이 되는 아이들은 축출될 수도 있는 것입니다. 이 유전자 진단은 날로 증가하는 추세인데, 심지어 아이가 부모가 원하는 성性이 아닐 때도 낙태합니다. 비판가들은 우리가 생명을 '맞춤형 상품'으로 만들고 있다고 경고합니다. 어떤 의사도, 어떤 아이의 부모도 한 인간 생명의 가치에 대해 평가할 권리는 없습니다. 많은 장애인들은 이러한 유전자 진단에 대한 논쟁을 뻔뻔한 차별 대우라고 말합니다. 당시에 이러한 진단이 있었다면, 장애인들이 오늘날 더 이상 살 수 없

> **PGD**(착상 전 유전자 진단 Preimplantation Genetic Diagnosis의 약어)는 태어나기 전에 질병을 진단하는 조치를 의미하며, 이런 조치를 통해 매우 이른 단계에서 다운 증후군과 같은 배아의 유전병이 진단됩니다.

> 교회는 연구를 적대시하는 것이 아니라 생명을 수호합니다.
> **게프하르트 퓌르스트**(1948년 출생), 독일의 주교

었다는 것입니다. 그리스도인들은 인간 배아에 대한 어떠한 선별에도 결코 동의할 수 없습니다.

→ 472, 473 → 2274, 2275, 2323

77 안락사는 윤리적으로 허용되나요?

비록 불치병에 걸려 있을지라도 어떤 사람을 직접 죽이는 것은 십계명의 다섯 번째 계명에 어긋납니다. "살인해서는 안 된다."(탈출 20,13) 이것은 스스로의 삶에도 해당됩니다. 오직 하느님만이 생명과 죽음의 주인이십니

> **진통제**('보호 외투'라는 뜻의 라틴어 'pallium'에서 유래) 인간이 불치병에 걸려 모든 의학의 가능성을 다 동원해도 소용이 없다면, 이제 임종을 받아들이고 불필요하게 고통을 당하지 않도록 돌볼 수 있습니다. 통증을 완화시키는 이러한 치료는, 치유할 수 없지만 환자가 질병을 더 잘 견딜 수 있게 해줍니다.

다. 한편 죽어 가는 사람과 동행하고, 그에게 인간적이고 의학적으로 가능한 모든 편익을 제공하는 것은 이웃 사랑을 베푸는 것이며 자비의 계명을 실천하는 일입니다. 호스피스 운동과 **진통제** 치료는 중요한 봉사입니다. 여기에서 중요한 것은 죽어 가는 사람을 돕는 것이지, 사람이 죽어 가도록 돕는 것은 아니라는 사실입니다. 이러한 관점에서, 의학적으로나 윤리적으로 더 나아질 가망이 없을 경우 치료를 중단하고, 환자의 생명을 단축시킬지라도 고통을 덜기 위한 약물을 투여하는 것은 허용될 수 있습니다. 하지만 이러한 경우에도 반드시 환자의 의지를 참작해야 합니다. 이러한 의지가 포괄적으로 제시되지 않거나 환자 자신이 의지를 표명할 수 없을 때는 환자의 법적 대리인에 의해서 그 의지가 표명되어야 합니다.

→ 2276~2279, 2324 → 379, 382

78 죽음의 시점을 스스로 결정하는 권한이 우리에게 있나요?

없습니다. 그리스도인은 생명을 원하는 대로 할 수 있는 개인적 소유물이 아니라고 생각해야 합니다. 생명을 베풀어 주신 분은 하느님이시기에, 우리에게는 잠시 동안 맡겨진 이러한 선물을 함부로 다루는 일에 대한 절대적 자유는 없습니다. "살인해서는 안 된다."(탈출 20,13)라는 계명은 자신의 생명에도 유효합니다. 살고 싶다는 소망은 인간의 가장 깊은 갈망입니다. 의사들은 견디기 어

> 가톨릭 교회는 적극적인 안락사의 모든 형태와 자살하는 사람을 돕는 것을 명백히 반대합니다. 국가가 중증 환자와 죽어 가는 사람에게 행하는 의학적이고 간호적인 동행을 중요하게 여기고 이를 힘을 다하여 지원할 경우 존엄한 죽음이 실현된다고 교회는 확신합니다. 교회는 여기에서 집중적인 사목적 배려로 죽어 가는 사람과 그 가족과 함께합니다. 통원 및 입원 시설물에서 진통제 치료와 호스피스 사업이 더 촉진되고 확대되는 것이 필요합니다. 이것은 인간의 생활 상태와 욕구에 대해 날로 증가하는 중요한 응답이 됩니다.
> **독일 주교회의,**
> **〈존엄한 죽음〉(2014년)**

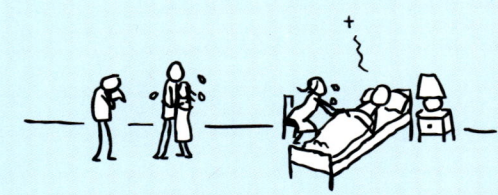

려운 고통 때문에 죽고 싶다는 소원이 궁극적으로는 도움을 절망스럽게 호소하는 외침이라고 말합니다. 따라서 적극적인 안락사를 호소하는 외침이 정말 실제로 그런지 물을 필요가 있습니다. 적극적인 안락사를 원한다면, 이는 고통당하는 사람이 자신의 가족과 이웃에게 더 이상 짐이 되지 않기를 호소하는 것입니다. 따라서 자신의 죽음에 대한 권리 주장은 가까운 이들에게 갑작스럽게 도덕적 책임을 지우는 것입니다.

> 적극적인 안락사를 바라는 것은, 삶의 마지막 걸음을 자신의 손에 온전히 넣으려는 시도입니다. 이것은 교회의 성사들이 표현하듯이, 자기 자신을 사랑하는 하느님의 손에 맡겨 드리는 것과 일치하지 않습니다. 안락사는 고통에 대한 해결 방안이 아니라 고통을 당하는 사람을 없애는 것입니다.
>
> 네덜란드 주교회의, 사목적 권고(2005년)

79 상업적인 안락사는 어떻게 생각해야 하나요?

모든 종류의 상업적인 안락사는 절대적으로 물리쳐야 합니다. 인간의 생명은 가격을 매길 수 없습니다. 죽음도 거래의 대상이 되어서는 안 됩니다. 단체와 회사가 돈을 받고 안락사를 시켜 주는 것은 어떤 방식으로든지 윤리적으로 옹호할 수 없습니다. 의료적으로 도움을 받는 자살도 반대합니다. 의사는 주관적으로 결정한 자살의 도구가 되어서는 안 됩니다. 모든 적극적인 안락사는 의사를 치료자에서 살인자로 만듭니다. 이것은 현존하는 고통에 대해 눈을 감는 것을 뜻하지 않습니다. 호스

> 하느님께서는 우리에게서 낯선 생명에 대한 권리만이 아니라 자기 자기 목숨에 대한 권리까지도 거두어 가셨습니다.
>
> 토마스 모어 성인(1477~1535년), 영국의 대법관, '정치인들의 수호 성인'

피스 병원에서의 진통제 사용과 임종자 동행을 더욱 보완하는 것이 이에 대한 중요한 대책입니다.

➡ 2277~2279 ➡ 382

80 왜 교회는 생명 윤리 논쟁에 참여하나요?

교회는 과학의 참된 진보를 환영합니다. 왜냐하면 이러한 진보는 하느님의 창조 사명에 부합하기 때문입니다. 특히 의학의 진보는 인류에게 유익합니다. 그러나 이를 통해 인간은 다른 이들에 대한 결정의 힘을 더 많이 갖게 되었습니다. 배아를 배양하는 것이 '유익한 것'으로 보이고, 장애인을 태내에서 죽이는 것이 '합리적인 것'으로 보입니다. 병자를 그 고통에서 구원하는 것이 '인도적인 것'으로 보입니다. 인간의 권력이 남용될 때, 교회는 항상 희생자의 편에 서 있어야 합니다. 연구가 도구화되어서는 안 되며, 인간을 거슬러, 특히 사회적 약자를 거슬러 적용되어서는 안 됩니다. 그렇다고 교회가 편협하게 금지만을 주장하는 것이 아닙니다. 오히려 삶의 모든 국면에서 그리고 모든 상황에서 인간의 존엄성을 촉진하고자 합니다.

➡ 1699~1715, 2292~2295 ➡ 154, 155, 393

81 왜 사람들이 안락사를 원하나요?

인간은 큰 고통을 두려워합니다. 그리고 이러한 두려움은 인간을 병약하게 합니다. 그러나 오늘날 우리는 그러한 두려움을 훌륭한 간호, 임종 동반, 진통제 치료와 호스피스 병원을 통해 이겨 낼 수 있습니다. 많은 사례에 따르면 대부분의 환자들은 진통제 치료와 임종 동반을 체험한 후 죽고 싶은 마음을 포기합니다. 임종을 도와주는 것은 진통제와 진정제를 통해 인간을 견딜 수 있는 상태로 옮기는 것을 뜻할 수 있습니다. 이것은 진통

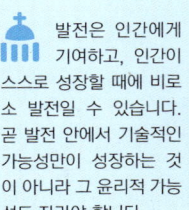

발전은 인간에게 기여하고, 인간이 스스로 성장할 때에 비로소 발전일 수 있습니다. 곧 발전 안에서 기술적인 가능성만이 성장하는 것이 아니라 그 윤리적 가능성도 자라야 합니다.

베네딕토 16세 교황,
2006년 8월 5일 카스텔 간돌포에서 인터뷰

생명권에 관한 한, 우리는 우리 사회에 널리 퍼진 폭력을 고발하여야 합니다. 무력 분쟁과 테러, 여러 형태의 폭력의 희생자들과 함께, 기아와 낙태 그리고 인간 배아 실험과 안락사에 의하여 소리 없이 죽어 간 생명권 침해를 비판해야 합니다. 낙태와 인간 배아 실험은 지속적인 평화 관계 수립에 필수적인, 남을 받아들이는 마음가짐을 직접적으로 부인하는 것입니다.

베네딕토 16세 교황,
2007년 제40차 세계 평화의 날 담화 5항

제의 투여가 남아 있는 수명을 단축시킬 때에도 마찬가지입니다.

➡ 2278, 2279 ➡ 382

82 인간은 왜 병약해지는 것을 두려워하나요?

다른 사람에게 자신이 넘겨진다는 것이 핵심입니다. 곧 종속되거나 외로움 때문에 두려워하는 것입니다. 이러한 모든 걱정에 대한 해답은 호스피스입니다. 우리는 인생의 마지막을 준비하는 이들이 자신의 죽음을 준비할 수 있도록 그들을 사랑과 관심으로 보살펴야 합니다. 나아가 인간은 자기 생애의 마지막 날들에는 영적인 도움 외에 다른 것을 필요로 하지 않습니다.

➡ 1506~1510 ➡ 242

83 그리스도교의 시각에서 죽음은 무엇을 의미하나요?

오늘날 죽음은 대체로 육체의 멸망으로만 여겨집니다. 그러나 죽음은 삶의 결정적인 한 부분입니다. 많은 사람들에게 죽음은 마지막 성숙의 단계입니다. 그리스도인들에게 생명은 선물입니다. 이것은 어려운 시간에도 마지막 신뢰를 줍니다. 우리는 자비하신 하느님의 손안에 놓여 있음을 알고 있으며, 죽음이 끝이 아니라 영원한 생명으로 들어가는 통로라고 희망합니다. 이로써 고통을 대하는 태도는 완전히 새로운 차원을 지니게 됩니다. 이러한 희망이 당면한 죽음과 싸우고 있는, 종교가 없는 사람에게도 위로를 준다는 것을 사목자들은 항상 체험합니다. 그리스도께서는 특히 고통을 겪는 사람과 죽어 가는 사람 곁에 가까이 계십니다.

➡ 1010~1014, 2299 ➡ 154, 155, 393

> 모든 단계에 있는 생명의 존중은 생명이 그 생명의 주체가 마음대로 할 수 없는 선물이라는 매우 중요한 원칙을 확정합니다.
>
> 베네딕토 16세 교황,
> 2007년 제40차 세계 평화의 날 담화 4항

> 도대체 우리는 어디로 갑니까? 항상 집으로 갑니다.
>
> 노발리스

교회의 중요 문헌

인간의 인격

새로운 사태　　　인격의 자유

인간은 하느님의 영원 불변한 법과 보편적 섭리 안에서 현재는 물론이고 미래까지도 내다보는 폭넓은 인식 능력과 자유 덕분에 자신을 스스로 보살필 줄 안다. 따라서 인간은 일시적 순간뿐 아니라 장래를 위해서도 자기의 삶을 꾸려 나가기에 가장 적절하다고 판단되는 방편들을 선택해야 한다. 이는 땅에서 생산되는 결실들을 향유하는 권리 이외에도 땅 자체를 소유할 권리를 인간이 가지고 있으며, 또 인간은 땅의 풍요로운 생산물들에 힘입어 미래에 대비한다는 말과 같다.

레오 13세 교황, 회칙 〈새로운 사태〉(1891년) 5항

새로운 사태　　　인권의 토대

두 계층이 복음의 법에 순종한다면 단순한 우정에 만족할 것이 아니라 형제적 사랑의 결속을 염원하게 될 것이다. 왜냐하면 그들은 모든 사람이 만인의 아버지이신 하느님께로부터 태어났으며 궁극 목적이신 하느님께로 향해 나아가고 있고 하느님 홀로 사람들과 천사들을 완전하게 하실 수 있다는 것을 깨닫고 느끼게 될 것이기 때문이다. 그리고 그들은 모든 사람이 똑같이 예수 그리스도에 의해 구원받았고 그들 서로만이 아니라 "많은 형제들 중의 맏아들"이신 주 그리스도와 결합되도록 하느님의 자녀의 품위에 부르심을 받고 있음을 깨닫게 될 것이다. 나아가 그들은 자연의 재화와 은총의 보화가 인류의 공동 유산이고 자신의 결함이 없다면 천상의 보화들을 상속받는 데에 제외되는 사람이 아무도 없다는 것을 자각하고 느끼게 될 것이다. "자녀가 되면 또한 상속자도 되는 것입니다. 과연 우리는 하느님의 상속자로서 그리스도와 함께 상속을 받을 사람입니다."(로마 8,17) 바로 이것이 복음 안에 내포되어 있는 이상적인 권리와 이상적인 의무이다. 복음이 세상 안에 놀라운 힘을 발휘한다면 온갖 분쟁이 종식되고 평화가 회복되지 않겠는가?

레오 13세 교황, 회칙 〈새로운 사태〉(1891년) 18, 19항

어머니요 스승　　　개인의 자유 공간

공권력의 경제에 대한 배려가 광범위하여 사회의 사사로운 분야에까지 미친다 하더라도, 그 개입은 개인의 행동 자유를 억압하는 것이 아니라 오로지 증진시켜야 하며 그럼으로써 인간 기본권의 보호를 보장하여야 한다는 것은 언제나 옳다.

요한 23세 교황, 회칙 〈어머니요 스승〉(1961년) 55항

지상의 평화 — 생명권과 생계권

모든 인간은 생존, 육신 전체, 생활의 품위를 유지하기 위한 절대적인 권리를 갖고 있으며, 특히 양식, 의복, 주거, 숙식 등에 관한 권리가 있으며 의사들의 치료와 그 외 정당한 사회적 봉사 등을 받을 권리가 있다. 또한 인간은 병고, 노동력의 결여, 과부 신분, 노환, 실업 등에 처했거나 자신의 의지와는 관계없이 생존 방법을 상실하는 경우에도 안전하게 살 수 있는 권리를 갖는다.

요한 23세 교황, 회칙 〈지상의 평화〉(1963년) 11항

지상의 평화 — 하느님 신앙에 대한 권리

인간은 올바른 양심의 명령에 따라서 하느님을 공경할 권리가 있는데, 바로 사적으로나 공적으로 하느님께 대한 예배를 드릴 권리이다. 이는 락탄시우스(Lactantius)가 분명하게 언급한 바와 같다. "우리 인간은 창조주 하느님만을 인식하고 따르며, 그분께만 공경을 마땅히 드릴 목적으로 창조되었다. 인간이 하느님께만 묶여 있고 매여 있다는 신심에서 종교라는 이름이 유래하고 있다."

요한 23세 교황, 회칙 〈지상의 평화〉(1963년) 14항

지상의 평화 — 인권

국제 연합에서 만들어진 가장 중요한 문헌은 1948년 12월 10일 총회에서 인준된 [세계 인권 선언]이다. 이 선언의 전문(前文)에서 모든 국민과 국가에게 요구하는 것은 이 문헌 안에 있는 각개의 권리와 자유에 관한 사항들을 효과적으로 인정하고 존중하자는 것이다. 이 선언의 이런 특별한 조항들에 대해서는 또 다른 측면에서 이의가 제기될 수 있고, 인정받지 못할 수 있다. 그러나 이 선언은 세계 공동체의 법적, 정치적 조직을 위한 중요한 진일보를 의미하고 있음은 의심의 여지가 없다. 사실, 이 선언은 모든 인간에게 더욱 장엄하게 인간의 존엄성을 인정하고, 자유롭게 진리를 탐구하는 기본권을 선언하며, 윤리적 선과 정의를 실현하고, 품위 있는 인간 생활을 전개할 권리와 위에서 말한 것과 연관을 맺는 다른 권리들을 인정하고 있다.

요한 23세 교황, 회칙 〈지상의 평화〉(1963년) 143, 144항

기쁨과 희망 — 분열을 겪는 인간

참으로 현대 세계를 괴롭히는 불균형은 인간의 마음속에 뿌리박힌 더욱 근본적인 저 불균형에 직결되어 있다. 바로 인간 자체 안에서 여러 요인들이 서로 싸우고 있기 때문이다. 인간은 한편으로는 피조물로서 여러 가지로 자기 한계를 체험하면서도 다른 편으로는 참으로 무한한 자기 욕망을 느끼며 더 높은 삶으로 부름 받았음을 자각하고 있다. 수많은 유혹에 이끌리는 인간은 끊임없이 어떤 취사선택을 강요당하고 있다. 더구나 인간은 연약하고 또 죄인이므로 바라지 않는 일을 하고 바라는 일을 하지 않는 수가 드물지 않다. 그래서 인간은 자기 자신 안에서 분열을 겪고 있으며 바로 거기에서 이토록 허다한 사회 분쟁이 일어나고 있다.
제2차 바티칸 공의회, 사목 헌장 〈기쁨과 희망〉(1965년) 10항

민족들의 발전   ## 평화의 새 이름은 발전

하느님의 계획대로 인간은 누구나 자신을 발전시키도록 태어났다. 인간은 하느님께서 정해 주신 어떤 사명을 지니고 있기 때문이다. 그러므로 누구에게나 후일에 발전시켜 열매를 맺을 수 있는 능력과 소질의 씨[種]가 날 때부터 부여되어 있다. 사회적 환경에서 받는 교육이나 아니면 자신의 노력으로써 각 사람은 타고난 소질과 능력을 충분히 발전시켜 마침내 창조주로부터 정해진 목적에 도달할 수 있게 된다. 지성과 자유를 부여받은 인간은 자신의 구원과 마찬가지로 스스로의 발전에 대한 책임도 함께 지고 있다. 사람은 누구나 자기를 교육하거나 자기를 에워싸고 있는 사람들의 도움을 받기도 하고 방해를 받기도 하지만, 이 같은 외적 유혹이 아무리 크다 할지라도 자신의 행복과 불행의 운명을 결정하는 주동 역할은 자신이 하고 있는 것이다. 지성과 의지의 능력을 발휘함으로써만 각자가 인간으로서 성장할 수 있고, 더욱 가치 있게 되고 자신을 완성할 수 있는 것이다.
바오로 6세 교황, 회칙 〈민족들의 발전〉(1967년) 15항

가정 공동체   ## 인간 성性의 본질에 대하여

남자와 여자가 부부에게만 국한된 정당한 행동을 통하여 서로에게 자신을 내어 주는 성(性)은, 결코 순전히 생물학적인 것만은 아니고 인간의 가장 깊은 존재와 관련됩니다. 성은 남자와 여자가 죽을 때까지 서로에게 자신을 완전히 바치는 사랑의 일부일 경우에만 진정으로 인간적입니다. 만일 현세적 차원을 포함해서 전 인간이 걸려 있는 완전한 자기 증여의 징표와 결실이 아니라면, 만일 인간이 완전히 바쳐지지 않는 행동을 통해서 어떤 것을 보류하거나 미래에 달리 결정할 가능성을 유보하는 경우라면, 온몸을 내어 준다는 것은 한갓 거짓에 불과합니다.
요한 바오로 2세 교황, 권고 〈가정 공동체〉(1981년) 11항

가정 공동체   ## 여성의 존엄

각종의 공적 기능을 이해하는 데에 여자와 남자가 동등한 권리를 지닌다고 인정해야 하지만, 아내와 어머니들이 실제로 집 밖의 노동에 강요되지 않고 그들이 전적으로 가정일에 전념함으로써 그들의 가정이 품위 있게 살고 번영을 누릴 수 있는 그러한 사회가 건설되어야만 합니다. 더 나아가, 가정 내의 노동보다는 가정 밖의 노동 때문에 여자를 더 인정하는 정신은 극복되어야 합니다. 남자는 인격적인 존엄성을 근거로 진정으로 여자를 존경하고 사랑하며, 사회는 가정 내의 노동을 유리하게 하는 조건을 창조하고 발전시킬 필요가 있습니다.
요한 바오로 2세 교황, 권고 〈가정 공동체〉(1981년) 23항

> 백주년

인간의 이해

인간은 경제적 평가의 측면에서만 이해될 수 없으며, 단순히 어떤 계급에 속하는지에 따라서 정의될 수 없다. 만일 인간이 그의 언어, 역사 그리고 실존의 주요 사건들 안에서 그가 차지하는 위치로서 출생, 사랑, 노동 그리고 죽음을 통하여 문화권 내에 놓여질 때에, 그는 더욱 완전히 이해된다. 모든 것 중 가장 위대한 신비, 즉 하느님의 신비 앞에 서 있는 인간이 모든 문화의 핵심을 차지한다.

요한 바오로 2세 교황, 회칙 〈백주년〉(1991년) 24항

> 백주년

자유와 사회

자유를 위해 창조된 인간은 자신 안에 계속해서 그를 악으로 이끌며 그로 하여금 구원이 필요하도록 하는 원죄의 상처를 지니고 있다. 이 교의는 그리스도교 계시의 필수적 부분일 뿐 아니라, 인간적 현실을 이해하도록 많이 도와주는 한, 큰 해석학적 가치를 지니고 있다. 인간은 선을 향하고 있으나, 악을 행할 수도 있다. 인간은 자신의 직접적 이익을 초월할 수 있으나, 동시에 그것에 매여 있다. 따라서 이러한 사실을 더 많이 고려할수록, 개인들의 이익을 전체 사회의 선에 선행시키기를 거부하며, 오히려 풍옥한 조화를 찾을수록 사회 질서는 그만큼 안정될 것이다.

요한 바오로 2세 교황, 회칙 〈백주년〉(1991년) 25항

> 생명의 복음

생명에 대한 음모

이러한 관점에서 현 상황을 바라본다면 약자에 대한 강자의 싸움이라는 말을 할 수도 있습니다. 곧, 더 큰 수용과 사랑과 보살핌을 요구하는 생명은 쓸모없는 생명이라고 여기거나 참을 수 없는 짐으로 생각하며, 따라서 이런저런 방식으로 그러한 생명을 거부합니다. 병이나 장애 때문에, 더 간단하게는 단지 존재 그 자체 때문에, 더 좋은 조건을 갖춘 사람들의 복지나 생활 양식을 위협하는 사람을 거부하거나 없애 버려야 할 적으로 여기는 경향도 있습니다. 이러한 과정을 통하여 일종의 '생명에 대한 음모'가 이루어집니다.

요한 바오로 2세 교황, 회칙 〈생명의 복음〉(1995년) 12항

> 생명의 복음

자신의 죽음에 대한 권리

불치병 환자와 죽어 가는 사람에게 드리운 위협도 그에 못지않게 심각합니다. 고통을 직면하여 받아들이는 것을 더욱 어렵게 만들고 있는 사회적 문화적 상황 속에서, 고통의 뿌리를 없앰으로써, 적절한 어떤 순간에 죽음을 앞당김으로써 고통의 문제를 해결하고자 하는 유혹이 대단히 커지고 있습니다.

요한 바오로 2세 교황, 회칙 〈생명의 복음〉(1995년) 15항

> 생명의 복음

인간의 제거

우리는 위장되고 비밀리에 행해지거나, 공개적으로, 심지어 합법적으로 행해지는 안락사의 확산 현상 속에서 이 모든 일에 대한 비극적인 모습을 보게 됩니다. 안락사는 환자의 고통을 바라보며 느끼는 그릇된 동정심과 아울러, 때로는 효과도 없고 사회적으로도 큰 부담을 주는 비용을 피하자는 실용주의적인 동기 때문에 정당화됩니다. 따라서 기형아들이나, 중증 장애인들, 지체 부자유인들, 노인들, 특히 그들이 자립 능력이 없거나 임종에 가까운 병을 앓을 때, 그들을 제거하자는 제안이 나오고 있는 것입니다. 그러나 우리는 더욱 은밀한, 덜 심각하거나 덜 실제적이지 않은, 그러한 안락사의 형태들 앞에서 침묵하고 있을 수 없습니다. 예컨대, 이식용 장기의 활용 가능성을 높이려고 기증자의 죽음을 검증할 객관적이고도 적절한 기준을 지키지 않고 장기를 제거하는 경우에 그러한 형태의 안락사들이 일어날 수 있는 것입니다.

요한 바오로 2세 교황, 회칙 〈생명의 복음〉(1995년) 15항

> 생명의 복음

생명을 위해 싸우다

특히 연대 의식이라는 미명 아래 제시되어 때로는 설득력이 있다고 볼 수도 있는 다양한 그 의도들은 제쳐 두고라도, 우리는 실제로 객관적인 '생명에 대한 음모'와 대면하고 있는 것입니다. 이 음모에는 심지어 국제적인 기구들까지 가담하여, 피임, 불임 시술, 낙태를 광범위하게 활용할 수 있게 하려고 실제적인 운동을 조장하고 수행하는 일에 몰두하고 있습니다. 대중 매체도 이러한 음모에 자주 연루되어 있다는 것을 부인할 수 없습니다. 대중 매체는 피임, 불임 시술, 낙태, 심지어 안락사까지도, 진보의 표지와 자유의 승리로서 제시하는 문화에는 공신력을 실어 주는 반면에, 무조건적으로 생명을 옹호하는 입장들은 자유와 진보의 적으로 묘사하고 있습니다.

요한 바오로 2세 교황, 회칙 〈생명의 복음〉(1995년) 17항

> 생명의 복음

살인에 대한 권리는 없다

낙태, 유아 살해, 안락사의 권리를 주장하며 그러한 권리를 법적으로 인정하는 것은 인간의 자유에 대하여 그릇되고 사악한 의미, 곧 타인 위에 군림하는, 타인에 대항하는 절대적인 힘이라는 의미를 부여하는 것입니다.

요한 바오로 2세 교황, 회칙 〈생명의 복음〉(1995년) 20항

> 생명의 복음

배아 연구

낙태의 윤리성에 대한 이러한 평가는 인간 배아(胚芽)에 대하여 행해지는 최근의 조작 형태들에 대해서도 적용됩니다. 이러한 조작들은 비록 그 자체로는 합법적인 목적을 위해서 행하여지지만, 불가피하게 이러한 배아에 대한 살해를 수반합니다. 이 배아 살해는 배아 실험에서 발생하며, 배아 실험은 몇몇 나라에서 합법적으로 허용되고 있습니다. "인간 배아의 생명과 그 온전함에 대한 존엄성을 유지하며 그들에게 부당한 해를 주지 않고 오히려 그 개체의 건강 증진과 생존 그리고 치료를 위해 실시하는 의학적 조치에 대해서는 합당한 것으로 지지해야 하지만" 그럼에도 인간의 배아나 태아를 실험 대상으로 이용하는 것은 그들이 인간으로서 지닌 존엄성을 침해하는 범죄가 된다는 점을 언급하지 않을 수 없습니다. 그들은, 출생한 아기들을 존중하여야 하는 것과 똑같이, 모든 사람과 마찬가지로 존중되어야 합니다.

요한 바오로 2세 교황, 회칙 〈생명의 복음〉(1995년) 63항

생명의 복음　　태아 진단

태아 진단 기술들의 윤리성에 대한 평가에 특별한 주의를 기울여야 합니다. …… 오늘날 태아 치료의 가능성은 아직 한계가 있기 때문에, 여러 형태의 기형을 지닌 아기들이 태어나는 것을 막으려고 선택적인 낙태를 받아들이는 우생학적 의도로 이 기술들이 이용되는 일이 드물지 않게 일어나고 있습니다. 이러한 태도는 부끄러운 것이며 철저히 비난받아야 할 태도입니다. 이러한 태도는 인간 생명의 가치를 오직 '정상'(正常)과 신체적 안녕의 범위 내에서만 측정하겠다는 것이며, 따라서 유아 살해와 안락사까지도 정당화할 수 있는 길을 열어 놓는 것이기 때문입니다.

요한 바오로 2세 교황, 회칙 〈생명의 복음〉(1995년) 63항

아프리카의 사명　　수감자들도 인간이다

수감자들은 범죄를 저질렀지만 존중받고 존엄하게 대우받아야 하는 인간입니다. 그들은 우리의 보살핌이 필요합니다. 이를 염두에 두고 교회는 수감자들의 물질적, 정신적 행복을 위한 교정 사목을 제공하여야 합니다. …… 시노드 교부들과 함께, 저는 사형 제도 폐지를 위하여 모든 노력을 기울이고 수감자들의 인간 존엄성이 존중받을 수 있도록 형벌 제도를 개혁할 필요가 있다는 사실에 사회 지도자들이 관심을 가져 주시기를 바랍니다.

베네딕토 16세 교황, 권고 〈아프리카의 사명〉(2011년) 83항

찬미받으소서　　인간의 존엄

때때로 우리는 인간의 그 어떤 뛰어남도 부인하는 편견을 목격할 수 있습니다. 그리고 인간들 사이의 동등한 존엄을 위하여 노력하기보다는 인간 이외의 생물종 보호를 위한 투쟁에 더 나섭니다. 우리가 다른 생물종들을 무책임하게 다루지 말아야 하는 것은 분명합니다. 그러나 인간들 사이에 존재하는 엄청난 불평등을 부끄러워해야 합니다. 우리는 여전히 어떤 이들이 자신을 다른 이들보다 더 존귀하다고 여기는 것을 방치하고 있습니다. …… 실제로 어떤 이들이 자신을 마치 더 많은 권리를 지니고 태어나 다른 이들보다 더 우월한 존재로 여기는 것이 여전히 묵인되고 있는 것입니다.

프란치스코 교황, 회칙 〈찬미받으소서〉(2015년) 90항

질문
84~111

인간 존엄성, 공동선, 보조성, 연대성

사회 교리의 원리

84 가톨릭 사회 교리에는 어떤 원리가 있나요?

가톨릭 사회 교리에는 네 가지 원리가 있습니다.

 **인간 존엄성**의 원리

 **공동선**의 원리

 **보조성**의 원리

연대성의 원리

이러한 네 가지 원리로 인간의 사회적 현실 전체를 파악할 수 있고, 이 현실을 참으로 정의롭게 할 수 있습니다. 왜 이 네 가지 원리가 중요할까요? 그 이유는 첫째, 이 원리들이 합리적이기 때문입니다. 둘째, 이 원리들이 이성에 의해 조명된 그리스도교 신앙의 결과로 생긴 것이기 때문입니다. 믿는 사람은 하느님의 계명을 준수하고, 특히 하느님 사랑과 이웃 사랑의 핵심 계명을 지킵니다. 이제 그리스도인들은 다양한 사회 문제를 직면하게 됩니다. 개인들 사이의 관계라든지, 계층이나 민족들 사이의 관계라든지 말이지요. 이러한 모든 경우에 사회 교리의 네 가지 원리를 통해, 무엇이 인간 존엄성에 부합하는지, 무엇이 사회적이고 무엇이 정의로운 것인지를 깨달을 수 있습니다.

➡ 160 ➡ 1881, 1883, 1938 이하
➡ 322, 323, 327, 332

> ❗ **하느님 사랑과 이웃 사랑의 핵심 계명**은 "너희는 마음을 다하고 목숨을 다하고 힘을 다하여 주 너희 하느님을 사랑해야 한다."(신명 6,5)는 말씀과 "네 이웃을 너 자신처럼 사랑해야 한다."(레위 19,18)라는 말씀에 근거합니다.

> 저는 여러분이 사심 없는 연대성을 지니고 경제와 금융에서 인간을 이롭게 하는 윤리로 되돌아갈 것을 권고합니다.
> 프란치스코 교황, 〈복음의 기쁨〉 58항

> 인간이 공동선과 올바른 관계를 맺지 않고서는 선하다고 볼 수 없습니다.
> 토마스 아퀴나스 성인, 《신학대전》

85 어떻게 네 가지 원리가 함께 작용하나요?

모든 원리는 상호적인 관계에 있습니다. 이 원리들은 각각 분리하거나 대립시켜 적용해서는 안 됩니다. 이 원리들을 함께 적용할 때 사회의 현실을 깊이 이해할 수 있습니다. 예를 들어 '가정'은 소중하고 보호받아야 하는 사회적 실재입니다. 그 안에서 인간은 자신의 인격적 존엄성을 펼칠 수 있습니다. 가정은 그 자체로 연대성을 실현합니다. 그러나 가정은 다른 사람들의 연대성도 필요로 합니다. 왜냐하면 가정은 외부의 도움이 없이는 공동선에 기여할 수 없기 때문입니다. 상위 기관은 그러한 도움을 베푸는 가운데 가정이 스스로 행할 수 있는 일, 예를 들어 훈육을 가정에서 빼앗아서는 안 됩니다. 가정을 보조성의 원리에 따라 도와야 하는 것입니다.

➡ 161, 162   ➡ 2209~2213, 2250   ➡ 370

> 선과 악을 가르는 경계는 모든 사람의 마음을 가로지릅니다. 누가 자기 마음의 한 조각을 파괴하기를 바라겠습니까?
>
> **알렉산드르 이사예비치 솔제니친**(1918~2008년), 러시아의 작가, 노벨 문학상 수상자

> 자기 자신에게 충고할 줄 모르는 많은 사람들은 다른 사람에게 기꺼이 충고합니다. 설교자들 가운데 불성실한 사기꾼이 있습니다. 이들은 스스로는 행하지 않는 선을 가르치고 선포합니다.
>
> **크레티앵 드트루아**(1140년경~1190년경), 중세 프랑스의 작가

86 왜 우리는 이러한 원리에 따라 행동해야 하나요?

인간의 존재는 책임을 진다는 것을 의미합니다. 어떤 사람도 사회를 벗어날 수 없습니다. 우리는 일생 동안 다른 사람들과 함께 살고 또 다른 사람들을 위해 책임을 맡습니다. 특히 그리스도인들은 하느님 사랑과 이웃 사랑의 계명을 통하여 다른 사람을 돕고, 공동선에 봉사하며, 인간다운 삶을 위해 노력하는 모든 사람들을 도와주고, 공동체의 독자적인 권리를 보호하는 데에 윤리적으로 더 큰 의무가 있습니다.

➡ 163   ➡ 1734 이하   ➡ 288

> 자선을 베풀 때에는 아까워하지 마라. 누구든 가난한 이에게서 얼굴을 돌리지 마라. 그래야 하느님께서도 너에게서 얼굴을 돌리지 않으실 것이다.
>
> **토빗 4,7**

> 세상에서 선한 것이 일어나는 모든 경우는 어떤 사람이 마땅히 행해야 하는 것보다 더 많이 행할 때입니다. 내가 행하지 않은 선은 아무도 나를 위해 행할 수 없습니다.
>
> **헤르만 그마이너**(1919~1986년), 오스트리아의 사회 교육학자, 국제 SOS 어린이 마을 창립자

87 '공동선'은 무엇을 의미하나요?

제2차 바티칸 공의회에서는 공동선을 "집단이든 구성원 개인이든 자기완성을 더욱 충만하고 더욱 용이하게

추구하도록 하는 사회생활 조건의 총화"(사목 헌장 <기쁨과 희망> 26항)라고 밝혔습니다. 개인의 목적은 선을 완성하는 데 있습니다. 공동체의 목적은 공동선입니다. "공동선은 도덕적 선의 사회적 공동체적 차원으로 이해될 수 있습니다."(《간추린 사회 교리》, 164항 참조) 공동선은 모든 인간의 안녕뿐만 아니라 인간 전체의 안녕으로도 특징지어집니다. 그래서 공동선은 먼저, 법치 국가에서처럼 국가 질서로 작동되는 전반적인 조건이 필요합니다. 이어서 자연적인 생활 토대를 유지할 수 있도록 배려해야 합니다. 이러한 조건 내에서 각 개인에게는 양육, 거주, 건강, 훈육과 교육을 위한 권리가 있습니다. 또한 표현의 자유, 집회의 자유, 종교의 자유가 있습니다. 여기에서 공동선의 요구는 보편적인 인권과 중복되기도 합니다.

➡ 164 ➡ 1903 이하 ➡ 326, 327

> 누군가를 사랑하는 일은 그 사람의 선을 바라며, 그 선을 확보하는 효과적인 조치를 취하는 것입니다. 개인적 선 이외에, 사회생활과 관련된 선, 곧 공동선이 있습니다. 이는 개인, 가정, 중간 집단이 함께 모여 사회를 이루고 있는, '우리 모두'의 선입니다.
>
> 베네딕토 16세 교황, <진리 안의 사랑> 7항

> 국민 여러분, 조국이 여러분을 위해 무엇을 할 수 있는가를 묻지 말고, 여러분이 조국을 위해 무엇을 할 수 있는가를 물으십시오. 세계 시민 여러분, 미국이 여러분을 위해 무엇을 해 줄 것인가를 묻지 말고, 우리들이 서로 힘을 합해 인간의 자유를 위해 무엇을 할 수 있는가를 물으십시오.
>
> 존 F. 케네디(1917~1963년), 미국의 대통령, 취임 연설

88 공동선은 어떻게 생기나요?

모든 인간과 사회 집단에게는 정당한 자기 욕구가 있습니다. 공동선을 원한다는 것은, 자신의 욕구를 넘어서 생각하는 능력이 있음을 뜻합니다. 우리는 모든 사람, 특히 아무도 생각해 주지 않는 사람들의 복리福利에 관심을 가져야 합니다. 왜냐하면 그들에게는 목소리와 힘이 없기 때문입니다. 지상의 재화는 모든 사람을 위해 있는 것입니다. 만일 어떤 사람이 자기 자신만 생각한다면, 인간의 공존은 한 사람이 다른 사람을 반대하는 전쟁이 될 것입니다. 그러나 공동선은 모든 인간의 물질적이거나 외적인 복리를 위해서만 있는 것이 아닙니다. 오히려 그 목적은 인간의 온전한 안녕입니다. 따라서 영적

> 꿀벌 떼에 유익하지 않은 것은 꿀벌에게도 유익하지 않습니다.
>
> 샤를 루이 드 세콩다 몽테스키외(1689~1755년), 프랑스 정치 철학자

> 우리의 재산을 가난한 이들과 나누지 않는다는 것은, 그들의 재산을 훔치고 그들의 삶을 빼앗는 것과 같습니다. 우리는 우리의 재산이 아니라 그들의 재산을 갖고 있는 것입니다.
>
> 요한 크리소스토모 성인
> (349년경~407년), 교회 학자,
> 교부

> 하느님께서는 땅과 그 안에 있는 모든 것을 모든 사람과 모든 민족이 사용하도록 창조하셨다. 따라서 창조된 재화는 사랑을 동반하는 정의에 따라 공정하게 모든 사람에게 풍부히 돌아가야 한다.
>
> 제2차 바티칸 공의회, 사목 헌장 〈기쁨과 희망〉 69항

인 가치를 위한 배려도 공동선에 속합니다. 인간 존재의 측면을 등한시해서는 안 됩니다.

➡ 168~170 ➡ 1907~1912, 1925, 1927 ➡ 327

89 지상 재화를 어떻게 다루어야 하나요?

하느님은 모든 사람을 위해 세상을 창조하셨습니다. 세상은 재화와 열매를 가져다줍니다. 그것들은 인간의 자유에 맡겨져 있고, 모든 사람의 복리를 위해서 있습니다. 인간은 삶에 필요한 것을 가질 권리가 있습니다. 비록 소유권이 존재하고, 사람들 사이에 소유의 차이가 있을지라도, 삶에 필요한 것을 내주지 않으려고 하면 안 됩니다. 만일 어떤 사람은 필요 이상으로 더 많이 가지고 있는 반면에 다른 어떤 사람은 반드시 필요한 것도 없다면, 사랑뿐만 아니라 정의의 차원에서도 문제가 있는 것입니다.

➡ 171, 175 ➡ 2443~2446 ➡ 449

> 내가 가난한 자에게 먹을 것을 주면 그들은 나를 성인이라 부르고, 내가 가난한 자에게 왜 먹을 것이 없는지 물으면 그들은 나를 공산주의자라 부릅니다.
>
> 돔 헬더 카마라(1909~1999년),
> 브라질의 대주교, 가난한 이들을 위한 투쟁가

가난한 사람들은 복음의 첫 번째 대상입니다.

베네딕토 16세 교황,
2007년 5월 11일

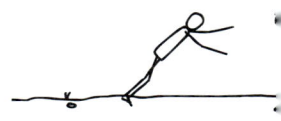

실제로 인간은 "자기의 것"이라고 불릴 수 없도록 모든 것을 박탈당하고, 자유로운 활동으로 생계를 유지할 능력을 빼앗기면, 사회적 메커니즘이나 이것을 통제하는 이들에게 종속된다. 따라서 이러한 것은 인간 존엄성의 인정을 더욱 어렵게 만들며, 진정한 인간 공동체의 건설로 이끌어주는 길에 방해가 된다.

요한 바오로 2세 성인 교황, 〈백주년〉 13항

90 사유 재산이 존재할 수 있나요?

사유 재산이 있다는 것은 인간적이며 중요한 사실입니다. 사유 재산은 평화와 함께 재화를 더 잘 이용하는 데 기여합니다. 사유 재산은 우리를 자유롭게 만들고 종속되지 않게 합니다. 또한 인간이 자신의 재산을 늘리고, 관리하고, 파괴로부터 지키도록 합니다. 이에 비해 공동으로 소유하는 물질은 자주 황폐해집니다. 왜냐하면 아무도 이에 대해 책임을 느끼지 않기 때문입니다. 재화를 자유롭게 사용하는 것은 공동체 안에서 책임과 사명을 갖도록 독려합니다. 따라서 사유 재산에 대한 권리는 국민의 자유를 위해 중요한 기초입니다. 이것은 실제로 민주주의적인 경제 질서의 기초입니다. 사유 재산으로 인해 비로소 모든 사람이 경제 순환의 이익에 참여할 수 있기 때문입니다.

➡ 176 ➡ 2401 ➡ 426

너희가 거저 받았으니 거저 주어라.

마태 10,8

재산을 가질 수 없는 사람은 먹는 데에는 관심이 많은 반면 일하는 데에는 관심이 없습니다.

애덤 스미스(1723~1790년), 영국의 경제학자이자 윤리학자

재산이 없으면 주는 기쁨도 없습니다. 그런 경우 아무도 자신의 궁핍한 친구나 나그네, 고통받는 이들을 돕는 즐거움을 누릴 수 없습니다.

아리스토텔레스(기원전 384~기원전 322년), 플라톤과 함께 고대 그리스의 위대한 철학자

91 사유 재산의 한계는 어디에 있나요?

사유 재산은 인간의 권리와 자유를 위해 필요하지만, 사유 재산권이 절대화되어서는 안 됩니다. 재산권을 행사하는 사람은 반드시 모든 사람의 복리를 고려해야 합니다. 이것은 길거리의 가로등과 같은 공공 재화뿐만 아니라 휴대폰과 같이 사적인 물건도 마찬가지입니다. 예를 들어 응급 상황에 처해서 비상 호출이 필요한 사람을 위해 휴대폰을 줄 수 있어야 합니다. 사유 재산은 지상의 재화를 잘 돌보고 관리하는 도구가 될 수 있습니다. 누군가는 특정한 사물에 대해 책임을 느껴야 합니다. 모든 사람이 모든 것에 대해 책임을 진다면, 실제로는 아무도

어떤 것에 대해 책임을 느끼지 않을 것입니다. 사유 재산이 공동선보다 더 상위에 있는 것이 아닙니다. 모든 재화가 모든 사람에게 봉사하기 위해 있기 때문입니다.

➡ 177, 282 ➡ 2402~2406, 2452 ➡ 427

92 재화는 어디에서 공동으로 사용되나요?

사유 재산을 소유한 사람은 그것을 공동으로 사용하도록 내놓을 줄 알아야 합니다. 동시에, 지금 살아 있는 세대만이 아니라 미래의 세대도 생각해야 합니다. 그러기에 '지속 가능성의 원리'가 있습니다. 지속 가능하게 관리한다는 것은 자원을 마치 어떤 방식으로든지 대체하거나 재생할 수 있는 듯이 다 써버려서는 안 된다는 것을 의미합니다. 따라서 재화의 사용에서 자신의 이익만 생각할 것이 아니라 모든 사람의 행복, 곧 공동선을 생각해야 합니다. 소유자는 자신의 재화를 생산적으로 이용하거나, 아니면 그것을 생산적으로 이용하는 사람, 이를테면 모든 사람에게 봉사하는 새로운 어떤 것을 창조하는 데 이용할 수 있는 사람에게 맡길 의무가 있습니다.

➡ 178

" 개인이 자신의 생명과 건강을 유지하기 위해 반드시 필요한 것을 노동이나 구걸을 통해서 얻을 수 없을 경우, 곤경 중에 있는 개인이 그것을 빼앗아야 하는 시대에서 우리가 살고 있습니다.

요제프 프링스(1887~1978년), 독일의 추기경, 1946년 연말 강론,
'곤경에서 무언가를 훔치다.'라는 뜻의 단어 프링센FRINGSEN은 제2차 세계 대전 이후 독일에서 통용되었습니다. 프링스 추기경은 아주 추운 겨울에 보급이 열악한 상황에 직면하여 석탄을 약탈하는 것을 정당하다고 주장했습니다.

93 인간이 생산적일 수 있으려면 어떤 재화가 필요한가요?

오늘날 재산을 생산적으로 이용하는 의무는 토지와 자본에만 국한된 것이 아니라, 기술적인 지식 곧 지적 재산권도 포함됩니다. 말하자면 선진국들의 부는 점점 그런 재화에 기초하고 있는 반면, 토지와 원료 등의 재산은 점점 덜 중요시되고 있습니다(〈백주년〉, 32항 참조). 그 단적인 예는 여러 기업들에 의해 제한될 위험에 처해 있는 종자種子의 접근 권리입니다. 이러한 재화에 대한 보편적인 접근 권리가 없으면, 공동선은 실현될 수 없습니

어떤 토지의 면적이 너무 넓거나, 거의 개발되지 못했거나, 지방민의 빈곤의 이유가 되거나, 국가에 큰 손해를 끼치거나, 공동체의 번영을 방해할 경우에는 가끔 소유권을 무시하고 그 토지를 수용할 수 있다.

바오로 6세 복자 교황,
〈민족들의 발전〉 24항

보십시오. 이들이
교회의 보물입니다!

로마의 라우렌시오 성인,
로마 황제가 교회의 재산을 헌납하라고
요구했을 때 라우렌시오 성인은
그것을 로마의 가난한 사람들에게
나누어 주었습니다.
가난한 사람들이 교회의 참된 보물입니다.

> 탐욕으로는 이 세상이 매우 궁핍한 곳일 수밖에 없지만, 인간의 필요를 위해서는 이 세상이 더 없이 풍요로운 곳입니다.
>
> 마하트마 간디(1869~1948년), 인도 독립 운동의 정신적 지도자, 정치적 비폭력 운동의 창시자

> 그대는 가난한 사람들을 위해 무엇을 했습니까?
>
> 엠마누엘 수녀, 죽음 직전에 삶에 대한 인터뷰

> 교회는 벽에 광채를 비추지만 가난한 사람에게는 인색함을 드러냅니다. 교회는 돌들을 금으로 치장했지만 그의 자녀들은 헐벗게 했습니다.
>
> 베르나르도 성인(1090~1153년), 수도원장이자 교회 학자

> 가난한 이들을 위한 가난한 교회가 바로 제가 바라는 것입니다!
>
> 프란치스코 교황, 2013년 3월 16일

다. 보편적인 공동선은 더 가난한 나라들의 사람들도 개혁에 참여할 수 있음을 뜻합니다.

→ 179 → 2408 이하 → 429

94 공동선은 가난한 사람들에게 무엇을 뜻하나요?

교회는 늘 가난한 사람들과 함께합니다. 그렇지 않다면 교회가 자신의 사명을 저버리는 것입니다. 제2차 바티칸 공의회도 사목 헌장 〈기쁨과 희망〉에서 가난한 사람들을 위한 우선적인 선택을 이야기합니다(1항 참조). 이로써 개인과 교회에 있어 사회적인 중요 의무는 사회적 약자들을 필수적으로 돌보는 일임이 분명해집니다. 예수님의 행복 선언, 그분의 고유한 가난과 가난한 사람들에 대한 예수님의 자비로운 관심은 우리가 가야 할 길을 가르쳐 줍니다. 예수님은 극단에 이른 사람들을 위해서 자기 자신을 투신하라고 직접 분부하십니다. "너희가 내 형제들인 이 가장 작은 이들 가운데 한 사람에게 해 준 것이 바로 나에게 해 준 것이다."(마태 25,40) 그런데 예수님은 가난을 세상에서 온전히 제거할 수 있다(마태 26,11 참조)는 사상에 대해 경고하십니다. 그것은 예수님이 재림하실 때에 비로소 가능해질 것입니다. 그 이전에는 우리 인간에게 불가능한 일입니다.

→ 182, 183 → 2443~2446 → 448, 449

사회 교리의 원리

95. 보조성의 원리의 본질은 무엇인가요?

사회의 모든 과제는 우선 그것을 해결할 수 있는 가장 작은 집단에 맡겨집니다. 그 작은 집단이 문제를 해결할 수 없을 경우에 그보다 큰 집단에 맡겨집니다. 그런데 작은 집단이 도움을 필요로 할 때, 상위 집단은 도움을 주어야 합니다. 이런 규정은 **간섭 금지**와 **지원 지시**로 요약됩니다. 문제를 지닌 가정이 그 문제를 해결하기 어렵다고 느낄 경우 국가가 개입할 수 있습니다. 이러한 원리는 개인과 집단과 단체의 자유를 강화하고 집중화를 막습니다. 스스로 도울 수 있는 것은 인간 존엄성의 중요한 구성 요소이기 때문에, 고유한 자율성은 강화되어야 합니다. 보조성의 원리는 1931년 비오 11세 교황의 회칙 〈사십주년〉에서 처음으로 언급되었습니다.

➡ 185~187 ➡ 1883~1885, 1894 ➡ 286, 323

> **간섭 금지**란 하위 집단 이(가정) 스스로 문제를 해결할 경우, 상위 집단(국가)이 권한을 행사해서는 안 되는 것입니다.

> **지원 지시**란 하위 집단이 문제 해결이 어렵다고 느낄 경우 그보다 상위 집단이 도움을 주어야 하는 것입니다.

> 평신도들이 성실하게 혹은 사제들보다 더 잘 실현할 수 있는 일은 평신도들에게 맡기십시오. 평신도들은 자신들의 역할 내에서, 그리고 교회의 공동선이 요구하는 범위 내에서 자유롭게 행동하고 책임을 져야 합니다.
> **비오 12세 교황,**
> **1957년 10월 5일**

96. 보조성의 원리는 정치에서도 통용되나요?

물론입니다. 예를 들어 국제 연합에 대한 국가들 사이의 관계 형성이 문제가 된다면, 보조성 원리의 적용은 피할 수 없습니다. 국가들이 문제를 스스로 해결할 수 없는 경우에만 국제 연합은 권한을 행사할 수 있습니다. 유럽 국가들에 대한 유럽 연합의 역할이나 권한도 이와 유사합니다. 근본적으로 상급 기관들이 개입해야 하는 상황이 있을 수 있습니다. 어떤 국가가 무력적인 공격을 받거나 국제법이 악용되거나 인권이 침해를 받을 때가 그러합니다.

➡ 188 ➡ 1883~1885, 1894 ➡ 323, 447

> 스스로 행할 수 있는 것을 자신을 위해서 행한다면, 도울 필요가 없습니다.
> **에이브러햄 링컨(1809~1965년),**
> **미국의 대통령, 노예 해방 선언**

> 우리가 도움을 베푸는 사람들은 우리에게 삶의 발판을 제공합니다.
> **마리 폰 에브너에센바흐**
> **(1830~1916년), 오스트리아의 작가**

97. 보조성의 원리는 개인에게 무엇을 의미하나요?

우리는 공동생활의 문제를 단순히 '위에 있는 사람들'에게만 내맡길 수 없습니다. 우리는 주변 환경의 문제들을

> 나는 그대가 나에게 말한 것을 잊어버리지만, 그대가 나에게 보여 준 것은 기억합니다. 그리고 그대가 나에게 행하게 한 것은 이해합니다.
>
> **공자**(기원전 551~기원전 479년), 중국의 철학자

스스로 해결해야 하며, 과중한 경우에만 상급 기관에 도움을 청해야 합니다. 사실 우리는 어떤 일을 행하기 전에 서로 도움을 베풉니다. 주는 사람뿐만 아니라 받는 사람도 도움을 베푸는 것입니다. 그리스도인은 사회의 모든 영역에서 스스로를 투신하고 아무도 배제하지 않도록 미리 부름을 받았습니다.

➡ 189 ➡ 1913 ➡ 323, 328

> 자신을 신뢰하는 것은 타인을 신뢰하는 원천입니다.
>
> **프랑수아 드 라로슈푸코**(1613~1680년), 프랑스의 작가

> 자기 자신에 대한 책임은 모든 책임의 근원입니다.
>
> **맹자**(기원전 372~기원전 289년 추정), 중국의 철학자

98 어떻게 하면 무언가에 종속되지 않고, 공동의 책임을 실현할 수 있나요?

참여를 통해서 실현됩니다. 시민 참여는 민주주의의 기초입니다. 그러기에 그리스도인들에게도 중요합니다. 그리스도인들은 시민 공동체와 연대하고 거기에 참여하는 것을 추구합니다. 그러면서 세상을 가꾸는 데 있어 자신들의 책임을 진지하게 받아들입니다. 이른바 참여 정의를 실현하기 위해 모든 시민들이 세상을 가꾸는 일에 참여할 수 있도록 반드시 보장해야 합니다.

> 소인의 안전은 대인의 안전에 기인하고, 대인의 안전은 소인의 안전에 기인한다. 소인과 대인, 귀족과 천민은 서로를 향하고 있으며, 이렇게 하여 모든 사람이 즐거움을 누릴 수 있다.
>
> **여불위**(기원전 292~기원전 236년), 중국의 철학자

➡ 190 ➡ 1913~1917

99 참여는 어떤 모습이어야 하나요?

올바른 참여를 위한 중요한 전제 조건은 가치에 방향을 맞춘 교육과 정보입니다. 참여는 올바른 척도에 따라 이루어져야 하며, 특유의 관심을 관철시키기 위해 남용되어서는 안 됩니다. 참여는 선거권의 행사(사목 헌장 〈기쁨과 희망〉 30~31항 참조, 〈백주년〉 46~47항 참조)에만 있어서는 안 됩니다. 특히 사회 교리는 여기에서 시민의 참여를 위협으로 생각하는 권위적인 정권을 비판합니다. 그리스

> 작지만 많은 장소에서, 작지만 많은 일을 행하는, 작지만 많은 사람들이 이 세상의 모습을 바꿀 수 있습니다.
>
> **남아프리카공화국 호사족의 격언**

도인들에게는 선거권을 넘어서 교회 공동체에 대한 참여든, 정치적 정당 혹은 특정 단체의 참여든 관계없이 사회 참여가 요구됩니다. 평신도들은 다양한 사회 문제들에 대해 전문 능력을 배양해야 하고, 공동체의 건설에 협력해야 합니다(사목 헌장 〈기쁨과 희망〉 43항 참조). 그러나 그리스도인으로서 스스로만 사회에 참여하는 것이 아니라 타인의 연대적인 참여도 가능하게 해야 합니다. 모든 사람의 실제적인 참여는 참여 정의의 핵심입니다. 이런 참여 정의는 사회 정의의 결정적인 요소입니다. 누군가를 배제하는 것은 그 존엄성의 박탈을 의미하기 때문에 인간을 존중하라는 계명에 어긋납니다.

➡ 151, 189~191, 406 ➡ 1913~1917 ➡ 328

> 당신이 협력하기를 중단하면, 당신은 죽기 시작할 것입니다.
>
> 엘리너 루스벨트(1884~1962년), 미국의 여성 인권 운동가, 미국의 32대 대통령 프랭클린 루스벨트의 영부인

> 연대는 무엇보다도 모두가 모두에게 갖는 책임 의식입니다.
>
> 베네딕토 16세 교황, 〈진리 안의 사랑〉 38항

100 연대성의 원리는 무엇을 의미하나요?

연대성의 원리는 인간의 사회적 차원을 나타냅니다. 어떤 인간도 홀로 살 수 없습니다. 인간은 항상 타인을 필

> 우리는 새가 어떻게 날고, 물고기가 어떻게 헤엄치는지 배웠습니다. 그러나 우리는 형제들과 함께 사는 방법을 잊어버렸습니다.
>
> 마틴 루서 킹(1929~1968년), 미국의 인권 운동가이자 목사

요로 합니다. 타인이 필요한 이유는 실제적 도움을 받기 위해서만이 아닙니다. 즉, 대화의 상대를 찾아 타인의 생각과 필요와 소망 등과 토론하면서 성장하고 자신의 인격을 완전히 발전시키기 위해서입니다.

➡ 192 ➡ 1939~1942 ➡ 332

> 서로 남의 짐을 져 주십시오. 그러면 그리스도의 율법을 완수하게 될 것입니다.
>
> 갈라 6,2

101 연대성은 어디까지 이루어져야 하나요?

세계화로 인해 이제 경계가 중요하지 않게 되고, 세계가 더 친밀해지고 소통이 실시간으로 가능해졌기 때문에 우리는 기뻐합니다. 그러나 세계화에는 큰 위험들도

> 안락을 추구하는 문화는 오직 우리 자신만 생각하도록 합니다. 우리로 하여금 이웃의 고통에 무감각하게 만들고, 사랑스럽지만 허상 가득한 비누 거품 속에 살도록 합니다. 그것들은 이웃에게 무관심하게 만드는 덧없고 공허한 망상에 빠져들게 합니다. 참으로 '무관심의 세계화'로 이끄는 것입니다. 우리는 세계화된 세상에서 세계화된 무관심으로 타락했습니다. 우리는 이웃의 고통에 익숙해지고 있습니다. "나한테는 영향이 없어. 나하고 무슨 상관이야. 그건 내 일이 아니야!" 하고 말입니다.
>
> 프란치스코 교황, 2013년 7월 람페두사 방문 강론

잠재되어 있습니다. 정치적으로나 경제적으로 어떤 지역에서 일어나는 것이 완전히 다른 곳에 사는 사람들에게 직접적인 결과를 가져다주고 있습니다. 비록 보조성의 원리가 통용된다 하더라도, 우리는 윤리적인 관점에서 전 세계적으로 생각하는 것을 배워야 합니다. 기후 변화, 전염병이나 난민 등의 많은 문제는 지구에 사는 모든 사람에게 유익한 방향으로 장기적인 안목에서 해답을 찾아야 하며, 이는 오직 전 세계적인 차원에서 다루어져야 합니다.

➡ 192 ➡ 1939~1948 ➡ 332, 376, 395

102 연대성을 어떻게 구체화할 수 있나요?

연대성은 사회 원리인 동시에 윤리덕입니다. 이것은 사회 질서의 원리로서 "죄의 구조"(《사회적 관심》 36항)를 극

복하고 사랑의 문명과 연대성의 문명을 일구는 데 기여합니다. 윤리덕으로서의 연대성은 타인의 복리, 특히 곤경 중에 있는 사람들의 복리를 위한 구체적이고 단호한 개입을 의미합니다. 막연하게 동정심을 보이는 것은 도움을 주지 못합니다. 우리는 행동해야 합니다. "연대성의 원리는, 우리 시대의 모든 사람들에게 각자 자신이 속한 사회에 빚을 지고 있다는 인식을 기를 것을 요구합니다."(《간추린 사회 교리》, 195항 참조) 인간은 자기 자신에게서 벗어나는 것이 쉽지 않습니다. 인간은 타인이 이미 이루었던 업적을 필요로 합니다. 이로써 타인을 위해 존재하는 것, 그리고 자신의 행동과 결정에서 미래의 세대를 고려하는 의무가 주어집니다.

➡ 193~195 ➡ 1942 ➡ 323, 328, 332, 447

> 저는 가난과 굶주림을
> 그냥 두고 볼 수만은 없습니다.
>
> 밥 겔도프(1954년 출생), 아일랜드의 가수이자 자선 활동가

103 신앙에서 연대성의 심오한 근거를 찾을 수 있나요?

예수님보다 더 연대적인 사람은 없었습니다. 예수님은

> 한 지체가 고통을 겪으면 모든 지체가 함께 고통을 겪습니다. 한 지체가 영광을 받으면 모든 지체가 함께 기뻐합니다.
>
> 1코린 12,26

> 그대가 할 수 없는 것을 제가 할 수 있고, 제가 할 수 없는 것을 그대는 할 수 있습니다. 그러나 우리 둘 다 행동하지 않으면 소용이 없습니다.
>
> 마더 데레사 성녀, 에티오피아에서 밥 겔도프에게 건넨 말

> 번영을 누리는 동안에는 친구가 생기지만 고통을 겪을 때 그 친구는 시험을 받습니다.
>
> 영국 속담

> 진정한 사랑의 궁극적인 본질은 희생입니다.
>
> 십자가의 데레사 베네딕타 성녀

스스로 도울 수 없는 인류를 향한 하느님의 연대를 드러낸 분이십니다. 하느님의 아드님은 인류 전체와의 연대를 선언하신 것뿐만 아니라, 인류를 위해 당신의 목숨을 바치셨습니다. 타인을 위한 이러한 희생은 극진한 사랑과 연대성을 표현하고 있으며, 이는 그리스도인의 행동 기준이 되어야 합니다.

➡ 196 ➡ 949~953 ➡ 395

> 자비가 없는 정의는 불친절하고, 정의가 없는 자비는 명예롭지 못합니다.
>
> 프리드리히 폰 보델슈빙
> (1831~1910년), 개신교 신학자, 벧엘 요양원 설립자

> 조그만 자비가 세상을 덜 춥고 더 공정하게 만듭니다.
>
> 프란치스코 교황,
> 2013년 3월 17일

104 사회 교리의 원리는 좋은 사회를 건설하기 위한 유일한 토대인가요?

아닙니다. 물론 사회 교리의 원리는 사회 교리보다 앞선 보편적인 가치들과도 결합되어 있습니다. 우리가 사회 안에서 조화로운 삶을 살기 위해서는 일정한 가치들을 지니고 있어야 하며, 그 가치들과 결합해야 합니다. 사회 원리들은 사회를 형성하는 데 기본 노선입니다. 이때 모든 가치는 하느님의 모상에서 기인하여 인간에게 새겨진 본래의 가치인 인간의 존엄성에 결합되어 있습니다.

➡ 197 ➡ 2419~2425 ➡ 324, 438

> 저에게 절망이 닥치면 역사를 통해서 진리와 사랑이 승리한 순간을 기억해 냅니다. 독재자와 살인자는 절대 무너지지 않을 것 같지만, 결국 늘 몰락하고 말았다는 것을 생각하면서 항상 힘을 얻습니다.
>
> 마하트마 간디

> 생태계의 온전함만을 이야기하는 것으로는 충분하지 않습니다. 우리는 인간 생활의 온전함에 대하여 당당히 이야기하고, 모든 위대한 가치들을 촉진하고 결합해야 할 필요성을 당당하게 말해야 합니다.
>
> 프란치스코 교황,
> 〈찬미받으소서〉 224항

105 어떤 가치들이 사회 교리에서 중요하나요?

진리, 자유, 정의 이 세 가지 가치가 중요합니다. 하지만 인간의 공동생활이 실제로 실현되기 위해서는 여기에 사랑과 자비가 더 필요합니다. 그래서 토마스 아퀴나스 성인은 이렇게 말했습니다. "자비가 없는 정의는 잔혹하고, 정의가 없는 자비는 분열을 낳습니다."

➡ 197 ➡ 1886 ➡ 324

> 한 인간에게 허용된 선택, 자유는 정말 엄청난 것입니다.
>
> 쇠렌 오뷔에 키르케고르
> (1813~1855년), 덴마크의 철학자이자 종교 사상가, 1834~1855년 일기장

106 자유는 무엇을 뜻하나요?

자유롭다는 것은 인간을 동물보다 높은 차원으로 끌어

올리고, 어떤 의미에서는 하느님과 비슷하게 만듭니다. 자유로운 인간만이 책임을 질 수 있습니다. 인격적으로 자유로운 것은 인간을 유일무이하게 만듭니다. 여러 가능성의 범위 안에서 인간은 직업과 소명을 자유로이 선택할 수 있습니다. 인간은 가거나 머무를 수 있으며, 어떤 것은 택하고 어떤 것은 버릴 수 있습니다. 이러한 자유에서 인간은 이유 없이 제한될 수 없습니다. 인간은 자신의 종교적, 정치적, 문화적 사상들을 자유롭게 드러낼 수 있어야 합니다. 자신의 의견을 자유로이 표현할 수 있어야 합니다. 이것이 이루어지기 위해서는 인간에게 이러한 자유를 보장하고 자유에 대한 열망을 안전하게 보장하는 법질서가 있어야 합니다. 공동선에 방향을 맞추어 자신의 자유를 추구하는 것은 법적 테두리에 의해 조정되어야 하고, 자유에 대한 파괴적인 열망은 제한되어야 합니다.

➡ 199, 200 ➡ 1738 ➡ 286, 290

> 신에게 봉사하는 것은 자유입니다.
>
> **세네카**(기원전 4~기원후 65년 추정), 로마의 정치가이며 철학자

> 정치의 의미는 자유입니다.
>
> **해나 아렌트**(1906~1975년), 독일 태생의 미국 정치 철학자

> 자유는 다른 사람에게 해가 되지 않는 모든 것을 행할 수 있는 것입니다.
>
> **마티아스 클라우디우스** (1740~1815년), 독일의 시인

> 당신이 진리를 말한다면, 나는 당신의 말에서 거짓을 찾으려고 노력할 필요가 없습니다.
>
> 워런 버핏(1930년 출생), 미국의 투자가

> 진리가 우리를 따르는 것이 아니라 우리가 진리를 따라야 합니다.
>
> 마티아스 클라우디우스

107 사회생활에 왜 진리가 필요한가요?

진리를 개인적인 삶에 관련시켜 표현하자면 진실, 정직을 의미합니다. 인간 상호 간의 정직한 교제 없이는 모든 공동체가 붕괴됩니다. 말과 행동이 더 이상 일치되지 않는 곳에서, 정직이 전제될 수 없는 곳에서는 불신과 냉정과 교활함이 인간의 연대를 결정합니다. 정치적이고 경제적인 영역에서, 결정뿐만 아니라 행동에서도 투명성은 진리에 속합니다. 이것은 특히 재정 자원을 사용할 경우에 더욱 그렇습니다.

→ 198 → 2464~2487 → 452~455

📖 우리는 모든 면에서 우리 자신을 하느님의 일꾼으로 내세웁니다. 거짓 없는 사랑으로, 진리의 말씀과 하느님의 힘으로 그렇게 합니다. 오른손과 왼손에 의로움의 무기를 들고 늘 그렇게 합니다.

2코린 6,4-7 참조

108 정의란 무엇인가요?

정의는 "마땅히 하느님께 드릴 것을 드리고 이웃에게 주어야 할 것을 주려는 지속적이고 확고한 의지"(《가톨릭 교회 교리서》1807항)입니다.

→ 201 → 1807, 2411 → 302

109 정의에는 어떤 형태가 있나요?

! **분배 정의**는 공동체가 그 구성원을 상대로 실행하는 정의의 형태입니다. 곧 공동체가 어떤 인간이나 집단에 정당한 부분을 주는 것입니다.

분배 정의와 **법적 정의**가 있습니다. 분배 정의와 함께 사회 정의가 이루어집니다. 사회 정의를 추구하는 것은 법적 정의를 결정적으로 확장하는 일입니다. 왜냐하면 이러한 법적 정의에서는 오직 법률에 충실한 것과 국가법으로서의 기능이 중요하지만, 사회 정의에서는 전반적인 사회 문제들을 다루기 때문입니다. 따라서 지상의 재화는 정당하게 분배되어야 합니다. 그리고 사람들 사이의 부당한 차별은 조정되어야 합니다. 이를 넘어서 인간의 존엄성도 정의롭게 지켜져야 합니다. 특히 경제적인 이유에 의해서 인간이 억압받아서는 안 됩니다. 평화를 위해 기여하는 정치는, 특히 재화의 정의로운 분배에 관련될 경우, 포괄적인 의미에서 정의를 실현해야 합니다

> 정의는 각자에게 자신의 것을 주는 것이며, 낯선 것과 견주지 않고 전체의 안녕을 유지하는 일이 중요할 경우 자신의 이익을 포기하는 것입니다.
>
> 암브로시오 성인(339~397년), 교회 학자, 서방 교회의 4대 교부

> 평화는 정의에서 유래합니다.
>
> 여불위

> 어떤 상황에서 올바르게 행동하려는 인간이 다른 상황에서는 그와 다르게 행동하지는 않을 것입니다. 삶은 분리될 수 없는 전체입니다.
>
> 마하트마 간디

📖 주님께서 이렇게 말씀하신다. "공정과 정의를 실천하고 착취당한 자를 압제자의 손에서 구해 주어라. 이방인과 고아와 과부를 괴롭히거나 학대하지 마라."

예레 22,3 참조

(사목 헌장 〈기쁨과 희망〉 29항 참조). 세계 시장에서 재화의 분배는 이른바 교환 정의에 방향을 맞추어야 합니다. 사람들은 물건에 대해 정당한 값을 요구해야 합니다.

➡ 201 ➡ 1928, 1943, 2411, 2412, 2426~2436
➡ 329, 430, 449

📖 그때에 의인들은 아버지의 나라에서 해처럼 빛날 것이다. 귀 있는 사람은 들어라.

마태 13,43

110 이러한 가치들의 근원은 무엇인가요?

모든 가치는 그 근원을 하느님께 두고 있습니다. 하느님은 사랑을 가지신 것이 아니라, 하느님 자체가 사랑이십니다(1요한 4,8 참조). 그러기에 인간에 대한 사랑은 모든 사회적 행동의 핵심 기준이 되어야 합니다. 우리가 사랑하면, 우리는 정직하게 되고 타인의 자유를 받아들이며 정의를 위해 노력할 것입니다. 사랑은 정의를 넘어섭니다. 왜냐하면 타인에게 귀속된 것만 그에게 주는 것이 아니라 온 마음으로 친절을 베풀기 때문입니다. '인간 존엄성'이라는 본래의 가치는 우리를 향한 하느님의 사랑

> 모든 사람은 정의를 칭송하지만, 정의가 다가오면 마음의 문을 닫습니다.
>
> 스웨덴 격언

> 약한 사람들의 친구가 되고 정의를 사랑하십시오.
>
> 프리드리히 실러(1759~1805년),
> 독일의 시인이자 극작가

에 그 뿌리를 두고 있습니다. 하느님은 모든 인간을 끊임없이 사랑하시기 때문에, 인간을 당신의 모습으로 창조하셨습니다. 그래서 인간은 침해받을 수 없는 존엄성을 지니는 것입니다.

➡ 205 ➡ 2212 ➡ 321~324, 332

> 하느님께서 우리를 사랑하시는 것은 우리가 사랑받을 가치가 있어서가 아니라 그분이 사랑이시기 때문입니다.
> C. S. 루이스(1898~1963년), 영국의 작가, 《나니아 연대기》의 저자

> 사랑이 지상을 다스린다면, 모든 법은 무익할 것입니다.
> 아리스토텔레스, 〈니코마코스 윤리학〉

> 내가 모든 재산을 나누어 주고 내 몸까지 자랑스레 넘겨준다 하여도 나에게 사랑이 없으면 나에게는 아무 소용이 없습니다.
> 1코린 13,3

111 왜 정의만으로는 충분하지 않나요?

사랑은 정의보다 위대합니다. 왜냐하면 사랑은 "참고 기다리며 친절하기"(1코린 13,4 참조) 때문입니다. 정의에는 자비가 더해져야 합니다. 그래야 사회가 인간적으로 되어 갑니다. 공동생활을 위한 순수한 법적 정의는 사회 정의보다 충분치 않을 수 있습니다. 왜냐하면 어떤 입법도 인간의 상호적인 호의를 불러일으킬 수 없기 때문입니다. 법적 정의는 인간의 존엄성을 거스르는 것만을 처벌할 수 있을 뿐 긍정적인 것은 아무것도 창조하지 못합니다. 사회적 사랑은 공동선, 말하자면 모든 인간의 온전한 복리를 위한 창조적인 힘을 발휘합니다. 그러나 사랑은 오직 호소만 할 수 있지만 정의는 요구할 수 있습니다. 그래서 자비를 위한 공간을 허용하는 정의로운 구조가 중요합니다. 그럼에도 정의는 자비라기보다 윤리적 근본 요구에 가깝습니다.

➡ 206, 207 ➡ 1822~1829, 1844 ➡ 309

> 우리가 사랑으로 행한 것은 최상의 자유로 행한 것입니다.
> 토마스 아퀴나스 성인, 《신학대전》

> 자유 없이는 평화가 없고, 법 없이는 자유가 없고, 사랑 없이는 법이 없습니다.
> 단 아산(1946년 출생), 이스라엘의 인권 변호사

> "무슨 어려운 일을 겪고 계신가요?"라고 물어보는 것이 곧 이웃에 대한 사랑입니다.
> 시몬 베유(1909~1943년), 프랑스의 무정부주의자이자 철학자, 신비가

교회의 중요 문헌

사회 교리의 원리

새로운 사태   가정에 대한 보조성

만일 어떤 가정이 불행하게도 극심한 곤경에 처하여 스스로의 힘으로 그 곤궁에서 헤어날 수 없다면 그러한 상황에 공권력이 개입하는 것은 분명히 타당한 일이다. 가정은 국가를 형성하는 한 부분이기 때문이다. 이와 마찬가지로 한 가정의 가족들 간에 심각한 마찰이 생겨 큰 혼란이 야기될 경우에 국가가 개입하여 각 가족에게 각자의 몫을 되찾아 주어야 한다. 왜냐하면 그 조정 역할은 시민들의 권리를 박탈하는 것이 아니라 공명정대한 정의의 원칙에 따라 그 권리들을 확인하고 보호해 주는 것이기 때문이다. 그런데 국가의 개입은 이 선에서 끝나야지 그 이상의 개입은 안 된다. 그 한계를 넘어서는 것은 자연이 용납하지 않는다.

레오 13세 교황, 회칙 〈새로운 사태〉(1891년) 10항

새로운 사태   공동 재산

국가의 개입은 정의에 어긋날 뿐 아니라 모든 계층의 사람들을 혼란과 무질서 속에 빠뜨려 증오와 견디기 어려운 참혹 상태를 초래하리라는 것은 자명하다. 상호 간의 원한, 비방, 불목의 분위기가 조성될 것이고 개인의 재능과 근면을 고취시키는 자극이 전혀 없어져 재화의 원천이 근원적으로 고갈되어 버리고 그토록 염원해 온 평등의 꿈은 결국 굶주림과 헐벗음이 널리 만연되는 지경에 이르고 말 것이다.

레오 13세 교황, 회칙 〈새로운 사태〉(1891년) 11항

새로운 사태   국가의 보조적 역할과 공동선

이미 말한 대로 국가가 개인이나 가정을 장악하는 것은 부당하다. 개인이나 가정이 공동선과 다른 사람의 권리를 침해하지 않는다면 국가는 마땅히 개인이나 가정이 가능한 한 자유로이 활동할 수 있도록 배려해 주어야 한다. 또한 국가의 통치자들은 사회 전체와 그 부분들을 보호해야 한다. 사회를 보호하는 것이 최고 통치권자에게 맡겨진 당연한 의무이기 때문에 공공의 안녕은 최고의 법으로 보장받을 뿐 아니라 정부의 유일하고 근본적인 존재 이유이다. 정부의 설립 목적이 통치자 개인의 이득이 아니라 국민들의 이익을 증진시키는 것임을 철학과 복음이 한결같이 가르치고 있는 만큼, 통치자는 사회의 구성원들도 마땅히 보호해 주어야 한다.

레오 13세 교황, 회칙 〈새로운 사태〉(1891년) 26항

기초, 사랑에 의한 연대성

`백주년`

우리 시대가 그렇게 부르듯이 연대성의 원리는, 본인이 회칙 〈사회적 관심〉을 통하여 그 타당성을 각 나라의 국내 질서와 국제적 질서에서 상기시킨 바 있는, 그 연대성의 원리는 사회적이고 정치적인 조직에 대한 그리스도교 정신 자체의 기본 원리 중 하나로서 드러난다. 그것은 이미 그리스의 철학자들에게서 발견되는 "우정"이라는 말로, 레오 13세에 의하여 여러 번 사용되었다. 교황 비오 11세에 의해서 역시 의미심장한 "사회적 애덕"이라는 말로 불렸으며, 바오로 6세는 사회 문제의 현대적 여러 차원에 따라 확대된 같은 개념으로 "사랑의 문화"를 논한다.

요한 바오로 2세 교황, 회칙 〈백주년〉(1991년) 10항

국가와 사회 원리들

`백주년`

국가는 이러한 것들을 직접적이고 간접적인 방법으로 실현하기 위하여 자기 몫을 해야 하는데, 간접적으로 그리고 보조성의 원리에 따라서는, 많은 고용 기회와 부의 원천을 제공하는 경제적 활동의 자유로운 수행에 유리한 생산 조건들을 만들어 줌으로써, 직접적으로 그리고 연대성의 원리에 따라서는, 더욱 비천한 이들을 보호하기 위하여, 노동 조건을 결정하는 집단들의 자립성에 일정 제한을 두고 실직한 노동자가 최소한 생계 유지에 필요한 것을 가질 수 있도록 함으로써 그렇게 할 수 있다.

요한 바오로 2세 교황, 회칙 〈백주년〉(1991년) 15항

연대성의 그물

`백주년`

가정과는 별도로 다른 중간 집단들은 연대성의 중요한 역할을 한다. 자기의 기능을 발휘하면서 이 모든 집단들은 인간 공동체처럼 성장하는데, 이 인간 공동체는 무명의 것에 빠지거나 익명의 대중과 혼동되지 않도록 하면서 사회 구조의 뼈대를 거의 다 만들려고 하지만, 오늘의 사회에서 그러한 일은 불행히도 너무 흔히 일어난다. 상호 관계의 교차점에서 인간이 살며 "사회의 주체성"이 강화된다.

요한 바오로 2세 교황, 회칙 〈백주년〉(1991년) 49항

대화하는 사회 교리

`백주년`

사회 교리는 제학문 분야에 속하는 중요한 차원을 가지고 있다. 인간에 대한 유일한 진리를 다양하고도 지속적으로 변하는 사회적, 경제적, 그리고 정치적 사건들 안에 더 잘 합체시키기 위하여, 그 교시는 인간을 연구하는 다양한 학문 분야들과 대화에 들어가며, 이 학문 분야들의 결실을 완성시키며, 자신의 소명의 완성 안에 인정받고 사랑받는 인간에 대한 봉사 분야에서 학문들이 발전하도록 보조한다.

요한 바오로 2세 교황, 회칙 〈백주년〉(1991년) 59항

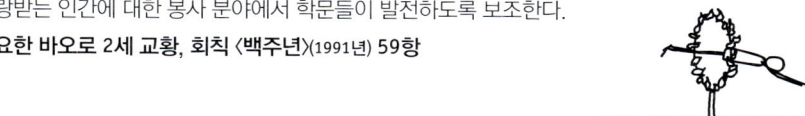

`생명의 복음` 반反 연대 문화

실제로 광범위하게 확산되고 있는 도덕적 불확실성이라는 풍조를, 어느 면에서는 오늘날 사회 문제들의 다양성과 중대성 때문이라고 설명할 수도 있습니다. 그 때문에 개인들의 상대적인 책임이 경감될 수도 있겠지만, 우리가 그보다 훨씬 큰 실재, 곧 진정한 죄의 구조라고 표현할 수 있는 실재에 직면해 있다는 것도 엄연한 사실입니다. 이러한 실재는, 연대성을 거부하고, 많은 경우 참으로 '죽음의 문화'라는 형태를 취하는 그러한 문화의 출현을 특징으로 합니다. 강력한 문화적, 경제적, 정치적 경향들이 이러한 죽음의 문화를 활발하게 조장합니다. 이 경향들은 효율성에만 관심을 가진 사회가 이상적인 사회라고 지나치게 부추깁니다.

요한 바오로 2세 교황, 회칙 〈생명의 복음〉(1995년) 12항

`진리 안의 사랑` 사랑은 정의를 넘어선다

무엇보다도 먼저, 정의입니다. 사회가 있는 곳에 법이 있습니다(Ubi societas, ibi ius). 모든 사회는 고유한 정의의 제도를 세웁니다. 사랑은 정의를 넘어서는 것입니다. 사랑은 주는 것, 곧 '나의 것'을 남에게 내어 주는 것이기 때문입니다. 그럼에도 사랑에는 결코 정의가 부족하지 않습니다. 정의는 남에게 '그의 것', 곧 그의 존재와 행위를 근거로 그가 받아 마땅한 것을 그에게 주는 것입니다. 정의에 따라, 남에게 속한 것을 먼저 그에게 주지 않는다면 '나의 것'을 남에게 '줄' 수 없습니다. 우리가 자선을 통해 다른 사람을 사랑하면 무엇보다도 우리는 그에게 정의를 실천하는 것입니다. …… 한편으로 사랑은 정의를 요구합니다. 곧 개인과 민족의 합법적 권리를 인정하고 존중할 것을 요구합니다. 사랑은 법과 정의에 따라 지상의 도시를 건설하려고 노력합니다. 다른 한편으로 사랑은 정의를 초월하여 베풂과 용서의 논리로 정의를 완성합니다. 지상의 도시는 권리와 의무의 관계로 세워질 뿐만 아니라, 감사와 자비와 친교의 관계를 통해서 더 커지고 더 튼튼해집니다.

베네딕토 16세 교황, 회칙 〈진리 안의 사랑〉(2009년) 6항

`진리 안의 사랑` 사랑과 정의와 공동선

공동선을 바라고 추구하는 것은 정의와 사랑의 요구입니다. 공동선을 위하여 노력하는 것은 사회생활에 법률적, 사회적, 정치적, 문화적 틀을 마련하여 도시(pólis) 또는 '국가'를 형성하는 총체적 제도에 한편으로는 정성을 기울이고 다른 한편으로는 그 제도를 활용하는 것입니다. 우리 이웃의 실질적 요구에 부응하는 공동선을 보장하려는 노력을 하면 할수록 우리는 이웃을 더 효과적으로 사랑하게 됩니다. 모든 그리스도인은 자신의 직업과 사회적 역량에 따라 그러한 사랑을 실천하도록 부름 받았습니다. 이는 사랑을 실천하는 제도적인 방법으로서 ― 정치적인 방법이라고도 할 수 있습니다. ― 국가의 제도적인 중개 없이 이웃에게 직접 실천하는 사랑에 못지않게 탁월하고 효과적인 것입니다. 공동선을 위한 노력이 사랑으로 활성화되면 단순한 세속적 정치적 활동보다 더 값어치 있는 것이 됩니다.

베네딕토 16세 교황, 회칙 〈진리 안의 사랑〉(2009년) 7항

`복음의 기쁨`　　　　**이웃에게 가는 다리를 건설하다**

세계화된 후기 현대의 개인주의는 인간관계의 발전과 안정을 약화시키고 가족의 유대를 왜곡시키는 생활 양식을 조장합니다. 사목 활동은 하느님 아버지와 우리의 관계가 친교를 요구하고 도모하고 있다는 사실을 더욱 분명하게 보여 줄 필요가 있습니다. 친교는 인간들의 유대를 치유하고 증진하며 강화합니다. 우리 세상에는, 특히 몇몇 국가에서 온갖 분쟁과 전쟁이 다시 벌어지고 있습니다. 그러나 우리 그리스도인들은 다른 이들을 존중하고 상처를 치유하며 중재 역할을 하고 관계를 강화하며 "서로 남의 짐을 져 주려고"(갈라 6,2) 하는 지향을 확고히 지니고 있습니다. 또한 오늘날에는 권리를 수호하고 고귀한 목적을 추구하고자 하는 다양한 형태의 단체들이 생겨나고 있습니다. 이는 사회와 문화적 진보에 공헌하고자 하는 수많은 이의 갈망을 보여 주는 징표입니다.

프란치스코 교황, 권고 〈복음의 기쁨〉(2013년) 67항

`복음의 기쁨`　　　　**재화는 공동선에 기여해야 한다**

연대는 재산의 사회적 기능과 재화의 보편적 목적이 사유 재산에 앞선다는 사실을 인식하는 이들의 자발적 행동입니다. 재화의 사적 소유는 그 재화를 보호하고 증진하여 공동선에 더 잘 이바지할 수 있을 때에 정당화됩니다. 이러한 까닭에 연대는 가난한 이들에게 속한 것을 그들에게 돌려주는 결정으로 실천되어야 합니다. 연대의 이러한 확신과 실천이 이루어질 때에 다른 구조적 변화의 길이 열리고 그러한 변화가 가능해집니다. 새로운 확신과 태도가 생겨나지 않은 채 구조만 바꾸면, 그 구조는 오래지 않아 부패하여 억압적이고 비효율적인 구조가 될 뿐입니다.

프란치스코 교황, 권고 〈복음의 기쁨〉(2013년) 189항

`복음의 기쁨`　　　　**반反 연대 문화**

모든 국가의 자율과 문화를 온전히 존중하지만 우리는 지구가 온 인류의 것이고 온 인류를 위한 것임을 결코 잊지 말아야 합니다. 어떤 사람들이 자원이 부족하고 발전도 제대로 이루어지지 않은 나라에서 태어났다고 하여 그들이 인간답지 못하게 살아가는 사실이 정당화되지는 않습니다.

프란치스코 교황, 권고 〈복음의 기쁨〉(2013년) 190항

질문
112~133

사회의 기초

가정

사람이 혼자 있는 것이 좋지 않으니, 그에게 알맞은 협력자를 만들어 주겠다.

창세 2,18

112 하느님은 왜 우리가 가정을 이루고 함께 살기를 원하시나요?

하느님은 모든 인간이 홀로 살기를 원하지 않으십니다. 하느님은 우리를 공동체로 존재하도록 창조하셨습니다. 그러므로 인간은 본성에서부터 (가정) 공동체를 지향합니다. 이는 성경의 첫 장면인 창조 이야기에서 분명하게 나타납니다. 하느님은 아담에게 하와를 협력자로 주셨습니다. "사람은 모든 집짐승과 하늘의 새와 모든 들짐승에게 이름을 붙여 주었다. 그러나 그는 사람인 자기에게 알맞은 협력자를 찾지 못하였다. …… 주 하느님께서 사람에게서 빼내신 갈빗대로 여자를 지으시고, 그를 사람에게 데려오시자, 사람이 이렇게 부르짖었다. '이야말로 내 뼈에서 나온 뼈요 내 살에서 나온 살이로구나!'"(창세 2,20.22-23)

➡ 209 ➡ 1877~1880 ➡ 321

영어에서 가족 **FAMILY**은 '아빠, 엄마 사랑해요.'라는 의미입니다.
익명

Father
And
Mother,
I
Love
You.

113 성경에서 가정은 어떤 의미를 지니고 있나요?

성경에서는 가정생활을 중요하게 여기며 자주 다룹니다. 구약 성경에서 부모는 하느님의 사랑과 신의에 대한 체험을 자녀들에게 전달할 뿐만 아니라 삶의 가장 중요한 첫 번째 지혜들을 알려 주도록 요구받습니다. 신약 성경에서는 예수님이 일반적인 가정에서 태어나셨다고 구체적으로 전해 줍니다. 예수님의 부모는 예수님께 애정과 사랑을 쏟으셨고 그분을 기르셨습니다. 하느님은 '평범한' 가정을 고르셨고, 그 안에서 인간으로서 태어나고 성장하심으로써 가정을 하느님의 특별한 자리로 삼으셨으며, 공동체인 가정에 유일무이한 가치를 부여하셨습니다.

→ 210 → 531~534 → 68

> 나자렛은 가정이 무엇이고, 사랑의 공동체가 무엇인지, 그리고 가정의 엄격하고 단순한 아름다움과 거룩하고 침해받을 수 없는 특성이 무엇인지를 상기시킵니다. 가정 교육이 얼마나 감미롭고 대신할 수 없는 것인지를 깨닫게 합니다. 그리고 사회 질서 내에서 가정의 자연스러운 역할을 가르칩니다.
> 바오로 6세 복자 교황, 1964년 나자렛에서의 강론

> 하느님께서 그들에게 복을 내리며 말씀하셨다. "자식을 많이 낳고 번성하여 땅을 가득 채우고 지배하여라."
> 창세 1,28

114 교회는 가정을 어떻게 보나요?

교회는 가정을 가장 중요하고 첫째가는 자연 공동체로 봅니다. 가정은 고유한 근본 권리를 지니고 있으며, 모든 사회생활의 중심을 차지합니다. 말하자면 가정은 인간 생명이 시작되는 자리이며, 이웃과의 관계가 처음으로 성장하는 자리입니다. 가정은 모든 사회적 질서가 기인하는 사회의 기초를 이룹니다. 이러한 중요성 때문에 교회는 가정을 신성한 제도로 여깁니다.

→ 211 → 2207, 2226, 2227 → 271

> 인간이 삶의 시작에서 만나고, 삶의 끝에서 함께하는 것, 삶에서 소유한 가장 소중한 것은 가정입니다.
> 아돌프 콜핑 복자(1813~1865년), 독일의 가톨릭 사제, 노동권을 위한 투쟁가

> 교회는 문화의 연합체가 아니라 예수님의 가정입니다.
> 프란치스코 교황, 2013년 6월 1일

115 가정의 특별한 점은 무엇인가요?

"나는 조건 없이 사랑받고 있습니다." 이것은 그 무엇으로도 대신할 수 없는 가정에서의 경험입니다. 다양한 세대들이 함께 살면서 애정, 연대, 존중, 헌신, 도움과 정의 등을 체험합니다. 모든 가정 구성원은 능력과 업적에 관계없이 각자의 존엄성을 다른 구성원에게서

> 부모의 삶은, 자녀가 읽는 책이 됩니다.
> 아우구스티노 성인

> 사랑은 인간이 자기 자신을 아낌없이 내어 줌으로써 자기 완성을 발견하게 합니다. 사랑한다는 것은 결코 사고 팔 수 없고 오지지 서로 거저 줄 수밖에 없는 것을 주고받는다는 뜻입니다.
> **요한 바오로 2세 성인 교황, 〈가정 교서〉 11항**

인정받고, 받아들여지고, 존중받습니다. 각자 있는 그대로 사랑을 받습니다. 개별 인격은 도구가 아니라 그 자체로 목적입니다. 이로써 가정에서는 다른 모든 사람들을 소중하게 여기는 생명의 문화가 생깁니다. 오늘날에는 사람들의 능력이나 업적, 특히 재산을 중요시하는 경향이 있습니다. 물질적인 것을 중요시하는 것입니다. 이것은 가정에 대한 도전이고 심지어 가정을 파괴하는 정신입니다.

→ 221 → 2207, 2208 → 369

116 '가정'은 현대 사회에 정말 적합한가요?

> 앵무새를 안심하고 팔 수 있는 가정은 문제가 없습니다.
> **윌리엄 로저스(1879~1935년), 미국의 배우**

적합합니다. 현대 사회에는 모든 사람이 함께 나누는 윤리적, 종교적 확신이 없습니다. 그뿐만 아니라 세상은 아주 복잡합니다. 현실에서 각각의 영역들은 저마다의 규칙에 따라 작동합니다. 교회는 모든 인간의 안녕과 존엄성을 중요하게 여깁니다. 이것이 각각의 영역을 결합시킵니다. 인간은 오늘날 높은 이상과 좋은 관계에 의해 지탱되는 가정 이외에는 그 어느 곳에서도 더 나은 안전을 찾을 수 없습니다. 우리는 가정에서 성공적인 공동생활을 위해 상호 간의 존중, 정의, 대화와 사랑 등이 다른 무엇보다 중요하다는 것을 확인하고 배울 수 있습니다. 이로써 가정은 현대 사회에 적합한 제도일 뿐만 아니라 인간 통합의 핵심적인 장소입니다. 바로 가정에서 국가와 다양한 사회 영역, 예를 들어 경제, 정치, 문화를 위한 사회적, 인간적으로 필수적인 조건들이 생깁니다.

> 가정을 종속적이고 부차적인 역할로 격하시키고 또 가정을 사회 안의 올바른 위치에서 배제시키는 것은 사회 전체의 진정한 발전에 막대한 해악을 끼치게 될 것입니다.
> **요한 바오로 2세 성인 교황, 〈가정 교서〉 17항**

> 건강한 사람이기 위해서는 행복한 유년 시절이 필요합니다.
> **아스트리드 린드그렌 (1907~2002년), 스웨덴의 아동 문학가**

→ 222, 223 → 2207, 2208 → 369

117 가정은 개인을 위해 어떤 일을 하나요?

> 아버지와 어머니를 공경하여라. 그러면 너는 주 너의 하느님이 너에게 주는 땅에서 오래 살 것이다.
> **탈출 20,12**

가정을 체험하는 것은 개인에게 매우 중요합니다. 가정 안에서 개인은, 본능적으로 호의를 지니고 자신을 마

> **아이들의 놀이를 그들의 가장 중요한 일로 생각해야 합니다.**
>
> 미셸 에켐 드 몽테뉴(1533~1592년), 프랑스의 사상가

주하며, 자신을 조건 없이 사랑하고 인정하는 인간 공동체를 처음으로 체험합니다. 이러한 긍정적인 분위기에서 모든 가정 구성원은 자신의 능력을 발전시키고, 삶에서 만나는 모든 사람과의 협력을 준비하며, 이를 위한 힘을 기릅니다. 바로 이런 점에서 그리스도교에서 요구하는 인간상에 대한 교육이 필요합니다. 동시에 개인은 가정 안에서 책임을 지는 것이 무엇을 뜻하는지 체험합니다. 왜냐하면 가정 구성원은 단순히 자기 자신을 위해서만 살 수 없기 때문입니다. 조부모의 역할, 부모의 역할, 자녀의 역할 등 각자의 역할을 통해 우리는 다른 가족 구성원

아이는 길을 묻는 손님입니다.

마리아 몬테소리(1870~1952년), 이탈리아의 교육가

> 가정은 우리 시대의 큰 도전, 곧 단편화와 대중화에 대한 대답입니다. 가정이 대답인 이유는, 가정이 개인적인 차원과 사회적인 차원을 동일하게 여기는 사회의 근본 세포이기 때문입니다. 가정은 자신의 내면에서 지상에서 이루어진 인간 문명화의 두 가지 근본 원리, 곧 공동체의 원리와 출산의 원리를 지니고 있습니다.
>
> 프란치스코 교황, 2015년 9월 30일

> 어머니는 그대를 알기 전에 그대를 사랑한, 지상에서 유일한 인간입니다.
>
> 요한 하인리히 페스탈로치 (1746~1827년), 스위스의 교육학자

> 자녀는 온전히 자기 부모를 존경해야 합니다. 부모도 자기 자녀들을 존중해야 합니다. 그들은 결코 자연적인 인연을 남용해서는 안 됩니다. 폭력은 결코 안 됩니다.
>
> 아스트리드 린드그렌

에 대한 의무를 마주하게 됩니다.

➡ 212, 221 ➡ 2224~2230 ➡ 371, 372

118 가정은 사회에 무엇을 가져다주나요?

가정 안에서 자기 자신을 위해 그리고 그 구성원들을 위해 실행한 모든 것은 사회적으로도 중요합니다. 사회의 개별 구성원들이 잘 되어야, 곧 그들이 사랑받고 또 인정받고 있다고 느낄 때에 비로소 사회가 성공할 수 있습니다. 교환과 시장 논리에 앞서 이와는 전혀 다른 논리, 곧 이미 선사된 존재와 받아들여진 존재가 있다는 논리를 가정에서 체험할 수 있습니다. 또한 개인이 가정에서 사회적 책임과 연대성이 무엇을 뜻하는지 배울 수 있다는 것은 사회 전체에 도움이 됩니다. '작은 일'에서 책임감과 연대성을 보이는 사람은 '큰일'에서도 그러합니다. 가정 외에 어디에서 가난한 사람, 병든 사람이나 나이든 사람을 사랑하는 법을 배울까요? 어디에서 외로워하고 버림받은 사람들을 이해하는 법을 배울 수 있을까요? 인간이 자신의 가족에게서 배우지 않는다면, 어디에서 구조적·사회적 곤경에 관심을 가질 수 있을까요? 가정은 '사회의 인간화'(C. 키슬링)를 위해 그 무엇으로 대신할 수 없는 기여를 하고 있습니다.

➡ 213, 246 ➡ 2207~2211 ➡ 369, 370

119 가정은 사회를 위해 어떤 일을 하나요?

첫 번째로는 사회의 존립을 지키는 장소의 역할을 합니다. 두 번째로는 어린이의 사회화와 교육을 맡습니다. 가정은 곧 문화적·윤리적·사회적·정신적·종교적인 덕과 가치 그리고 전통을 전달합니다. 이런 것들은 책임을 의식하는 자유로운 인간에게 근본적인 것입니다. 가정 교육을 통해 이러한 예비지식이 부여되면, 인간은 알맞은 전문 교육에 따라 사회에서 여러 종류의 일을 할 수 있습니다. 세 번째로는 모든 가족 구성원을 돌보고, 그들에게 사적인 보호 공간, 계발 공간, 휴식 공간을 제공합니다. 네 번째로는 병들고 장애가 있고, 더 이상 일할 수 없는 가족 구성원이 가정에서 사랑이 가득한 배려를 받도록 합니다. 특히 고령화 사회에서는 이것이 더욱 중요합니다. 여기에서 근본적인 연대와 함께 하나의 정체성을 조성할 수 있는 것이 무엇인지 볼 수 있는, 핵가족에서 출발하여 미래의 세대에 이르기까지 아우를 수 있는 넓은 시야가 생깁니다.

➡ 213, 229, 232 ➡ 2207~2209 ➡ 370

> 인간 생태계를 위한 제일의 기본 구조는 가정인데, 이 안에서 인간은 진리와 선에 대한 첫 번째 결정적 개념을 얻으며, 사랑을 주고 사랑을 받는 것이 무엇인지를, 그리고 이렇게 인간이라는 것이 무엇인지를 배운다.
>
> 요한 바오로 2세 성인 교황, 〈백주년〉 39항

> 부모는 자녀에게 뿌리와 날개를 심어 주어야 합니다.
>
> 요한 볼프강 폰 괴테(1749~1832년), 독일의 시인

> 나라 전체에 덕의 모범이 되려고 했던 고대의 남자들은 먼저 자신의 고을을 바르게 했습니다. 자신의 고을을 바르게 하려는 그들은 먼저 자기 가정을 바르게 했습니다. 가정을 바르게 하려던 그들은 자신의 성격을 다스렸습니다. 자신의 성격을 다스리려던 그들은 먼저 자신의 마음을 깨끗이 했습니다.
>
> 공자

120 교육은 오직 가정의 몫인가요?

분명하게 말하지만 아닙니다. 가정은 자기 자신만을 위해 존재하는 폐쇄적인 체계가 아닙니다. 먼저 분명히

> 가정 안으로 국가를 부르는 것은 사적으로 보호된 영역에 공권력이 들어오게 하고, 결국 가정 공동체의 국유화로 이끄는 것입니다.
>
> **우도 디 파비오**(1954년 출생), **독일의 헌법 재판관**

> 가정이 첫째 조직이며 다른 모든 조직에 근본적인 사회 조직이라는 것은 논쟁의 여지가 없이 명백합니다.
>
> **오스발트 폰 넬-브로이닝**
> (1890~1991년), **독일의 예수회 사제**

> 어린이를 가르치는 것에는 목적이 없습니다. 그들은 모든 것을 모방합니다.
>
> **익명**

해야 할 것은 부모가 자기 자녀를 기르고, 그들에게 포괄적인 교육을 받을 기회를 주는 권리와 의무가 있다는 사실입니다. 오직 전체주의적 국가만이 이러한 권리를 빼앗습니다. 한편 아버지와 어머니가 그 존재의 특성이 서로 다르다는 사실은 매우 중요합니다. 이러한 관점에서 동성애 부부들의 입양 권리는 문제가 있는 것입니다. 그러나 사회적 차원에서는 아이가 오직 부모에 의해서만 양육되는 것이 아니라 그들의 양육이 포괄적으로 이루어지기를 요구합니다. 곧 가정과 다양한 제도, 학교, 교회 공동체나 특정 단체 등이 함께 협력함으로써 포괄적인 교육이 가능합니다. 포괄적인 교육의 목적은 아이가 정의와 사랑을 실천하는 것을 배움으로써 대화하고, 다른 사람을 만나고, 사회성을 기르며, 법을 충실히 지키고, 연대성과 평화를 추구하는 사람이 되는 것입니다. 여기에는 적극적인 모범을 보여 주는 것이 도움이 됩니다.

➔ 240, 242 ➔ 2223, 2226, 2229

121 노인들은 가정에서 어떤 역할을 하나요?

> 노인들을 우리 가정에서 결코 '쫓겨난 사람들'처럼 대해서는 안 됩니다. 노인들은 사회의 보물입니다.
>
> **프란치스코 교황,**
> **2014년 2월 25일**

가정에 노인들이 있다는 것은 매우 소중한 일입니다. 노인들은 세대 간의 결합을 위한 좋은 본보기이며, 그들의 노련한 경험은 가정과 사회 전체의 행복에 결정적인 기여를 할 수 있습니다. 노인들은 가치와 전통을 전달할 수 있고 젊은이들에게 버팀목이 될 수 있습니다. 그래서 젊은이들은 자기 자신만을 돌보는 것이 아니라 다른 사람들도 바라보아야 한다는 것을 배웁니다. 노인들이 병들고 도움이 필요할 경우, 의료적인 간호와 부양은 물론, 사려 깊은 대우와 환경이 조성되어야 합니다.

➡ 222 ➡ 2212, 2218 ➡ 371

> 50세가 넘은 사람의 경험과 판단력을 세상에서 받아들이십시오. 그들은 집 안에 방치되는 것 이상의 가치가 있습니다.
>
> **헨리 포드**(1863~1947년), 미국의 기술자, 세계적인 자동차 회사 포드의 창설자

> 저를 내던지지 마소서, 다 늙어 버린 이때에.
> 저의 기운 다한 지금 저를 버리지 마소서.
>
> 시편 71,9

> 모든 아이는 아직도 하느님께서 인간에게 절망하고 있지 않다는 메시지를 품고 탄생합니다.
>
> **라빈드라나트 타고르**(1861~1941년), 인도의 시인이자 사상가, 노벨 문학상 수상자

122 왜 아이들은 특별한 보호가 필요한가요?

아이들은 모든 방법을 동원하여 건강하게 자랄 수 있도록 보호받아야 합니다. 마더 데레사 성녀는 이렇게 말했습니다. "아이는 가정을 위한, 민족과 세계를 위한 하느님의 가장 위대한 선물입니다." 아이들은 인류의 미래입니다. 아이들은 기본적으로 도움이 필요합니다. 하지만 어떤 아이들은 아주 열악한 조건에서 성장합니다. 의료 혜택, 식량 등이 턱없이 부족하고, 학교나 집조차 제대로 제공되지 않는 지역이 많습니다. 게다가 어린이 매매, 어린이 노동, 길거리 고아, 아이들의 전쟁 동원, 어린이 결혼, 어린이 성추행 등의 추문이 끊이지 않고 있습니다. 성적인 착취와 모든 형태의 폭력을 통해 일어나는 아이들의 존엄성을 해치는 일을 물리치고, 그들의 존엄성과 권리를 존중하기 위해서 국가적인 차원과 국제적인 차원에서 단호한 조치가 요구됩니다.

> 보라, 아들들은 주님의 선물이요 몸의 소생은 그분의 상급이다.
>
> 시편 127,3

> 불행한 아이들이 세상에 존재하는 한 위대한 발명과 진보는 아직 이루어지지 않은 것입니다.
>
> **알베르트 아인슈타인**(1879~1955년), 독일 태생의 미국 물리학자, 노벨 물리학상 수상자

➡ 244, 245 ➡ 435

123 혼인은 무엇인가요?

혼인은 남자와 여자의 결합입니다. 혼인의 본질적인 특징은 두 명의 배우자가 조건 없이 서로 사랑하고 신뢰

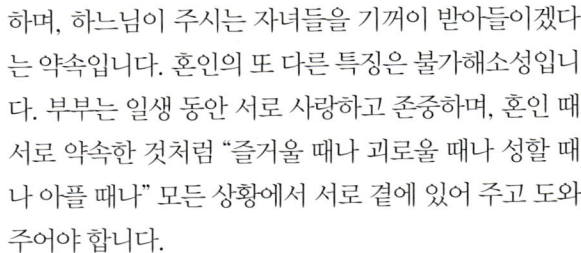

하느님께서 맺어 주신 것을 사람이 갈라놓아서는 안 된다.
마태 19,6

두 분은 결혼생활을 하면서 일생 서로 사랑하고 존경하겠습니까? …… 두 분은 하느님께서 주실 자녀를 사랑으로 받아들이고 그리스도와 교회의 가르침에 따라 그들을 기르겠습니까?
혼인 예식 중 주례 사제가 혼인하는 부부에게 하는 질문

하며, 하느님이 주시는 자녀들을 기꺼이 받아들이겠다는 약속입니다. 혼인의 또 다른 특징은 불가해소성입니다. 부부는 일생 동안 서로 사랑하고 존중하며, 혼인 때 서로 약속한 것처럼 "즐거울 때나 괴로울 때나 성할 때나 아플 때나" 모든 상황에서 서로 곁에 있어 주고 도와주어야 합니다.

➜ 217, 223 ➜ 2360, 2361 ➜ 416

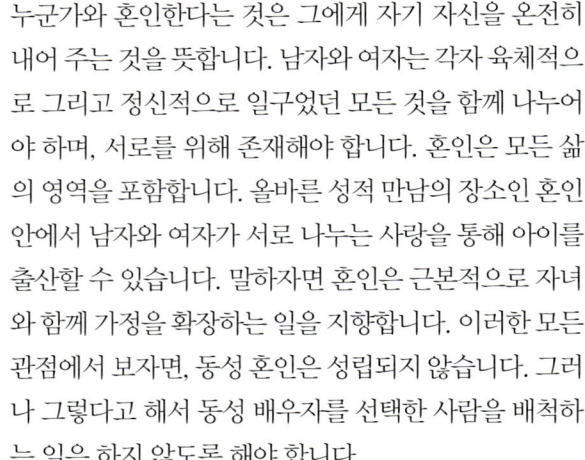

우리 인간은 본성에서 해방될 수 없습니다.
로버트 스페만

124 혼인한다는 것은 무엇을 의미하나요?

누군가와 혼인한다는 것은 그에게 자기 자신을 온전히 내어 주는 것을 뜻합니다. 남자와 여자는 각자 육체적으로 그리고 정신적으로 일구었던 모든 것을 함께 나누어야 하며, 서로를 위해 존재해야 합니다. 혼인은 모든 삶의 영역을 포함합니다. 올바른 성적 만남의 장소인 혼인 안에서 남자와 여자가 서로 나누는 사랑을 통해 아이를 출산할 수 있습니다. 말하자면 혼인은 근본적으로 자녀와 함께 가정을 확장하는 일을 지향합니다. 이러한 모든 관점에서 보자면, 동성 혼인은 성립되지 않습니다. 그러나 그렇다고 해서 동성 배우자를 선택한 사람을 배척하는 일은 하지 않도록 해야 합니다.

➜ 217, 218 ➜ 2362, 2363 ➜ 416

125 혼인은 가정에 어떤 의미가 있나요?

혼인은 가정의 근본 토대입니다. 혼인이 아직 성사와 하느님의 위대한 구원 표지이기 이전에도, 교회의 체험

> 사람들이 어려운 관계에 놓여 있는 부부를 위해 조언을 청하면, 저는 그때마다 "기도하고 용서하십시오." 하고 대답합니다. 그리고 가족들과 어려운 관계에 놓여 있는 젊은이들에게도 저는 "기도하고 용서하십시오." 하고 말합니다. 가족에게 도움을 받지 못하고 홀로 있는 어머니에게도 마찬가지로 "기도하고 용서하십시오." 하고 말합니다.
>
> 마더 데레사 성녀

혼인은 또한 일상의 노동입니다. 혼인을 수작업 노동, 금세공 노동이라고 표현할 수도 있습니다. 왜냐하면 남편에게는 아내를 더욱 훌륭한 여성이 되도록 해야 할 사명이 있고, 아내에게는 남편을 더욱 훌륭한 남성이 되도록 해야 할 사명이 있기 때문입니다. …… 여러분이 어느 날 마을 길을 걷다가 사람들이 이렇게 말하는 소리를 듣는다고 상상해 보십시오. "저 사람은 참으로 아름답고 강한 여성이다. 저런 남편에게서 놀랄 일도 아니지! 저 남자를 보아라. 저런 아내에게서 놀랄 일도 아니지!" 그러면 자녀들도 서로를 훌륭한 남성과 여성이 되도록 서로 도우며 함께 성장한 아버지와 어머니의 축복을 누리게 될 것입니다.

프란치스코 교황, 2014년 2월 14일 젊은 연인들에게 한 강론

과 확신에 의하면 혼인은 남자와 여자와 자녀들의 공동생활을 위한 최상의 기초였습니다. 오직 여기에서만 시간이나 조건에 구애받지 않는 무조건적인 신의가 보증됩니다. 그래서 혼인은 모든 가정 구성원들에게 인간적으로 적절하고 필요한 보호 공간과 계발 공간을 제공하는 것입니다.

➡ 225 ➡ 1655~1657 ➡ 271

126 다른 형태의 공존은 어떻게 평가할 수 있나요?

교회는 혼인과 가정을 남자와 여자의 가장 간절한 갈망과 어울리는 성소로 봅니다. 교회가 이것을 분명하게 강조하지만 오늘날은, 성性과 인간 상호 간의 결합, 감정과 책임, 성과 후손, 협력 관계와 가정 사이의 긴밀한 결합이 점점 해체되는 상황입니다. 하지만 교회는 다른 방식으로 함께 살아가는 사람들을 인자롭게 대하고, 이런 형태들을 기회가 있을 때마다 완전한 혼인 성소에 다다를 수 있도록 회개의 길로 이끌고 변화시키려고 노력합니다.

➡ 227, 228 ➡ 2390, 2391 ➡ 425

> 우리는 사랑의 실패를 체험했던 사람들이 겪는 고통을 느껴야 합니다. 그러나 단죄하지 않아야 합니다. …… 억지나 궤변을 늘어놓는 이면에는 함정이 숨어 있습니다. 항상 그렇습니다. 인간을 반대하고, 우리를 반대하고, 하느님을 반대하는 함정입니다.
> 프란치스코 교황,
> 2014년 2월 28일

> 한 국가를 다스리는 것은
> 네 명의 자녀를 기르는 것보다 쉽습니다.
>
> 윈스턴 처칠(1874~1965년), 영국의 수상, 노벨 문학상 수상자

127 자녀 출산도 혼인에 속하나요?

물론입니다. 혼인이 가정의 일부를 이루듯이, 가정도 혼인의 일부를 이룹니다. 이 둘은 서로 깊이 관련되어 있습니다. 간략하게 이렇게 말할 수 있습니다. "혼인이 없이는 가정이 없고, 가정이 없이는 혼인이 없다." 혼인은 자녀의 출산과 교육, 그리고 그들과 함께하는 삶을 목표로 합니다. 그러기에 서로 깊이 신뢰하는 부부는 자녀를 거부하지 않습니다. "두 분은 하느님께서 주실 자녀를 사랑으로 받아들이고 그리스도와 교회의 가르침에 따라 그들을 기르겠습니까?" 주례 사제가 묻는 이러한 질문에 혼인 당사자는 긍정으로 답해야 합니다. 그래야 혼인이 이루어질 수 있습니다.

➡ 218 ➡ 2373, 2378 ➡ 418, 419

> 오늘날 많은 부모들이 자신들의 역할을 포기하고, 모든 사랑과 애정으로 자녀들의 교육을 위한 대책이 정말 필요하더라도 자녀들에게 주의를 주지도 않고 훈계를 하지 않으며 단지 자녀들의 친구가 되려는 경향이 있습니다. 따라서 자녀들의 교육이 성스러운 의무이며, 아버지와 어머니의 공동 사명이라는 것이 강조되어야 합니다. 따뜻함, 친밀함, 대화와 본보기 등이 요구됩니다. 부모는 가정의 영역에서 하늘의 아버지를 구체화하는 사명을 지니고 있으며, 우리가 영감을 받아야 하는 중요한 모범을 보여 주어야 합니다.
> 요한 바오로 2세 성인 교황,
> 1999년 6월 4일

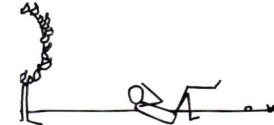

128. 자신의 아이를 갖는 것이 불가능한 부부는 어떻게 하나요?

자녀를 갖지 못한다고 해서 이들의 혼인이 가치가 낮아진 것은 아닙니다. 왜냐하면 자녀 출산이 혼인의 유일한 목적이 아니기 때문입니다. 혼인 생활이 간절히 원하던 자녀들을 통해서 완성되지 않을지라도 이들의 불가해소적인 특성과 결합의 가치는 그대로 있는 것입니다. 이러한 경우에 부부는 자녀를 입양하거나 다른 방식으로 친척이나 친구들의 자녀들을 돌볼 수 있습니다. 자녀가 없는 부부가 외로운 사람들을 위해 마음을 열고 사회에 적극 참여하면서 지낸다면, 열매를 맺는 삶을 살 수 있습니다.

→ 218 → 2374, 2379 → 422, 423

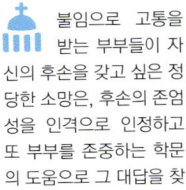

불임으로 고통을 받는 부부들이 자신의 후손을 갖고 싶은 정당한 소망은, 후손의 존엄성을 인격으로 인정하고 또 부부를 존중하는 학문의 도움으로 그 대답을 찾을 수 있습니다.

베네딕토 16세 교황,
2012년 2월 25일

129. 자녀를 낳을 수 있다면, 몇 명이나 두어야 하나요?

부부는 하느님이 주시는 자녀들을 받아들여야 합니다. 그러나 이것은 모든 부부가 생각 없이 많은 자녀를 두어야 한다는 뜻이 아닙니다. 오히려 부부는 최근의 연구 결과처럼 자신의 정신적·육체적 건강 상태와 경제적·사회적 상황에 따라 부성애와 모성애를 책임질 수 있는 여부를 고려하여 자녀 수를 결정해야 합니다. 부부는 자신들의 육체 상태를 이해하는 것을 배워야 하고, 자연적 임신 조절법을 따라야 합니다. 자녀 출산의 시간 간격과 그 수에 대한 결정은 오로지 부부의 몫입니다. 이것은 부부가 이미 태어난 자녀, 가정과 사회에 대한 자신들의 의무를 고려하면서 하느님 앞에서 행사할 수 있는, 타인에게 양도할 수 없는 권리입니다.

→ 218, 234 → 2368~2370 → 419~421

가정은 다른 모든 공동체와 사회 유대들과 마찬가지로 심각한 문화적 위기를 겪고 있습니다. 가정의 경우 이러한 유대의 약화는 더욱 심각합니다. 가정은 사회의 기본 세포로서, 우리가 서로의 차이 속에서 더불어 살아가고 서로에게 속해 있음을 배우는 곳입니다. 가정은 또한 부모가 자녀에게 신앙을 전수하는 자리입니다. 혼인은 이제 단순한 정서적 만족의 한 형태로 여겨져, 어떠한 방식으로든 혼인할 수 있고 또 저마다 마음 내키는 대로 변형시킬 수 있다고 생각합니다. 그러나 혼인이 사회에 가져다주는 필수적인 공헌은 부부의 감정과 일시적인 필요의 차원을 넘어서는 것입니다.

프란치스코 교황,
〈복음의 기쁨〉 66항

> 혼인과 가정은 국가 질서의 특별한 보호 아래에 있다.

독일 헌법 제6조 1항

❗ **가족 정책**은 국가가 가정생활의 전반적 조건을 개선하는 모든 정치적인 조치입니다. 가톨릭 교리에 따르면 국가에는 아버지와 어머니와 자녀들 사이의 삶의 공동체인 가정을 모든 힘을 다하여 보조적으로 지원해야 하는 의무가 있습니다. 가정을 도구화하고, 이념적 이유들로 동요하게 만들거나 가정의 정의를 변질시키는 국가의 모든 시도는 자연법에 따라 가톨릭 사회 교리에 어긋납니다.

130 가족 정책이 부부의 결정에 영향을 줄 수 있나요?

가족 정책은 사회와 그 공동선의 관점에서 필요한 경우에 자녀를 더 낳거나 덜 낳는 데 마음을 움직이게 할 수 있습니다. 하지만 이것은 부부의 자유를 존중하면서 이루어져야 합니다. 정치는 반드시 인구 상황에 대한 정보를 주어야 합니다. 또한 자녀들과 더불어 가정에 경제적인 이점을 가져다주는 조치를 공포할 수 있습니다. 이로써 가족 정책은 자극을 줄 순 있지만 자녀의 수에 대한 최종적인 결정은 부부에게 맡겨야 합니다. 아무도 이런 결정의 자유를 부부에게서 빼앗아서는 안 됩니다.

➡ 234, 235

> 가정이 가장 필요로 하는 것은 적선도, 큰 유산도, 삶의 조언도 아닙니다. 그들의 자녀들을 자체 경제적 수입으로 양육할 수 있게 하는 정의로운 조세 질서입니다.

위르겐 보르헤르트(1949년 출생), 독일의 사회 개혁가

131 왜 국가와 사회는 가정을 위해 무언가를 해야 하나요?

가정이 눈에 띄지 않고 그 진가를 인정받지 못하면서도

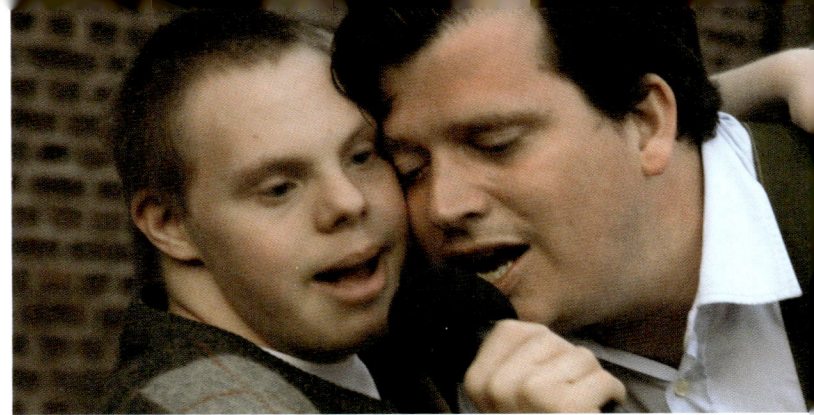

> 인간 사회는 벽돌들이 서로 지탱해 주지 않으면 함께 무너지는 둥근 지붕과 같습니다.
>
> 세네카

> '국가여, 나에게 와서 나를 보호해 주고 도와주어라.' 하고 말하는 것이 아니라, 오히려 반대로 '국가여, 내 일에 간섭할 것이 아니라 나에게 많은 자유를 주고, 내가 나의 존재와 운명 그리고 내 가족의 운명을 가꿀 수 있도록 노동의 수익을 허용하라.' 하고 말하는 것이 필요합니다.
>
> 루트비히 에르하르트
> (1897~1977년), 독일의 총리

사회를 위해 중요한 업적을 실행하는 것은 가정의 고유한 특성에 근거합니다. 사회와 국가가 가정을 위해서 무언가를 행해야 하는 것은, 가정이 가장 작지만 포기할 수 없는 사회의 기본 단위라는 사실에서 비롯됩니다. 여기에서 가족 정책이 제정됩니다. 자유 국가는 능력 있는 부모가 자녀 계획을 스스로 결정하도록 합니다. 그러나 이러한 결정에 국가는 어떤 방식으로도 강요할 수 없으며 국민에 의해 자유롭게 이루어져야 합니다. 그러므로 국가는 자신의 미래를, 자유를 행사할 권한이 있는 국민의 손에 맡기는 것입니다(파울 키르히호프). 많은 설문 조사에서 국민들은 가정이 지닌 매우 높은 가치를 늘 인정합니다. 그러기에 국가는 가족 정책의 조건들을 갖춤으로써 국민들이 현재의 경제적이고 정치적인 조건에서 가정을 건설할 수 있도록 합니다.

➜ 238

132 국가와 사회는 가정을 위해 무엇을 할 수 있나요?

먼저 사회는 국가와 마찬가지로 가정을 중요하고 특별한 것으로 인정하고, 유일무이한 가치인 가정을 보호하고 지원해야 합니다. 이것은 가정 내에서 친목과 화목을 증진시키는 데서 시작하여, 모든 측면에서의 인간의 생명, 특히 아직 태어나지 않은 생명까지 존중하는 것을

포함합니다. 국가를 통한 가정의 보호와 지원에 대해서 이야기하는 것이, 사회나 국가가 경제적 혹은 이념적인 이유에서 가정의 고유한 사명을 떠맡거나, 그 사명을 축소하고 사회적 차원으로만 제한한다는 것을 뜻하지 않습니다. 오히려 가족 정책은 보조성의 원리에 따라 가정에 기회를 제공하고, 그 고유한 사명을 인정하는 데에 목적을 두어야 합니다.

➡ 252, 253, 254 ➡ 2211 ➡ 323, 370

> 가정의 민주화는 아버지가 누구인지 투표하는 것을 뜻하지 않습니다.
>
> 빌리 브란트(1913~1992년), 독일의 총리, 노벨 평화상 수상자

133 보조성의 원리에 따른 가족 정책은 구체적으로 무엇을 의미하나요?

예를 들어 부모에게서 자녀의 훈육을 빼앗는 것은 국가의 사명이 아닙니다. 자녀의 훈육은 부모의 고유한 영역이기 때문입니다. 오히려 보조성의 원리에 따라 주어진 생활 조건과 노동 조건 그리고 학습 조건 아래에 있는 그들에게 필요한 모든 것들이 제공되어야 합니다. 예를 들어 가정의 발전을 위해 부모가 가사와 직장의 일을 분리하고자 할 때 이러한 결정 과정에 도움이 되어야 합니다. 가정에서의 지식 전달과 교육에 관한 고유한 기능은 유치원이나 학교 그리고 다른 사회 집단을 통해서 대체될 수는 없지만, 이러한 제도가 자녀를 기르고, 가르치는 부모의 역할을 지원하고 보완함으로써 도움이 될 수는 있습니다. 이와 함께 보조성의 원리는 모든 인간과 가정의 고유한 책임도 강조합니다. 이것은 가정이 스스로의 권리를 행사하고 강화하기 위해서 정치적이고 사회적인 제도에 직접 참여하고 그 제도들과 연합할 수 있음을 의미합니다.

➡ 247 ➡ 2211, 2252 ➡ 323

> 가정은 가정의 역할을 적절하고 효과적으로 완수하기 위하여, 또한 가정의 권리를 보호하고 선익을 촉진시키며 가정의 관심을 표명하기 위하여, 다른 가정 및 기관과 연합체를 형성할 권리를 지닌다. 경제적·사회적·법률적·문화적 영역에서 가정생활에 관련한 계획의 개발 및 수립에 가정과 가정 단체의 당연한 역할이 인정되어야 한다.
>
> 교황청, 〈가정 권리 헌장〉

> 가족은 자연적이고 기초적인 단위의 사회 집단이며, 사회와 국가에 의해 보호받을 권리를 가진다.
>
> 세계 인권 선언 제16조 3항

교회의 중요 문헌

가정

새로운 사태 — 가정의 근본 권리

결혼 생활의 권리는 자연적이고 기본적이기에 실정법이 그것을 폐지할 수도 없고, "자식을 낳고 번성하여라."(창세 1,28)는 하느님의 명령으로 제정된 혼인의 목적을 제한할 수도 없다. 바로 이 사실 때문에 가정은 가족 사회로서 작은 사회이기는 하지만 다른 모든 사회에 우선하는 진정한 사회이고 국가와는 독립된 권한과 의무를 지닌 사회이다.

레오 13세 교황, 회칙 〈새로운 사태〉(1891년) 9항

지상의 평화 — 가정의 권리

자유롭고, 단일하며, 불가해소적으로 맺어진 계약에 기초하는 가정은 사회의 본래적이며 근본적인 핵심이라고 보아야 한다. 따라서 가정의 안정을 도모하고, 가정의 특별한 사명을 채우는 경제적, 사회적, 교의적, 윤리적인 문제들을 관심 있게 살펴보아야 할 것이다. 부모들은 자녀들을 양육하고, 그들을 교육시킬 우선적 권리를 갖는다.

요한 23세 교황, 회칙 〈지상의 평화〉(1963년) 16, 17항

가정 공동체 — 현대 가정

한편으로는 인간의 자유에 대한 더욱 활기 있는 인식, 혼인에서 상호 관계의 질에 대한 더욱 큰 관심, 여성 존엄성의 촉진, 책임 있는 출산, 자녀의 교육 등에 대한 좀 더 깊은 관심이 있습니다. 또한 가정 간 상호 관계의 발전, 영적이며 물질적인 면에서의 상호 협조, 가정의 교회적 사명과 더욱 정의로운 사회 건설을 위한 가정적 책임의 재발견의 필요성이 인식되고 있습니다. 그러나 다른 편에서는, 몇 가지 기본 가치가 붕괴되는 혼란에 빠져드는 징조가 없지 않습니다. 예를 들면, 배우자 상호 관계에 있어서 독립성에 대한 이론적이며 실천적인 그릇된 개념, 부모와 자식 간의 권위 관계에 관한 심각한 오해, 가치 전수에 있어서 가정이 겪는 구체적 난관, 이혼의 증가, 인공 유산의 폐해, 불임 수술의 증가, 피임 사고방식의 출현 등입니다.

요한 바오로 2세 교황, 권고 〈가정 공동체〉(1981년) 6항

백주년 — 인간 생태계와 가정

인간 생태계를 위한 제일의 기본 구조는 가정인데, 이 안에서 인간은 진리와 선에 대한 첫 번째 결정적 개념을 얻으며, 사랑을 주고 사랑을 받는 것이 무엇인지를, 그리고 이렇게 인간이라는 것이 무엇인지를 배운다. 여기에서는 혼인에 기초한 가정을 이해해야 하는데, 이 안에서 남편과 아내의 상호 선물은 생명의 조건을 만들어 내며, 어린이가 태어날 수 있고, 자신의 능력들을 기를 수 있고, 자신의 존엄성을 의식할 수 있고, 반복될 수 없는 자신의 유일한 운명에 대비할 수 있다.

요한 바오로 2세 교황, 회칙 〈백주년〉(1991년) 39항

백주년   이기주의를 극복하라

최근에 와서 만연된 이기주의적 사고방식을 극복하기 위해서는 연대성과 애덕의 투신이 요청되는데, 이것은 가정에서 부부의 상조로부터 시작해서 후손들의 배려에 의하여 상호간에 실천되는 것이다. 이렇게 가정은 노동과 연대성의 공동체처럼 보인다. 그러나 가정이 그 소명을 충분히 따르려고 결정할 때는, 국가의 필요한 원조에서 제외되므로, 이렇게 가정은 적당한 지원을 받지 못한다. 따라서 다음과 같이 전적으로 강조되어야 한다. 가정과 사회에 대한 정책이 촉진되어야 하는데, 이 정책에 있어서 자녀들의 교육에 있어서나, 노인들을 가정으로부터 멀리 보내지 않고 세대 간의 관계를 강화하여 이들을 보살핌에 있어서, 적합한 보조와 효과적 수단으로 지원받아야 하는 가정은 중요한 지위를 차지한다.

요한 바오로 2세 교황, 회칙 〈백주년〉(1991년) 49항

찬미받으소서   가정, 온전한 교육의 자리

가정에서 우리는 생명에 대한 사랑과 존중을 보여 주는 법을 처음 배웁니다. 예를 들어, 사물의 올바른 사용, 질서, 청결, 지역 생태계 존중, 모든 피조물 보호를 배웁니다. 가정은 서로 밀접하게 연결된 다양한 측면의 인격 성숙이 이루어지는 온전한 교육의 자리입니다. 가정에서 우리는 겸손하게 부탁하고, 우리가 받은 것에 대하여 진심으로 감사하는 마음을 나타내어 "감사합니다." 하고 말하는 법을 배웁니다. 또한 공격성이나 욕심을 통제하며, 해를 끼쳤을 때 용서를 청하는 법을 배웁니다. 이러한 진심 어린 작은 친절한 행동이 더불어 사는 문화와 우리 주변을 존중하는 문화의 건설에 도움이 됩니다.

프란치스코 교황, 회칙 〈찬미받으소서〉(2015년) 213항

질문
134~157

직업과 소명

인간의 노동

좋아하는 일을 직업으로 삼아라.
그러면 평생 동안
억지로 일할 필요가 없다.

격언

> 좋은 노동은 우리 능력의 계발뿐만 아니라 품위 있는 삶에도 기여합니다. 노동은 우리에게 의미를 부여하고, 사람들과 함께하게 하고, 우리의 정체성을 갖추게 합니다. 많은 사람들은 유익한 이유에서 선택하고 또 될수록 오래 종사했던 자신들의 직업을 스스로 결정합니다. 노동이 인간에게 무엇을 의미하는지 가장 잘 깨닫는 경우는 갑자기 일자리를 잃을 때입니다.
>
> **토마스 바섹(1968년 출생), 오스트리아의 철학자**

> 인간의 노동에는 처음부터 창조의 신비가 작용한다.
>
> **요한 바오로 2세 성인 교황, 〈노동하는 인간〉 12항**

134 일한다는 것은 인간에게 무엇을 의미하나요?

일할 수 있다는 것, 직업이 있다는 것, 자기 자신과 타인을 위해 무언가를 할 수 있다는 것은 많은 사람에게 큰 행복입니다. 일자리를 구하지 못하는 것, 자신의 역할이 필요한 곳이 없다는 것은 인간의 존엄성을 빼앗아 갑니다. 인간은 노동을 통해 자신의 소질과 능력을 계발하고, 경제적·사회적·문화적 발전에 참여합니다. 노동은 하느님의 계획 안에서 큰 역할을 수행합니다. 하느님은 인간에게 땅을 지배하라(창세 1,28 참조)고, 곧 땅을 보호하고 경작하라고 분부하셨습니다. 노동을 통해 지속적으로 땅을 경작하고 창조적으로 계발하는 것은 인간을 자신의 창조주의 모습과 비슷하게 만듭니다. 단순한 노동이라도 성실하게 임하는 것은 스스로 노동자이셨던 예수님과도 일치를 이룹니다. 더 나아가서 노동은 이웃에게 가치 있는 봉사가 될 수 있습니다.

➡ 275, 287 ➡ 2427, 2428 ➡ 444

135 노동은 하느님의 형벌인가요?

우리는 노동이 아담의 원죄에 대한 하느님의 형벌이라는 말을 자주 듣습니다. 그러나 이것은 맞지 않습니다. 창세기에 따르면 노동은 오히려 피조물인 인간에게 속하는 것입니다. 창세기 2장 15절에서 인간은 에덴동산을 일구고 돌보라는 지시를 받습니다. 그러나 아담과 하와가 "선과 악을 알게 하는 나무"(창세 2,17)의 열매를 따 먹지 말라는 하느님의 말씀을 어긴 후에, 하느님은 땅을 저주하고 인간이 그 땅을 직접 경작하게 하십니다. 그 이후부터 인간은 자기 자신과 가족을 부양하기 위해 척박한 경작지를 일구며 고되게 일하게 됩니다. 성경의 관점에서 보면 노동 자체가 아니라 노동으로 인한 고통이 인간의 타락에 대한 하느님의 형벌입니다.

➡ 255 이하 ➡ 307 ➡ 50, 66

136 인간에게 노동의 의무가 있나요?

하느님은 세상을 창조하셨고, 인간에게 소중한 선물로 세상을 맡겨 주셨습니다. 성경에 따르면 인간의 노동은 이러한 선물에 대해 인간의 합당한 감사이자 응답입니다. 따라서 인간이 자신의 직업에 종사하는 것은, 자신의 생계비를 버는 것이기 때문에 중요한 것이 아닙니다. 노동을 통해서 세상의 선한 발전에 기여할 수 있기에 중요한 것입니다. 어떤 의미에서는 하느님의 창조 활동에 참여하고 있다고 할 수 있습니다.

➡ 264~266, 274 ➡ 2427, 2428, 2460 ➡ 440

137 예수님은 노동을 어떻게 보셨나요?

예수님은 "죄 말고는 모든 일에서 우리와 똑같으신 분"(히브 4,15 참조, 《가톨릭 교회 교리서》 467항 참조)이셨습니다. 그분은 어부들과 농부들과 수공업자들과 함께 지내셨

> 노동은 인간을 품위 있게 합니다.
>
> **오스발트 폰 넬-브로이닝**

> 세 명의 석공에게 "무엇을 하고 있습니까?" 하고 물었습니다. 첫 번째 석공은 "돌을 쪼개고 있습니다."라고 대답했고, 두 번째 석공은 "돈을 벌고 있습니다."라고 대답했고, 세 번째는 "대성당을 짓습니다."라고 대답했습니다.
>
> **구전**

> 거리의 청소부라면 미켈란젤로가 그림을 그리듯, 베토벤이 음악을 작곡하듯, 셰익스피어가 시를 쓰듯 길을 청소해야 합니다. 청소를 너무 잘해서 하늘과 땅의 모든 존재가 하던 일을 멈추고, "여기 자기의 임무를 훌륭하게 해낸 위대한 청소부가 살았노라."라고 말할 수 있을 정도로 말입니다.
>
> **마틴 루서 킹**

> 영혼은 기쁨을 누리는 것으로 삽니다.
>
> **아우구스티노 성인**

> 노동은 반드시 필요합니다. 노동은 이 땅에서 살아가는 의미에 속하며, 성장과 인간 발전과 개인적 성취의 길입니다.
>
> **프란치스코 교황, 〈찬미받으소서〉 128항**

> 주님께서는 업적의 위대함을 보시는 것이 아니라, 그 업적이 행해진 사랑을 보십니다.
>
> **예수의 데레사 성녀**(1515~1582년), 스페인의 신비가이자 교회 학자

노동이 인간에게, 인간의 인간성에 좋다는 것은 노동을 통해서 인간이 자연을 자기 필요에 따라 이용하면서 자연을 변화시킬 뿐 아니라, 인간으로서의 자기 완성을 이루어 어떤 의미에서는 '더욱더 인간답게' 되기 때문이다.

요한 바오로 2세 성인 교황, 〈노동하는 인간〉 9항

습니다. 그리고 30세가 될 때까지 요셉 성인의 일터에서 목수로서의 직업 교육을 받으셨습니다. 그분은 비유로 말씀하실 때 경제 활동에서 사용하는 상징들을 이용하셨습니다. 자기의 탈렌트로 일한 종들을 칭찬하고, 자기의 탈렌트를 땅에 숨겨 둔 게으른 종을 단죄하는 주인의 비유처럼 말이지요(마태 25,14-30 참조). 학교 그리고 직장에서의 노동은 종종 우리를 고생스럽게 합니다. 우리는 여기에서 우리 일상의 십자가를 짊어지고, 우리를 구원하기 위해 십자가를 짊어지셨던 예수님을 따르는 것을 배웁니다.

➡ 259, 263   ➡ 2427   ➡ 86, 494

138 노동과 사회적 성공은 인간 삶의 본질적인 목적과 어떤 관계가 있나요?

노동은 삶에 속하지만, 그렇다고 노동이 인간의 삶은 아닙니다. 이러한 구별은 중요합니다. 오늘날, 특히 선진국에는 일만을 위해 사는 것처럼 보이는 사람들이 많습니다. 그들은 노동에 중독된 것과 마찬가지며, 이런 사람들을 '일벌레'라고 부릅니다. 예수님은 이런 식으로 일의 노예가 되는 것을 경고하십니다. 인간 삶의 목적은 돈을 모으거나 명성을 쌓는 것이 아니라, 기도와 예배와 이웃 사랑을 통해서 하느님께 있는 영원한 생명에

> 만일 노동이 모든 것이라면, 장애인들과 노인들, 어린이들에게는 삶의 의미가 하나도 없을 것입니다.
>
> **노르베르트 블륌**(1935년 출생), 독일의 정치가

이르는 것입니다. 인간의 노동이 이러한 목적에 따른다면, 그 노동은 그리스도인으로서의 삶에 일치합니다. 그러나 노동 자체가 목적이 되면서 인간 존재의 본질적인 목적을 흐리게 한다면, 노동의 가치가 잘못된 것입니다. 많은 사람들이 가정을 부양하기 위해 다양한 직업을 받아들이고 고되게 일합니다. 이러한 사람들은 가족에게 봉사하는 것으로, 이것을 하느님의 마음으로 이행해야 합니다.

➡ 260 ➡ 2426~2428 ➡ 47, 444

> 우리를 지치게 하는 것은 우리가 내버려 둔 일이지, 우리가 행하는 일이 아닙니다.
> 마리 폰 에브너에센바흐

139 주일 휴식에 관한 계명은 노동과 어떤 관계가 있나요?

안식일 혹은 주일 휴식에 관한 계명은 노동에 대한 성경 가르침의 절정입니다. 인간은 주일에 노동을 중단하고 거룩한 미사에 참여함으로써 자신의 시선을 삶의 본질적인 목적으로 돌립니다. 이런 의미에서 주일 휴식에 관한 계명은 자의적으로나 강제적으로 일에 중독된 인간의 노예화를 반대하는 보루입니다. 주일에 대한 계명은 두 가지 목적을 밝힙니다. 첫째는 하느님께 경배를 드리기 위해 인간을 자유롭게 하는 것이며, 둘째는 주인의 착취에서 특히 가난한 사람들을 보호하기 위해서입니다.

➡ 258 ➡ 2185~2188 ➡ 47

> 너희는 자신을 위하여 보물을 땅에 쌓아 두지 마라. 땅에서는 좀과 녹이 망가뜨리고 도둑들이 뚫고 들어와 훔쳐 간다. 그러므로 하늘에 보물을 쌓아라. 거기에서는 좀도 녹도 망가뜨리지 못하고, 도둑들이 뚫고 들어오지도 못하며 훔쳐 가지도 못한다. 사실 너의 보물이 있는 곳에 너의 마음도 있다.
> 마태 6,19-21

> 당신이 자녀에게 무지개를 보여 준다고 해서 당신이 하는 일이 사라지지는 않습니다. 그러나 무지개는 당신이 일을 마칠 때까지 기다리지 않습니다.
> 중국 민담

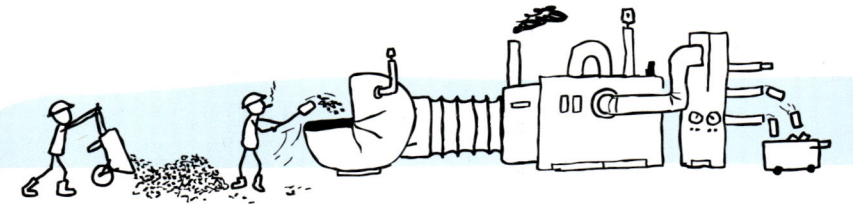

> 우리에게 주일은 얼마의 값어치가 있나요? 질문 자체는 주일을 결정적으로 겨냥하고 있습니다. 주일은 곧 아무런 값이 없다는 것, 경제적인 의미에서 아무것도 가져다주지 않는다는 것이기 때문에 주일입니다. "일에서 해방된 날로서 주일은 얼마의 값어치가 있는가?" 하는 질문은, 우리가 사유적으로 주일을 평일로 변질시켰음을 전제하고 있습니다.
>
> 로버트 스페만, 〈행동의 윤리적 차원에 대한 경계〉

> 우리가 부른 것은 노동력이었는데, 온 것은 사람이었습니다.
>
> 막스 프리쉬(1911~1991년), 스위스의 작가

140 노동 문제는 무엇인가요?

유럽에서의 산업화와 자유 시장 경제의 확산은 19세기에 이르러 이전에는 전혀 없었던 기술적이고 경제적인 신속한 발전을 위해 모든 노력을 기울이게 만들었습니다. 그리하여 수많은 사람들이 더 나은 삶을 추구하며 공장에서 일하기 위해 빠르게 성장하는 산업 도시로 밀려왔습니다. 하지만 그들의 희망은 실망으로 끝나는 경우가 많았습니다. 산업화의 초기 단계에서는 공장의 많은 노동자들이 비인간적인 임금 조건과 노동 조건들로 인해 고통을 겪었습니다. 그들과 그들의 가족은 생존을 위해 많은 희생을 치르고, 너무 적은 것을 받았습니다. 실직 혹은 사고를 당하거나 질병에 걸릴 경우의 사회 보장 제도도 없었습니다. 이러한 상황에서 새로운 사회 계층이 생겼습니다. 성장하는 경제 혜택에서 제외된, 그래서 사회적 시각에서 변두리에 속하는 노동자 계급이 등장한 것입니다.

➡ 267 ➡ 2427, 2428, 2460 ➡ 438, 439

> 지금 노동자를 위해 아무런 노력을 기울이지 않거나 혹은 완전히 전도된 방식으로 노력을 기울임으로써 엄청난 그리스도교적, 사회적 잘못이 일어나고 있다고 우리는 확신합니다.
>
> 아돌프 콜핑 복자

141 노동 문제에 대한 교회의 사회 교리는 어떻게 만들어졌나요?

교회는 노동 문제에 대한 대답을 통해 사회 교리를 발

전시켰습니다. 산업화의 초기 단계에서는 마인츠 교구장 빌헬름 엠마누엘 폰 케틀러 주교처럼 개별 인사들이 이러한 문제를 다루었습니다. 1891년에 반포된 첫 번째 사회 회칙 〈새로운 사태〉에서 레오 13세 교황은 사회가 계급으로 분열되는 것을 질타하고, 산업화의 초기 단계에서의 열악한 임금 조건과 노동 조건을 인간의 존엄성과 사회적 인권의 침해로 비판했습니다. 교황은 노동자들에게 경제의 성장에 따른 정당한 몫을 주라고 요구했고, 계급 투쟁의 위험성을 강렬하게 경고했습니다.

➡ 267, 268 ➡ 2419~2423 ➡ 438, 439

> 사회적 문제는 신앙의 유산과 관련되어 있습니다.
>
> 빌헬름 엠마누엘 폰 케틀러 (1811~1877년), 독일의 주교

142 사회 교리와 마르크스주의의 차이는 무엇인가요?

카를 마르크스(1818~1883년)도 노동 문제에 대한 대응에서 자신의 공산주의 이론을 발전시켰습니다. 그러나 그는 자신의 이론에서 노동자와 자본가 사이의 계급 투쟁이 필요하다고 역설했습니다. 자본가의 재산은 강제로 몰수해야 하고, 노동자들의 독재 국가가 세워져야 한다고 주장했습니다. 공산주의의 이념은 19세기 인류에게 상상할 수 없는 고통을 가져다주었습니다. 교회는 처음부터 공산주의의 위험을 알고 있었고, 계급 투쟁에 관한 이론을 단호하게 단죄했습니다. 그 대신 교회는 사회 교리와 사회 운동을 통해 서로 다른 경제적·사회적 당사자들 사이의 정의로운 화해를 위해 투신했고 지금도 투신하고 있습니다.

➡ 88~90 ➡ 2424, 2425 ➡ 439

> 지금 우리가 다루는 문제 중에서 가장 잘못된 견해는 한 사회 계층이 다른 계층과 본성상 적대 관계에 있으므로 부유한 자들과 가난한 자들은 성격상 상호 간에 끝없이 투쟁하기 마련이라고 내세우는 것이다. 이 주장은 이성과 참된 진리에 완전히 상반된다.
>
> 레오 13세 교황, 〈새로운 사태〉 14항

> 종교가 아니라 혁명이 민중의 아편입니다.
>
> 시몬 베유

> 사회적 감정은 종교적 감정과 혼동될 만큼 서로 닮았습니다.
>
> 시몬 베유

> 노동의 존엄성은 그 근거를 객관적인 차원이 아니라 원칙으로 주관적인 차원에서 찾아야 하는 것이다.
> **요한 바오로 2세 성인 교황, 〈노동하는 인간〉 6항**

> 여러분은 아랫사람에게 구타하는 것처럼 위협적인 말을 삼가십시오. 오히려 정의에 대한 말에 자비를 섞고, 그를 존중하십시오.
> **힐데가르트 성녀(1098~1179년), 신비가이자 저술가**

> 어떤 노동이든 인간이 하는 것이라면 비록 그것이 사회 통념상으로 단지 '서비스'로서의 가치밖에 없거나 대단히 단조로워서 소외된 노동으로서의 가치밖에 없다 하더라도 노동의 목적은 항상 인간인 것이다.
> **요한 바오로 2세 성인 교황, 〈노동하는 인간〉 6항**

> 저는 세계의 경제적 사회적 자산을 증대시키는 일에 관여하는 모든 이에게, 특히 정부 관계자들에게, 보호하고 소중히 여겨야 할 으뜸 자본은 사람, 곧 본연의 인간임을 상기시켜 드리고자 합니다.
> **베네딕토 16세 교황, 〈진리 안의 사랑〉 25항**

> 사회적 문제는 한계가 없습니다.
> **빅토르 마리 위고(1802~1885년), 프랑스의 작가**

143 노동의 '객관적' 차원과 '주관적' 차원의 차이는 무엇인가요?

경제학자들은 기업이나 개인의 노동 생산력에 관해 이야기합니다. 사회 교리는 이와 같은 노동의 '객관적' 차원에 대해서 노동의 '주관적' 차원을 구별합니다. 노동의 주관적 차원이란 모든 노동에 내재된 존엄성을 말합니다. 왜냐하면 노동은 인간이 행하기 때문입니다. 요한 바오로 2세 성인 교황은 노동의 주체, 곧 포기할 수 없는 존엄성을 지닌 인간을 향한 이런 시각을 "노동에 관한 교회의 가르침 가운데 근본적이고 영원한 핵심"(〈노동하는 인간〉 6항)이라고 했습니다. 그러므로 우리는 특수 직업 교육이나 특별한 자격을 가질 필요가 없는, 소위 '천한' 노동을 하는 사람들을 함부로 대해서는 안 됩니다.

➡ 270, 271

144 '노동이 자본보다 우위에 있다.'라는 원칙은 무엇을 의미하나요?

노동의 주관적 차원으로부터 "노동이 자본보다 우위에 있다는 원칙"(〈노동하는 인간〉 12항)이 분명해집니다. 왜냐하면 인간은 자본을 외적 대상으로서 소유하는 반면, 노동은 노동하는 인간과 그 존엄성에서 분리될 수 없기 때문입니다. 자본에 대한 지대한 관심, 경쟁의 필요성이나 세계화 등이 열악한 임금 조건과 노동 조건을 결코 정당화할 수 없습니다.

➡ 277 ➡ 2426 ➡ 442, 445

145 사회 교리에서는 어떤 식으로 노동자의 참여를 요구하나요?

유럽의 노동 문제의 핵심은 산업화와 시장 경제를 통해서 이룩한 부가 노동자들에게 돌아가지 않았다는 것이

었습니다. 산업화의 초기 단계에서 노동자들은 종종 '기계'와 같은 취급을 받았습니다. 그들은 사회 변두리로 밀려났습니다. 우리는 오늘날 많은 개발 도상국과 신흥 국가에서 이러한 상황을 볼 수 있습니다. 이러한 배경에서 사회 교리가 항상 중요하게 요구하는 것은 노동자들의 적극적인 참여입니다. 또한 기업에서의 참여도 중요합니다. 곧 노동자들은 자신들의 직장에서 함께 결정할 수 있어야 합니다. 다른 한편으로 사회와 국가에 대한 참여도 중요합니다. 노동자들은 모든 권리와 의무를 지닌 온전한 국민으로 살 수 있어야 합니다.

➡ 281 ➡ 2423

146 노동과 사유 재산의 관계는 어떠해야 하나요?

카를 마르크스와 프리드리히 엥겔스는 1848년에 발표한 공산당 선언에서 공산주의의 계획은 '사유 재산의 철폐'라는 하나의 표현으로 요약할 수 있다고 했습니다.

> 공업에 있어서나 농업에 있어서, 생산 수단의 소유는 유익한 노동에 봉사한다면 정당하고 합법적인 것이지만, 노동과 사회적 부의 보편적 발전에서가 아니라 오히려 이것들의 억제에서, 착취에서, 투기에서, 노동 영역에서의 연대 관계의 단절에서 오는 이들을 얻기 위하여, 생산 수단의 소유 재산이 사용되지 않거나 다른 이의 노동을 방해하게 되면 부당한 것이 된다. 이런 형태의 소유는 정당화될 수 없으며 하느님과 인간 앞에서 부당한 남용인 것이다.
>
> 요한 바오로 2세 성인 교황, 〈백주년〉 43항

> 오랜 기간 직업이 없거나 공적 사적 지원에 의존하게 되면 개인의 자유와 창의성, 가정과 사회관계가 훼손되어 커다란 심리적 정신적 고통을 당하게 됩니다.
> 베네딕토 16세 교황,
> 〈진리 안의 사랑〉 25항

이에 비해 교회는 사회 교리에서 사유 재산권을 항상 옹호했습니다. 이와 함께 하느님이 모든 인간의 유익함을 위해 땅과 그 재화를 창조하셨음을 강조했습니다. 사회 교리는 이를 '지상 재화의 보편적 목적'이라고 부릅니다. 바로 여기에서 재산의 사회적 책임에 관한 원칙이 귀결됩니다. 이는 곧 사유 재산을 이기적으로만 사용해서는 안 되며 공공의 이익을 위해 사용해야 한다는 뜻입니다. 이것은 재산과 노동의 관계에 대한 관점에서도 마찬가지입니다. 투자는 새로운 일자리 창출과 공동선의 증진에 기여해야 합니다.

→ 282 → 2402~2406 → 426, 427

> 노동은 인간의 삶에 속합니다. 노동은 존중과 참여와 결합되어 있습니다. 그렇기 때문에 대량 실업은 경제적 문제만이 아니라 사회적 문제, 곧 감내할 수 없는 추문입니다.
> 라인하르트 마르크스(1953년 출생), 독일의 추기경

147 노동권이라는 것이 있나요?

생계 노동은 대부분의 사람에게 가장 중요한 수입원이고, 어떤 사람에게는 유일한 수입원입니다. 그러나 이것이 끝이 아니라 인간의 자아실현과 사회적 참여라는 본질적인 차원도 지니고 있습니다. 반대로 말하자면, 실업은 수입의 물질적인 손실뿐만 아니라 그 이상의 손실을 뜻합니다. 실업은 고립, 자신에 대한 회의, 사회적 경멸 등을 초래합니다. 이에 따라 사회 교리에서는 노동에 대한 윤리적 권리를 이야기합니다. 정부, 기업, 노동조합과 같은 모든 사회 세력은 이러한 노동권을 실현하고 완전한 고용을 추구해야 할 의무가 있습니다.

→ 155, 156, 268 → 2433, 2434 → 444

> 단기간에 더 큰 금전적 이익을 얻고자 인적 투자를 중단하는 것은 사회에 악영향을 미치는 기업 행위입니다.
> 프란치스코 교황,
> 〈찬미받으소서〉 128항

148 불안정한 노동 상황에 놓여 있는 사람을 어떻게 해야 하나요?

그리스도인들은 곤경 중에 있는 사람들을 예수님처럼 대해야 합니다. 피고용자가 오늘날 비정규직이나 근로 빈곤층으로 사회의 변두리로 밀려난다면, 그들은 곤경

> 우리 앞에 놓여있는 것은 노동이 변질된 노동 사회, 말하자면 일만 있는 사회입니다. 노동은 오직 일로만 이해되고 있습니다. 이 얼마나 안타까운 일입니까?
> 해나 아렌트

에 빠진 것입니다. 임금이 일반적인 수준 이하로 떨어지면, 인간은 자신의 미래를 더 이상 계획할 수 없고 피고용자로서 자신의 보호권에 제약을 받습니다. 그러나 인간에게는 노동을 할 권리와 정당한 보수를 받을 권리가 있습니다. 이것은 외국인 근로자와 이주민들도 마찬가지입니다. 시장이 노동자의 정당한 임금 지급을 거절한다면 이는 부당한 일입니다. 국가는 전반적 조건을 정비함으로써 고용주가 노동을 제공하도록, 예를 들어 시장 밖에서 사회적으로 필요한 노동을 하는 '제2의 노동 시장'을 조성하도록 배려해야 합니다. 그러나 이러한 모든 조치는 보조적으로 이루어져야 합니다. 이는 기존의 노동 시장을 향한 일시적 단계일 뿐이며, 그와 각축을 벌이는 것이 아니기 때문입니다.

➡ 273, 274 ➡ 1940, 2434 ➡ 444, 447

> 💬 곤란을 겪는 사람은 깊은 영향을 받습니다. 곤경은 미래를 불확실하게 만듦으로써 당사자에게 미래에 대한 이성적인 기대감을 부정하게 만들고, 존재하는 데 있어 반드시 필요한 것에 대한 최소한의 희망과 미래에 대한 믿음을 부정하게 만듭니다.
>
> **피에르 부르디외**(1930~2002년), 프랑스의 사회학자

149 노동과 가정생활은 어떤 관계가 있나요?

노동 세계와 가정생활은 종종 서로 대립되어 있는 듯이 보입니다. 하지만 노동은 가정생활을 위해 물질적이고 윤리적인 기본 토대를 일구는 데 기여하기도 합니다. 노동의 임금은 가정의 생계비를 보장하고, 직업을 가진 부모는 자녀의 교육을 위한 중요한 본보기가 됩니다. 그럼에도 불구하고 많은 사람들이 가정과 노동을 조화롭게 하는 것에 어려움을 느낍니다. 이것은 특히 아버지뿐만 아니라 어머니도 자신의 직업을 가지려 하거나 가져야 할 때 그렇습니다. 그러므로 정부와 고용주, 노동조합은 노동과 가정의 조화를 가능하게 하는 생계 노동의 유연한 모델들을 발전시키도록 함께 노력해야 합니다.

➡ 294

> 💬 인간이 자녀를 위한 계획을 실현할 수 있도록 우리는 전반적 조건들을 개선해야 합니다. 여기에는 가정과 노동이 조화를 이루도록 조직하는 일이 포함됩니다. 이것은 자녀 교육을 후원하고, 직장의 복귀를 보증해 주는 것보다 더 많은 것을 뜻합니다.
>
> **파울 키르히호프**(1943년 출생), 독일의 헌법 재판관

150 사회 교리는 여성과 노동 세계에 대해 어떻게 이야기하나요?

> 성의 사회적 독립과 동등성이 실현되지 않으면 인류의 해방은 이루어지지 않습니다.
>
> 아우구스트 베벨(1840~1913년), 독일의 작가이자 사회주의자

제가 여성들에게 드리는 감사 인사는 모든 사람에게, 특히 국가와 국제 기관들에게 여성의 존엄과 그 역할을 온전히 존중하기 위해 필요한 모든 조치를 해달라는 절박한 호소가 될 것입니다.

요한 바오로 2세 성인 교황, 〈여성들에게 보내는 서한〉 6항

고도로 발달한 국가에서 여성 해방 운동은 꾸준히 진척되었습니다. 교회는 이를 환영하고 지지합니다. 여성은 사회생활의 모든 영역에서 남성들과 동등한 권리를 가져야 합니다. 하지만 이를 위해서 여성의 특수한 상황을 고려해야 합니다. 특히 임산부, 아이를 기르는 어머니는 법규와 사회 전체를 통해 특별한 보호가 필요합니다. 특히 노동 세계에서 필요합니다. 세상의 많은 곳에서 이것이 아직 이루어지지 않고 있습니다. 여성들은 많은 곳에서 차별과 착취에 그대로 노출되어 있습니다. 국가와 사회와 교회는 이런 불의에 단호하게 맞서야 합니다.

➔ 295 ➔ 2433

151 사회 교리에서는 어린이 노동에 대해 어떻게 이야기하나요?

> 우리가 이 땅을 조상들에게 물려받은 것은 이 땅에 원하는 것을 하기 위해서가 아닙니다. 우리도 이 땅을 후손들에게 물려주기 위함입니다. 그러하기에 우리는 그들을 생각하며 이 땅을 조심스럽게 대해야 합니다.
>
> 모세 헨리 카스(1927년 출생), 호주의 정치가

어린이 노동을 통한 착취는 산업화 초기 단계의 미국과 유럽에서 큰 문제를 일으킨 부분 가운데 하나였습니다. 오늘날 아직도 어린이 노동은 빈곤국과 개발 도상국에서 확산되어 있습니다. 가족들이 자신의 자녀들을 생계 노동에 관여시킬 정도로 생존 자체에 어려움을 겪는 현실 때문입니다. 따라서 세상 어디에서나 아이들이 생계

 나를 믿는 이 작은 이들 가운데 하나라도 죄짓게 하는 자는, 연자매를 목에 달고 바다 깊은 곳에 빠지는 편이 낫다.
마태 18,6

비를 벌지 않고서도 모든 가족이 안전하게 생활할 수 있는 사회적 조건을 창출하는 것을 목표로 해야 합니다. 어린이의 정신적·육체적 발달에 피해를 주는 어린이 노동은 어떤 상황에서도 허용될 수 없습니다. 어린이의 착취와 노예화는 용서할 수 없는 불의입니다.

➡ 296

> 공장의 청소년이 교육을 받지 못하는 것은 단순히 미래를 위한 경제적 보호 수단을 잃는 것만이 아닙니다. 산업화로 인해 노예가 된 그 아이의 인간성마저 꺾는 것입니다. 보다 자유로운 정신을 가꿀 수 있는 기회를 빼앗는 것이기 때문입니다.
>
> **프란츠 요제프 폰 부스**
> (1803~1878년), 독일의 정치가

152 이주 노동 현상에 어떻게 대응해야 하나요?

현대 세계에는 가난한 나라와 부유한 나라 사이에, 그리고 종교 사이에 커다란 불균형이 있습니다. 많은 사람들은 오늘날 큰 도시나 다른 나라에 일자리를 찾기 위해 고향을 떠납니다. 우리는 이러한 사람들을 '이주 노동자'라고 부릅니다. 한 국가가 이주 노동자들을 받아들이기로 결정했다면, 그들을 하급 노동력으로만 취급해서는 안 됩니다. 이주 노동자들은 결코 착취당해서는 안

> 이주민이 법률을 어기는 것이 아니라 법이 이주민의 목을 꺾고 있습니다.
>
> **에르난도 데 소토**(1941년 출생),
> 페루의 경제학자

되고, 내국인 노동자와 동일한 권리와 동일한 보수를 받아야 합니다. 나아가 그들은 노동력이 아닌 인격체로 존중받아야 합니다. 특히 이주 노동자들의 가족도 사회의 일원으로서 존중받아야 합니다. 국가와 경제와 사회는 이주 노동자들을 사회에 포괄적으로 받아들이는 노력을 기울일 의무가 있습니다.

➡ **297 이하** ➡ **2241**

> 그분은 고아와 과부의 권리를 되찾아 주시고, 이방인을 사랑하시어 그에게 음식과 옷을 주시는 분이시다. 너희는 이방인을 사랑해야 한다. 너희도 이집트 땅에서 이방인이었기 때문이다.
> **신명 10,18-19**

153 사회 교리는 농업 분야의 변화가 세계적으로 일어나는 것에 대해 어떻게 대응하나요?

농업은 다른 경제 부문보다 사회의 자연 공간과 문화 공간에 더 많은 영향을 미칩니다. 그러기에 산업이 발달된 국가에서는 농업을 유지하는 것이 중요합니다. 대부분의 나라에서 농업 분야는 여전히 가장 중요한 경제 부문 가운데 하나입니다. 많은 사람들이 농업에 종사합니다. 특히 세계의 가난한 나라와 지역에서 그렇습니다. 다만 종종 농업 국가가 몇몇 소수의 대지주들의 손안에 있다는 데에 근본적인 문제가 있습니다. 그러한 대지주가 농촌 사람들을 착취하고, 공동선에 해를 끼치며 경제의 긍정적인 발전에 해가 되기도 합니다. 사회 교리에서는 농업 개혁과 토지의 새로운 분배를 옹호합니다. 이러한 조치들은 법적인 제도 정비를 통해서 이루어져야 합니다. 과거의 불의를 또 다른 불의를 저지르면서 타파해서는 안 되기 때문입니다.

➡ **299 이하**

> 농업 노동은 심각한 어려움을 안고 있다. 그 어려움으로는, 회복 불가능하고 때로는 소멸되어 버리는 육체 노력과 사회의 무관심을 들 수 있다. 그래서 농민들은 자신들을 사회에서 버림받은 사람으로 느끼게 되고, 농민들이 농토를 버리고 도시로 집단 탈출하는 이농 현상을 가속화하게 되며, 불행하게도 그들의 생활 여건은 더욱 비인간화되고 있다.
> **요한 바오로 2세 성인 교황, 〈노동하는 인간〉 21항**

> 이 세상 대다수의 사람들에게 식량을 마련해 주는 다양한 소규모 식량 생산 체제가 있습니다. 이러한 체제에서는 땅과 물을 적게 사용하고 쓰레기도 적게 배출합니다. 이는 소규모 경작지, 과수원, 농원, 사냥, 야생 작물 채취, 지역적 어업을 통하여 이루어집니다. …… 행정 당국은 군소 생산업자들과 그들이 생산하는 품종의 다양성을 투명하고 확실하게 지원하는 조치를 취할 권리와 의무가 있습니다.
> **프란치스코 교황, 〈찬미받으소서〉 129항**

154 어째서 고유한 노동법이 있어야 하나요?

시장 경제에서는 두 계약자가 동일한 정보와 동일한 경제적 능력이 있다면, 이 둘 사이에 실제적인 균형과 이와 더불어 계약을 이행할 여지가 유지됩니다. 그런데 노

인간의 노동

> 우리는 후손들도 살 수 있도록 하나의 지구를 물려주어야 합니다. 지구는 철도와 도로 등으로만 이루어진 것이 아니라 경작지도 있습니다. 농부들의 요구와 길을 만드는 사람들 사이에 타협이 있어야 합니다. 땅을 이용하는 사람들 사이에 정의가 있어야 합니다.
>
> **피터 턱슨**(1948년 출생), 추기경, 교황청 정의평화평의회 위원장

> 법과 평등을 추구하는 사람은 항상 약한 사람들이며, 강한 사람들은 이를 염려하지 않습니다.
>
> **아리스토텔레스**

동 계약을 체결할 때는 대부분 이러한 균형이 이루어지지 않습니다. 고용주는 대부분 더 나은 정보를 지니고 있으며 경제적으로도 월등한 처지에 있습니다. 그러기에 피고용자의 정당한 권리가 특별법, 곧 노동법을 통해서 보호를 받아야 합니다. 여기에는 **임금 덤핑**으로부터의 보호, 일요일 휴무와 휴가에 대한 권리, 실직과 병가 때 재정 지원 요구 등이 있습니다.

➔ 301 ➔ 2430, 2433

! **임금 덤핑**은 통상적이고 적절한 보수나 임금이 인력의 과잉 공급으로 인해 떨어지는 경우를 말합니다. 임금 덤핑은 피고용자의 생존을 위협합니다.

155 임금은 언제 공정해지나요?

사회 교리에서는 처음부터 노동자와 그 가족의 생계를 보장하도록 임금이 충분히 지급되어야 한다고 요구했습니다. 오늘날에는 피고용자가 사회에 광범위하게 참여할 수 있도록 충분한 임금이 지급되어야 한다고 요구되고 있습니다. 그럼에도 임금의 정확한 액수를 정하는 것은 쉬운 일이 아닙니다. 여기에는 개인의 활동과 생산

타작 일을 하는 소에게 부리망을 씌워서는 안 된다.

신명 25,4

성이 고려되어야 하고, 고용주의 생산력도 고려되어야 합니다. 그뿐만 아니라 경제적이고 사회적인 환경도 참작되어야 합니다. 사회 전체의 경제적인 생산력과 공동선도 임금에 영향을 줄 수 있습니다. 어쨌든 임금을 정하는 정당한 절차가 있어야 하며 여기에는 노동조합이 중요한 역할을 합니다. 국가는 최저 임금을 법으로 보증해야 합니다. 임금의 내역도 투명해야 합니다. 또한 단순 노동자의 임금과 최고 경영자의 수입 사이에 현저한 불균형이 있어서는 안 됩니다.

➡ 302 이하 ➡ 2434 ➡ 332

> 저는 부자이기 때문에 높은 임금을 지불하는 것이 아니라, 높은 임금을 지불하기 때문에 부자입니다.
>
> **로베르트 보슈**(1861~1942년), 독일의 발명가이자 사업가, '모범적인 고용주'

> 자본가들과 고용주들이 대체로 명심해야 할 원칙은 자신의 이윤 추구를 목적으로 곤궁한 자들과 불쌍한 자들을 억압하고 이웃의 비참을 이용하여 이익을 추구하는 것을 신법과 실정법이 모두 금한다는 사실이다. 정당한 임금을 착취하는 것은 하느님께 복수를 호소하리만치 중대한 과오이다.
>
> **레오 13세 교황**, 〈새로운 사태〉 14항

> 경제적인 압력을 실행하지 않는 파업은 파업이 아니라 집단적인 구걸입니다.
>
> 위르겐 페터스, 독일의 금속 노조 위원장

156 노동조합은 어떤 의미가 있나요?

대부분 고용주와 피고용자 사이에 힘의 불균형이 발생하기 때문에, 피고용자들은 종종 자신의 힘을 노동조합을 통해서 모읍니다. 이러한 방식으로 그들은 자신들의 관심을 함께 그리고 연대적으로 대변할 수 있습니다. 노동조합을 설립하는 권리는 기본적인 인권입니다. 아무도 노동조합의 구성원이거나 노동조합에 참여했다는 이유로 불이익을 당해서는 안 됩니다.

➡ 305~307

> 대부분의 경영자들은 아직도 노동조합이 타고난 숙적이라고 생각합니다. 이것은 낡은 의식입니다. 저는 노동자들이 기업 내부의 이해관계와 구조를 더 잘 이해하고 있다고 봅니다.
>
> **리 아이어코카**(1924년 출생), 미국의 자동차 산업 경영자

> 개인에게 가능하지 않은 일도 많은 사람이 모이면 가능합니다.
>
> **프리드리히 빌헬름 라이파이젠**(1818~1888년), 독일의 정치가, 라이파이젠 협동조합의 창시자

157 피고용자들은 파업할 수 있나요?

고용주와 피고용자는 부분적으로 상반되는 의견을 끝까지 추구합니다. 예를 들어 임금의 정당한 액수와 노동 시간의 연장에 관한 일입니다. 이러한 문제를 쌍방이 만족하도록 조정하기 위해 협상이 필요합니다. 피고용자들은 노동조합에 의해 대변될 것입니다. 파업은 이런 협상에서 고용주를 압박하는 노동조합의 수단입니다. 다만 이러한 수단은 임금 조건과 노동 조건의 개선을 위해 평화적으로 사용될 경우에만 합법적입니다. 파업이 공동선에 어긋나서는 안 됩니다. 그리고 사람들의 공공 생활을 위해 필요한 서비스직, 예를 들어 경찰, 소방관, 의료진은 파업 때문에 결코 직무에 지장을 받아서는 안 됩니다.

➡ 307 ➡ 2435

> 국가가 법의 기반에서 벗어났을 때 시민의 불복종은 성스러운 의무가 됩니다.
>
> 마하트마 간디

> 파업은 오늘날의 상황에서도 노동자들의 고유한 권리를 수호하고 그들의 정당한 요구를 충족시키는, 최후의 수단이기는 하지만, 필요한 수단이 될 수 있다.
>
> 제2차 바티칸 공의회, 사목 헌장 〈기쁨과 희망〉 68항

> 그때그때 특별한 형편에 따라 시위, 저항 행진, 파업이나 시민 불복종 등이 벌어질 수 있습니다.
>
> 넬슨 만델라

교회의 중요 문헌

인간의 노동

새로운 사태   임금과 재산

사실 노동의 목적, 즉 노동자가 자각하고 있는 노동의 근본 동기는 사유 재산이며, 또한 그가 고용되어 다른 사람의 이익을 위하여 자기 업무를 충실히 수행하고 자기 능력을 최대한 발휘하는 동기가 자기 생활에 필요한 것들을 획득하기 위한 것임을 누구나 쉽게 이해할 수 있다. 그런데 노동자는 노동의 대가로서 임금을 요구할 뿐 아니라, 자기의 합당한 임금을 원하는 대로 활용할 수 있는 진정하고도 완전한 권리도 요구한다. 그러므로 만일 노동자가 자기 임금을 절약하여 저축하고 또한 그 임금을 증식시키기 위하여 토지 매입에 그것을 투자하였다면, 이 토지는 결국 다른 형태로 변형된 똑같은 임금이며 또 결과적으로 그 자신의 재산인 것이다. 그것은 다른 형태의 임금에 지나지 않는다. 동산이든 부동산이든 재산이 그런 식으로 형성된다는 것은 모두가 아는 사실이다. 따라서 사회주의자들의 주장대로 모든 사유 재산을 공유화한다면, 그들은 노동자가 자신의 임금을 투자할 수 있는 권리를 박탈함으로써 자기의 자산을 유용하게 활용하고 자기의 생활을 향상시킬 수 있는 권리와 희망을 빼앗아 버려 사태를 더욱 악화시키게 된다. 더 나쁜 것은 사회주의자들이 제시한 해결책이 명백하게 정의에 어긋난다는 사실이다. 왜냐하면 사유 재산권은 인간의 타고난 권리이기 때문이다.

레오 13세 교황, 회칙 〈새로운 사태〉(1891년) 3, 4항

새로운 사태   부자들과 가난한 사람들 사이에도 조화가 있다

지금 우리가 다루는 문제 중에서 가장 잘못된 견해는 한 사회 계층이 다른 계층과 본성상 적대 관계에 있으므로 부유한 자들과 가난한 자들은 성격상 상호 간에 끝없이 투쟁하기 마련이라고 내세우는 것이다. 이 주장은 이성과 참된 진리에 완전히 상반된다. 인체에는 다양한 지체들이 서로 일치하며 좌우 대칭이라 불리는 균형 잡힌 조직을 이루고 있는 것처럼 본래 국가도 부유한 자들의 계층과 가난한 자들의 계층이 서로 조화를 이루며 또 그 결과 균형을 유지하기를 요구한다. 두 계층은 각기 다른 계층을 절대 필요로 하는데, 자본은 노동 없이 있을 수 없고 노동은 자본 없이 있을 수 없다.

레오 13세 교황, 회칙 〈새로운 사태〉(1891년) 14항

새로운 사태   노동자들은 노예가 아니다

자본가와 고용주가 준수해야 할 의무가 있다. 그들은 고용인들을 노예처럼 취급하지 말아야 하고 그들이 혹시라도 그리스도교인이 됨으로써 더욱 품위를 지니게 되는 인격의 존엄성을 존중해야 한다. 이성과 신앙에 비추어 볼 때 노동은 인간의 품위를 떨어뜨리는 것이 아니라 인간으로 하여금 자신의 수고로써 정직하게 살아갈 수 있도록 품위를 드높여 준다. 참으로 부당한 일은 인간을 마치 이윤 추구를 위한 물건처럼 마구 다루는 것이고 오직 노동 기술이나 노동력으로서만 인간을 평가하는 것이다. 노동자들이 종교 생활 및 영혼의 선익과 관련된 의무를 준수하도록 고용주들은 배려해 주어야 한다. 따라서 종교적 의무들을 수행하는 데에 충분한 시간적 여유와 편의를 노동자들에게 제공하는 것, 타락의 온갖 유혹과 저속한 행위의 위험에 빠지지 않도록 해 주는 것, 가정에 대한 책임감과 절약 정신을 잃지 않도록 해 주는 것, 연령과 성별에 적합치 않는 힘겨운 노동을 강요하지 않는 것은 고용주들의 당연한 의무들이다.

레오 13세 교황, 회칙 〈새로운 사태〉(1891년) 14항

새로운 사태 ── 용서받을 수 없는 불의

자본가들과 고용주들이 대체로 명심해야 할 원칙은 자신의 이윤 추구를 목적으로 곤궁한 자들과 불쌍한 자들을 억압하고 이웃의 비참을 이용하여 이익을 추구하는 것을 신법과 실정법이 모두 금한다는 사실이다. 정당한 임금을 착취하는 것은 하느님께 복수를 호소하리만치 중대한 과오이다.

레오 13세 교황, 회칙 〈새로운 사태〉(1891년) 14항

새로운 사태 ── 노동자이신 예수님

교회는 노동으로 생계를 유지해야 하는 처지와 가난이 하느님 앞에 결코 수치스러운 일이 아니라는 것을 가난한 사람들에게 가르친다. 예수 그리스도께서 몸소 모범을 보이시어 이 진리를 확인하셨다. 그분은 사람들의 구원을 위하여 "부요하셨지만 가난하게 되셨고"(2코린 8,9) 하느님의 아들이시고 하느님 자신이시지만 목수의 아들로 태어나시고 사람들에게 그렇게 인정받기를 원하셨다. 더욱이 그분은 노동하심으로써 생애의 대부분을 보내시는 것을 마다하지 않으셨다.

레오 13세 교황, 회칙 〈새로운 사태〉(1891년) 17항

어머니요 스승 ── 인간의 노동

노동은 바로 인격에서 우러나오는 것이므로, 이 노동은 결코 상품으로서만 취급될 수 없다. 대다수의 사람들에게는 노동이 생계 유지의 유일한 소득원이므로, 그 보수는 시장의 관행이 아니라 참으로 정의와 형평의 법칙에서 결정되어야 한다.

요한 23세 교황, 회칙 〈어머니요 스승〉(1961년) 18항

기쁨과 희망 ── 노동과 인간의 자기 계발

노동의 보수는 각자의 임무와 생산성은 물론 노동 조건과 공동선을 고려하여 본인과 그 가족의 물질적 사회적 문화적 정신적 생활을 품위 있게 영위할 수 있도록 제공되어야 한다.
제2차 바티칸 공의회, 사목 헌장 〈기쁨과 희망〉(1965년) 67항

> 노동하는 인간

노동은 인간에게 근본적인 것이다

노동은 인간의 지상 실존에 있어 근본적인 영역이라고 교회는 확신한다. 인간에게 공헌해 온 많은 학문의 온갖 유산들을 보아서도 교회는 이러한 확신을 더욱 굳힌다. 인간학, 고생물학, 역사학, 사회학, 심리학 등 많은 학문은 부인할 수 없을 정도로 이 사실을 뒷받침해 준다고 본다. 교회의 이러한 확신의 원천은 무엇보다도 하느님의 계시된 말씀에 근거한다. 그러므로 그것은 지성의 확신인 동시에 신앙의 확신이 되는 것이다. 그 이유는— 여기서 그 이유를 밝히는 것이 좋을 것이다. —교회가 인간을 신뢰하기 때문이다. 교회는 인간에 대해 생각하고 인간에게 자신을 표현하는데, 단지 역사적 체험에 비추어서만도 아니고, 다양한 학문적 인식 방법의 도움을 받아서만도 아니며, 무엇보다도 살아계신 하느님의 계시된 말씀에 비추어서 자신을 표현하는 것이다.
요한 바오로 2세 교황, 회칙 〈노동하는 인간〉(1981년) 4항

> 노동하는 인간

노동의 주체인 인간

인간은 땅을 정복하고 다스려야 한다. 왜냐하면 인간은 '하느님의 모습'으로서 하나의 인격체이기 때문이다. 다시 말해서 인간은 천부적인 이성적 방법으로 행동할 수 있고 또 자신에 대해 결정을 할 수 있으며 자기완성을 위해 노력을 기울일 수 있는 주체적인 존재이기 때문이다.
요한 바오로 2세 교황, 회칙 〈노동하는 인간〉(1981년) 6항

> 노동하는 인간

노동은 인간을 위해서 있다

아무리 인간이 일할 운명을 타고났고 소명을 받았다 해도 우선적으로 노동이 '인간을 위해' 있는 것이지 인간이 '노동을 위해' 있는 것은 아니라는 사실이다. …… 무엇보다도 노동의 주체, 즉 일을 성취하는 개인인 그 인격체의 존엄성을 척도로 삼아 각각의 노동은 평가되어야 한다는 점이다. …… 어떤 노동이든 인간이 하는 것이라면 비록 그것이 사회 통념상으로 단지 '서비스'로서의 가치밖에 없거나 대단히 단조로워서 소외된 노동으로서의 가치밖에 없다 하더라도 노동의 목적은 항상 인간인 것이다.
요한 바오로 2세 교황, 회칙 〈노동하는 인간〉(1981년) 6항

> 노동하는 인간

노동과 직업

노동은 인간의 천부적인 권리이며 소명이기도 한 가정생활을 이루는 기본이다. 이 두 가지 가치 영역 —하나는 노동에 연결되고, 다른 하나는 인간의 생활에서 가정이라는 성격에 필연적으로 따르는 것이다— 은 올바르게 일치되어야 하고 올바르게 서로 스며들어야 한다.

달리 말해서 노동은 가정을 이루기 위한 하나의 조건이 되는데, 그것은 가정이 노동을 통해서 인간이 정상적으로 얻는 생활 유지 수단을 요구하기 때문이다. 노동과 근면은 또한 가정에서의 교육 과정 전체에 영향을 미친다. 그 이유는 바로 모든 이가 다른 일들 가운데 노동을 통해서 '인간답게 되고', 인간답게 되는 일이 엄밀히 말해서 교육 과정 전체의 주요 목적이기 때문이다.

요한 바오로 2세 교황, 회칙 〈노동하는 인간〉(1981년) 10항

노동하는 인간   정의의 구체적인 수단인 임금

모든 체제에 있어서, 체제 내 자본과 노동의 근본 관계와는 무관하게, 임금 즉 노동에 대한 보수는 여전히 대다수의 사람들로 하여금 자연 재화든 가공 재화든 공동 사용을 지향하는 그 재화에 접근할 수 있게 하는 실제적인 수단이다. 노동자는 자신의 노동에 대한 보수로 받는 임금을 통해서 그 재화에 접근할 수 있다. 그러므로 모든 경우에 있어서 정당한 임금은 사회 경제 체제 전체의 정의를 실증하는 구체적인 수단이며, 또한 어떠한 경우이든 그 체제가 정의롭게 운용되고 있는지 알아볼 수 있는 구체적인 수단이 된다. 정당한 임금은 판단의 수단일 뿐 아니라 특별히 중대한 수단, 즉 핵심 수단이 된다.

요한 바오로 2세 교황, 회칙 〈노동하는 인간〉(1981년) 19항

백주년   노동조합의 역할

노동과 휴식의 "인간적" 시간의 존중과, 노동 장소에서 자신의 양심과 존엄성이 모독을 받지 않고 자신의 성격을 표현할 수 있는 권리가 보장되어야 한다. 계약의 진정한 도구로서뿐 아니라, 노동자들의 성격이 선언되는 "장소"로서 노동조합의 역할은 확실히 여기에서 재론되는 것이다. 노동조합은 확실한 노동 문화의 발전에 기여하며, 또한 노동자들로 하여금 정말로 인간적으로 기업 생활에 참여하도록 도와준다.

요한 바오로 2세 교황, 회칙 〈백주년〉(1991년) 15항

복음의 기쁨   사회에서 소외된 사람들

오늘날 모든 것이 경쟁의 논리와 약육강식의 법칙 아래 놓이게 되면서 힘없는 이는 힘센 자에게 먹히고 있습니다. 그 결과 수많은 사람이 배척되고 소외되고 있습니다. 그들에게는 일자리도, 희망도, 현실을 벗어날 방도도 없습니다. 인간을 사용하다가 그냥 버리는 소모품처럼 여기고 있는 것입니다. 우리는 '버리는' 문화를 만들어 왔고 지금도 확산되고 있습니다. 이제는 문제가 단순히 착취와 억압 현상이 아니라, 전혀 새로운 어떤 것입니다. 배척은 우리가 살고 있는 사회에 속하느냐 그렇지 않느냐의 문제입니다. 왜냐하면 배척된 이들은 더 이상 사회의 최하층이나 주변인이나 힘없는 이들이 아니라, 사회 밖에 있는 사람들입니다.

그들은 '착취된' 이들이 아니라 쫓겨난 이들, '버려진' 사람들입니다.

프란치스코 교황, 권고 〈복음의 기쁨〉(2013년) 53항

질문
158~194

모든 사람을 위한
복지와 정의

경제

> **경제 사회 생활에서도
> 인간의 존엄성과 그 온전한 소명,
> 사회 전체의 선익은 존중되고 증진되어야 한다.
> 인간이 모든 경제 사회 생활의 주체이며
> 중심이고 목적이기 때문이다.**

제2차 바티칸 공의회, 사목 헌장 〈기쁨과 희망〉 63항

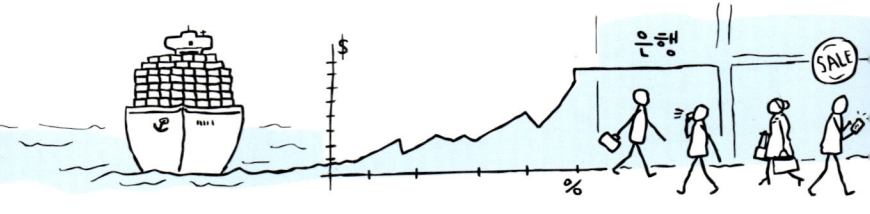

158 '경제'는 무엇을 뜻하나요?

우리는 **경제**를 인간이 자기 자신과 이웃의 물질적 욕구를 충족시키는 사회의 실재 영역으로 이해합니다. 경제에서 중요한 것은 재화의 생산, 분배와 소비, 서비스입니다.

➔ 332 ➔ 2426, 2427

> ❗ **경제**는 재화와 서비스에 관한 인간적 욕구를 계획적으로 안정되게 충족시키는 절차와 제도 전체를 말하는데, 이는 개인과 사회 형성에 있어 하느님이 원하신 발전을 가능하게 합니다(요제프 회프너 추기경).

159 경제의 목적은 무엇인가요?

경제의 목적은 우리 생활에 필요한 모든 것을 물질적으로 공급하는 것입니다. 원료, 기계, 건물과 토지, 인간의 노동력 등과 같은 생산 자원은 늘 부족합니다. 그러기에 우리는 부족한 생산 자원을 되도록 효과적이고 합리적으로 사용하는 경제 질서를 만들어야 합니다. 모든 경제생활의 중심과 목적은 자유로운 인간입니다. 우리가

사회적으로 행동하는 그 어느 곳에서든 인간의 존엄성과 공동선의 기여를 그 중심으로 삼아야 합니다(사목 헌장 〈기쁨과 희망〉 63항 참조).

➡ 334, 346, 375 ➡ 2426 ➡ 442

> 인간을 신뢰할 수 있으면, 계약은 필요가 없습니다. 하지만 신뢰할 수 없다면 계약은 무익합니다.
>
> 장 폴 게티(1892~1976년), 미국의 석유 사업가이며 미술품 수집가

160 경제와 도덕성은 서로 어떤 관계에 있나요?

경제는 고유한 법칙에 따라 그 기능을 발휘합니다. 세계적으로 시장 경제가 점점 확고하게 자리 잡고 있습니다. 시장 경제에서는 실제 '시장'에서와 같은 일이 일어납니다. 공급자와 수요자가 서로 만나 생산품의 가격과 수량과 품질에 대해 자유롭게 협상합니다. 이러한 시장 경제는 매우 효과적인 것으로 입증되었습니다. 그러나 그것이 법률적 지원이 되는 사회적 시장 경제일 때에만 도덕적으로 수용할 수 있습니다. 사회적 시장 경제를 위해서는 첫 번째로 국가적으로 명확하게 보증된 규칙이 있어야 하고, 두 번째로 마땅한 일거리도 돈도 없기 때문에 이러한 시장에 아무것도 공급할 수 없는 사람들을 반드시 배려해야 합니다. 그 외에 고통, 질병, 장애와 같이 시장의 논리가 적합하지 않는 영역도 있습니다. 경제가 고유한 법칙에 따라 움직인다는 것은, 시장 법칙이 하느님의 규정과 계명을 마음대로 어길 수 있다는 뜻이 아닙니다. 도덕성은 건전한 경제의 본질적인 요소입니다. 비도덕적인 거래는 경제적으로도 잘못된 것입니다. 정확하게 말하자면, 생산 자원의 낭비와 같은 비경제적인 거래도 비도덕적인 행위입니다.

> 로마인들이 견고한 다리를 지었던 까닭은 그 군사들이 처음으로 다리를 건널 때 건축가를 다리 밑에 서 있게 했기 때문입니다.
>
> 프렘 왓사(1950년 출생), 캐나다의 투자가

> 시장으로 충족되지 않는 인간 욕구들이 있다. 인간의 기본 욕구가 충족되지 않은 채 남아 있지 않고 그 결핍으로 고통당하는 사람들이 멸하지 않도록 하는 것은, 사랑과 정의의 엄격한 의무이다.
>
> 요한 바오로 2세 성인 교황, 〈백주년〉 34항

> 경제 법규의 전문적 지식을 건너뛸 수 있는 윤리는 윤리가 아니라, 윤리의 정반대인 도덕주의입니다.
>
> 요제프 라칭거 추기경(베네딕토 16세 교황), 〈시장 경제와 윤리〉(1986년)

➡ 330~333 ➡ 2426, 2431 ➡ 442, 443

161 부를 발전시키는 것은 '비도덕적'인가요?

아닙니다. 오히려 부의 증대는 높은 차원의 도덕적 목적입니다. 그러나 이러한 행위는 모든 인간의 전체적이고

연대적인 발전을 목표로 삼고 있어서 소수의 사람들만 부의 혜택을 얻는 일이 발생하지 않을 경우에 비로소 도덕적으로 합당합니다. 발전이란 인간의 전체적이고 포괄적인 개발을 의미합니다. 여기에 속하는 것이 신앙과 가정, 교육과 건강 그리고 다른 많은 가치입니다. 소비의 증대만이 중요한 것이 아닙니다. '소비 주의'는 오히려 어떤 의미에서 인간을 더 가난하게 만듭니다.

➡ 334 ➡ 2426

> 내부적으로 연대와 상호 신뢰가 없으면, 시장은 그 고유의 경제적 기능을 완수할 수 없습니다.
>
> 베네딕토 16세 교황,
> 〈진리 안의 사랑〉 35항

> "살인해서는 안 된다."는 계명이 인간 생명의 가치를 지키기 위하여 분명한 선을 그어 놓은 것처럼, 오늘날 우리는 "배척과 불평등의 경제는 안 된다."고 말해야 합니다. 그러한 경제는 사람을 죽일 뿐입니다.
>
> 프란치스코 교황,
> 〈복음의 기쁨〉 53항

162 교회는 경제를 비판적으로 보나요?

교회는 기본적으로 경제를 긍정적인 시선으로 봅니다. 그러나 경제가 절대적인 위치가 될 때, 즉 인간의 노동력이 착취당하거나 횡령당하는 경우 혹은 지상의 생산 자원이 지속적으로 낭비될 경우에 경제에 대해 비판적으로 대응합니다. 인간이 부를 검소하게, 또 기쁘게 누릴 수 있고, 가난에 대해 두려워하지 않는다면 교회는 경제의 편을 들어 줍니다. 사회 교리에서는 모든 사람이 경제적 발전의 방향을 잡는 데 적극적으로 참여하고, 경제적 생산의 개선과 분배에 능동적으로 참여하기를 기대합니다(사목 헌장 〈기쁨과 희망〉 63, 65항 참조).

➡ 373, 374 ➡ 2423~2425 ➡ 442

163 노동은 경제 안에서 소명일 수 있나요?

그렇습니다. 경제에서 노동은 하느님이 주신 참된 소명일 수 있습니다. 자신이 책임진 영역에서 이웃과 사회에 봉사하는 사람들은 모든 사람에게 축복이 됩니다. 하느님은 인간에게 땅을 맡기고 그곳을 일구며 돌보게 하셨습니다. 우리는 노동으로 하느님의 뜻을 이해할 수 있고 작은 영역에서 창조를 완성하는 데에 기여할 수 있습니다(창세 2,15-19 참조). 우리가 사랑과 정의로 행동한다면,

> 사랑은 교회의 사회 교리의 핵심입니다. 이 교리가 제시하는 모든 책임과 의무는 사랑에서 나옵니다.
>
> **베네딕토 16세 교황,**
> **〈진리 안의 사랑〉 2항**

우리는 땅의 좋은 선물과 우리의 재능을 우리에게 맡겨진 이웃들의 선익을 위해 사용하는 것입니다(마태 25,14-30; 루카 19,12-27 참조).

➡ 326 ➡ 2427, 2428 ➡ 442

164 성경은 가난과 부유함에 대해 어떻게 말하나요?

예수님을 따르는 사람들은, 특히 우리는 하느님 앞에서 부유하게 되어야 한다는 사실을 잊어서는 안 됩니다(루카 12,16-21 참조). 물질적으로 부유하게 되는 것은 그리스도인의 삶의 목적이 아닙니다. 그리고 이것은 하느님의 특별한 은총을 받았다는 확실한 표지도 아닙니다. 예수님은 "오늘 저희에게 일용할 양식을 주시고"(마태 6,11)라고 기도하라고 가르치셨습니다. 이러한 기도로 우리는

> 당신은 가난한가요? 그래서 당신에게 무언가를 주는 사람이 필요한가요? 아니면 당신은 부자인가요? 그래서 당신이 무언가를 줄 사람이 필요한가요?
>
> **루트비히 뵈르네(1786~1837년),**
> **독일의 작가**

> 우리가 무언가를 가지고 있는 한 주어야 합니다. 왜냐하면 우리에게도 자비롭게 주시는 분이 있기 때문입니다.
>
> **스웨덴의 비르지타 성녀** (1303~1373년), 신비가이며 유럽의 수호성인

하느님께 지상 생활에 필요한 모든 것을 간청합니다. 우리는 호화로움을 추구하는 것이 아닙니다. 적당한 소유로 행복한 삶을 위해 가족의 부양, 선행, 문화 참여와 교육 그리고 영속적인 발전을 위해 필요한 재화들을 추구하는 것입니다.

→ 323, 326 → 2443~2446 → 449

165 가난은 항상 나쁜 것인가요?

> 인간은 가난한 이에게 기여하고 수입을 부수적인 산물로 여기는 기업을 설립할 수 있습니다.
>
> **무함마드 유누스**(1940년 출생), 방글라데시의 경제학자이며 사회 개혁가, 노벨 평화상 수상자

> 인간에게 돈만 주는 것은 그에게서 자립을 위한 주도권, 창조성을 빼앗는 것입니다.
>
> **무함마드 유누스**

> 저는 당신께 두 가지를 간청합니다. 제가 죽기 전에 그것을 이루어 주십시오. 허위와 거짓말을 제게서 멀리하여 주십시오. 저를 가난하게도 부유하게도 하지 마시고 저에게 정해진 양식만 허락해 주십시오. 그러지 않으시면 제가 배부른 뒤에 불신자가 되어 "주님이 누구냐?" 하고 말하게 될 것입니다. 아니면 가난하게 되어 도둑질하고 저의 하느님 이름을 더럽히게 될 것입니다.
>
> **잠언 30,7-9**

'가난'이 타의에 의해 빚어진 곤경이며 삶에 반드시 필요한 물품이 모자람을 의미한다면, 이것은 불행한 것입니다. 인류의 한쪽은 굶주리고, 다른 한쪽은 양식이 남아돌아서 버린다는 사실은 분노할 일이며 용서받지 못할 죄악입니다. 부유한 국가에서 물질적인 빈곤의 경계가 정확하게 어디인지, 또는 최저 생계비는 얼마로 정할 수 있는지를 말하기는 어렵습니다. 그러나 풍족하게 살지 못하는 상대적인 가난을 항상 부정적으로만 여겨서는 안 됩니다. 이러한 가난은 인간에게 하느님 앞에서 참으로 필요한 것을 깨닫게 하고, 하느님을 신뢰하고 간청하는 개방적인 태도를 지니게 합니다. 그리스도인들이 복음을 진심으로 받아들일 때, 물질적인 부를 자발적이고 의식적으로 포기하기도 합니다. 자유로운 마음으로 하느님께 봉사할 수 있기를 원하는 것입니다. 예수님을 따르려는 사람은 '하느님 앞에서 가난한 사람'이 되어야 합니다. 내적으로 소유에서 멀어져야 합니다(마태 5,3 참조). 하느님에 대한 사랑 외에는 더 선호하는 것이 없어야 합니다.

→ 324 → 2437~2440 → 448

166 부유함은 항상 좋은 것인가요?

물질적으로 걱정 없이 살 수 있다는 것은 하느님께 매일

감사드려야 하는 큰 특전입니다. 그렇게 사는 사람은 행복하게 살지 못하는 사람들을 도와줄 수 있습니다. 그러나 부유함으로 인해 영적인 만족과 교만에 빠질 수 있습니다. 가난한 사람과는 달리 부자는 종종 자신이 행복하게 사는 것을 자신의 업적으로 돌리는 경향이 있습니다. 소유가 탐욕이 되면, 무정한 마음이 뒤따라옵니다. 물질에 집착하는 부자는 예수님의 경고를 새겨들어야 합니다. "어리석은 자야, 오늘 밤에 네 목숨을 되찾아 갈 것이다."(루카 12,20)

➔ 325 ➔ 2402~2404

> 많은 사람이 자기를 좋아하지 않는 사람들의 인정을 받기 위해서 필요하지 않는 물건을 사려고 없는 돈을 지출합니다.
>
> 대니 케이(1913~1987년), 미국의 영화배우

> 사실 돈을 사랑하는 것이 모든 악의 뿌리입니다. 돈을 따라다니다가 믿음에서 멀어져 방황하고 많은 아픔을 겪은 사람들이 있습니다.
>
> 1티모 6,10

> 모든 범죄와 악행은 다 욕망에서 시작됩니다.
>
> 마르쿠스 툴리우스 키케로(기원전 106~43년), 로마의 정치가이자 철학자

167 왜 예수님은 "내일을 걱정하지 마라."(마태 6,34) 하고 말씀하셨나요?

예수님은 미래를 부지런하게 준비하는 것을 나쁘게 보지 않으셨습니다. 그분은 어느 곳에서든 현명하게 솜씨를 발휘하고 보잘것없어 보일지라도 성실하게 일하는 것을 칭찬하십니다. 게다가 예수님도 목수로 사셨고 타인을 위해 일하셨습니다. 예수님은 미래에 대한 지나친 불안과 걱정이 그리스도인이 지녀야 할 근본적인 신뢰와 일치하지 않는다는 것을 가르쳐 주신 것입니다.

➔ 323~327

> 여러분이 완전하게 소유할 수 있는 것은 아무것도 없습니다. 그러면 여러분은 지금 가지고 있는 것을 어디에 보관하겠습니까?
>
> 스티븐 라이트(1955년 출생), 미국의 배우

자비의 활동

영적 활동

- 의심하는 이에게 조언하는 일
- 슬퍼하는 이를 위로하는 일
- 잘못된 행동을 꾸짖는 일
- 모르는 이를 가르치는 일
- 우리를 모욕하는 이를 용서하는 일
- 산 이와 죽은 이를 위하여 하느님께 기도하는 일
- 우리를 괴롭히는 이를 인내로이 견디는 일

육체적 활동

- 배고픈 이에게 먹을 것을 주는 일
- 나그네를 따듯하게 맞아들이는 일
- 헐벗은 이에게 입을 것을 주는 일
- 병든 이를 돌보는 일

- 감옥에 있는 이를 방문하는 일
- 죽은 이를 묻어 주는 일
- 불우한 이웃에게 금전적인 도움을 주는 일

168 그리스도인은 자신의 가난에 대해 어떻게 해야 하나요?

그리스도인은 집중적이고 지속적인 노동을 통하여 자기 자신과 가족이 가난에서 벗어날 수 있도록 모든 노력을 다해야 합니다. 또한 그리스도인은 가난한 사람들에게서 재산과 자기 보전과 물질적인 성장의 기회를 빼앗으려는 '악한' 구조와 부당한 세력을, 타인과의 협력을 통해 무찔러야 합니다.

➡ 325 ➡ 2443~2446 ➡ 449, 450

> 상거래 관계에서 형제애의 표현인 무상성의 원칙과 은총(증여)의 논리가 통상적인 경제 활동에 자리할 수 있어야 한다는 것은 현대인의 큰 요구입니다.
> **베네딕토 16세 교황,**
> 〈진리 안의 사랑〉 36항 참조

169 타인의 가난을 어떻게 대해야 하나요?

하느님은 '십자가에서 죽으시기까지' 할 정도로 모든 사람을 사랑하시기 때문에, 그리스도인들은 자신의 이웃들을 새로운 눈으로 바라보아야 합니다. 그리스도인들은 가장 가난한 사람에게서 주님이신 예수 그리스도를 깨닫습니다. 그 때문에 그리스도인들은 타인의 고통을 줄이기 위해 할 수 있는 모든 것을 행해야 합니다. 그리스도인들은 **자비의 활동**에 충실해야 합니다. 도움은 사람에게서 사람으로 직접적으로 줄 수 있습니다. 그러나 기부금과 같은 간접적인 방식으로도 가난한 사람들이 인간다운 삶을 살도록 도울 수 있습니다. 하지만 가장 중요한 것은 그들이 자립하도록 돕는 일입니다. 예컨대 가난한 사람에게 일자리를 제공하거나 그에게 좋은 직업 교육을 제공함으로써 그가 스스로 가난에서 벗어나게 하는 것입니다. 그러나 그들의 자립을 무리하게 요구해서 그들이 불편함을 느끼지 않도록 해야 합니다. 기업인은 일자리들을 만들고 인간의 품위를 잃지 않는 노동 조건을 만듦으로써 가난 퇴치에 중요한 공헌을 하게 됩니다.

➡ 329 ➡ 2447 ➡ 449, 450

> 책임은 쉽게 하느님, 운명, 행운, 우연이나 이웃에게 전가함으로써 덜어 낼 수 있는 짐입니다. 점성술의 시대에는 책임을 별에게 전가하는 것이 평범한 일이었습니다.
> **앰브로즈 비어스**(1842~1914년), 미국의 작가

> 우리는 더 이상 시장의 눈먼 힘과 보이지 않는 손을 신뢰할 수 없습니다. 정의의 증진은 경제 성장을 전제로 하면서도 그 이상을 요구합니다. 이는 더 나은 소득 분배, 일자리 창출, 단순한 복지 정신을 넘어서 가난한 이들의 온전한 진보를 분명히 지향하는 결정, 계획, 구조, 과정을 요구합니다.
> **프란치스코 교황,**
> 〈복음의 기쁨〉 204항

170 우리는 '하느님 나라'를 물질적인 발전을 통해 실현할 수 있나요?

인간의 포괄적인 발전과 창조의 보전을 위해 우리가 열정적으로, 그리고 인내로이 투신할 경우 많은 성과를 거둘 수 있습니다. 그러나 낙원에 이르지는 못합니다. 예수님은 "내 나라는 이 세상에 속하지 않는다."(요한 18,36) 하고 말씀하셨습니다. 그러므로 하느님 나라를 물질적인 혹은 지상적인 발전과 혼동해서는 안 됩니다. 그럼에도 불구하고 경제적 발전은 "인간 사회의 더 나은 개선에 이바지할 수 있는 그만큼, 하느님 나라에 커다란 중요성"(사목 헌장 〈기쁨과 희망〉 39항)을 지닙니다.

➡ 55, 323~326 ➡ 2419, 2420, 2426

> 개인의 재능과 근면을 고취시키는 자극이 전혀 없어져 재화의 원천이 근원적으로 고갈되어 버리고 그토록 염원해 온 평등의 꿈은 결국 굶주림과 헐벗음이 널리 만연되는 지경에 이르고 말 것이다.
> **레오 13세 교황, 〈새로운 사태〉 11항**

> 인간은 노동을 통하여 자신의 지성과 자유를 사용하여 땅을 지배하고 땅을 자신의 합당한 거처로 만든다. 이러한 양식으로 인간은 노동을 통해서 취득한, 땅의 그 부분을 자신의 것으로 만든다. 여기에 사유 재산의 기원이 있다.
> **요한 바오로 2세 성인 교황, 〈백주년〉 31항**

171 자본주의는 인간의 존엄성과 조화를 이룰 수 있나요?

요한 바오로 2세 성인 교황은 회칙 〈백주년〉에서 구소련의 계획 경제의 실패에 대해서 이렇게 묘사했습니다. "만일 '자본주의'가 기업, 시장, 사유 재산과 여기에 따르는 생산 수단의 책임, 경제 분야에 있어서 인간의 자유로운 창의력의 기본적이고 긍정적인 역할을 인정하는 경제 체제를 의미한다면, '기업 경제', '시장 경제' 또는 단순히 '자유 경제'를 논하는 것이 더 적합할 수도 있겠지만, 대답은 분명히 긍정적이다. 그러나 만일 '자본주의'가, 경제 영역의 자유를 전체적이며 인간적인 자유의 봉사에 두는, 윤리적이고 종교적인 것을 핵심으로 하는 자유의 특수한 차원과 같이 경제적 자유를 보는, 확고부동한 형태로서의 정치적 구조 내에 제한되지 않는 체제를 의미한다면, 그러면 대답은 부정적이다."(42항)

➡ 335 ➡ 2425 ➡ 442

> 자본의 형성은 자기 관심을 통해서 이루어져야 합니다. 재산은 타인에 대한 호의로 형성될 수 없습니다.
> **월터 배젓(1826~1877년), 영국의 경제학자이자 사회학자**

> 인간성과 연대성, 정의가 없는 자본주의는 도덕성도 없고 미래도 없다.
> **라인하르트 마르크스 추기경**

172 그리스도교의 경제 모델이 있나요?

없습니다. 교회는 복음을 선포해야 하며, 경제 모델과 전문적인 해결책에 대해서 관여하지 않습니다. 경제가 인간과 공동선에 공헌해야 한다는 교회의 요구는 인간 존엄성을 지향하는 이성의 요구입니다.

→ 335 → 2420~2422 → 23

> 오늘날 일부 경제 부문이 국가보다 더 많은 권력을 행사하고 있는 것이 사실입니다. 그러나 정치가 결여된 경제를 정당화할 수는 없습니다. 그러한 경제는 현재 위기의 다양한 측면들을 지배하는 다른 논리를 촉진할 수 있습니다.
>
> **프란치스코 교황,**
> **〈찬미받으소서〉 196항**

173 우리는 인간과 공동선에 공헌하는 경제 질서에 어떻게 다다르나요?

무엇보다도 정의와 이웃 사랑을 일상적인 경제 활동과 통합하는 일에 달려 있습니다. 그리스도인들은 제도와 삶의 조건을 사람에게 적합할 때까지 개선할 의무가 있습니다. 그러나 그리스도인들은 다른 것들을 개선하기 이전에 먼저 자기 자신을 새롭게 해야 합니다. 이러한 배경에서 경제적인 여건과 사회적인 제도를 개선하는 노력이 신뢰를 받을 수 있습니다.

→ 42 → 1888 → 327~329

> 고대의 금송아지에 대한 숭배가(탈출 32,1-35 참조) 돈에 대한 물신주의라는, 그리고 참다운 인간적 목적이 없는 비인간적 경제 독재라는 새롭고도 무자비한 모습으로 바뀌었습니다.
>
> **프란치스코 교황,**
> **〈복음의 기쁨〉 55항**

> 우리 가운데 누구도 소유한 것이 없다면, 우리가 어떻게 이웃에게 선한 일을 할 수 있겠습니까?
>
> **알렉산드리아의 클레멘스 성인**
> (150~210년), 그리스도교 초기 교부이자 신학자

174 기업의 사유 재산은 부당한가요?

아닙니다. 다른 모든 인간처럼 기업가에게도 노동의 열매에 대한 자연적 권리가 있고, 이런 열매를 얻으려고 노력하는 수단(생산 수단)에 대한 권리도 있습니다. 바로

> 하느님께서는 온 인류에게 땅을 주시어 아무도 제외되거나 특권을 누리지 않고 그 모든 성원들의 생계를 유지하게 하셨다. 여기에서 지상 재화의 보편적 목적의 근거가 발견된다.
>
> **요한 바오로 2세 성인 교황, 〈백주년〉 31항**

이러한 권리는 모든 참여자가 경제 활동 과정에서 이익을 얻으려는 기업의 창조적인 자유를 촉발시킵니다. 재산을 취득하는 것은 경제 활동에 전력투구하는 동기가 됩니다. 그러나 소유 관계는 명확해야 합니다. 이는 평화에도 도움이 됩니다(사목 헌장 〈기쁨과 희망〉 71항 참조). 한편, 소유 재산이 너무 두드러지게 차이가 나면 이는 사회 분열의 원인이 됩니다. 그리고 이러한 차이는 종종 정의롭지도 못합니다. 피고용자가 수익의 몫을 충분히 받지 못할 때 그렇습니다. 여러 나라에서 아직도 착취가 흔히 일어나고 있습니다. 한 사람의 경제적 우월함은 다른 사람의 무력함과 불이익을 야기합니다. 그러기에 사유 재산은 사회적 **저당권**의 지배를 받습니다. 재산은 모든 사람의 보편적 선익을 위해 행사되어야 합니다. 왜냐하면 하느님이 모든 사람을 위해 물질적 재화를 창조하셨기 때문입니다. 국가는 사유 재산의 사회적 의무를 법적으로 조정하고 실행해야 합니다.

> **저당권**은 그리스어로 '밑받침, 담보, 적재'라는 뜻입니다. 집이 은행에 저당을 잡히는 것처럼 재산은 사회적으로 행사되어야 하는 책무가 있습니다.

➡ 176~184, 328, 329 ➡ 2403, 2427~2430 ➡ 443

175 돈은 그 자체로 나쁜 것인가요?

돈은 선한 것도 악한 것도 아닙니다. 돈은 교환 수단이며 가치 척도, 미래를 위한 축적, 재산을 보조하는 수단이며, 악에서 벗어날 수 있는 것입니다. 하지만 돈은 결코 자체로 목적이 되어서는 안 됩니다. 예수님은 "너희는

> 돈은 이전에 돈을 가지고 있지 않았던 사람의 성격을 타락시킵니다.
>
> **한스-페터 짐머만**(1957년 출생), 스위스의 작가

하느님과 재물(**맘몬**)을 함께 섬길 수 없다."(마태 6,24 참조) 하고 분명히 말씀하셨습니다. 돈은 우상과 욕망의 대상이 될 수 있습니다. 탐욕스럽게 돈을 쫓는 사람은 스스로 탐욕의 노예가 됩니다.

➜ 328 ➜ 2424, 2449 ➜ 355

176 기업이 이윤을 추구하는 것이 정당한가요?

물론입니다. 수익은 기업의 성공을 나타내는 첫 번째 표지입니다. 하지만 기업이 사회에 기여하고 있다는 충분한 증거는 아닙니다. 지속적으로 경제 활동을 하기 위해서는 정당한 이윤 추구가 근본적인 인간 존엄성의 보호와 반드시 조화를 이루어야 합니다. 착취, 사회 정의의 침해, 노동자 권리의 침해를 바탕으로 얻는 이윤은 부당한 것입니다.

➜ 340 ➜ 2443~2446 ➜ 449

177 자유 시장은 선한 것인가요?

자유 시장에서 사람은 적법하고 도덕적인 범위 안에서 자유로이 상품과 서비스를 공급하고 사들일 수 있습니다. 독점과 담합이 수요와 공급의 법칙을 파괴하지 않는 한, 사용자가 생산품의 내용과 가격과 수량 등을 결정합니다. 자유 시장은 오랫동안 경제를 발전시키고 또 유지할 수 있는 제도로 입증되었습니다. 나아가 자유 시장에서는 계획 경제에서보다 자원이 효율적으로 사용됩니다. 하지만 효율이 전부는 아닙니다. 자유 시장에서 경제적 약자들이 강자에게 속거나 임금 덤핑 등을 통해서 착취를 당하는 일이 종종 일어납니다. 이러한 경우 약자들을 도와야 합니다. 국가는 법을 통해서, 한편으로는 노동조합과 같은 사회적 조직을 통해서 도와주어야 합니다. 자유 시장 경제는 사회적 시장 경제로 전개될 경우에만

> 여러분의 자녀에게 '돈'이라는 도구에 대해 가르치십시오. 어떻게 돈을 버는지 가르친다면, 그들은 교만과 자존심을 배울 것입니다. 어떻게 절약하는지를 가르친다면, 안전과 자긍심을 배울 것입니다. 넓은 마음으로 돈을 대하는 것을 가르친다면, 사랑을 배울 것입니다.
>
> 주디스 재미슨(1943년 출생),
> 미국의 현대 무용가 겸 안무가

! **맘몬**이라는 단어는 셈 어로 'mamona'입니다. 비도덕적으로 형성된 재물 혹은 정직하지 못하게 벌어들인 이익을 말하며, 돈을 경멸하는 단어입니다.

> 많은 사람들은 개인 경제를 총으로 쏴야 하는 늑대로 간주합니다. 다른 사람들은 그것을 젖을 짤 수 있는 젖소로 여깁니다. 실제로 그것은 수레 전체를 끄는 강하고 고분고분한 말인데, 사람들은 그것의 일부분만 보고 있습니다.
>
> 윈스턴 처칠

> 시장은 우산과 같습니다. 우산은 펼쳐질 때에만 제 역할을 합니다.
>
> 헬무트 슈미트(1918~2015년),
> 독일의 수상

받아들일 수 있습니다. 물론 비도덕적인 '시장'도 있는데 마약 거래, 온갖 형태의 인신 매매, 불법적인 무기 거래 등이 그것입니다.

➡ 347 ➡ 2425, 2426 ➡ 442

> 국제 관계에 있어서와 마찬가지로, 개별적 국가들에게 있어서 자유 시장은 재원을 배치하고 다행하게도 욕구에 대응하기 위한 가장 효과적인 방법으로 보인다.
> 요한 바오로 2세 성인 교황,
> 〈백주년〉 34항

178 자유 시장에서의 경쟁은 이웃 사랑에 위배되지 않나요?

이것은 경쟁의 성격에 달려 있습니다. '경쟁'이 경쟁 상대의 조직적인 멸망을 의미한다면, 이러한 경쟁은 이웃 사랑에 위배됩니다. 이에 비해 경쟁이 상대방을 능가하기 위한 공명정대한 노력이라면, 이러한 경쟁은 정의의 중요한 목적에 도달하기 위한 효과적인 수단입니다. 이를테면 가격은 낮아지고, 기업가들은 소비자의 욕구에 더 가까이 다가서며, 생산 자원은 절약하여 사용하게 되고, 기업의 참여와 경제 개혁이 이루어질 것입니다. 그리스도인들은 경쟁에 기초한 것이 아니라, 우애와 효율성이 서로 결합된 **협동조합**에 기초한 협력의 형태도 발견했습니다.

➡ 347 ➡ 2423~2425, 2430 ➡ 442

> 사실 빈곤의 수준에 이르는 사회적 불평등은 부강국에도 존재하고 있듯이 이와 병행되는 현상으로 저개발 국가에서도 이기심의 발로와 부의 허세가 당혹할 정도로 노골적이어서 가히 스캔들이 될 정도이다.
> 요한 바오로 2세 성인 교황,
> 〈사회적 관심〉 14항

> **협동조합**은 함께 경제 활동을 하며 사회적 이익을 추구하는 사람들의 결합체입니다.

179 자유 시장의 한계는 어디인가요?

시장에 드나들 수 없는 여건의 사람들이 많습니다. 그들은 자신들의 기본 욕구를 채울 수 없습니다. 그들이 가난하여 아무것도 내놓을 수 없고, 또한 살 수도 없는 것입니다. 여기에서 우리는 인간이 침해받을 수 없는 존엄성을 지닌 우리 형제나 자매임을 다시 명심해야 합니다. "인간의 기본 욕구가 충족되지 않은 채 남아 있지 않고 그 결핍으로 고통당하는 사람들이 멸하지 않도록 하는 것은, 사랑과 정의의 엄격한 의무이다."(〈백주년〉 34항) 그뿐만 아니라 자유 시장은 팔 수 없는 수많은 재화들로

> 욕구들이 점점 늘어나고, 삶이 사치스럽게 되어 가고, 모든 사람은 각자의 방식으로 살기 위해서 많이 소유하길 바라는 그 경향으로 인해 공적인 신용은 떨어지고, 투자자들은 실패하고, 불성실과 거짓이 난무하고 있습니다.
> 아돌프 콜핑 복자

> 인권이 아니라 인간이 손상되는 것입니다.
>
> 발터 루딘(1945년 출생), 스위스의 수도자

인해 제한되기도 합니다. 곧 인간 자신을 파는 매춘, 노동 착취, 인신매매 또는 인간의 건강을 파는 의학의 상업화와 신체 일부에 대한 장기 매매 그리고 우정, 용서, 가족관계 등이 바로 그것입니다.

→ 349 → 2431 → 442

180 세계화는 경제에 무엇을 의미하나요?

세계는 경제적으로 점점 더 긴밀해지고 있습니다. 냉전이 끝난 후 경계가 무너지고, 운송의 여건이 크게 개선되며, 특히 디지털 혁명이 일어남으로써 오늘날 세계가 실시간으로 소통하고 상품을 전 세계적으로 생산할 수 있게 되었습니다. 지구 전체에 돈의 회전이 번개처럼 빠르게 이루어지고 있습니다. 생산 공장들은 유리한 지역에 위치해 있으며 새로운 시장들이 계속 개척되고 있습니다.

→ 361 → 2438~2440 → 446, 447

181 세계화는 경제에 유익한가요?

오늘날 엄습해 온 세계화는 계획에 의한 결과가 아니니

생활 양식을 바꾸면 정치적, 경제적, 사회적 힘을 발휘하고 있는 이들에게 건전한 압력을 행사할 수 있을 것입니다. 소비자 운동은 특정 상품의 불매로 기업의 행태를 바꾸는 데 영향을 미쳐 기업이 환경 영향과 생산 방식을 재검토하도록 합니다.

프란치스코 교황,
《찬미받으소서》 206항

세계화는 새로운 형태의 식민지화가 아니어야 합니다. 이것은 문화들의 다양성을 존중해야 합니다. 그 다양성은 민족들의 보편적인 조화 내에서 삶을 해석하는 열쇠를 묘사하고 있습니다.

요한 바오로 2세 성인 교황,
2001년 4월27일 대담

> 신대륙을 발견하기 위해서는 오랫동안 육지를 보지 못하는 것을 감수해야 합니다.
> 앙드레 폴 기욤 지드(1869~1951년), 프랑스의 작가, 노벨 문학상 수상자

다. 우리는 아직도 이러한 새로운 현실에 대해 윤리적으로나 기술적으로 제대로 된 평가를 하지 못하고 있습니다. 세계화에는 물질적이고 문화적인 삶의 조건이 폭넓게 개선되리라는 희망이 결부되어 있습니다. 다른 한편으로는 엄청나게 많은 이주와 농촌 이탈 현상, 문화적 정체성의 상실을 만들어 내고 있습니다. 수백만 명

> 교회를 위한 미래 설계는 세계화에 마음을 주는 것입니다.
> 르네 레몽(1918~2007년), 프랑스의 역사학자

> 연대를 통한 세계화, 소외 없는 세계화를 보장하는 것이 과업입니다.
> 요한 바오로 2세 성인 교황, 1998년 제31차 세계 평화의 날 담화

이 거주하는 큰 도시들의 중심부는 인구의 과밀로 인해 통제가 어렵고 거주조차 하기 어려운 처지일 뿐만 아니라, 불평등이 심화되고 가난한 사람들에 대한 착취가 증가하고 있습니다. 세계화 시대에는 민족들 사이에, 그리고 세대들 사이의 새로운 연대가 반드시 실현되어야 합니다.

→ 362~366　→ 2438~2440　→ 446, 447

182 국가는 경제에서 어떤 역할을 해야 하나요?

국제 공동체와 국가는 경제를 위한 전반적인 조건을 만들어야 합니다. 여기에서 국가는 먼저 보조성의 원리(질문 95 이하)에 방향을 맞추어, 경제 활동에 참여한 사람들에게 자립을 위한 도움을 베풀어야 합니다. 경제 기구가 실행할 수 있는 것은 국가에 의해 조직되지 않아야 합니다(민영화). 그리고 자립을 위한 도움을 줄 수 없는 곳에서 국가는 연대성의 원리에 따라 행동해야 합니다(질문 100 이하). 실직자들이 절망에 빠져서는 안 되며, 퇴직자와 부양을 필요로 하는 사람들은 도움을 받아야 합니다. 특히 약자를 보호하는 일이 중요합니다. 국가의 개입은 반드시 균형이 잡혀야 합니다. 그 개입은 강제적

> 경제적 활동, 특히 시장 경제의 활동은 법 제도와 법률적이고 정치적인 규범 없이 전개될 수 없다. 이와는 반대로, 경제 활동은 통화 안정과 효과적 공공 서비스 외에도 개인들의 자유와 소유 재산에 대한 보증이 전제된다.
> 요한 바오로 2세 성인 교황, 〈백주년〉 48항

> 불가능한 것을 바꾸기 위해서는 먼저 가능한 것을 실현해야 합니다.
> 시몬 베유

인 계획 경제도, 주저하는 자유방임주의 경제도 아니어야 합니다. 경제의 영역에서 국가의 주요 과제는 법적인 틀과 세금 제도를 확립하는 것입니다. 나아가 국가와 사회는 스스로 수입을 벌어들일 수 없는 사람들을 돌보아야 합니다.

➡ 351~355 ➡ 2430, 2431 ➡ 447, 448

> 정치가 경제에 종속되거나, 경제가 효율 중심의 기술 관료적 패러다임에 종속되지 말아야 합니다. 공동선을 고려할 때 오늘날 정치와 경제는 반드시 서로 대화를 나누며 삶, 특히 인간의 삶에 봉사해야만 합니다.
>
> 프란치스코 교황,
> 〈찬미받으소서〉 189항

183 단체, 재단과 조합은 어떤 역할을 하나요?

사단 법인에 의해 설립되고 운영되어 이익을 추구하면서도 보편적 관심을 목표로 하는 단체가 있습니다. 각종 동호회, 지역 단체, 자연 보호 단체 등이 그것입니다. 이러한 단체들은 시민 사회 안에서 뿌리내리며 연대하는 경제 생활의 형태를 보입니다. 이런 형태는 연대성을 일구기에, 우리 사회에 매우 중요합니다. 따라서 이러한 단체는 국가에 의해 법률로 다양한 지원을 받고 보호받아야 합니다.

➡ 357 ➡ 2429, 2433 ➡ 447, 448

> 청년을 중심으로 생성되고 성장하는 단체와 운동은 성령께서 하시는 일이라고 볼 수 있습니다. 성령께서는 청년들의 기대를 채워 주고 깊은 영성과 더 진실한 소속감의 추구에 부응하는 새로운 길을 비추어 주십니다.
>
> 프란치스코 교황,
> 〈복음의 기쁨〉 105항

> 여러분은 아주 보잘것없지만, 어쩌면 비밀스럽기도 한 취미를 만드시기 바랍니다. 약간의 시간, 약간의 친절, 약간의 참여, 약간의 어울림, 약간의 일이 필요로 하는 곳을 찾으십시오. 어쩌면 외로운 사람이나 고통을 받는 사람, 병자 혹은 서투른 사람에게 여러분이 무언가 할 수 있을 것입니다. 아니면 휴식 시간을 기꺼이 내놓는 자발적인 사람을 필요로 하는 선한 일도 있습니다. 그러나 가끔은 실망할 수도 있습니다. 하지만 여러분이 인간으로서 자신을 타인에게 내어 주는 그 취미는 여러분에게서 사라지지 않을 것입니다. 여러분이 그 일을, 봉사하기를 원하기만 한다면 말입니다.

알베르트 슈바이처

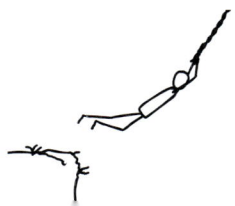

> 만일 콜럼버스에게 "크리스토퍼! 여기에서 멈추시오. 우리의 중요한 문제들, 곧 전쟁, 기아, 가난과 범죄, 환경 오염, 질병, 문맹과 인종 차별 등의 문제를 해결할 때까지 탐험을 중지하시오." 하고 말했다면, 우리는 오늘 어디에 있겠습니까?

빌 게이츠(1955년 출생), 미국의 기업가, 마이크로소프트사의 최고 경영자

184 기업이란 무엇인가요?

기업은 설비, 공간, 돈 등이 요구되는 생산체이며, '인간의 사회'입니다(《백주년》 43항 참조). 기업은 사람들에게 좋은 재화를 제공해야 하고, 편하게 일할 수 있는 근무 여건을 제공해야 합니다. 기업을 설립하는 데에는 특별한 대담성, 혁신적인 창조성과 높은 책임 의식이 요구됩니다.

➔ 338 ➔ 2426 ➔ 443

> 우리는 확실히 많은 관심을 불러일으켰던 당신의 발명품을 신중히 검토한 다음, 그것이 상업적으로 가치가 없다는 결론을 내렸습니다.

은행가 J. P. 모건이 전화기를 발명한 알렉산더 그레이엄 벨에게 보낸 답장

185 훌륭한 기업은 인간의 품위를 어떻게 증진시키나요?

"훌륭하게 경영된 기업은 피고용자의 품위를 적극적으로 증진시키고, 연대성, 사려 깊은 분별, 현명, 정의, 규율 등의 덕행과 다른 많은 것들을 개발하도록 지원합니다. 가정은 사회를 배우는 첫 번째 자리이지만, 다른 많은 사회 제도와 마찬가지로 기업도 도덕적인 품행들을 전합니다."(교황청 정의평화평의회, 〈기업 리더의 소명〉 3항)

➔ 331~335 ➔ 2426~2428 ➔ 443

> 나는 나의 고객에게 무언가를 팔아야 합니다. 나는 나를 위해 협력자가 필요합니다. 나는 납품업자에게, 내가 좋은 파트너임을 확신시켜야 합니다. 어쨌든 나는 내 물건을 팔 수 있어야 합니다. 파는 일에 해를 끼치는 사람은 기업을 설립해서는 안 됩니다.

노르만 렌트롭(1957년 출생), 독일의 기업가

186 경제는 왜 인간애의 장소이자 학교인가요?

많은 직원과 고용주는 요구되는 것보다 더 많은 일을 합니다. 그들은 책임 의식 때문에 그리고 자신들에게 일자리를 맡긴 사람들과 자신들의 임무에 대한 사랑으로 그렇게 일하는 것입니다. 기업가들도 항상 이익만을 추구하며 일하는 것이 아닙니다. 투자자들은 종종 관용적인 태도를 보이기도 합니다. 왜냐하면 투자한다는 것은 순간적인 소비를 포기하고 노동의 창출을 위한 수단을 사용함을 뜻하기 때문입니다. 이를 넘어서 어떤 사람들은 기업의 정신으로 사회 공헌과 자선을 목적으로 활동하는 이른바 비영리 조직에서 일하기도 합니다. 자원봉사

활동도 사랑으로 지탱되는 노동 형태입니다.
→ 365~367 → 2426~2428 → 443

187 기업은 언제 성공적으로 일할 수 있나요?

기업의 성공은 이익의 효율적인 달성에 있지만, 오직 그것만이 성공은 아닙니다. 기업이 이웃과 사회를 위해 가치 있는 것을 지속적으로 창출한다면, 좋은 기업입니다. 이를 위해 국가는 법적 틀을 마련합니다. 그러나 기업이 목적으로 삼은 이익과 함께 기부를 하는 것으로는 충분하지 않습니다. 정말 중요한 것은 경제 활동 내에서, 곧 기업 활동의 시작과 과정과 목적의 중심에서 공정하고 인간적이고, 사회적이고, 환경을 의식하며 행동하는 것입니다.
→ 332, 340 → 2426, 2427 → 443

188 경제에서의 정의로운 행동은 무엇인가요?

우리는 경제생활 가운데 타인에게 속한 것을 그에게 줌으로써 정의롭게 행동할 수 있습니다. 특히 계약을 성실히 이행하여, 약속한 기간 내에 정확히 상품을 전달하고 대금을 지불하면 정의를 실현하는 것입니다. 정의롭기 위해서는 계약이 완전히 자유롭게, 곧 속임수와 강압 없이 이루어져야 합니다. 막강한 힘을 지닌 사람이 타인에게 자신의 조건을 강요하는 것은 부당한 일입니다.
→ 340 → 2411 → 430

189 적정 가격이란 무엇인가요?

적정 가격은 원칙적으로 자유로운 협상 안에서 수요와 공급의 상호 작용으로 결정됩니다. 하지만 많은 요인으로 인해 이러한 자유로운 결정이 왜곡됩니다. 사기, 부족한 정보, 판매자나 구매자의 독점, 계약 상대의 위기

교회의 사회 교리는 친교, 사회성, 연대, 상호 관계와 같은 진정한 인간관계가 경제 활동 밖이나 경제 활동 '이후'만이 아니라 경제 활동 안에서도 이루어질 수 있다고 평가합니다.
베네딕토 16세 교황,
〈진리 안의 사랑〉 36항

> 목이 마를 때 우물을 파기에는 이미 너무 늦었습니다.
구전

시장과 정치는 둘 다 상호 증여에 열려 있는 개인들을 필요로 합니다.
베네딕토 16세 교황,
〈진리 안의 사랑〉 39항

> 이익을 얻는 사람은 손해도 감수해야 합니다. 책임자들이 투자에 책임을 지면 질수록 그만큼 투자는 더 신중하게 이루어집니다.
발터 오이켄(1891~1950년),
독일의 경제학자

> 지구에 필요한 것은, 지구를 더 이상 슈퍼마켓이 아니라 고향으로 보는 인류입니다.
>
> **얀 아르튀스 베르트랑(1946년 출생), 프랑스의 환경 운동가**

> 여러분은 가난과 부의 차이를 아십니까? 가난한 사람은 나이키를 사기 위해 마약을 팔고, 부자들은 마약을 사기 위해 나이키를 팝니다.
>
> **프레데릭 베그베데(1965년 출생), 프랑스의 작가**

> 부자가 되는 것은 창피한 것이 아니지만 부자로 죽는 것은 죄악입니다.
>
> **미국 속담**

상황 등이 그것입니다. 그리고 폭리와 착취는 사랑과 정의를 거스르는 죄악입니다.

→ 340 → 2414, 2434, 2436

190 경제에서의 죄악은 무엇인가요?

유감스럽게도 경제 활동에서 권모술수를 쓰고 사기를 치고 속이는 경우가 많습니다. 이렇게 행동하는 것은 기업의 본질적인 자산인 신용을 파괴합니다. 신용이 없으면 경제는 작동할 수 없습니다. 우리는 약속한 말, 서명한 계약을 믿어야 합니다. 신용은 성실과 도덕적인 행동을 통해서 얻는 것입니다. 그뿐만 아니라 우리는 탐욕, 부패, 도둑질, 거짓, 폭리, 착취 등의 온갖 형태의 불의도 조심해야 합니다.

→ 343 → 2408~2414 → 428, 430

191 투자 금융 시장은 그 자체로 죄가 되는 구조 아닌가요?

원칙적으로는 아닙니다. 투자 금융 시장이 공동선을 지향하고 있다면, 그들은 중요한 역할을 하고 있는 것입니

다. 금융 시장과 은행은 기업과 경제에 필요한 금융 자본을 사용하게 합니다. 채무자는 충족된 유동 자산의 대가로 이자를 지불합니다. 투자의 도구도 그 자체로 선한 것입니다. 왜냐하면 투자의 도구는 결핍 또는 과잉을 겪는 지역과 시간에 따라서 수량과 가격을 조정하는 데 기여하기 때문입니다. 그러나 이러한 수단들이 최근에 끔찍하게 악용되고 있습니다. 금융 시장에는 거품이 일고 있습니다. 돈이 실제적인 가치를 통하여 지불되지 않은 채 이미 투자되었고, 또 투자되고 있습니다. 순수한 노동 없이 적은 시간으로 상상할 수 없는 거액을 벌거나 도박의 수단으로 악용된 것입니다.

→ 368 → 2426

192 금융 시장은 어떻게 다시 신용을 회복할 수 있나요?

금융권이 그동안 겪은 큰 위기에서 벗어나기 위해서는 도덕적인 원칙을 의무적으로 준수하는 것 외에도 대규모 사업을 가능한 한 투명하게 추진하는 것이 가장 효과적인 수단입니다. 나아가 국제 금융 시장은 일관성 있고

> 가난한 나라들은 자국민들의 빈곤 퇴치와 사회 발전을 최우선 과제로 삼아야 합니다. 또한 그 국민들 가운데 소수 특권층 집단의 터무니없는 소비 수준을 분석하고 더욱 효과적으로 부패에 맞서 싸워야 합니다.
>
> 프란치스코 교황,
> 〈찬미받으소서〉 172항

> 경제 당국자들이 경제 활동 과정과 금융 체계에서 신용을 잃는다면, 금융 위기가 일어납니다. 하지만 금융, 거래와 생산 체계 등은 인간에 의해 만들어졌고 인간에게 종속되어 있습니다. 이런 것들을 맹목적으로 믿으면, 실패에 대한 원인이 이미 그 안에 내재되어 있는 것입니다.
>
> 베네딕토 16세 교황,
> 2009년 3월 30일

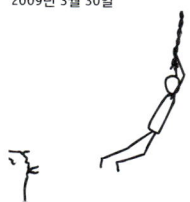

제도 전체의 검토와 개혁을 위한 확고한 결의 없이, 모든 수단을 동원하여 은행을 구제하고 그 부담을 국민에게 전가하는 것은 금융의 절대적 지배를 재확인하는 것일 뿐입니다. 이러한 지배에서는 미래가 없고, 장기간에 걸쳐 많은 비용을 치른 피상적인 회복 이후 결국 새로운 위기가 닥칠 뿐입니다.

프란치스코 교황,
〈찬미받으소서〉 189항

> 하느님에 대한 의식과 자신에 대한 인식이 증대하는 것은 인간 사회가 온전하게 발전하는 데 기초가 된다.

《가톨릭 교회 교리서》 2441항

구속력 있는 법적 테두리 내에서 통제되어야 합니다. 이러한 규정이 이루어지기 위해서 특별한 자격을 갖춘 세계적인 정치적 권위가 필요합니다.

➡ 369~372 ➡ 2430~2432 ➡ 430

193 발전은 왜 경제 성장보다 중요한가요?

발전은 경제 성장보다 더 포괄적인 개념입니다. 인간은 복지와 안전에 대한 전망 외에도 온전한 발전에 대한 전망이 필요합니다. 가정 안에서, 신앙 안에서, 교육을 통해서, 훌륭한 의료적인 공급 등을 통해서 말입니다. 부유한 나라에서는 아직도 많은 사람들이 온전한 복지가 실현되는 외딴섬에 관한 꿈을 꿉니다. 하지만 어떤 국가도 문제를 홀로 제기하고 홀로 해결할 수 없습니다. 국제 경제의 과제 가운데 하나가 인류, 곧 모든 인간을 위한 포괄적이고 연대적인 발전을 실현하는 것입니다. 이것은 부유한 나라에도 도움이 됩니다. 부자가 항상 더 부유해지고, 가난한 사람이 더 가난해져야 한다는 것은 사실이 아닙니다. 인간을 존중하는 경제 체제에서는 타인의 상황이 개선됨으로써 경제 성장이 이루어집니다.

➡ 373, 374 ➡ 2426~2433 ➡ 443, 444, 446~448

194 부패란 무엇이며, 어떻게 막을 수 있나요?

부패는 주어진 권력과 재력을 자신의 이익을 위해 남용하는 행위로서 사회를 내부부터 파괴하는 암 덩어리입니다. 권력을 소유하고 있지 않은 사람은 정당한 방식으로 자신에게 속한 능력(신용, 학력, 건강, 일, 출세)의 활용을 위해 돈을 내도록 강요받습니다. 종종 부패한 사람들은 권력의 작은 부분을 얻었을 때 또다시 부패에 연루됩니다. 부패에 속하는 것은 뇌물, 횡령, 권력 남용, 관직 비호, 그 밖의 많은 것이 있습니다. 부패는 점점 확산되고 있고 이는 끔찍한 결과를 가져옵니다. 심지어 교회 제도도 프란치스코 교황의 표현처럼 '부패의 달콤한 독'에서 자유롭지 못합니다. 부패는 사회 교리의 모든 원리에 모순됩니다. 부패는 인간에게서 그 자연적인 권리를 기만하고, 공동선에 해를 끼치며, 인간의 존엄성을 발로 짓밟습니다. 부패와 싸우는 것은 모든 인간, 특히 정치인들의 책임입니다. 부패에 대항하는 첫 번째 도구는 권력과 재력을 분배할 때 최대한의 투명성을 통해 사회를 통제하는 것입니다. 청렴한 그리스도인들과 그들의 공동체는 부패된 사회에서 부패로부터 자유로운 영역이 되어 사회 전체의 쇄신을 위한 누룩이 될 수 있습니다.

➡ 411 ➡ 2407~2414 ➡ 428

> 매 순간 나는 세상에서 치료의 발전을 촉진하고 쉽게 할 수 있으며 혹은 그 발전을 저지하고 방해할 수 있습니다. 뿌려진 모든 것은 싹이 트는 법입니다.
>
> 루트 파우

부패한 마음에 돌파구를 마련하는 것보다 어려운 것은 없습니다.

프란치스코 교황,
2014년 10월 23일

죽은 동물이 악취를 풍기듯이, 부패는 악취를 풍기고, 부패된 사회도 악취를 풍깁니다. 부패에 연루된 그리스도인도 마찬가지로 악취를 풍깁니다.

프란치스코 교황,
2015년 3월 21일

부패는 일상이 되었습니다. 부패는 점차 개인적이고 사회적인 일상적인 일, 습관과 관례가 되었습니다. 상품 거래와 금융 거래, 공식적인 임무 수행, 국가 대리자들이 참여하는 모든 협상 등에서 일상적인 대응 방식이 되었습니다. 환영이 현실을 이기고, 뻔뻔한 태도가 진지한 겸손을 이기는 형국이 되었습니다. 그럼에도 주님께서는 부패의 문을 두드리시는 일을 지치지 않고 계속하십니다.

프란치스코 교황,
2014년 10월 23일

교회의 중요 문헌

경제

`새로운 사태` 부자들을 향한 경고

그러므로 부유한 이들은 경고를 받는다. 재화는 부자들을 고통으로부터 해방시켜 주지 못하며 그것들은 장차 올 행복을 위해서 유익하기보다는 오히려 해로운 것이다. 부자들은 예수 그리스도의 상당히 엄중한 경고를 상기하고 두려움을 가져야 한다. 그들은 재화의 사용에 대하여 심판관이신 하느님께 가장 엄격한 셈을 바쳐야 한다.

레오 13세 교황, 회칙 〈새로운 사태〉(1891년) 16항

`새로운 사태` 재화는 모든 인간을 위해 있다

"인간은 물질적 재화를 자신의 것으로뿐 아니라, 공동의 것으로 가져야 한다. 이에 대해 사도께서도 말씀하신다. 이 세상의 부자들은 자기의 소유를 기꺼이 나누어주어야 한다." 물론 아무도 자기 자신과 자기 가족에게 꼭 필요한 것까지 남들에게 베풀어야 할 의무를 진 사람은 없다. 더욱이 자기 신분에 알맞은 생활을 유지하기 위해 필수적인 것까지 내놓아야 할 의무는 없다. "왜냐하면 누구든지 자기의 처지보다 못하게 살아야 할 의무는 없기 때문이다." 그러나 자기 생활에 필수적인 것과 신분에 필요한 것 이외의 나머지를 궁핍한 사람들에게 나누어 주는 것은 마땅한 의무이다. "그릇 속에 담긴 것을 가난한 사람들에게 주어라."(루카 11,41) 극도로 궁핍한 경우를 제외하고 이러한 의무들은 분명히 정의에 입각한 의무가 아니고 그리스도교 애덕의 의무이므로 법률로 그 실천을 강요할 수 없다.

레오 13세 교황, 회칙 〈새로운 사태〉(1891년) 16항

`백주년` 원조 국가의 한계

원조 국가는 간섭하면서 그리고 사회에 대한 의미를 제거하면서 사회적이고 인간적인 능력을 감소시키고, 흔히 시민들에게 해야 할 서비스에 대한 관심보다는 오히려 관료주의적인 이유로 다스리는 공공 기구를, 대단히 많은 비용을 지출하면서 확대하고 있다.

요한 바오로 2세 교황, 회칙 〈백주년〉(1991년) 48항

🗩 인간다운 삶과 공동선에 협력

사회적·경제적 생활에 개인의 책임 있는 참여를 허용하는 구조가 만들어져야 합니다. 여기에 속하는 것은 정치적인 참여권 외에도 대다수의 인간과 비교할 수 있는 인간다운 삶뿐만 아니라 공동선에 효과적인 참여를 가능하게 하는 노동과 고용을 실현하는 일입니다.

독일의 경제와 사회 상황에 대한 독일 주교회의와 독일 개신교의 권고, 〈연대성과 정의가 이루어지는 미래를 위하여〉(1997년) 113항

💬 사회 민주주의의 본질

민주주의의 본질은 국민들이 자신에게 관련된 모든 문제를 해결하는 데에 부분적으로는 대표로서 참여하는 것을 말합니다. '사회적'이라고 특징짓는 민주주의는 국민들의 이러한 참여가 법치 국가를 통해서 형식적으로만이 아니라 사회 복지 국가를 통해서 실질적으로도 보장되어야 한다고 강조합니다.

독일의 경제와 사회 상황에 대한 독일 주교회의와 독일 개신교의 권고, 〈연대성과 정의가 이루어지는 미래를 위하여〉(1997년) 137항

진리 안의 사랑　　세계화의 위험

세계화된 시장은 무엇보다도 잘사는 나라들이 상품의 가격을 낮추고 구매력을 증대시켜 내수 시장의 소비 증가를 통하여 성장률을 제고하려는 목적에서 저비용으로 생산 하청을 줄 수 있는 지역을 찾도록 조장하였습니다. 그 결과 시장은 외국 기업들에 유리한 조세 제도나 노동 시장 규제 완화 등의 다양한 수단을 통하여 자국에 생산 기지를 세우도록 외국 기업들을 유치하려는 국가들 사이에 새로운 경쟁을 유발하였습니다. 이러한 과정은 세계 시장에서 경쟁력 강화를 추구하는 대가로 사회 보장 제도의 축소를 야기하여 노동자의 권리, 기본적인 인권, 전통적인 사회 국가와 관련된 연대성을 심각하게 위협하는 결과를 초래하였습니다. 사회 보장 제도는 개발 도상국이나 기존의 선진국들 그리고 후진국에서도 그 기능을 수행할 능력을 상실하고 있습니다. 이 경우 예산 정책은 흔히 국제 금융 기관들의 압력으로 복지 예산을 감축함으로써 기존의 위험뿐만 아니라 새로운 위험 앞에 국민들을 무기력하게 방치할 수 있습니다. 노동조합의 효과적인 보호가 이루어지지 않아 그러한 무기력은 증대되고 있습니다. 사회적 경제적 변화가 동시에 이루어져 노동조합은 노동자의 이익을 대변하는 임무를 수행하는 데 더욱 큰 어려움을 겪고 있습니다. 이는 부분적으로는 정부가 경제적 효용을 이유로 노동조합의 자유나 협상 능력을 제한하기 때문입니다. 이에 따라 전통적인 연대망으로 극복해야 할 장애가 더욱 늘어나고 있습니다.

베네딕토 16세 교황, 회칙 〈진리 안의 사랑〉(2009년) 25항

진리 안의 사랑　　무상성의 원칙과 은총의 논리

이 세계화 시대에 발전 문제로 부각되고 경제와 금융 위기로 더욱 급박해진 우리 앞의 큰 과제는 투명성과 정직, 책임과 같은 전통적인 사회 윤리 원칙들이 무시되거나 희석되어서는 안 될 뿐만 아니라, 상거래 관계에서 형제애의 표현인 무상성의 원칙과 은총(증여)의 논리가 통상적인 경제 활동에 자리할 수 있고 또 그래야 한다는 것을 생각과 행동으로 보여 주는 일입니다. 이는 현

대인의 요구일 뿐만 아니라 경제 논리의 요구이며, 사랑과 진리 둘 다의 요구입니다.
베네딕토 16세 교황, 회칙 〈진리 안의 사랑〉(2009년) 36항

진리 안의 사랑   가난한 사람과 풍족한 삶

오늘날 많은 사람들이 자신을 제외하고는 누구에게도 빚진 것이 없다고 주장할 것입니다. 그들은 자기 권리에만 관심을 두고, 자신이나 다른 사람들의 전체적 발전을 책임지는 데에는 흔히 큰 어려움을 겪습니다. 따라서 권리가 방종이 되지 않으려면 의무를 전제로 하여야 한다는 것을 새롭게 성찰해 보는 것이 중요합니다. 오늘날 우리는 심각한 모순을 체험하고 있습니다. 한편으로는 임의적이고 비본질적인 성격의 이른바 권리를 요구하며 공적 제도로 그 권리들을 인정하고 증진하도록 요구하는 반면에, 다른 한편에서는 일차적이고 기본적인 권리들이 세계 많은 곳에서 인정받지 못하고 침해받고 있습니다. 풍요한 사회 안에서는 '잉여에 대한 권리'와 심지어는 죄와 악에 대한 권리를 요구하는 반면에, 저개발 지역이나 대도시 변두리에서는 먹을 것과 마실 물, 기초적인 교육과 기본적인 의료 혜택마저도 부족한 실정입니다.
베네딕토 16세 교황, 회칙 〈진리 안의 사랑〉(2009년) 43항

복음의 기쁨   얼굴이 없는 경제 독재

우리가 겪고 있는 현재의 금융 위기는 그 기원에 심각한 인간학적 위기가 있다는 것도 간과하게 만들고 있습니다. 곧 인간이 최우선임을 부정하고 있는 것입니다! 우리는 새로운 우상을 만들어 냈습니다. 고대의 금송아지에 대한 숭배가(탈출 32,1-35 참조) 돈에 대한 물신주의라는, 그리고 참다운 인간적 목적이 없는 비인간적 경제 독재라는 새롭고도 무자비한 모습으로 바뀌었습니다. 금융과 경제에 타격을 입히는 세계적 위기는 그 자체로 불균형을 보여 주고 있으며, 무엇보다도 인간 이해에 대한 심각한 결여를 보여 줍니다. 인간을 인간 욕구의 하나로만, 곧 소비욕의 존재로 전락시키는 것입니다.
프란치스코 교황, 권고 〈복음의 기쁨〉(2013년) 55항

복음의 기쁨   모든 인간을 위한 복지

소수의 소득이 기하급수적으로 늘어나는 동안, 대다수가 이 행복한 소수가 누리는 번영과는 더욱 거리가 멀어지고 있습니다. 이러한 불균형은 시장의 절대 자율과 금융 투기를 옹호하는 이념의 산물입니다. 이 이념은 공동선을 지키는 역할을 맡은 국가의 통제권을 배척합니다. 그리하여 눈에 보이지 않고 때로는 가상으로 존재하는 새로운 독재가 출현하여 일방적이고 무자비하게 자기 법과 규칙을 강요하고 있습니다. 또한 빚과 이자가 계속 불어나면서 국가들이 그 경제적 잠재력을 실현하지 못하고, 국민들은 실질적인 구매력을 행사하지 못하고 있습니다. 이에 더하여, 널리 만연한 부패와 이기적인 탈세가 세계적 규모를 띠고 있습니다. 권력욕과 소유욕은 그 한계를 모릅니다. 이익 증대를 목적으로 모든 것을 집어삼키려 하는 이 체제 안에서, 절대 규칙이 되어 버린, 신격화된 시장의 이익 앞에서 자연환경처럼 취약한 모든 것은 무방비 상태에 놓여 있습니다.
프란치스코 교황, 권고 〈복음의 기쁨〉(2013년) 56항

〝 경제의 중심은 인간이다

경제 전체의 활성화를 위해 적합한 법률적인 틀을 마련하기 위한 오랜 기간의 조치들은, 그리고 국제적인 경제 위기를 해결하기 위해 마련한 응급조치들은 진리라는 윤리에 따라 이끌어야 합니다. 이것은 먼저, 그리고 무엇보다도 인간에 관한 진리의 존중을 포함하고 있습니다. 인간은 순전히 덧붙여진 경제적 요인이나 마음대로 처분할 수 있는 상품이 아니라, 결코 경제적인 평가로 제한될 수 없는 본성과 존엄성을 지니고 있습니다. 이러한 이유에서 모든 인간의 물질적이고 영적인 기본 선익을 위한 배려가 모든 정치적이고 경제적 해결을 위한 출발점이며, 그러한 활동과 윤리적 가치를 위한 궁극적인 척도입니다. 또한 경제와 정치의 목적은 가장 가난한 사람과 나약한 사람에게서부터 시작하여, 아니 늘 있을 수 있듯이 어머니 배 속에서부터 시작하여 인류 전체에게 봉사하는 것입니다. 모든 경제적, 정치적 이론이나 활동은, 지상의 모든 주민에게 자기 가족을 부양하고 자녀를 양육하고, 하느님을 경배하고 자신의 인간적 재능을 계발하는 가능성과 더불어 존엄하고 자유로운 삶을 위한 최소 생계비를 주는 데에 방향을 맞추어야 합니다. 이것이 가장 중요한 것입니다. 이러한 시각이 없이는 그때마다의 경제적 활동은 의미가 없습니다. 이러한 의미에서 현대 세계가 당면하고 있는 다양한 경제적이고 정치적인 큰 요구는, 목적(인간의 인격)과 도구(경제와 정치)에 다시 그 올바른 자리를 배정하라는 용기 있는 태도 변화를 필요로 하고 있습니다. 정치적이고 경제적인 도구는 공헌해야지 지배해서는 안 됩니다. 이기심이 없는 무상의 연대성이야말로 역설적으로 보이지만 경제의 올바른 기능을 위한 열쇠라는 사실을 잊어서는 안 됩니다. 저는 이러한 생각을 총리님과 나누고 싶었습니다. 아울러 모든 정치적 결단에 이미 내포되어 있었지만 그동안 망각되었던 것, 그러니까 가장 중요한 것은 인간, 각각의 남자와 여자이며, 국가적인 차원만이 아니라 국제적인 차원에서도 모든 정치적이고 경제적인 행동의 중심에는 인간이 자리 잡고 있어야 한다는 것을 강조하고 싶었습니다. 왜냐하면 인간은 정치와 경제의 가장 참되고 가장 깊은 재원이며, 또한 그 최종 목적이기 때문입니다.
프란치스코 교황, 데이비드 캐머런 영국 총리에게 보낸 서신, 2013년 6월 15일

질문
195~228

권력과 도덕

정치 공동체

> ## 인간은 본성적으로 공동체를 형성하는 존재다. 따라서 국가는 자연적인 결과다.
>
> 아리스토텔레스

195 정치 공동체란 무엇인가요?

정치 공동체는 사회의 공적인 업무를 조정합니다. 로마인들은 이러한 업무를 사적인 이해와 대조하여 '공적 사안res publica'이라고 불렀습니다. 고대에서는 공적인 일을 마치 자신의 일처럼 돌보는 사람이 큰 존경을 받았습니다. 곧 시민으로서 공적인 생활을 챙기며 살아갈 때 올바른 사람으로 인정받았습니다. 아리스토텔레스도 이러한 인간을 '정치적 존재'라고 표현했습니다.

➔ 47, 68, 106 ➔ 1880~1882, 1910 ➔ 139

> 국가 재정은 메워져야 합니다. 공공부채는 줄어야 합니다. 관청의 오만은 통제되어야 합니다. 국가가 파산되지 않으려면 대외적인 통치 기관의 수가 축소되어야 합니다.
>
> 마르쿠스 툴리우스 키케로

196 그리스도교 안에서 인간은 어떻게 '정치적'인가요?

그리스도교는 고대 사람들과는 반대로 공적이고 정치적인 생활에서 그 업적에 상관없이 무조건적인 인간의 가치를 강조했습니다. 장애를 지닌 사람이나 나이든 사람도 하느님의 모습에 따라 창조되었고 존엄성을 지니고 있습니다. 그러기에 그리스도교에서 모든 정치적인

> 국가의 봉사는 국가에 맡겨진 사람들에게 유익해야지, 국가를 맡고 있는 사람에게만 유익하면 안 됩니다.
>
> 마르쿠스 툴리우스 키케로

사상은 하느님께 받은 인간의 존엄성에 그 기준을 두고 있습니다. 인간은 개인적 존재인 동시에 사회적 존재입니다. 인간은 자기 자신과의 관계, 이웃과의 관계, 하느님과의 관계, 이렇게 세 가지 관계를 맺으며 살아갑니다. 인간은 정치의 척도이며 목적입니다.

➡ 384, 388 ➡ 1879, 1881 ➡ 440

> 나는 알바니아인 혈통이지만, 국적은 인도이고, 신분은 가톨릭 교회의 수녀입니다. 나의 사명으로 인해 나는 전 세계의 것이지만, 내 마음은 오로지 예수님의 것입니다.
>
> 마더 데레사 성녀

197 정치는 얼마나 중요한가요?

그리스도인들에게 '국가'는 항상 인간 다음에, 혹은 우리가 오늘날 시민 사회라고 부르는 인간 공동체 다음에 나타납니다. 먼저 인간은 하느님과의 관계(**초월** 관계)를 통해 자기 자신과 자신의 존엄성을 발견하고, 이어서 이웃과의 관계 안에서 자아를 실현합니다. 이 두 차원은 서로 밀접하게 결합되어 있습니다. 어쨌든 먼저 인간이, 이어서 사회가 그리고 마지막으로 정치적 국가 조직이 그 정당한 권리를 얻습니다.

➡ 417~420 ➡ 1883~1885 ➡ 440

> 국가의 가장 중요한 관점은 항상, 개성을 지닌 개별 시민들의 세력을 발전시키는 데 있어야 합니다.
>
> 빌헬름 폰 훔볼트(1767~1835년), 독일의 정치가

● **초월**은 앞의 것을 넘어서는 것입니다. 결국 우리가 생각할 수 있는 모든 것을 뛰어넘는 하느님입니다.

198 국가는 어떤 역할을 하나요?

인간이 국가보다 우위에 있음에도 불구하고 국가 없이는 인간도 소용이 없습니다. 국가는 보조적으로 인간을 돕는 데에 의미가 있으며 사회에 질서 체제를 확립하고 보증하기 위해서 포기할 수 없는 부분입니다. 개인과 사회 집단의 갈망과 요구가 공동선의 목표로 정리될 수 있다면 가장 좋을 것입니다. 그러나 사회는 목소리가 큰 특수 이익 집단에 의해 이리저리 끌려다닙니다. 격렬한 투쟁, 싸움, 경쟁, 경합 등이 일어납니다. 강자들은 약자들을 능가하려고 합니다. 여기에서 국가가 질서를 확립하지 않는다면 누가 질서를 세울 수 있겠습니까? 국가의 가장 중요한 도구는 법입니다. 법치 국가는 인간의

> 두 가지 종류의 합당성이 있는 것이 아닙니다. 합당한 인간이 해서는 안 되는 것은 합당한 국가도 해서는 안 됩니다.
>
> 테오도어 폰타네(1819~1898년), 독일의 작가

> 정치란 단단한 널빤지를 정열과 눈대중으로 천천히 그리고 강하게 뚫는 것을 의미합니다.
>
> 막스 베버(1864~1920년), 독일의 사회학자이자 경제학자

> 국가라는 일치 없이 개인의 보증만으로 자유가 얼마나 오래 유지될 수 있는가?
>
> **에른스트 볼프강 뵈켄푀르데**

자유를 임의적으로나 필요한 것보다 더 제한하지 않은 채, 공동선에 기여하는 전반적 질서를 확립합니다. 국가가 인간이 자기 자신을 자유롭게 펼칠 수 있는 안전한 공간이 될 때가 가장 최선이라고 할 수 있습니다.

➡ 418 ➡ 1880, 1882 ➡ 326, 376, 377

199 시민 사회는 어떻게 구성되나요?

시민 사회는 종종 공급과 수요 그리고 경쟁이 다스리는 '시장'으로만 나타납니다. 하지만 이익을 목표로 삼지 않는 조합, 연합, 재단과 같은 공적인 단체도 있습니다. 이러한 단체는 연대성과 봉사로부터 동력을 얻고, 자신들의 단결을 위해 필수 불가결한 따뜻함, 친밀함, 인간애, 약자들의 삶에 대한 연민, 형제애 등의 사회적 가치를 돌봅니다. 이러한 집단의 자발적인 참여를 공적이고 사적인 부문과 구별하기 위하여 '제3부문'(《간추린 사회 교리》 419항 참조)이라고 지칭합니다. 국가는 스스로를 지탱

> 참여하는 작은 시민 집단이 세상을 바꿀 수 있다는 것을 결코 의심하지 마십시오. 이것은 변하지 않는 유일한 진실입니다.
>
> **마거릿 미드**(1901~1978년), 미국의 인류학자

정치 공동체

> 지배하는 것보다
> 더 많이 섬기는 것이
> 인간의 높은 조건입니다.
>
> 알베르트 아인슈타인

하는 개인과 거기에 충실한 공동체를 신뢰할 수 있을 때 비로소 '국가'를 형성할 수 있습니다.

→ 419, 420 → 1880 → 447

> 지금이 아니라면 언제입니까? 여기가 아니라면 어디입니까? 우리가 아니라면 누구입니까?
>
> 존 F. 케네디

200 국가와 지배에 관한 그리스도교의 이해는 어디에 뿌리를 두고 있나요?

국가, 지배와 권력에 관한 그리스도교의 사상은 구약 성경에 그 뿌리를 두고 있습니다. 고대 이스라엘의 정치적 사상은 '하느님과 그분의 백성'이 중심축을 이루고 있었습니다. 관건은 하느님 그리고 계약의 완성이었습니다. 여기에 '임금'도 등장했는데, 이것은 하느님의 동의로 이루어진 것입니다. 임금에게 중요한 것은 자신의 권력을 행사하는 것이 아니라 오히려 사회적 정의를 실현하는 것, 의로운 재판을 하는 것, 가난한 사람들에게 봉사하는 것 등이었습니다. 모든 일은 '하느님의 마음에 들도록' 해야 했습니다. "어떻게 공적인 사건들이 합리

> 그들이 저지른 모든 배신에서 내가 그들을 구원하여 정결하게 해 주고 나면, 그들은 나의 백성이 되고 나는 그들의 하느님이 될 것이다.
>
> 에제 37,23

> 주 너희 하느님께서 너희에게 요구하시는 것이 무엇이겠느냐? 그것은 주 너희 하느님을 경외하고, 그분의 모든 길을 따라 걸으며 그분을 사랑하고, 마음을 다하고 목숨을 다하여 주 너희 하느님을 섬기는 것이다.
>
> 신명 10,12 참조

적으로 처리될 수 있는가?" 하는 질문은 그리스 철학에서 헤로도토스와 플라톤 이후에 나타났습니다. 한편 예수님은 국가와의 관계에 대해 이렇게 가르치셨습니다. "황제의 것은 황제에게 돌려주고, 하느님의 것은 하느님께 돌려 드려라."(마태 22,21) 교회와 국가 사이의 관계는 콘스탄티누스 대전환 이후에 아우구스티노 성인에 의해 자세하게 숙고되었습니다.

→ 377, 378 → 1897, 1900, 1904 → 140, 376

> 정치는 흔히 폄하되기는 하지만, 공동선을 추구하는 것이므로 매우 숭고한 소명이고 사랑의 가장 고결한 형태입니다. …… 저는 주님께서 사회 상황과 국민과 가난한 이들의 삶을 진심으로 걱정하는 정치인들을 더 많이 보내 주시도록 기도합니다! 정부와 재계의 지도자들이 주의를 기울여 더 넓은 안목을 가지고, 모든 국민이 품위 있는 일을 하고 교육과 의료 지원을 받을 수 있도록 노력하는 것이 반드시 필요합니다.
>
> 프란치스코 교황,
> 〈복음의 기쁨〉 205항

201 공동선에 관한 신학적인 근거는 무엇인가요?

고대 이스라엘부터 중세 그리스도교에 이르기까지 공동선은 정치적인 개념이라기보다는 신학적인 개념이었습니다. 토마스 아퀴나스 성인에게 공동선은 하느님과 함께하는 성인들의 통공, 곧 영적인 선의 공유였습니다. 그리고 성인은 하느님의 질서와 인간의 질서가 서로 연결되어 있다는 관점에서 정치적인 현실을 보았습니다. 예컨대 법을 규정할 경우에 그렇습니다. 정치 공동체의 어두운 면에 대한 우려 때문에, 개별 인간의 삶을 하느님과의 관계 안에서 실현시킬 수 있는 사회적인 질서가 추구된 것입니다. 정치 공동체가 추구하는 '선'이 인간들의 '선'과 대립되어서는 안 된다는 것은 지금도 유효합니다. 오히려 그러한 선을 전개하기 위해 알맞은 전반적 조건들을 제공해야 합니다. 이러한 의미에서 '정치적 공동선'은 개인 혹은 시민 사회에 기여하는 역할이 있습니다.

→ 389 → 1905~1912 → 296, 327, 328

202 정치 공동체는 근본적인 가치를 필요로 하나요?

현대 민주주의는 더 이상 하느님과 그분과의 계약에 충실하려는 노력에 기인하지 않습니다. 종교적으로 중립적인 현대 민주주의는 인간에 대한 존엄성과, 신앙의 자유와 표현의 자유에 기초하여 개인의 자유 권리를 존중하는 데서 존속합니다. 그러나 현대의 국가 제도도 종교적인 확신에 의해 지탱되고 장려되는 윤리적인 근본 이념을 포기할 수 없습니다. 인간과 자유에 대한 존중이 이처럼 발전될 수 있었던 것은 그리스도교가 정치적인 공공 조직의 절대적 종속에서 인간을 해방시켰기 때문입니다. 그리스도교는 국가가 개별 인간을 그 고유한 가치와 더불어 받아들이고 보호할 것을 기대합니다. 아울러 국가가 **가치 상대주의**를 저지하고, 윤리적·종교적인 가치를 적법하게 보장할 것을 기대합니다.

➡ 386, 407 ➡ 333

가치 상대주의는 시대나 지역, 인종, 문화에 따라 가치 판단이나 평가가 다를 수 있기에 절대적 가치는 없다는 입장입니다.

203 정치권력은 어디에 근거하고 있나요?

인간이 정치 공동체의 근본 가치라면, 인간은 정치권력에 권한을 부여하는 주체이기도 합니다. 이로써 정치권력은 오직 자기 자신에 대해서만 책임을 진다고 생각하는 통치자의 사적인 횡포가 아닙니다. 오히려 정치권력은 국민에 의해 합법화된 통치 권력입니다. 권력자는 이성의 도움으로 진리를 수용해야 합니다. 말하자면 그는 양심으로 가치의 중요성을 인정할 수 있고, 선 또한 정말로 선하다고 보증할 수 있는 분, 곧 하느님을 인정할 수 있습니다. 가톨릭의 사회 교리는 진리와 일반적인 도덕적 가치를 깨달을 수 없다고 선전하는 보편적 **회의주의**를 배척합니다.

➡ 395~397 ➡ 2236, 2237

〝 자유는 우리가 원하는 것을 행하는 힘이 아니라, 우리가 행해야 할 것을 행할 수 있는 권리입니다.
로드 액턴(1834~1902년),
영국의 역사가이며 정치인

〝 정의가 없는 나라가 강도떼가 아니고 무엇이란 말입니까?
아우구스티노

회의주의는 보편적인 인간이 진리와 가치를 인식하는 것이 불가능하다고 주장하는 태도입니다.

일찍이 인류가 이 정도의 힘을 지닌 적이 없었습니다. 특히 현재 그러한 힘이 쓰이는 용도를 살펴보면 그 지혜로운 활용이 보장되는 것은 아닙니다. …… 그토록 엄청난 힘이 누구의 손에 있고 어떤 일을 일으키겠습니까?
프란치스코 교황, 〈찬미받으소서〉 104항

> 💬 민주주의는 지금까지 시도되었던 다른 모든 정부의 형태들만 제외한다면 최악의 제도입니다.
>
> 윈스턴 처칠

> 💬 대의적으로 생각한다는 것은 자신의 정체성을 포기하지 않으면서 자신의 입장이 아닌 어떤 입장을 세상에서 받아들이는 것을 뜻합니다.
>
> 해나 아렌트

> 💬 민주주의 제도는 폭군의 욕망을 지닌 옛 전염병에 대항하는 검역소인데, 그런 것으로서 매우 유용하면서도 매우 진저리가 납니다.
>
> 프리드리히 니체(1844~1900년), 독일의 철학자

> ✝ 만일 인간이 모든 면에서 자기 자신의 주인이 되고 창조의 유일한 주인으로 숭배를 받는다면, 비로소 자유와 정의와 평화가 지배하는 사회를 실제로 건설할 수 있습니까?
>
> 베네딕토 16세 교황, 2008년 10월 5일

204 민주주의는 고대 그리스인들에게서 얼마나 많은 영향을 받았나요?

많은 영향을 받았습니다. 고대 그리스인들은 스스로 민주주의('민중'을 뜻하는 '데모스δῆμος', '통치'를 뜻하는 '크라티아κρατία'라는 단어의 합성어)를 찾았습니다. 그럼에도 민주주의의 근원이 고대 그리스와 연관되어 있다는 사실이 종종 배제되고 있습니다. 사실 국민의 4분의 1, 즉 그리스의 '자유로운' 남자에게만 선거권이 있었고, 이러한 선거권은 거의 모든 그리스의 철학자와 정치인에 의해 군주제와 귀족제보다 더 경시되었습니다. 정치적 공동선을 '눈먼 대중'보다 더 잘 인식할 수 있다는 '철학적 지도자'가 이상형으로 제시되었습니다. 따라서 인간의 근본 가치가 아직 정치적 사상을 규정하지 않았던 것입니다.

205 민주주의는 그리스도교의 결과인가요?

많은 부분에서 그렇습니다. 그리스에서 조금 유보되었던 이 내용이 그리스도교를 통해 비로소 철저하게 민주화되었습니다. 그리하여 모든 인간이 출신과 혈통에 구애받지 않고 자신의 존엄성을 인간 존재의 근본 요소로 인정받았습니다. 모든 개인은 하느님과 직접적인 관계를 맺고 있습니다. 이것은 정치 공동체의 모든 간섭에서 인간을 벗어나게 합니다. 모든 개별 인간의 존엄성

은 정치적 공동 결정을 내리는 민주화를 위한 본질적인 윤리 의식입니다. 나아가 현대 민주주의는 임의적인 다수의 결정을 통해서 인간의 생명이 파괴되거나 소수가 억압받지 않도록 보증하는 인권에 기초하고 있습니다.

➡ 395~399 ➡ 140

> 신 없이 국가를 건설하는 것보다 공중에 도시를 건설하는 것이 더 쉽다.
> 플라톤(기원전 427-348), 그리스의 철학자

206 최후의 심급審級은 무엇인가요? 국가인가요, 아니면 개인인가요?

그리스도교는 마지막 구속력 있는 권위가 개별 인간의 양심이라고 항상 강조했습니다. 부도덕한 법규는 국가의 명령일지라도 실행되어서는 안 됩니다. 그러기에 민주주의는 군주 정치나 귀족 정치보다 더 나은 것이 아닙니다. 왜냐하면 군주 정치나 귀족 정치가 더 효과적이기 때문이 아니라, 민주주의가 인권에 기초하고 인간 인격의 실현을 위한 훌륭한 전반적 질서를 확립하는 다른 **도덕적 습성**을 지니고 있기 때문입니다.

➡ 398, 399 ➡ 1881, 1892, 2242, 2288 ➡ 322

> 누구도 폭력 행위와 인권 침해를 계획하고 실행하면서 하느님을 앞에 세울 수 없습니다. 누구도 종교를 인간의 존엄성과 기본권을 반대하는 행위의 구실로 삼아서는 안 됩니다. 모든 사람의 생명권과 종교 자유의 권리에 첫 번째 자리를 내주어야 합니다.
> 프란치스코 교황, 2014년 9월 21일 알바니아의 티라나에서 연설

❗ **도덕적 습성**은 가치 태도, 윤리적 가치의 의식에 의해 형성된 태도를 말합니다.

207 그리스도교는 '정치적인 종교'인가요?

예수님은 정치에 가담하신 적이 한 번도 없었습니다. 그분은 폭력적인 수단으로 로마인들의 정치적 억압에서 이스라엘을 해방시키려고 했던 열성주의자인 열혈당원이 되지 않으셨습니다. 예수님은 모든 인간의 구원과 자유를 바라셨습니다. 그분에게 중요한 것은 창조주와 인간의 관계를 근본적으로 회복하는 일이었습니다. 이로써 예수님의 복음은 개인뿐만 아니라 정치적인 공동체에도 정치보다 위대한 것이었습니다. 우리는 먼저 정치의 차원과 종교의 차원을 구분해야 합니다. 예수님도 "황제의 것은 황제에게 돌려주고, 하느님의 것은 하느님께 돌려 드려라." (마태 22,21) 하고 말씀하셨습니다. 종교와 정

> 진리에 대한 경외심이 저를 정치로 인도했습니다. 저는 주저하지 않고 겸손을 다하여 '종교가 정치와 아무 상관이 없다고 주장하는 사람은 종교가 무엇을 의미하는지 모른다.' 하고 말할 수 있습니다.
> 마하트마 간디

치의 차이는 고대 세계에서는 참으로 어려운 구분이었습니다. 오늘날 이슬람 세계에서는 이런 구분이 아직도 어려운 상태입니다.

➡ 49~51 ➡ 2244~2246 ➡ 376

208 예수님은 어떻게 다스리셨나요?

구약에서는 메시아를 정치적 구원자로 기다렸습니다. 마침내 메시아가 예수 그리스도의 모습으로 오셨을 때 이스라엘은 의기양양한 지배자의 모습이 아니라, '임금'을 보았습니다. 그 임금은 당신의 모범과 말씀을 통하여 불의를 폭로하셨고, 당신의 몸을 희생함으로써 국가와 종교의 불의와 고문이 무엇을 야기하는지, 그것을 통해 인간이 어떻게 파괴될 수 있는지 보여 주셨습니다. 예수님은 권력과 부유함과 영향력, 정치적 성공을 위한 이 세 가지 범주를 예수님은 바꾸어 놓으셨습니다. 그분은 지배하시기 위해서가 아니라 섬기러 오셨습니다. 이로써 예수님은 책임을 지닌 모든 사람에게 새로운 기준을 주십니다. "너희 가운데에서 높은 사람이 되려는 이는 너희를 섬기는 사람이 되어야 한다."(마태 20,26)

> 그분이 하느님의 아드님이었든지 아니면 바보나 악한 사람이었든지 그중 하나였습니다. 사람들은 그분을 멸시하거나 악마로 여기며 죽일 수 있습니다. 혹은 그분을 존경하며 주님과 하느님으로 부를 수 있습니다. 혹은 거만한 태도가 없는 그분을 인류의 위대한 스승으로 부를 수 있습니다. 하지만 이것은 그분의 의중이 아니었습니다. 그분은 우리에게 이러한 가능성의 여지를 조금도 주지 않으셨습니다.
> **C. S. 루이스**

➡ 13, 379, 382~383 ➡ 450, 668, 840, 1884

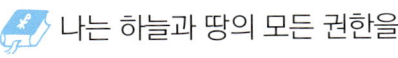

나는 하늘과 땅의 모든 권한을 받았다.

마태 28,18

209 예수님은 십자가에서 실패하셨나요?

예수님이 십자가에서 돌아가신 이유는 사람들이 그분을 정치적으로, 종교적으로 오해했기 때문입니다. 유다인 지도자들은 그분이 하느님을 모독한다고 생각한 반면, 로마인들은 임금의 다스림에 관한 그분의 말씀을 정치적으로 해석했습니다. 그러나 십자가의 죽음은 그분 사명의 실패가 아니라 완성이었습니다. 예수님은 정

> 신은 죽었다.
> **프리드리히 니체**

> 종교는 민중의 아편입니다.
> **카를 마르크스**(1818~1883년), 독일의 사회주의 경제 철학자

치적인 권력 행사의 기준을 새롭게 정의하셨습니다. 십자가의 **역설**, 곧 하느님의 권능이 고통당하는 아들의 연약함에서 나타남으로써 세상의 모든 통치권은 불확실해집니다. 평화를 보장하는 정치적 질서가 필요합니다. 정치적 질서는 평화를 보장하고 국민들을 보호할 때 비로소 정당합니다. 나아가 그리스도교의 권력 행사는 사랑과 봉사로 실현됩니다.

➡ 379, 410 ➡ 439, 664, 711~714, 840 ➡ 101

> 마르크스는 죽었습니다! 그러나 예수님은 살아 계십니다!
> 노르베르트 블륌

! **역설**은 이해할 수 없는 것처럼 보이는 모순된 진술을 뜻합니다.

210 '섬기는' 정치는 무엇인가요?

사회 교리에서는 모든 공직자의 봉사를 강조합니다. 공동선에 기여하는 사람은 먼저 자신의 이익이 아니라 자신이 맡은 정치 공동체의 선을 바라보고, 윤리적 기준에 따라 자신의 정치적 역할을 수행해야 합니다. 섬기는 사람은 부유해지려고 하지 않습니다. 이것은 부패와의 싸움에서 결정적인 부분입니다. 그리고 섬기는 사람은 곤경에 처한 사람들을 구체적으로 바라봅니다. 국가 혹은 국가 기관들의 정도를 벗어난 관료주의는 인간과 사회 단체들의 자유롭고 보조적인 발전에 기여하지 않습니다. 평범한 사람들은 관료주의적인 수법이나 술책에 익숙하지 않기 때문에 종종 불이익을 감수해야 합니다. 좋은 행정은 훌륭한 자산이며 사람들에게 봉사합니다. 이에 비해 관료주의는 그것을 행사하는 사람의 인간다움도 상실하게 합니다. 왜냐하면 관료주의는 인간을 '공무원과 행정 업무의 연동 장치'로 만들기 때문입니다.

➡ 411, 412 ➡ 1888, 1889 ➡ 448

> 지배 기관들의 본질에는, 그리고 모든 관료주의의 본성에는, 인간을 공무원과 행정 업무의 연동 장치로 만들고, 이로써 인간다움을 상실하게 하는 부분이 있습니다. 이는 정치학과 사회 과학에서 대단히 중요합니다.
> 해나 아렌트

> 인간을 정치적 존재로 만드는 것은 행동하는 능력입니다. 이러한 능력은 그를 그와 동등한 사람과 함께 행동하게 합니다. 공동의 일을 그들과 함께하고, 목적을 설정하고, 새로운 것을 시작하게 합니다.
> 해나 아렌트

> 모든 정당은 국민을 위해 있는 것이지,
> 자기 자신을 위해 있는 것이 아닙니다.
> 콘라드 아데나워(1876~1967년), 독일의 정치가, 서독의 초대 총리

권력과 도덕

> 정치는 거룩할 수 없지만, 더러운 것이라고 단죄받을 수도 없습니다.
>
> **요아힘 가우크**(1940년 출생), 독일의 목회자이자 반공 인권 운동가, 독일 연방 대통령

인간 커뮤니케이션 수단과 관계망들이 유례없는 발전을 이룬 오늘날, 우리는 함께 사는 '신비', 서로 어울리고 만나고 서로 감싸고 지지하며 이 흐름에 참여하는 신비를 발견하고 전달하도록 도전받고 있음을 느낍니다. 이 흐름은 약간은 혼란스럽지만 형제애의 진정한 체험과 연대의 행렬과 거룩한 순례가 될 수 있습니다. 따라서 커뮤니케이션의 더 큰 가능성은 모든 이에게 만남과 연대를 위한 더 큰 가능성이 됩니다. 우리가 이 길을 따를 수 있다면, 우리는 참으로 좋고 자유롭고 위안을 얻으며 희망이 가득할 것입니다.

프란치스코 교황,
〈복음의 기쁨〉 87항

211 정당의 목적과 역할은 무엇인가요?

정당은 정치적 여론 조성을 계획적으로 준비하고, 모든 국민이 정치에 참여하는 도구로서 그 의미가 있습니다. 그러나 이것이 가능한 경우는, 첫째 정당들이 스스로 민주적으로 구성돼야 하고, 둘째 정당들이 봉사의 역할을 인식해야 합니다. 곧 공동선을 늘 염두에 두어야 합니다. 신자들이 민주적인 정당에 가입하고 그곳에서 그리스도교 가치의 실현을 위해 노력하는 것을 교회는 높이 평가합니다. 그리스도인들의 행동은 "당파와 이념에서 벗어나 있어야 합니다. 이 사랑 실천은 세상을 이념적으로 변화시키는 수단이 아니며 세상의 전략에 일조하는 것도 아니고, 인간에게 언제나 필요한 사랑을 지금 여기에 현존하게 하는 한 방법입니다."(〈하느님은 사랑이십니다〉 31항)

→ 413 → 898~900 → 447, 448

212 정치적인 정보는 왜 윤리적인 규범을 준수해야 하나요?

순수한 민주적 여론 조성은 정보의 객관성과 자유가 주어질 경우에만 비로소 보장됩니다. 정치권력이 정보를 마음대로 조종하고 이념 선전의 목적을 위해 악용한다면 인간의 기본권, 곧 신성한 참여권이 침해받는 것입니다. 종속되지 않은 정치적 정보와 자유로운 의견 발표는

공동선의 본질적인 요소입니다. 그 이유는, 그렇지 않을 경우 정치가 제 기능을 못하기 때문만이 아닙니다. 인간은 인격체로서 진리를 향해 있기 때문입니다. 아울러 사회의 모든 집단, 특히 소수의 사람들을 공식적인 소통에서 배려하는 것이 중요합니다.

➡ 414~416 ➡ 2494 ➡ 459

213 그리스도인들이 민주주의의 기본 질서를 옹호한다면 스스로 불이익을 초래하나요?

민주주의의 기본 질서는 그리스도교의 기본 원리를 가장 잘 구현하는 질서입니다. 그리스도교는 정치 윤리에서 종교의 특별한 의견이 아니라 이성에 근거한 보편적인 국가 원리를 주장합니다. "참된 것과 고귀한 것과 의로운 것과 정결한 것과 사랑스러운 것과 영예로운 것은 무엇이든지, 또 덕이 되는 것과 칭송받는 것은 무엇이든지 다 마음에 간직하십시오."(필리 4,8) 이것은 그리스도인들이 모순되어 보이는 상황에 처해 있을 때도 중요합니다. 한편으로 그리스도인들은 신앙의 자유와 양심의 자유가 그 일부를 이루는 기본적 가치들이 최대로 실현되기를 원합니다. 다른 한편으로는 다수가 가치가 있다고 여기지 않아 생각하지 않고 행동하지 않고 결정하지 않는 것을 그리스도인들은 감수하고 받아들입니다. 그리스도인들은 다른 입장에 대해 인내하며 설득의 노력을 통하여 이웃을 움직일 수 있습니다.

➡ 421~423 ➡ 2105 이하 ➡ 440

214 교회는 세속주의를 어떻게 보나요?

교회는 **세속주의**를 비판적으로 봅니다. 왜냐하면 세속주의는 종교가 공공 생활에서 배제되기를 원하기 때문입니다. 이에 비해 교회는 국가의 관할과 교회의 관할

> 여러분에게 세 가지 사실을 말하고 싶습니다. 첫째, 여러분이 오늘 밤 잠을 자는 동안에 삼만 명의 어린이들이 굶주리거나 영양실조로 죽어 갑니다. 둘째, 여러분 가운데 대부분은 하찮은 것에 관심을 가지고 있습니다. 가장 나쁜 것은 세 번째입니다. 제가 '하찮은 것'이라고 했던 말이 오늘 밤 삼만 명의 어린이들이 죽어 간다는 말보다 여러분의 마음을 더 거슬리게 한다는 것입니다.
>
> 토니 캠폴로(1935년 출생), 미국의 목회자이자 사회학자

다양한 종교들의 평화로운 협력을 위해 국가가 신앙의 입장을 자신의 입장으로 받아들이지 않고 사회 안에서 종교적 차원의 존재를 존중하고, 자신의 구체적인 의견을 촉진한다면, 국가의 세속화는 유익합니다.

프란치스코 교황, 2013년 7월 23일

세속주의(laizismus, '백성'을 의미하는 그리스어 'laos'에서 파생)는 교회와 국가의 엄격한 분리를 추구하는 정치적 입장을 뜻합니다. 종교는 단지 '사적인 것'이며 어떤 방식으로든지 국가에 의해 장려되어서는 안 된다고 주장합니다.

> 국가는 일정한 지역 내에서 합법적인 물리적 폭력의 전권을 스스로를 위해 요구하는 인간 사회입니다.
>
> 막스 베버

을 조심스럽게 구별하면서도, 인간의 선을 위해 적극적으로 공동 작업하는 협력적인 세속화를 인정합니다. 그리스도인들은 특별한 방식으로 자유의 기본권, 정치적 참여, 사회 국가적인 근본 원리, 양심의 자유와 종교적 관용을 위해 일하도록 촉구받고 있습니다. 세속주의자들은 민주주의의 원리들이 때로는 교회와 그리스도교의 반대에 부딪치더라도 관철되어야 한다고 주장합니다. 그러나 현대 민주주의가 근본으로 하는 인간 존엄성의 원리는 그리스도교의 인간상에 기인하고 있습니다.

➡ 396, 421, 422 ➡ 2105, 2442 ➡ 440

215 정치 윤리의 관심은 무엇인가요?

"정치 생활의 토대와 목적은 인간이다."(《간추린 사회 교리》 384항) 이것은 그리스도교의 정치 윤리의 핵심 내용입니다. 여기에는 인간을 어떠한 목적을 위한 '수단'으로 전락시키는 정치적이고 이념적인 가치는 없습니다. 인간은 20세기의 전체주의 안에서 이념으로 인해 희생되었습니다. 종교성의 원리마저 남용되었습니다. 우리가 미국 9.11 테러를 통해 알고 있듯이 종교적으로 동기 부여된 이념과 테러 행위가 존재합니다. 인간이 우위에 있다는 것은 늘 옹호되어야 합니다.

➡ 384 ➡ 1881 ➡ 322

국가가 본분을 다하지 못하면 일부 기업 집단이 후원자를 자처하며 실질적 권력을 행사하며, 스스로 어떤 규정들은 지키지 않아도 된다고 여기게 됩니다. 그래서 조직범죄, 인신매매, 마약 매매, 폭력과 같은 근절시키기 어려운 모든 형태의 범죄들을 일으키는 데에 이릅니다. 정치가 왜곡된 논리를 깨어 버릴 수 없고, 구차한 변명으로 일관한다면, 우리는 계속해서 인류의 주요한 문제들을 해결하지 못하게 될 것입니다.

프란치스코 교황, 〈찬미받으소서〉 197항

> 그는 깨끗한 양심을 지니고 있습니다. 그가 양심을 한 번도 쓰지 않았기 때문입니다.
>
> 스타니슬라브 예지 래츠
> (1909~1966년), 폴란드의 시인

216 순수한 권위는 어떻게 기능하나요?

권위가 없으면 인간 공동체는 무너집니다. 물론 권위는 임의적이어서는 안 됩니다. 권위는 인간이 자유로이 공동선을 달성하도록 봉사해야 합니다. 하지만 공동선도 임의적으로 확정되어서는 안 됩니다. 공동선은 모든 사람이 고유한 이성적 관심으로부터 기울어지는 것이어야 합니다. 공동선은 모든 사람에게 유익하기 때문입니다. 이러한 것이 이루어질 때 그리스도인은 권위에 복종할 의무를 지니게 됩니다. 모든 정치적 권위는 인간의 양심에 대한 존엄성을 바탕으로 존재합니다. 그러기에 윤리적 원칙을 준수하는 모든 정치는 양심을 정치적 권력 행사의 핵심 범주로 삼습니다.

→ 393, 394 → 1897~1899 → 325

모든 문화에는 윤리적으로 일치하는 규범들이 있습니다. 어떤 것들은 독자적이고 또 어떤 것들은 서로 관련되어 있지만, 창조주께서 원하신 하나의 인간 본성을 나타냅니다. 윤리적 지혜의 전통에서는 이를 자연법으로 이해합니다. 이러한 보편적인 도덕법은 모든 문화적 종교적 정치적 대화의 건전한 바탕이 되며, 다양한 문화 다원주의가 진리와 선, 하느님에 대한 공동 추구에서 멀어지지 않도록 합니다.

베네딕토 16세 교황,
〈진리 안의 사랑〉 59항

217 권위는 무엇과 밀접한 관계가 있나요?

모든 권위는 **자연법**과 연결되어 있습니다. 이 자연법은 모든 이성에게 명료한 기본적인 윤리 가치를 나타냅니다. 어떤 권위가 이러한 가치와 모순되는 법칙과 질서를 공포하면, 이는 불의한 '법', 아무도 지킬 의무가 없는 법을 제정한 것입니다. 자연법의 유효성 때문에 나치 범죄자들은 오직 법에 따라 행동했으며 합법적인 권위의 명령에 복종했다고 말할 수 없었습니다. 오늘날 이러한 통찰은 국제법으로 옮겨졌습니다.

→ 394~398, 407 → 1902 → 325, 326

자연법은 모든 인간에게 전제되어 있는 선과 악에 대한 지식을 말하는데, 단지 이성적인 인식을 통해서 제시되고 증명될 수 있습니다.

익살을 불신하는 것은 폭정의 시작입니다.

에드워드 애비(1927~1989년),
미국의 작가

218 양심에 근거한 저항은 왜 합법적인가요?

법규와 정치적 질서에는 스스로 필요로 하는 최종 구속력이 없습니다. 양심의 책임은 정치권력의 지평을 넘어섭니다. 아무도 자신의 근본적인 확신과 정반대되는 것을 강요할 수 없습니다. 이것은 병역 거부에서 시작하여, "형식적으로 합법적인 통치자를 죽이는 것이 과연 정당할 수 있는가?"라는 물음에까지 이릅니다. 그리스도교의 저명한 학자들, 아우구스티노 성인과 토마스 아

우리의 민주주의는 큰 잘못을 지니고 있습니다. 민주주의가 민주주의적이지 않기 때문입니다.

길버트 키스 체스터턴
(1874~1936년), 영국의 작가

퀴나스 성인은 가장 예외적인 조건과 극단적인 상황에서만 이를 찬성했습니다.

→ 399~401 → 2242 → 377

219 정치인인 동시에 그리스도인일 수 있나요?

그리스도인이 정치에 참여함으로써 사회에 기여한다면 자랑스러운 일입니다. 정치에서 중요한 것은 '실행할 수 있는' 것입니다. 항상 필요한 것을 반드시 실행할 수 있는 것은 아닙니다. 가끔은 정치 안에서 그리스도교적인 선택을 할 수 없을 때가 있습니다. 그리스도인 정치가는 타협에 참여할 수밖에 없을 경우 비난을 받아서는 안 됩니다. 그러나 그리스도인 정치가가 양심의 이유로 최종적으로 타협할 수 없는 결정들도 있습니다. 인간의 기본적인 가치인 생명, 자유, 존엄성은 그리스도인 정치가의 처분에 맡겨진 것이 아닙니다. 예를 들어 조국의 자연적인 삶의 토대를 파괴하는 일에 동조하는 정치가는 누구나 그리스도인이라고 불릴 수 없습니다.

→ 394~399, 407 → 899, 2242

220 교회는 모든 민주주의적 결정을 지지해야 하나요?

교회가 민주주의를 선택했다고 해서 민주주의적 공동체와 관련된 모든 결정들을 반드시 지지해야 한다는 것은 아닙니다. 교회는 종종 윤리적 판단으로 정부의 입법 기관의 결정에 반대하기도 합니다. 예를 들어 낙태를 합법적으로 인정하고, 배아 연구나 사형 제도를 찬성하는 일에 교회가 동의할 수 있을까요? 교회에는 이러한 현상들을 비판할 사명이 있지만, 이러한 현상들을 저지할 능력은 없습니다. 이러한 부분에서 그리스도인들은 정치에서 생명의 가치와 인간의 권리를 대변하고 그것

> 만일 인간이 하느님을 멀리하면, 정부는 혼란스럽게 되고, 거짓은 한정이 없고, 죄는 셀 수 없이 많아지고, 약속은 성과 없이 사라집니다. 계몽은 어리석게 되고, 정치인은 지조가 없어지고, 그리스도인은 기도하지 않게 됩니다. 교회는 무력해지며, 국민은 평화를 누리지 못하고, 도덕은 고삐가 풀리고, 풍습은 뻔뻔스럽게 되고, 범죄는 늘어나고, 회의는 끝없이 계속되고, 전망은 절망적이 됩니다.
> **앙투안 드 생텍쥐페리**

> 왜 다수를 따릅니까? 다수가 이성을 소유하고 있기 때문입니까? 아닙니다. 다수가 강하기 때문입니다.
> **블레즈 파스칼**

> 민주주의는 우리가 생각하는 것보다 더 잘 지배되지 않는다는 것을 보증하는 방식입니다.
> **조지 버나드 쇼**

> 우리에겐 제3천년기에 대한 특별한 대응 방안이 없습니다. 우리는 새로운 어떤 것을 발견하기보다 우리의 오래된 이 메시지를 선포하는 것을 계속해야 합니다.
> **프란츠 쾨닉**(1905~2004년), 오스트리아의 추기경

> 당신이 다수의 편에 서 있다는 것을 알았다면, 그때는 당신이 변해야 할 시점입니다.

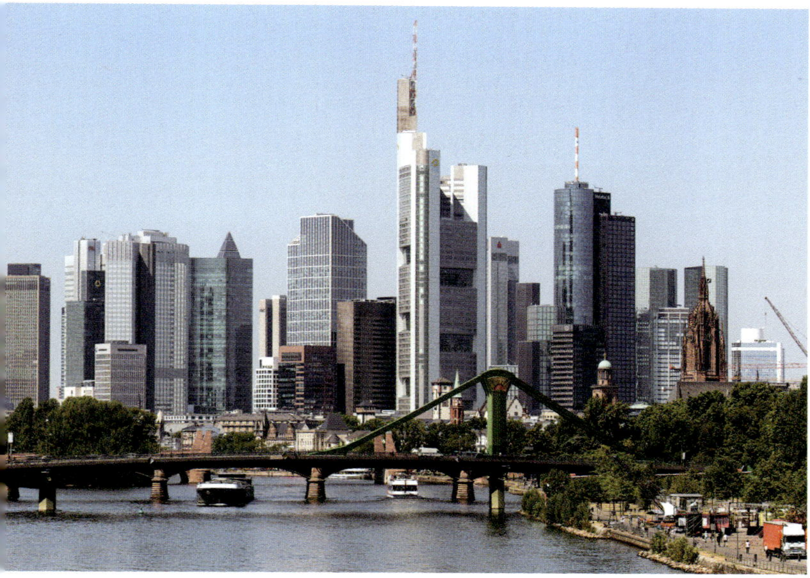

마크 트웨인(1835~1910년), 미국의 작가

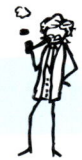

을 정치적 결단으로 해결하기 위해 적극적으로 투신하도록 요구받고 있습니다.

→ 407 → 1922 → 441

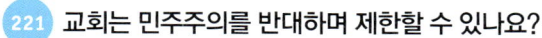

221 교회는 민주주의를 반대하며 제한할 수 있나요?

교회는 정치 기구의 모든 형태에 대해 비판적인 거리를 유지할 권리가 있습니다. 교회는 민주적인 정부 형태를 두둔하고 지지하지만, 그것을 이상화하지는 않습니다. 민주주의도 잘못과 오류에 완벽하게 대비되어 있지 않은 하나의 질서 체제입니다. 가톨릭 사회 교리의 주요 관건은 공동생활의 윤리적인 근본 원리이지 정치 기구

> 1789년 프랑스 혁명의 참된 정신은 민중이 원하기 때문에 일이 정의롭다는 생각에서 기인한 것이 아닙니다. 다른 모든 의지보다 민중의 의지가 일정한 조건에서 정의와 일치한 데서 기인한 것입니다.

시몬 베유

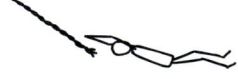

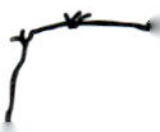

의 '전문적인 문제'가 아닙니다.

➜ 407 ➜ 1920~1923

222 민주주의에서 다수의 권한은 어디까지 미치나요?

모든 정치 공동체의 기본 가치가 인간이라면, 민주주의 혹은 의회주의의 다수도 모든 임의적인 정치적 결정을 내릴 수 없습니다. 정치는 법과 규칙에, 특히 기본적인 인권법과 시민법에 매여 있습니다. 이러한 법들은 결코 소수를 부인할 수 없고, 부인해서도 안 됩니다. 물론 이를 통해서 소수에게도 의무가 주어져 있습니다. 비록 소수가 정치적 결정에서 자기 자신의 입장이 나타나지 않았다고 느낄지라도 법을 지킬 의무가 있는 것입니다.

➜ 387, 407

223 교회는 삼권 분립과 법치 국가에 대해 어떻게 말하나요?

> 하느님은 권력이 아니라 오직 진리를 가지고 계신다.
> **표도르 M. 도스토옙스키**

교회는 삼권 분립의 원칙을 분명하게 찬성합니다. 사법부와 입법부와 행정부가 서로 종속되어 있지 않고 존재할 경우에만 법치 국가가 가능합니다. 법치 국가는 존엄성을 지닌 인간이 양심의 자유와 종교의 자유 등을 누림으로써 삶을 실현할 수 있는 전제 조건입니다. 특히 독립된 사법부의 존재를 가톨릭 사회 교리에서는 윤리적으로 정당한 정치 질서의 기준으로 여깁니다. 법치 국가의 원칙은 교회 스스로도 그 원칙에 따를 정도로 기본적인 것으로 여깁니다. 말하자면 가톨릭 사회 교리는 종교의 자유에 대해 가톨릭 교회가 일방적으로 유리한 고지를 차지하는 것으로 받아들이지 않습니다. 종교의 자유는 모든 종교 공동체에 해당되는 것입니다.

> 법정에서는 법률이 말하고, 지배자는 침묵해야 한다.
> **프리드리히 2세**(1712~1786년), **프로이센의 국왕**

➜ 408, 422

224 무엇이 교회와 국가를 연결시키고 떼어 놓나요?

교회는 법치 국가의 원칙을 따름으로써 스스로를 시민 사회의 한 부분으로 정의합니다. 교회는 황제와 서로 결탁했던 시대처럼, 더 이상 정치적으로 국가와 결합되어 있지 않습니다. 이러한 의미에서 특히 국가와 교회 각각의 자치권과 독립이 강조됩니다. 정치적 공동선과 영적 공동선은 중첩되더라도 어느 정도까지는 분리될 수 있습니다. 이러한 이유에서 교회와 국가는 서로 협력해야 합니다. 교회는 법규를 지켜야 할 의무가 있지만, 도덕적으로 잘못된 것을 교정하고 또 윤리적 원칙에 어긋나는 법을 비판할 권리가 있습니다.

➡ 424, 425, 427 ➡ 2244, 2245 ➡ 140

> 사람들은 종교의 자유가 종교에 대한 토론이 자유롭다는 것을 뜻한다고 생각합니다. 그러나 실제로는 아무도 종교에 대해 생각하지 않는 것을 뜻합니다.
> **길버트 키스 체스터턴**

> 그리스도교 정당이 적은 것처럼 그리스도교 국가도 적습니다.
> **프리드리히 뒤렌마트**(1921~1990년), 스위스의 극작가

225 교회는 국가의 어떤 윤리적 토대 위에 있어야 하나요?

교회는 종교 자유의 보편적인 원리와 일치하는 것을 요구합니다. 의견 표명과 가르침의 자유, 공개적인 예배와 자기 조직의 자유, 고유한 직무 결정의 자유, 종교 시설 건축의 자유, 사유 재산권, 교육, 문화, 의료, 사랑 등 다양한 목적을 실행할 결사의 자유 등이 그것입니다.

➡ 426 ➡ 2246

> 제가 하느님을 믿지 않았을 때에도 하느님을 부인하는 사회가 경악스러웠습니다.
> **그레고르 기지**(1948년 출생), 독일의 정치인

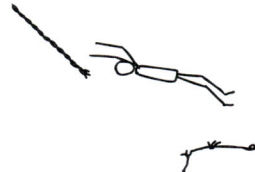

226 법은 사회의 공공 생활을 위한 기준 범주로서 충분한가요?

아닙니다. 사람들이 화목하게 함께 살고 기관들이 성실하게 함께 협력하기 위해서 '사회적 정의'가 원칙과 법규와 의무 위에 있음을 명시하는 것으로는 결코 충분하지 않습니다. '시민 우애', '시민 생활 양식'이나 '사회적 사랑' 등과 같은 것이 필요합니다. 가치가 있는 그리스도교의 사회 윤리는 원칙과 법규, 의무에 그대로 머무르는 것이 아닙니다. 이 사회 윤리는 그리스도인들에게 호소하여 어려움과 곤경에 처한 이웃을 향하게 하고, 하느님을 사랑하는 마음으로 이웃을 내 몸같이 사랑하라고 하신 그리스도의 계명을 따르게 합니다.

→ 390 → 2212, 2213 → 332

> 교회는 항상 세상의 걱정에 마음을 개방해야 합니다. …… 하지만 역사 안에서 교회는 그 반대의 경향을 보였습니다. 말하자면 교회는 이 세상에서 자기 자신을 설계하고, 스스로 만족하고, 스스로를 세상의 기준과 균등하게 했습니다. 교회는 개방의 소명보다는 조직화와 제도화를 더 중요시했습니다. …… 물질적이고 정치적인 부담에서 해방된 교회는 더 효과적으로 그리고 더 참된 그리스도교의 방식으로 세상 전체를 향해 마음을 열 수 있습니다.
>
> 베네딕토 16세 교황, 2011년 9월 25일 프라이부르크에서 연설

> 폭력으로는 사랑에 이를 수 없습니다.
>
> 보리스 레오니도비치 파스테르나크(1890~1960년), 소련의 작가, 노벨 문학상 수상자

227 '시민 우애'는 어디에서 나타나요?

시민 우애는 실질적인 연대성에서 나타납니다. '정의'를 관념적으로만 돌보는 사회는 차갑고 비인간적입니다. 이미 토마스 아퀴나스 성인은 사랑이 없는 정의는 궁극적으로 잔혹하다고 지적했습니다. 말하자면 정의는 보편적인 것만을 바라봅니다. 정의는 인간을 인간의 특수한 모습 안에서 받아들이지 않는 것입니다. 하지만 그리스도교에서는 그리스도인이 자기 이웃을 판단하지 않아야 한다는 특유의 가르침이 있습니다. 그리스도인은 타인이 얼굴과 이름, 고유한 역사와 특유의 욕구를 가지

> 수천 명이 교회를 지겨워하며 지나치는 일이 어찌하여 가능합니까? 극장이 종종 교회보다 정말 더 흥미진지하고 더 흥분되며, 더 인간적인 것처럼 느껴지게 된 이유가 무엇입니까? 이것이 정말 우리의 잘못이 아니라 다른 사람의 잘못입니까?
>
> 디트리히 본회퍼(1906~1945년), 개신교 신학자, 히틀러에 맞서 싸운 저항 운동가로 플로센뷔르크의 강제 수용소에서 처형당함

고 있음을 알고 있습니다.

→ 390, 392 → 2212, 2213 → 327~329

228 법을 위반한 사람들을 어떻게 대해야 하나요?

인간은 인격이기 때문에 처벌을 받아야 할 사람과의 연대성을 끊어서는 안 됩니다. 형벌을 내릴 때는 모욕과 굴욕감을 주지 말아야 합니다. 형벌은 공공질서를 회복하고 보호하는 데 기여하며 죄인을 교정하는 데 공헌합니다. 형벌은 세상을 다시 좋게 만드는 하나의 형태입니다. 교회는 범죄자의 인권을 남용하는 국가의 모든 조치, 특히 고문과 사형을 반대합니다. 나아가 교회는 소송 기간의 단축을 위해서도 노력합니다.

→ 402~405 → 2266, 2267 → 331, 332

> 하느님만이 우리를 돌보신다면서 게으르게 기다리기만 한다면 어떤 문제도 해결되지 않습니다.
>
> 마틴 루서 킹

"너희는 내가 감옥에 있을 때에 찾아 주었다." 그러면 그 의인들이 이렇게 말할 것이다. "주님, 저희가 언제 주님께서 감옥에 계신 것을 보고 찾아가 뵈었습니까?" 그러면 임금이 대답할 것이다. "내가 진실로 너희에게 말한다. 너희가 내 형제들인 이 가장 작은 이들 가운데 한 사람에게 해 준 것이 바로 나에게 해 준 것이다."

마태 25,36-40 참조

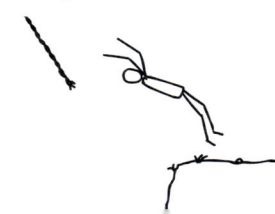

교회의 중요 문헌

정치 공동체

새로운 사태 인간과 국가

자연은 인간이 자기의 끝없는 욕구를 적절히 충족시켜 줄 재화들을 지배할 수 있도록 그 권한을 인간에게 부여하였음이 분명하다. 풍성한 결실로써 인간에게 갖가지 재화들을 제공할 수 있는 것은 토지뿐이다. 국가의 보살핌에 무턱대고 의존할 하등의 이유가 없다. 왜냐하면 국가보다 먼저 인간이 존재하기 때문이다. 즉, 국가가 형성되기 이전에 인간은 태어나면서부터 자기 자신을 스스로 돌볼 권리를 부여받았기 때문이다.

레오 13세 교황, 회칙 〈새로운 사태〉(1891년) 5, 6항

새로운 사태 인간을 위한 공동 협력

수많은 유익한 제도들을 활용하고 모든 사회 계층의 여론과 역량들을 수렴하여 노동자들의 상태를 개선시킬 수 있는 최선의 방안을 모색하는 데에 기여하기를 교회는 바란다. 또한 교회는 이러한 목적의 성취를 위하여 적절하고도 합당한 범위 내에서 국가의 권위와 법률의 개입에 의지하여야 하리라고 생각한다.

레오 13세 교황, 회칙 〈새로운 사태〉(1891년) 12항

새로운 사태 국가는 모든 사람을 위해 있다

우리 문제의 핵심에 더 가까이 가려면 고려되어야 할 사항이 또 있다. 즉, 국가는 더 낮은 계층과 높은 계층의 사람들을 조화 속에서 똑같이 포용하는 단일체라는 점이다. 노동자들도 부자들에 못지않게 타고난 권리를 가진 시민들이고 참되고 살아 있는 국가 구성원들이며 또 그 결과 두말할 나위 없이 절대 다수인 노동자 계층의 가정들을 통하여 국가가 한 생명체로 형성되는 것이다. 따라서 다른 계층의 시민들을 소홀히 하면서 어느 한 계층의 시민들을 보살피는 것은 불합리하며 노동자들의 복지를 마땅히 배려해 주는 것이 국가의 진정한 의무이다. 이 본분을 다하지 않을 때 각 사람에게 각자의 몫이 되돌아가게 해 주는 정의는 손상된다. 이 점에 대해서 성 토마스 데 아퀴노가 현명하게 지적하고 있다. "부분과 전체가 어떤 식으로든 한 단일체를 이루기 때문에 전체에 속하는 것은 어떤 방식으로든 부분에 속해 있다." 그러므로 공동선을 위해 애쓰는 통치자들이 수행해야 할 많은 중대한 의무들 가운데 으뜸가는 임무는 '분배 정의'를 엄격하고도 공정하게 준수함으로써 모든 계층의 시민들을 공평하게 보살펴 주는 일이다.

레오 13세 교황, 회칙 〈새로운 사태〉(1891년) 24항

지상의 평화 — 국가법의 의무가 어떻게 되는가?

권력은 이미 언급한 대로 윤리적 질서에서 요청되는 것이며 하느님께로부터 오는 것이다. 그러기에 법과 명령들이 윤리적 질서나 하느님의 뜻을 거슬러 입법되거나 선언된다면, 그런 권한은 양심을 구속할 힘을 갖지 못한다. 바로 "사람에게 복종하는 것보다 오히려 하느님께 복종해야 하기"(사도 5,29) 때문이다. 그런 경우에는 권력의 본질이 훼손될 뿐 아니라 불의한 남용을 초래하게 되는 것이다. 성 토마스 데 아퀴노는 다음과 같이 가르치고 있다. "인간의 법은 바른 이성에 합치하는 한, 영원법에서 온다고 할 수 있다. 그러나 법이 이성과 반대될 때 악법이 되며, 이 경우 법으로서의 존재는 중지되며, 폭력 행위가 된다."

요한 23세 교황, 회칙 〈지상의 평화〉(1963년) 51항

지상의 평화 — 국가가 노력해야 할 것들

공권력이 경제 발전과 사회 발전의 균형을 위해 노력해야 하는 것은 불가피하다. 왜냐하면 생산 체계의 효과적 발전이 다음과 같은 근본적인 사회적 봉사를 위해 이루어져야 하기 때문이다. 곧 도로 건설, 수송, 통신, 식수, 주택, 위생, 교육, 종교 생활을 위한 적합한 조건, 휴식의 편의 등이다. 또한 공권력은 불의의 사고나 가정적으로 큰 책임을 이행하는 방법으로 보험 제도를 이용토록 하여 품위 있는 생활 수준을 유지하는 데 지장이 없도록 노력해야 한다. 곧, 노동 능력이 있는 자들에게 그들에게 맞는 직업을 제공하고, 노동의 보수는 정의와 공평의 기준에 따라 지급되도록 하며, 산업 현장에서 노동자들이 자신의 고유한 책임하에서 행동하게 하며, 그들의 사회생활을 풍요롭고 자유롭게 하는 중간 단체의 설립을 도와주며, 모든 이들이 적절한 방법과 양식으로 문화적 혜택에 참여할 수 있도록 해야 한다.

요한 23세 교황, 회칙 〈지상의 평화〉(1963년) 64항

백주년 — 종교가 되는 정치

어떤 사람의 이익이 강제로 억압되는 곳에서는 어디서나, 그 대신 자유로운 주도와 창의력의 원천을 말라붙게 하는, 견디기 어려운 관료주의 통제 체제가 들어서기 때문이다. 사람들은 악이 불가능하도록 만드는 절대적 사회 조직의 극비를 갖고 있다고 생각할 때, 그 실현을 위해서는 역시 모든 수단을, 거짓말과 폭력까지도 사용할 수 있다고 믿는다. 이렇게 정치는 이 세계에서 낙원을 짓는다고 착각을 일으키는 "세속적 종교"가 된다. 그러나 고유한 자립성과 법을 가지고 있는 어떠한 정치적 사회도 하느님 나라와 혼동될 수는 없을 것이다.

요한 바오로 2세 교황, 회칙 〈백주년〉(1991년) 25항

질문
229~255

하나된 세계,
하나된 인류

국제 공동체

> **세계는 각자의
> 상호 의존과 필연적인 연대로
> 하나를 이루어야 한다는 것을
> 절감하고 있다.**
>
> 제2차 바티칸 공의회,
> 사목 헌장 〈기쁨과 희망〉 4항 참조

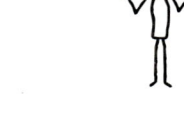

> 세계의 모든 국민과 모든 민족 사이의 상호 의존 관계가 더욱 긴밀해져 가는 이 시대에, 세계의 공동선을 적절히 추구하고 더욱 효과적으로 실현하려면, 민족들의 공동체는 이제 현대의 임무에 부합하는 질서를 스스로 마련할 필요가 있다.
> 제2차 바티칸 공의회, 사목 헌장 〈기쁨과 희망〉 84항

> 세계화가 성공을 거두려면 가난한 사람과 부유한 사람 중 어느 쪽 관점에서든지 만족스러워야 합니다. 단순히 부만 가져다주는 것이 아니라 그에 못지않게 권리도 누릴 수 있게 해 주어야 합니다. 또한 경제 번영과

229 '세계화'는 무엇을 의미하나요?

지난 세기에 많은 것들이 극도로 변했습니다. 현대 세계는 많은 사람들에게 더 나은 삶의 조건을 제공하고 있고, 기술의 발달로 '하나의 세계'를 만들었습니다. 예를 들어 우리는 비행기를 타고 적은 시간 내에 어디든 여행할 수 있고, 인터넷을 통해 세상의 모든 사람들과 손쉽게 그리고 거의 무료로 소통할 수 있습니다. 산업의 신속한 변화로 인해 훨씬 적은 비용으로 많은 것을 생산할 수 있게 되었습니다. 운송 수단이 더 편리해지고 빨라졌기 때문에, 예컨대 옷을 생산할 경우 미국에서 재배한 목화를 인도로 옮겨 옷감을 짜고, 캄보디아에서 옷을 만들어 유럽에 판매하는 것이 가능해졌습니다. 그래서 종종 단순한 물건이 지구 전체를 돌아 우리 손에 옵니다. 이러한 과정에서 모든 것은 점점 긴밀하게 결합되었고

국제 공동체

상호 의존적인 관계가 되었습니다.

➜ 1911 ➜ 446

230 세계화는 어떤 사회적 문제를 야기하나요?

신속한 세계화는 모든 나라가 똑같이 발전하고 모든 사람이 그것으로 인해 인정을 받을 수 있음을 뜻하지 않습니다. 오히려 세계화는 가난, 기아, 교육의 부족이나 열악한 의료 지원과 인권 침해 등과 같은 문제들이 더 기승을 부리는 데 일조하기도 합니다. 가난한 나라들이 부유한 나라들의 상품을 생산하거나 구매할 정도로 강하게 종속되어 있으며, 가난한 나라의 노동자들에게는 터무니없이 낮은 임금이 지불되고 있습니다. 예를 들어 유럽에서 티셔츠가 약 5유로(약 6~7천원)에 판매되는데, 방글라데시에서 바느질로 그 티셔츠를 만드는 직원은 겨우 2~3센트(약 4~5백원)를 받습니다. 이렇게 생긴 불의는 종종 많은 사람들의 기본적인 인권을 유린합니다. 남반구의 가난한 나라들에서 큰 문제가 되고 있는 기후 변화를 통해서도 지구가 심각한 상태에 놓이게 되었습니다. 따라서 세계화는 좋은 점만 있는 것이 아니라 많은 문제들을 더욱 심화하거나 새로운 문제를 야기하기도 합니다.

➜ 442 ➜ 446

231 세계화는 숙명인가요?

아닙니다. 세계화는 숙명적인 현상이 아닙니다. 이것은 인간에 의해 만들어졌습니다. 그렇기 때문에 인간에 의해서 윤리적 기준이 생겨나고, 그 기준에 따라 형성될 수 있습니다.

➜ 448

통신 발달뿐만 아니라 사회 정의와 공정성도 실현되어야 합니다.

코피 아타 아난(1938년 출생), 가나의 외교관, 국제 연합 사무총장, 노벨 평화상 수상자

어떤 나라는 안락한 생활을 누리고 또 어떤 나라는 극도의 빈곤에 허덕이고 있습니다.

요한 23세 성인 교황, 〈어머니요 스승〉 157항 참조

❞ 세상에서 가장 큰 문제는 문맹과 결합된 가난입니다. 우리는 모든 사람이 교육을 받도록 돌보아야 합니다.

넬슨 만델라

가장 중요한 생물권 보존 지역이 있는 개발 도상국들은 자기의 현재와 미래를 희생해 가면서 부유한 국가들의 발전에 계속 이바지하고 있습니다. 남반구의 가난한 나라들의 토지는 기름지며 대부분 오염되어 있지 않지만, 구조적으로 사악한 상업 관계와 소유권 때문에 그들의 절실한 필요를 위한 재화와 자원에 대한 소유권이 차단되고 있습니다.

프란치스코 교황, 〈찬미받으로서〉 52항

인간 전체의 발전과 인간 모두의 발전에 협력하는 일은 사실상 모든 이가 모든 이에게 진 의무입니다.

요한 바오로 2세 성인 교황, 〈사회적 관심〉 32항 참조

> 우리는 다가오는 시대에 새로운 형태의 정치와 경제를 출현시키게 될 변화를 체험하고 있습니다. 그러면 국가의 생산과 기술, 즉 국가의 기업과 국가의 산업이 없어질 것입니다. 국민 경제가 끝나는 것입니다.
>
> 로버트 라이시(1946년 출생), 미국의 정치가이며 전 노동부 장관

> 자연의 모든 변화에는 이유가 있습니다. 그 이유를 깨달으면 변화의 원인을 알기 위한 실험이 필요가 없습니다.
>
> 레오나르도 다 빈치(1452~1519년), 이탈리아의 화가이자 건축가

세계화를 결정론적 관점에서 바라보면, 세계화에 대한 평가 기준과 방향의 기준을 잃어버리게 됩니다. 세계화는 인간적 현실로서 식별이 필요한 다양한 문화적 경향의 산물입니다.

베네딕토 16세 교황, 〈진리 안의 사랑〉 42항

> 세계화는 자연적인 현상이 아닙니다. 세계화는 인간이 원했고 만들었습니다. 그러기에 인간은 세계화를 바꾸고, 꾸미고 좋은 길로 인도할 수 있습니다.
>
> 요하네스 라우(1931~2006년), 독일의 대통령

232 세계의 변화에 우리는 어떻게 참여하고 있나요?

세계화된 세계에서는 모든 사람과 모든 것이 서로 연결되어 있기 때문에, 우리의 일상 행동이 세상 전체에 영향을 미칩니다. 예를 들어 우리는 물건을 구매함으로써 세상 어디에선가 그것을 생산하거나 운반하거나 포장하는 사람들과 간접적으로 만나는 것입니다. 우리는 그 물건의 대가를 지불함으로써 이러한 모든 사람들의 노동에 대한 대가를 지불하는 것입니다. 이렇게 우리가 책임을 지는 사람들의 집단은 우리의 지인, 친구와 가족의 범위를 넘어서 점점 확장됩니다. 더 많은 정보 덕분에 우리는 서로에 대해 잘 알게 됩니다. 우리는 폭넓은 주제와 생각들을 스스로 결정하고 알릴 수 있습니다. 세상 곳곳에서 일어나는 환경 문제들은 종종 세계 전체에 영향을 미칩니다. 이것은 우리에게 이 세상이 각자 자기 나라 내에서만 움직이지 않으며, 다양한 문화와 종교 속에서 우리가 살고 있음을 시사합니다.

➡ 446, 447

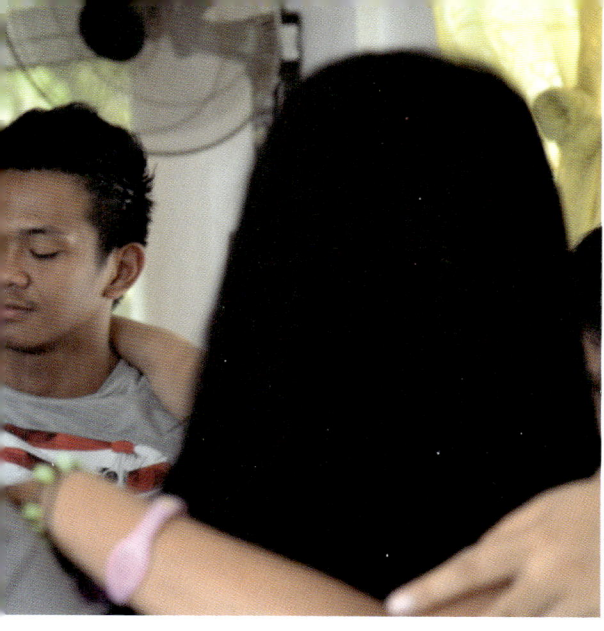

> 교회는 생각에 영향을 줄 수 있습니다. 그래서 이것을 시도합니다. 전 세계적인 몇몇 공개 토론회에서 우리는 변화를 설득해 왔습니다. 우리는 뉴욕의 국제 연합에 가서 말할 수 없습니다. 우리는 법을 만들거나 조정할 수도 없습니다. 그러나 우리는 법을 만드는 사람들이 생각을 가슴에 품기를 희망합니다. 그리고 우리는 이러한 관점으로 법이 제정되도록 영향을 주는 것입니다.
>
> **피터 턱슨 추기경**

233 교회는 세계화의 문제에 어떻게 대응해야 하나요?

교회는 시대의 징표를 탐구하고 이를 복음의 빛으로 해석해야 할 의무가 있습니다. 그렇게 함으로써 교회는 각 세대에 알맞은 방법으로 현세와 내세의 삶의 의미 그리고 그 상호 관계에 대한 인간의 계속되는 물음에 대답해 줄 수 있을 것입니다. 그러므로 마땅히 우리가 살고 있는 세계와 그 세계에 대한 기대와 열망 그리고 때로는 극적이기도 한 그 특성을 인식하고 이해해야 합니다(사목 헌장 〈기쁨과 희망〉 4항 참조). 이렇게 교회는 늘 현 세계의 상황을 바라보고, 모든 사람에게 형제적 사랑을 베풀라는 예수님의 메시지에 따라 행동하라고 이를 권유합니다. 교회는 특히 사회적 약자, 곧 가난한 사람들과 착취당한 사람들에 대해 우려합니다. 교회는 각 나라의 정치인들에게, 자신들의 나라만이 아니라 인류 전체에 대해 책임이 있음을 상기시킵니다. 교회는 평화와 발전을 목적으로 하는 정치에 찬성합니다. 그러한 정치를 실현시키기 위해서는 다양한 나라의 공동 협력이 필

> 특권을 정의와 공의보다 소중히 여기는 사람은 결국 모든 것을 잃게 됩니다.
>
> **드와이트 데이비드 아이젠하워**
> (1890~1969년), 미국의 대통령

> 인간의 본성에는 갈등을 일으키는 세 가지 주된 원인이 있습니다. 첫째는 경쟁, 둘째는 불신, 셋째는 공명심입니다.
>
> **토머스 홉스**(1588~1679년),
> **영국의 철학자이자 법학자**

> 여러분이 남긴 음식은 배고픈 사람의 것이고, 입지 않고 옷장에 두기만 하는 옷은 헐벗은 사람의 것이며, 신지 않고 있는 신발은 맨발로 다니는 사람의 것입니다. …… 따라서 여러분은 도움이 필요한 많은 사람들에게 부당하게 행동한 것입니다.

바실리오 성인(약 330~379년), 카파도키아의 주교이며 교회 학자

> 전 세계의 경제 상황은 조정이 필요합니다. 개별 국가는 이런 문제를 해결할 수 없습니다. 그러기에 우리는 이러한 조정을 실행할 수 있고, 잘못된 발전을 바라보는 당국이 필요합니다. 우리는 전 세계적인 조정을 할 수 있는 당국을 원할 뿐입니다.

피터 턱슨 추기경

요합니다. 그러기에 교회는 깊은 신뢰를 바탕으로 한 국제적 협력을 향상시킬 수 있는 국제 연합과 같은 조직을 지지합니다.

→ 433~435 → 1927

234 전 세계적인 원조는 어디에서 시작되나요?

인류는 공동으로 행동할 경우에만 많은 문제들에 맞서 무언가를 행할 수 있습니다. 이를 위해 서로를 위한 연대와 책임이 시작되어야 합니다. 사회 교리는 '인류 가족은 하나다.'라는 생각에서 기인한 이러한 상호적인 책임에 기초하고 있습니다. 하느님은 모든 인간의 창조주이십니다. 곧 그분은 모든 인간의 아버지이십니다. 따라서 우리 인간은 마치 하나의 가족처럼 결합되어 있는 형제자매로 이해할 수 있습니다. 가족은 서로를 신뢰하고 서로를 위해 존재하며 돕는 공동체입니다. 이와 마찬가지로 세상의 모든 사람도 서로 결합되어 있음을 느껴야 합니다.

→ 1947, 1948

> "보라, 저들은 한 겨레이고 모두 같은 말을 쓰고 있다. 이것은 그들이 하려는 일의 시작일 뿐, 이제 그들이 하고자 하는 것은 무엇이든 못할 일이 없을 것이다. 자, 우리가 내려가서 그들의 말을 뒤섞어 놓아, 서로 남의 말을 알아듣지 못하게 만들어 버리자." 주님께서는 그들을 거기에서 온 땅으로 흩어 버리셨다. 그래서 그들은 그 성읍을 세우는 일을 그만두었다. 그리하여 그곳의 이름을 바벨이라 하였다. 주님께서 거기에서 온 땅의 말을 뒤섞어 놓으시고, 사람들을 온 땅으로 흩어 버리셨기 때문이다.

창세 11,6-9

235 성경은 인류의 일치를 어떻게 설명하나요?

창세기는 하느님이 세상과 인류를 무에서 유로 일으키신 창조주라고 말합니다. 인간은 단지 개개인으로만 창

조된 것이 아닙니다. 오히려 인간은 자기 이웃과 다른 생명체와 관계하고 있으며, 이에 책임을 가지고 행동해야 합니다. 하느님은 인간이 존엄한 삶을 사는 데 필요한 것을 주십니다. 노아와의 계약(창세 9,1-17 참조)에서 하느님은 죄와 폭력과 불의에도 불구하고 인간을 위해 존재하신다는 것을 분명하게 보여 주셨습니다. 아브라함과의 계약에서는 인류 가족 사상을 드러내셨습니다. 그래서 아브라함은 모든 민족들의 아버지(창세 17장 참조)로 여겨집니다. 모든 인간은 아브라함의 후손입니다. 하느님은 이러한 계약을 우리와도 체결하셨습니다. 민족들의 다양성은 창세기에서 하느님의 창조적인 활동의 결과로 인정합니다. 그러나 **바벨탑**의 이야기(창세 11,1-9 참조)는 인간들이 이러한 다양성에 만족스럽지 못하게 살 수 있다는 것을 보여 줍니다.

➡ 428~430

> 한 사람을 통하여 이 세상에 조금 더 많은 사랑과 선, 그리고 빛과 진리가 있다면, 그의 삶은 의미가 있는 것입니다.
>
> 알프레드 델프(1907~1945년), 독일의 예수회 신부, 나치 정권에 저항하다 살해됨

! **바벨**의 의미를 살펴보면, 그 안에 '혼란'이라는 단어의 어원이 들어 있다는 것을 알 수 있습니다. 세계 민족들의 관계가 혼란스럽다는 것을 암시하는 것입니다.

정치 공동체 사이의 관계들은 정의에 따라 통제되어야 한다.
요한 23세 성인 교황, 〈지상의 평화〉 91항

236 사람들은 서로 어떻게 대해야 하나요?

사람들은 이 세상에서 자신을 공동체로 이해하고, 개인과 민족의 차이를 관대하게 받아들여야 합니다. 말하자면 다양성을 풍요로움으로 보아야 합니다. 이것은 세계화의 시대에 더욱 중요합니다. 요한 23세 성인 교황은 우리가 "한 가족 식구"(《어머니요 스승》 157항)라고 했습니

> 너희는 먼저 하느님의 나라와 그분의 의로움을 찾아라. 그러면 이 모든 것도 곁들여 받게 될 것이다.
>
> 마태 6,33

> 해마다 수천 종의 동물과 식물이 사라지고 있습니다. 이것들은 영원히 사라져 버려서 우리가 전혀 모르게 되고 우리 후손들은 전혀 보지 못하게 될 것입니다. 인간 활동과 관련된 이유로 매우 많은 생물종들이 사라졌습니다. 우리 때문에 수많은 생물종들이 더 이상 그들의 존재 자체로 하느님께 영광을 드리지 못하고 그들의 메시지를 우리에게 전해 주지 못할 것입니다.
>
> 프란치스코 교황,
> 〈찬미받으소서〉 33항

다. 교황은 우리의 관계가 한 가족처럼 긴밀하게 되었다고 말하는 것입니다. 우리의 일상 관계에서 필수 불가결한 진리와 연대성과 자유 등의 가치는 서로의 관계와 의존성이 갈수록 밀접해짐으로써 세계적으로도 중요하게 되었습니다. 행복한 공공 생활은 폭력, 전쟁, 범죄, 기만이나 속임이 없을 경우에만 가능합니다. 따라서 교회는 경제적이고 사회적인 세계화가 정의의 세계화를 동반하기를 촉구합니다. 지상에 정의를 가져다주신 예수 그리스도는 우리가 행동하는 데 있어 특별한 의무를 맡겨 주십니다.

➡ 431, 433 ➡ 1912

99 배고픔 없는 미래를 위한 십계명

1. 세상의 모든 사람들이 충분히 먹을 수 있도록 협력하라.
2. 이웃의 양식을 투기로 잃어버리지 말라.
3. 굶주린 이들이 먹는 데 필요한 것을 저장하지 말라.
4. 땅을 소중하게 여기고 기후 변화를 저지하여 자신과 자녀 그리고 모든 사람이 지상에서 행복하게 해라.
5. 자신의 삶이 타인에게 부담이 되지 않도록 살아라.
6. 이웃의 재산과 땅을 욕심내지 말라.
7. 농업 활동을 통해 굶주린 사람을 줄이고 늘게 하지 말라.
8. 부패한 정부에 맞서라.
9. 폭력적인 대립과 전쟁을 저지하는 데 도움을 주어라.
10. 개발 도상국 원조와 함께 굶주림을 저지하라.

오스트리아 카리타스

부록

가난이란 무엇인가요?

전 세계은행 총재 로버트 맥나마라가 내린 통상적인 정의에 따르면, 일정한 미국 달러 액수 이하를 하루 수입으로 받고 살아가는 사람들이 '절대적인' 가난 상태라고 합니다. 그 액수는 세계은행에 따르면 하루에 1.25달러(약 1,400원)입니다. 전 세계 인구의 17.6퍼센트(2011년에 12억 9천만 명)가 인간에게 어울리지 않는 이러한 조건에서 살고 있습니다. 국제 개발 협회에서 하는 것과 같은 통계에서는 일인당 국민 소득으로만 평가하지 않고 한 나라의 칼로리 섭취, 통상적인 평균 수명, 어린이 사망률, 출생 비율 등도 함께 평가합니다.

이에 비해 '상대적인' 가난의 개념도 있습니다. 여기에서는 한 인간의 삶의 상황 혹은 그가 살고 있는 사회의 복지 상태와 관련하여 물질적이고 정신적인 재원의 공급이 부족하다는 것이 중요합니다. 세계 보건 기구에 따르면, 사람이 월마다 마음대로 쓰는 비용이 국민 평균 수입의 60퍼센트 이하인 사람은 상대적 가난에 속한다고 합니다. 예를 들어 2012년 독일에서는 독신으로 사는 모든 사람이 한 달 생활비로 1,109유로(약 145만 원) 이하의 비용을 사용했다고 합니다.

> 저는 오늘날 교육, 곧 '우리 자녀를 어떻게 가르칠까? 어떤 가치들을 그들에게 전해 줄까?'라는 질문보다 더 흥미로운 주제는 없다고 생각합니다. …… 교육은 우리가 자녀들에게 제공할 수 있는 최상의 재화입니다.
>
> **캣 스티븐스**(1948년 출생), 영국의 가수

> 배부름은 다른 모든 힘처럼 항상 뻔뻔한 모습을 지니고 있습니다. 이것은 특히 배부른 사람이 배고픈 사람을 가르치려는 데서 드러납니다.
>
> **안톤 파블로비치 체호프** (1860~1904년), 러시아의 작가

237 이 세상의 자원들을 어떻게 대하고, 어떻게 사용해야 하나요?

가톨릭 사회 교리에서는 '인류 가족의 일치'와, 이와 관계가 있는 '재화의 보편적 목적'을 강조했습니다. 여기서 말하는 바는, 하느님이 세상의 창조주로서 인간이 살아가는 데 필요한 것을 충족할 수 있도록 지상의 자원을 창조하셨다는 것입니다. 따라서 지상 재화의 불평등한 분배는 옳지 않은 일입니다. 수십억 명의 사람들이 가난과 기아에 허덕이는 반면, 다른 사람들은 낭비하며 사치스럽게 사는 것은 그리스도인으로서 받아들일 수 없습니다. 예를 들어 이 지상의 식량은 그것을 위해 대가를 지불할 수 있는 사람들의 당연한 소유물이 아닙니다. 그것은 모든 사람이 살아가는 데 바탕이 되는 것입니다.

➡ 447~449 ➡ 2407, 2415 ➡ 436

238 가난한 사람들을 왜 특별히 주목해야 하나요?

예수님은 특히 사회의 변두리에 있는 가난한 이들에게 마음을 기울이셨습니다. 따라서 교회도 '가난한 사람들을 위한 우선적인 선택'을 표명하는 것입니다. 가난한 사람들은 사회를 형성하는 데, 그리고 그들 자신의 생활 조건을 형성하는 데 가장 미미한 영향을 끼칩니다. 교회는 그들의 편에 서서 불의와 차별과 억압 등을 없애는 데에 힘써야 합니다. 사회 교리의 의미에서 정의는 모든 인간이 사회적·정치적·문화적·경제적으로 중심이 되는 삶의 실현에 참여하도록 요구합니다. 가난한 사람들을 위한 투신이 위에서 내려오는 식으로 이루어져서는 안 됩니다. 왜냐하면 당사자들이 스스로 필요한 것이 무엇인지 가장 잘 알기 때문입니다. 따라서 가난한 사람들은 자신들의 문제 해결에 직접 참여해야 합니다. 세계 경제가 복잡하게 서로 종속되어 있고 또한 날

> 내 자녀가 먹을 것을 달라고 요구하면, 나는 자녀에게 밥을 짓고 있다고 말합니다. 자녀가 잠이 들 때까지 그렇게 말합니다. 왜냐하면 쌀이 없기 때문입니다.
>
> **동남아시아의 어떤 엄마,** '가난의 목소리' 연구에서

로 더욱 긴밀하게 연결되어 가는 상황에 직면하여 가난의 원인들을 찾고 그것을 장기간에 걸쳐 해결하는 구체적인 답을 찾는 것은 쉬운 일이 아닙니다.

➜ 449 ➜ 2443~2446 ➜ 449

239 전 세계적인 연대가 어떻게 보편적으로 받아들여질 수 있나요?

하느님을 세상의 창조주이시며 인간의 아버지로 믿는 그리스도인들에게 연대성과 정의가 '우리 가족'이나 '우리나라', '우리 문화' 또는 '우리 종교'에만 관련될 수 있는 것이 아니라는 점은 당연한 일입니다. 이러한 연대성과 정의에 대한 그리스도인의 태도를 다른 문화와 종교에 대한 신앙적인 논증 없이 가장 잘 설명하는 것은, 인간에게 자기 자유에 대한 요구가 있음을 언급할 때입니다. 곧 누구나 자신이 행하는 것을 스스로 결정할 수 있고, 또 살기 원하는 방식을 스스로 결정할 수 있을 때 자유롭습니다. 이제 자신이 자유롭길 원한다면, 모든 인간이 근본적으로 평등하다는 관점에서, 또한 정의의 관점에서 이러한 사실을 내 이웃에게도 인정해야 합니다. 자신에 관한 결정을 세상의 그 누가 대신하기를 원하지 않듯이, 그것을 바라는 사람도 없다는 것을 인정해야 합니다. 이러한 맥락에서 정당성에 관한 보편적인 권리에 대해 말할 수 있습니다. 그러므로 모든 사람은 자신이 지켜야 하는 법규가 이성적이고 일반적으로 이해할 수 있는 방식으로 정당해야 한다는 점을 주장할 권리가 있습니다.

➜ 437 ➜ 1939~1942 ➜ 332

> 미래 때문에 현재가 혹은 현재 때문에 과거가 정당화되어서는 절대로 안 됩니다.
> 프리드리히 니체

> 자신이 원하지 않는 일을 남에게 하지 마라.
> 황금률

> 전횡이란 충분한 정당성 없는 정치적 혹은 사회적인 지배 양식입니다. 우리는 개인이나 집단이 마땅한 이유도 없이 다른 사람들을 지배하거나 그들보다 우월한 지위에 있는 상황을 사회적이고 정치적으로 불의한 상황으로 여깁니다.
> 라이너 포르스트(1964년 출생), 독일의 정치학자이자 철학자

> 엄밀한 의미에서 자기 자신에게는 책임을 지울 수 없습니다. 왜냐하면 이 경우에는 항상 스스로를 정당화할 수 있기 때문입니다.
> 로버트 스페만

240 정당성의 권리에서 구체적으로 어떤 결과가 생기나요?

타인에게 권리를 주어야 한다고 말한다면, 그로써 자신

> 여러분의 행위의 여파가 인간 생명의 미래적인 가능성을 파괴하지 않도록 행동하십시오.
>
> **한스 요나스(1903~1993년), 독일의 철학자**

> 사랑의 반대는 증오가 아니라 무관심이며, 믿음의 반대는 불신이 아니라 무관심이며, 희망의 반대는 절망이 아니라 무관심입니다. 그것 때문에 사람은 숨이 끊어지기도 전에 죽어 버립니다.
>
> **엘리 위젤(1928년 출생), 루마니아 태생의 미국 작가, 노벨 평화상 수상자**

은 의무를 떠맡게 됩니다. 이것은 자신에게 부정적인 의무일 수 있습니다. 곧 누군가를 노예로 삼거나 어떤 방식으로든지 착취하는 등의 행동을 할 수 없다는 의무입니다. 다른 한편으로는 긍정적인 의무일 수도 있습니다. 어떤 것을 단념하는 것이 아니라 무언가를 행해야 하는 경우입니다. 우리는 곤경 속에서 고통을 겪는 주변 사람들을 도와야 합니다. 그러나 어떤 상황에서는 어떻게 도와야 할지 모릅니다. 아프리카에서 굶주리는 아이들을 돕는 일이 그러한 경우입니다. 물론 우리는 곤경에 처한 이가 멀리 떨어져 있는 경우에도 도움을 베풀 윤리적 의무가 있습니다. 하지만 어떻게 도와야 할까요? 도움을 필요로 하는 모든 사람에 대해 이러한 의무가 있는 걸까요? 우리가 이런 이들을 직접 도와야 한다는 사실은 분명 우리에게 과중한 부분이기도 합니다. 그러나 우리는 이러한 일을 수행할 수 있는 조직과 기구들을 후원할 수 있습니다. 우리는 구호 기관을 재정적으로 혹은 특별한 방식으로 후원함으로써 인간 삶의 보편적 조건들을 개선하는 데 크게 공헌할 수 있습니다. 많은 사람들이 점점 이렇게 생각한다면, 가난을 퇴치하기 위한 움직임을 통해 많은 일들이 이루어질 것입니다.

➜ 1934~1935 ➜ 330

> 너희는 너희 동족의 나귀나 소가 길에 넘어져 있는 것을 보거든, 그것들을 모르는 체하지 말고 반드시 너희 동족을 거들어 일으켜 주어야 한다.
>
> 신명 22,4

부록

세계 공공 재화

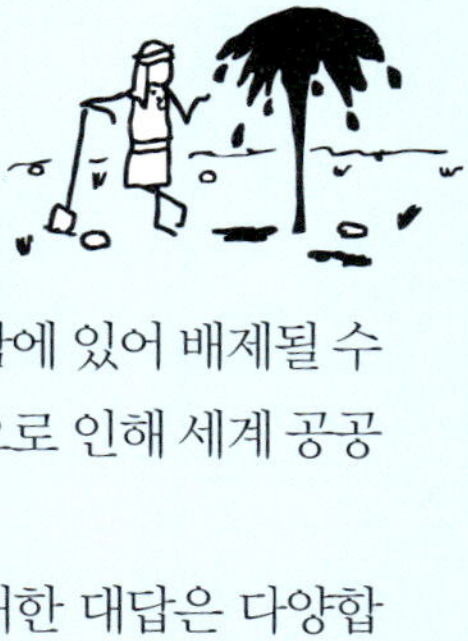

이것은 전 세계 모든 사람이 유익하게 사용하는 재화이며, 그 누구도 특별한 권리를 주장하거나 소유하지 못하는 재화입니다. 왜냐하면 누구도 공공 재화를 사용함에 있어 배제될 수 없으며 배제되어서도 안 되기 때문입니다. 이러한 특징으로 인해 세계 공공 재화의 공급이 쉽지 않습니다.

'세계 공공 재화가 구체적으로 무엇일까?'라는 질문에 대한 대답은 다양합니다. 어떤 사람들은 환경에 관련된 재화라고 생각합니다. 또 어떤 사람들은 더 폭넓게 정의하여 인권이나 세계 문화유산도 전 세계적인 재화로 여깁니다. 국제 연합은 세계 공공 재화에 대한 이해를 발전시켰는데, 모든 사람의 공동 책임에 관련된 재화라고 이해했습니다. 평화와 국제적 안전, 인권의 보호, 국제적 정의, 건강, 지식과 정보가 그것이며 기후와 생물학적 다양성과 숲과 바다 등의 보호도 포함됩니다. 이를 넘어 경제적 안정, 식량의 유용, 모든 사람을 위한 복지, 군비 축소와 핵무기의 비확산, 테러의 종식 등도 포함됩니다.

> 중세 시대에 사람들은 십일조, 곧 자기 수입이나 생산품의 10분의 1을 땅의 주인에게 바쳐야 했을 때 신세를 한탄했습니다. 오늘날은 재화와 근무 비용의 3분의 1 이상이 봉사의 명목으로 자본 소유주에게 넘어갑니다. 그럼에도 경제적으로 중세 시대보다 잘 돌아가는 것은 산업 혁명, 점점 증가하는 생산 시설의 자동화, 현존하는 자원의 낭비, 제3세계에 대한 착취 때문입니다.
>
> 마그리트 케네디(1939~2013년), 독일의 생태학자이며 건축가

세계 경제를 관리하고 위기에 처한 경제를 되살리는 것, 현재의 위기가 악화되어 그에 따른 불균형이 심화되지 않는 것, 전체적이고 시의적절한 군비 축소와 식량 안정과 평화가 이루어지는 것, 환경을 보호하는 것, 이민을 규제하는 것, 이 모든 것을 위해서는 참된 세계적 정치 권위가 시급히 필요합니다. 이는 저의 선임자이신 복자 요한 23세께서 여러 해 전에 지적하신 것입니다. 그러한 권위는 법의 규제를 받고, 지속적으로 보조성과 연대의 원칙을 지키며, 공동선의 확립을 추구해야 합니다.

베네딕토 16세 교황,
〈진리 안의 사랑〉 67항 참조

241 사람들의 개인적인 관심을 어떻게 이끌어 낼 수 있나요?

전 세계적인 연대 의식이 없는 곳에서는 인간이나 국가의 고유한 이익, 곧 사람들이 누릴 수 있는 어떤 것에 대한 이익에 호소하는 것이 도움이 될 수 있습니다. 이것은 서로가 논의할 필요 없이 이미 서로가 공감하고 있는 고유한 이익이라고 말할 수 있습니다. 일반적으로 국제적인 공동 협력은 결국 모든 사람에게 유익합니다. 우리는 지구 온난화에 관한 대책을 그 실례로 들 수 있습니다. 한 나라의 노력만으로는 지구의 온난화를 저지할 수 없습니다. 자기 나라에서만 기후 개선을 위해 노력하고 다른 나라들이 어떤 행동을 취하든 상관이 없다고 말하는 것은 해결 방안이 아닙니다. 기후는 세계 공공 재화입니다. 온난화 대책은 전 세계적인 협력을 필요로

합니다. 온난화 대책을 위한 국제적인 공동 협력은 모든 나라가 공감하는 이익에서 기인합니다. 왜냐하면 모든 나라가 온실가스의 감소 등을 통한 온난화 대책에 참여할 경우에만, 온난화 대책이 촉진되어 각 나라의 기후가 개선될 수 있기 때문입니다. 비슷한 방식으로 곤경에 처했을 때 벌이는 투쟁은 보편적인 이익에서 기인합니다. 같은 방식으로 이주민을 줄이고, 폭력적인 갈등을 물리쳐서 경제를 회복할 수 있습니다.

> 모든 국가, 특히 부유한 국가들의 전폭적이고도 적극적인 협력을 통하여, 사람들의 생활과 적절한 교육에 필요한 것들을 마련하여 온 인류 공동체와 더불어 나눌 수 있는 방법을 긴급히 모색하여야 한다.
>
> 제2차 바티칸 공의회, 사목 헌장 〈기쁨과 희망〉 87항

➡ 481~484 ➡ 1911, 1913, 1914

242 전 세계적인 협력은 어떻게 실현할 수 있나요?

각 나라가 국가적 차원에서 더 이상 해결할 수 없는 전 세계적인 문제는 공공 재화를 관리하고, 모든 국가에 규범을 제시하고, 그 규범의 준수를 관장하여 이를 지키지 않거나 위반할 때 처벌하는 조직과 협력 기구를 필요로 합니다. 교회는 국제 공동체의 건설을 항상 찬성했습니다. 그렇게 될 경우에만 '인류 가족의 일치'라는 이상이 정치적으로도 실현될 수 있기 때문입니다. 이러한 공동체는 반드시 모든 국가가 자발적으로 참여해야 하며, 강요되지 않아야 합니다. 한편으로 이러한 공동체는, 보조성의 원리에 따라 각 국가가 스스로를 위해 하는 일을 존중해 주고, 다른 한편으로는 "실질적인 권력으로 모든 사람의 안전과 정의 준수와 권리 존중을 보장하는"(사목 헌장 〈기쁨과 희망〉 82항), 곧 세상의 큰 문제를 조정할 수 있는 권위가 부여되어야 합니다. 이를 위한 첫걸음으로 만들어진 것이 1945년에 창설된 국제 연합입니다. 이후부터 가톨릭 교회는 국제 연합의 이상을 대변하고, 그 정책을 지지하고, 국제 연합이 지속적으로 발전할 수 있도록 모든 노력을 다 기울입니다.

> 힘이 있는 사람의 법이 가장 부당합니다.
>
> 마리 폰 에브너에셴바흐

> 힘 있는 사람의 법이 아니라 법의 영향이 국제적 안전을 조성한다.
>
> 독일 사회 민주당의 강령

> 권력은 다른 사람들과 함께 결정하고 그들과 합의하여 행동하는 능력과 일치합니다.
>
> 해나 아렌트

➡ 434, 435, 441 ➡ 1919 ➡ 325, 326

243 국제적 협력을 위한 최소한의 윤리적 규범은 무엇인가요?

각 나라가 전 세계적으로 책임과 구속력을 지닌 공동체 안에서 활동하려면, 무엇보다도 중요한 것은 상호 간의 신뢰이며 공동 가치와 규범에 대한 최소한의 기준입니다. 여기에 속하는 것이 인권이며, 아울러 정의와 연대성과 자유 등의 가치들입니다. 국제 공동체는 공동 결정을 통해 모든 사람이 동일한 방식으로 세상의 폭넓은 발전에 참여할 수 있도록 해야 합니다. 이러한 모든 것은 단지 그리스도인들만 지켜야 하는 가치가 아니라, 모든 사람에게 중요한 가치이기 때문입니다.

→ 433, 439, 448 → 1924, 1925

> 법은 정의로울 때 비로소 유효합니다. 그러나 인간의 문제에 있어서는 그것이 이성의 법칙에 따라 정당하다면 공정하다고 말할 수 있습니다. 그러나 이성의 첫 번째 법칙은 자연법입니다. 따라서 인간에 의해 선포된 모든 법은 자연법에서 나오는 한 법으로서 유효합니다. 이에 비해 자연법에서 벗어나는 것은 더 이상 법이 아니라 법을 파괴하는 것입니다.
>
> 토마스 아퀴나스 성인, 《신학대전》

244 이런 가치가 국제 공동체 안에서 어떻게 받아들여지나요?

일반적으로 알려진 기본 가치와 인권은 국제 공동체의

결정만이 아니라 소통을 위해서도 기본이 되어야 합니다. 이것에 바탕을 두면서 반드시 제정되어야 하는 것은 행동하고 협상할 때 의존할 수 있는 규범들입니다. 왜냐하면 인간은 무언가 협상하고 공동으로 결정할 때 규범이 필요하기 때문입니다. 국제적 차원에서는 강대국들의 권리가 이전보다 더 강력한 법을 통해 규제되어야 합니다.

➜ 436, 438 ➜ 1929, 1930, 1954 ➜ 333

> 선진국들의 물질적 욕구가 다른 국가들을 빈곤에 떨어뜨리고 또는 지구상의 생명체를 전멸시킬 수 있는 위험을 초래할 수도 있는 오늘의 환경 속에서, 선진국들이 요구되는 물질을 증가시키려는 권리를 과연 어느 정도 주장할 것인지를 예측을 불허한다.
>
> 세계주교 대의원회의 제2차 총회 문헌, 〈세계 정의〉 64항

245 이러한 국제 공동체는 누구에게 필요하나요?

모든 사람에게 필요합니다. 하지만 국가들도 서로 다른 이유에서 국제 공동체를 필요로 합니다. 부유한 국가들이 국제 공동체를 필요로 하는 이유는 경제적 협정을 보다 안전하게 체결하기 위해서 혹은 생산 원료들을 얻기 위해서입니다. 이에 비해 개발 도상국들은 국민들에게 더 나은 삶을 제공하기 위하여 국제 공동체를 필요로 합니다. 모든 사람에게는 삶에 필요한 음식, 교육, 옷 등과 같은 재화를 얻을 권리와 이를 발전시킬 권리가 있습니다. 또한 평화를 누리며 자유롭게 살 권리가 있습니다. 따라서 상호 간의 지원은 반드시 필요합니다. 국제 공동체의 필요성이 부유한 국가와 가난한 국가 사이의 새로운 종속 관계와 복잡한 착취 구조를 만드는 구실이 되어서는 안 됩니다.

➜ 446, 447

!글로벌 거버넌스 global governance는 세계 전체와 관련되고, 부분적으로는 세계화를 통해서 생긴 문제들을 해결하기 위한 국제적인 차원의 정치적 과정을 뜻합니다. 이를 위해서는 협력을 통해 문제 해결의 사명을 맡게 될 구조와 조직들이 갖추어져야 합니다. 그러나 글로벌 거버넌스는 세계 정부라는 개념이 아닙니다. 여기에서 각 나라는 독자적인 국가들로 존속합니다.

246 교회가 바람직한 길을 걷기 위해 어떤 기구와 함께해야 하나요?

1940년대 이후부터 세계는 국제 공동체를 창설하고자 했습니다. 그 결과 1945년에 국제 연합이 창설되었고,

몇 년 후에 세계 인권 선언이 가결되었습니다. 1990년대 초에는 세계 무역 기구가 만들어졌습니다. 그 외에도 전 세계적인 문제를 해결하는 국제 연합의 체제와 연결된 다른 많은 기구가 생겼습니다. 교회는 일반적으로 이러한 기구가 글로벌 거버넌스의 올바른 방향으로 가는 발걸음이라고 생각합니다.

> 세계적 지역적 국제 기구들은 분명히 인류를 위하여 크게 공헌하고 있다. 그 기구들은 세계 도처에서 발전을 증진하고 온갖 형태의 전쟁을 미연에 방지하기 위하여 현대의 중대 문제들을 해결하고자 전 인류 공동체의 국제적 기초를 놓으려는 최초의 시도로 보인다.
>
> 제2차 바티칸 공의회, 사목 헌장 〈기쁨과 희망〉 84항

247 바티칸은 국제 정치에서 어떤 역할을 수행하나요?

가톨릭 교회는 세계 교회로서 전 세계적인 구조와 수백 년 이상 되는 세계적인 경험을 지니고 있습니다. 하나의 국가로서 사도좌(교황)는 국제 정치에 참여할 수 있습니다. 사도좌는 대사를 파견할 수 있고, 타 국가들과 조약을 체결할 수 있으며, 초 정부적 기구, 예를 들어 국제 연합과 그 산하 조직에 가입할 수 있고, 갈등이 일어날 때 중재할 수 있습니다. 이러한 모든 활동의 목적은 국제 공동체의 건설을 돕고, 더 많은 인류 가족이 공동선을 향하도록 그 공동체를 지원하는 데 있으며, 모든 사람에게 인권과 인간 존엄성을 요구하고 인류 전체가 정의와 평화를 누리도록 협력하는 데 있습니다.

→ 444, 445

> 날로 더욱 긴밀해지고 점차 전 세계로 확산되는 상호 의존성에서, 공동선은 …… 오늘날 더욱더 전 세계적인 것이 되고 거기에 온 인류와 관련되는 권리와 의무를 내포하게 되었다. 어떠한 집단이든 다른 집단의 요구와 정당한 열망, 더욱이 온 인류 가족의 공동선을 고려하여야 한다.
>
> 제2차 바티칸 공의회, 사목 헌장 〈기쁨과 희망〉 26항

> 당신이 타인의 다른 점을 관대하게 대하지 않는 한 당신은 지혜의 길에서 벗어나 있는 것입니다.
>
> 중국 속담

이민 문제

248 이민이 왜 문제인가요?

자신의 고국을 떠나는 이유는 다양할 수 있습니다. 국민의 곤경과 불행, 자유와 민주주의의 결핍, 정치적 박해, 내전과 전쟁 등이 그것입니다. 이민을 받아들이는 나라에는 합법적으로 살고 있는 이주민 외에도 수천만 명의 '불법' 이주민들이 있습니다. 이들은 체류권이 없기 때문에 종종 사회에 숨어서 지내고 있습니다. 이러한 사람들의 생활은 늘 발각과 체포와 추방의 공포에 사로잡혀 있습니다. 그들에게는 기본적인 권리가 허용되어 있지 않습니다. 그로 인해서 이러한 사람들의 대다수는 비인간적인 조건에서 생활하고 있습니다. 체류권이 없는 사람들은 당연히 의료 공급을 요구할 엄두도 내지 못하고, 노동 착취에 저항하거나 자녀를 학교에 보낼 용기를 내지 못합니다. 오히려 자신이 발각되어 추방될지도 모른다는 불안감이 더 큽니다. 그러나 교회는 분명하게 체류권이 없는 사람들도 인권이 있고, 그들에게서 인권을 박탈해서는 안 된다고 말합니다.

> "네 아우는 어디 있느냐?" …… 오늘날 세상에서 아무도 이에 대한 책임을 느끼지 않습니다. 우리 현대인들은 이웃 형제자매들에 대한 책임감을 상실했습니다. 우리는 예수님께서 착한 사마리아인 이야기에서 언급하신 사제와 레위인의 위선에 빠져 버렸습니다. 길가에 쓰러져 죽어 가는 형제를 보면 아마도 이렇게 얘기할 겁니다. "가련한 영혼이여!" 그러고는 그냥 가던 길을 가 버리는 겁니다. 안락을 추구하는 문화는 오직 우리 자신만 생각하도록 합니다.
>
> 프란치스코 교황, 2013년 7월 8일 람페두사 방문 강론

> **"** 우리는 거의 모든 곳에서 이방인입니다.
>
> 어느 자동차 광고

> **"** 사람들은 도착한 손님들을 모두 그리스도처럼 모십니다. 왜냐하면 그분께서 "내가 나그네였을 때 너희들은 나를 맞아들였다." 하고 말씀하실 것이기 때문입니다. 사람들은 가난한 사람들과 순례자들을 맞아들이면서 정성을 다해 돌보았습니다. 왜냐하면 다른 사람들에게서보다 그들에게서 더욱더 그리스도를 뵙기 때문입니다.
>
> 베네딕토 성인(480년경~547년경),
> 베네딕도회의 창설자, 서양 수도 생활의 아버지

249 유럽은 '인류 가족의 일치'라는 의미에서 이민 문제를 어떻게 대해야 하나요?

유럽의 여러 국가에서는 이주민들이 계속 거부당하고, 심지어는 인권까지 침해받고 있습니다. 많은 사람들이

> 이민과 난민은 인류라는 장기판 위에 놓인 졸들이 아닙니다. 그들은 여러 가지 이유로 집을 떠나거나 강제로 쫓겨난 아이들과 어른들로, 모두가 같은 열망, 곧 알고 소유하며 무엇보다도 더 나은 삶에 대한 정당한 열망을 지니고 있습니다. …… 오늘날 이주의 물결은 민족 대이동까지는 아니어도 역사상 가장 많은 사람들의 움직임을 보여 줍니다. …… 이주의 현실은, 우리가 사는 세계화 시대에 드러난 그 새로운 차원들을 감안할 때, 새롭고 공평하며 효과적인 방식으로 접근하고 다룰 필요가 있습니다. 무엇보다도 국제적인 협력과 깊은 연대와 연민의 정신이 필요합니다.
> 프란치스코 교황,
> 2014년 제100차 세계 이민의 날 담화

> 불법을 저지른 이민자라도 그의 존엄성을 침해하는 행동은 정당화될 수 없습니다.
> 요한 바오로 2세 성인 교황,
> 1995년 제81차 세계 이민의 날 담화

아프리카에서 유럽으로 건너오다가 익사하며, 어렵게 도착하더라도 열악한 환경에서 지냅니다. 그리고 그들은 권리를 제대로 요구하지도 못한 채 다시 추방됩니다. 그러나 그리스도교의 입장에 따르면 인간은 한 나라의 국민이기도 하지만 또한 인류 가족의 구성원이기도 합니다. 따라서 고향에서 박해에 노출되거나 환난으로 고통을 겪는 사람들에게 피난처를 제공하는 것은 윤리적인 의무입니다. 사람들은 이유 없이 자신들의 고향을 떠나지 않습니다. 모든 민족의 의롭고 참다운 발전을 위한 실질적인 국제적 공동 협력이 없다면, 사람들은 계속해서 더 나은 삶을 찾아 유럽으로 올 것입니다.

➡ 297, 298 ➡ 1911

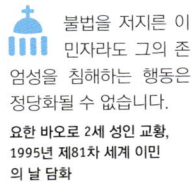

> 저는 외국인을 혐오하는 사람들이 매우 불쾌합니다.
> 아스트리드 린드그렌

250 이민 문제에 가톨릭 교회는 어떻게 개입하고 있나요?

가톨릭 교회는 수년 전부터 이주민을 위해, 특히 '신분

> 주 저의 하느님, 당신께 피신하니
> 뒤쫓는 모든 자들에게서 저를 구하소서,
> 저를 구해 주소서.
> 시편 7,2

이 없는' 집단 혹은 '불법 난민'을 위해 폭넓게 투신해 왔습니다. 교회는 '가난한 사람들을 위한 우선적인 선택'과 당신 자신을 추방당한 사람들과 잊힌 사람들과 동일시하신 예수님의 말씀을 그 근거로 삼았습니다. 독일 주교회의 산하 이주사목위원회는 지금까지의 외국인 관련 법에서 인권에 대한 내용이 온전하게 수록되지 않았다고 비판했습니다. 그리하여 위원회는 '불법 이민자를 위한 가톨릭 포럼'을 설립했습니다. 이것은 불법 이민자와 그들에 대한 비인간적인 처우의 종식을 위해 일하는 다양한 가톨릭 조직들의 연합체입니다. 이 포럼이 지금까지의 활동에서 깨달은 중요한 점은, 서로 연대하는 사람들이 네트워크를 통해 어떤 사안을 공유함으로써 더 좋은 성과를 가져올 수 있다는 것입니다. 각각의 경우를 돕는 것만으로는 충분하지 않습니다. 더 인간적인 법이 만들어지도록 입법자들의 마음을 움직이는 것도 교회의 과제입니다.

> 제가 교회에 관해 바라는 꿈이 있다면 다르게 말하고, 다르게 먹고, 다른 냄새를 풍기는 이방인을 위해 문을 활짝 여는 것입니다. 저는 제 집이 다른 사람들이 들어올 수 없는 성채가 아니라 많은 문이 있는 집이기를 바랍니다. 우리가 우리 자신만을 위해 소유한 고향은 우리를 편협하게 만들고 부패하게 합니다. 모든 손님은 우리가 가지고 있지 않은 것을 우리에게 가져다줍니다.
>
> **도로테 죌레**(1929~2003년),
> **독일의 개신교 신학자**

공정 무역 문제

251 세계화는 무역과 관련하여 어떤 문제가 있나요?

세계화의 추세에서 국가들 사이의 무역 관계가 더욱 긴밀하게 되었습니다. 이것이 몇몇 나라에는 도움이 되었습니다. 그러나 다른 몇몇 나라에서는 사회적이고 생태적인 문제들이 심화되었습니다. 우리는 개별 소비자로서 생산물의 선택을 통해 거래를 형성하는 데 아주 경미한 영향을 미칩니다. 따라서 국가들이 이러한 문제점을 논의하고 혹은 공정한 거래 구조를 위해 투신하는 기구를 설립하는 것이 중요합니다.

➡ 362~364

252 공정 무역이란 무엇인가요?

> 경제의 최고 목표는 좋은 생산품이 아니라 만족을 느끼는 소비자입니다. 장사를 한다는 것은 흡사 치료 행위를 하는 것과 같고, 소비자는 그 환자가 되는 것입니다.
>
> **닐 포스트먼**(1931~2003년), 미국의 매체 이론가이자 문화 평론가

공정 무역이란 정의의 일정한 원칙에 따라 행해지는 무역입니다. 다양한 공정 무역 기구들은 이러한 원칙을 정하고 거래 관계를 조정합니다. 그들은 생산자, 소작인과 농장주의 권리를 더욱 강화하고 이에 부합하는 국가의 지속 가능한 발전에 기여함으로써 국제 무역에서 더 나은 정의를 이루기 위해 노력합니다. 이러한 일들이 실제로 이루어지기 위해서 공정 무역 기구들은 무역 상대 사이의 소통을 의무화하고, 생산 과정과 거래 과정에 대한

> 세상에서 보고 싶은 변화가 있다면
> 스스로 그 변화가 되어야 합니다.
>
> 마하트마 간디

> 인간의 현명함은 미래나 마지막을 생각하는 세심함에서 판단됩니다.
>
> 게오르크 크리스토프 리히텐베르크

투명성을 요구할 뿐만 아니라, 이에 관련된 모든 사람에 대한 존중도 요구합니다.

253 공정 무역은 어떤 기준으로 이루어지나요?

먼저 경제적으로 손해를 보는 생산자에게 거래 조직에 능동적으로 참여하고 거기에 종속되지 않도록 기회가 조성됩니다. 생산자들에게는 신뢰할 만한 더 높은 수입의 보장을 위해 생산비 전체를 메우고, 세계 시장 가격을 상회하는 확정된 최저 가격이 그때마다 지불됩니다. 이를 통해 사회적으로 공정한 생산과 임금, 노동 시간, 어린이 노동 금지뿐만 아니라 여성의 동등한 권리와 같

> 발명은 이미 그 한계에 이르렀습니다. 나는 계속된 발전을 희망하지 않습니다.
>
> 율리우스 프론티누스(30년경~104년경), 로마의 군인이자 정치가

은 적합한 노동 조건들이 실현되고, 동시에 환경 기준도 준수됩니다. 이를 위해서는 국가들 사이에 오랫동안 '동업자' 관계가 형성되어야 합니다.

254 공정 무역은 어떤 효과가 있나요?

공정 무역은 다양한 지역에서, 특히 농촌 지역에서 빈곤 퇴치에 공헌합니다. 이를 통해 여러 개발 도상국에서 생산자와 노동자의 생활 조건이 개선되어 그들은 더욱 인간다운 삶을 살게 됩니다. 그 외에도 공정 무역은 심한 불균형을 이루고 있는 권력 관계를 변화시키고, 종속 관계를 줄이는 데 공헌합니다.

> 나무를 심자마자 크게 되지 않습니다. 나무가 자랐을 때, 그 즉시 꽃을 피우지 않습니다. 나무가 꽃을 피웠을 때, 그 즉시 열매를 맺지 않습니다. 나무가 열매를 맺을 때 열매는 그 즉시 익지 않습니다. 열매가 익었을 때 그 즉시 먹지 않습니다.
>
> 아시시의 에지디오 복자

> 마음으로 도움을 베푼 사람만이 비판할 자격이 있습니다.
>
> 에이브러햄 링컨

255 공정 무역은 가난의 문제를 해결하기에 충분한가요?

아직은 아닙니다. 공정 거래가 긍정적인 효과를 발휘하기 위해서는 계속 발전해야 합니다. 개별 조직과 기업이 적절한 원칙을 준수하는 것으로도 충분하지 않습니다. 거시적인 시각에서 볼 때, 전 세계적인 모든 거래 관계가 공정 무역의 기준을 준수해야 합니다. 이를 위해서는 국제 공동체가 정치적으로 노력하고, 공정 무역에 대해서 효과적인 후원을 해야 합니다. 나아가 거래 관계가 연대성 안에서 책임감이 있고 인간다운 모습을 갖추도록 의무화하는 것이 반드시 필요합니다. 이것은 이미 시작되었습니다. 앞으로 점점 더 많은 사람들이 정치적이고 경제적인 세력에 압력을 행사할 것이라는 점이 중요합니다. 왜냐하면 이미 많은 사람들이 공정 무역을 통해 상품을 요구하고 구매하고 이용하고 있기 때문입니다.

> 발전을 위한 기회는 항상 문제점에서 시작됩니다.
>
> 넬슨 올드리치 록펠러
> (1908~1979년), 미국의 정치가

> 누군가 오늘 나무 그늘에 앉아서 쉴 수 있는 것은 다른 누군가가 오래전에 그곳에 나무를 심어 놓았기 때문입니다.
>
> 워런 버핏

> 명확하게 보기 위해서는 가끔 바라보는 방향을 바꾸는 것이 필요합니다.
>
> 앙투안 드 생텍쥐페리

> "아담아 너 어디 있느냐?", "(카인아) 네 아우는 어디 있느냐?" 이것은 인간 역사의 여명기에 하느님께서 인간에게 던지신 두 가지 질문입니다. 동시에 이 시대의 모든 이들에게, 우리 한 사람 한 사람에게 던지시는 질문이기도 합니다. 그러나 저는 여러분에게 세 번째 질문을 던지고자 합니다. "누가 이들을 위해 울고 있습니까?" 여기 형제자매들의 죽음에 누가 애통해하고 있습니까? 이 배를 탄 사람들을 위해 누가 울고 있습니까? 어린 것들을 안고 있는 이 젊은 엄마들을 위해, 가족을 위해 일자리를 찾아 나선 이 남자들을 위해서 우리는 어떻게 울어야 할지를, 어떻게 이웃과 '고통을 함께' 나누어야 할지를 잊은 사회에서 살고 있습니다. 무관심의 세계화입니다.
>
> 프란치스코 교황, 2013년 7월 8일 람페두사 방문 강론

교회의 중요 문헌

국제 공동체

지상의 평화   이민과 이주에 관한 권리

모든 사람은 자기 나라의 경계 내에서 이사하거나 머물 수 있는 자유에 대한 권리를 지닌다. 또한 합당한 이유가 있으면 다른 나라로 이주하거나 거기에 머무는 것이 허락되어야 한다. 특정한 정치 공동체의 시민이라는 사실로 인해 같은 인간 가족의 일원임이 상실되지 않는다. 따라서 이런 사실은 한 인간이 세계 공동체 앞에서 인류 가족의 일원이 된다는 것이다.

요한 23세 교황, 회칙 〈지상의 평화〉(1963년) 25항

지상의 평화   난민법

정치적 망명자들은 인격을 지닌 인간들이며, 그들에게 사람이 타고난 모든 권리들을 인정하는 것은 당연한 일이다. 그들은 자기들이 소속해 있던 정치 공동체의 시민권을 박탈당했으나, 인간으로서의 권리까지 상실하는 것은 아니다. 사람이 타고난 권리들 중에서 자기 자신과 자기 가족의 미래를 보호할 수 있는 국가에 가입하는 것은 정당하다. 따라서 한 국가는 자기 국민의 올바로 이해된 공동선을 해치지 않는 한계 내에서 타국 이주자를 받아들이고, 새로운 공동체에 가입하려는 자들의 의향을 존중할 의무를 지닌다.

요한 23세 교황, 회칙 〈지상의 평화〉(1963년) 105, 106항

백주년   모든 인간을 위한 연대적 발전

발전은 다만 경제적 이유에서뿐 아니라, 절대적으로 인간적 의미에서 이해되어야 한다. 여기에서 중요한 것은, 오늘날 더욱더 부유한 나라들이 즐기는 정도의 번영의 수준에 모든 민족들이 올라가는 것이 아니라, 사람들의 연대적 노동에서 더욱 품위 있는 삶이 이룩되고, 각 사람의 창조적 열의가 실제로 향상되며 자신의 소명에 응답할, 따라서 그 안에 감춰진 하느님의 부르심에 응답할 그의 능력을 증가시키는 것이다. 발전의 정상에는 하느님을 찾고, 하느님을 인식하고, 이 인식에 따라 살 권리와 의무의 수행이 있다.

요한 바오로 2세 교황, 회칙 〈백주년〉(1991년) 29항

백주년   시장에 접근할 권리

얼마 전까지만 해도, 세계 시장으로부터 고립해서, 가장 가난한 나라들의 발전은 그 고유한 능력에 대한 희망에 의존해서 이루어진다고 주장했다. 최근의 경험은, 국제적 수준에서 상호 간의 일반적 교역의 관계를 가질 수 있었던 나라들은 번영했지만, 고립된 나라들은 반대로 침체와 불경기에 빠졌다는 것을 보여 주었다. 따라서 가장 큰 문제는, 자연 자원을 남용하는 일방적인 시장 원리가 아니라, 인간적 자원의 존중에 기초한, 국제 시장에 대한 공정한 접근의 확보일 것이다.

요한 바오로 2세 교황, 회칙 〈백주년〉(1991년) 33항

`백주년` 더 큰 부유의 가능성

인간에 대한, 특히 교회가 그리스도를 발견하는 가난한 이에 대한 사랑은 정의의 촉진으로 이루어지지만, 사람들은 살려달라고 청하는 빈곤한 이를 어떤 귀찮은 존재나 짐으로서가 아니라 선을 행하고 더 많은 부를 쌓기 위한 기회로 인식하지 않는다면, 그 사랑은 완성되지 않는다. 이러한 의식만이, 인간을 도와주기 위한 모든 진정한 노력에 내포되는 위험과 정신의 변화에 과감하게 맞설 용기를 줄 것이다. 여유 있는 것에서 줄 문제만이 아니라, 경제 발전 체제 안에 진입하지 못한, 제외되거나 주변화된 모든 이들을 본래의 상태를 회복하도록 도와주는 문제이다. 이것은 세계가 풍부하게 생산하는 잉여물에서 내주기만 하면 되는 것이 아니라, 무엇보다도 생활 양식, 생산과 소비 양식 그리고 오늘날 사회를 다스리는, 이미 확립된 권력 구조의 변화를 요청한다.

요한 바오로 2세 교황, 회칙 〈백주년〉(1991년) 58항

`진리 안의 사랑` 진리와 발전

발전, 사회 복지, 인류를 괴롭히는 심각한 경제적 사회적 문제들에 대한 만족스러운 해결책 추구, 이 모든 것에 이 진리가 필요합니다. 그런데 더욱 필요한 것은 이 진리를 사랑하고 드러내는 것입니다. 진리 없이는, 참된 것에 대한 믿음과 사랑 없이는 사회적 양심과 책임이 있을 수 없고, 사회적 활동은 결국 사적인 이익과 권력의 논리를 따르게 되어, 세계화된 사회에서 특히 지금처럼 어려운 시기에는 사회적 분열에 도달하고 말 것입니다.

베네딕토 16세 교황, 회칙 〈진리 안의 사랑〉(2009년) 5항

`진리 안의 사랑` 세계화의 여정에서

점점 세계화되는 사회에서 공동선과 이를 위한 노력은 인류 가족 전체, 곧 민족들과 국가들의 공동체라는 차원을 포함하지 않을 수 없으며, 그렇게 하여 일치와 평화 속에서 지상 국가를 이루는 것은 어느 모로 국경이 없는 하느님 도성의 선취와 예형입니다.

베네딕토 16세 교황, 회칙 〈진리 안의 사랑〉(2009년) 7항

질문
256~269

창조의 보전

환경

> **하느님은 친히 세계를 만드신 분이십니다.
> 그분의 창조는 끝나지 않았습니다.
> 하느님은 계속 일하십니다.**

베네딕토 16세 교황, 2008년 9월 12일

256 그리스도인들은 인간에게 적합한 환경 보전을 위해 어떤 일을 할 수 있나요?

만일 그리스도인들이 환경 문제에 관해 타인에게 윤리적 호소만 한다면, 이는 환경 보전에 그리 도움이 되지 않을 것입니다. 아울러 자신의 환경과 지금 주어진 가능성을 꼼꼼하게 주시하는 대신에 전 세계적인 문제에 대해 단정적으로만 이야기한다면, 이것 역시도 도움이 되지 않습니다. 그러기에 그리스도교의 환경 윤리에서는 이미 알고 있다는 식의 호소를 신뢰하지 않습니다. 그 대신에 개인적이고 사회적인 결정에서 갈등을 겪을 때 방향을 제시하려고 노력합니다. 이를 위해 먼저 관련된 기회와 위험 등에 대한 정확한 분석이 필요합니다. 그런 다음에 분명한 대안을 제시할 수 있습니다. 그리스도인들은 '환경의 붕괴 대신에 창조의 기쁨'을 가져올 경우 생태계의 보전을 위해 가치 있는 기여를 합니다. 희망을 품은 용기는 지식의 추구와 행동하려는 의지와 결합되어 있어야 합니다. 그리고 과장하지 않고 이렇게 말할 수 있습니다. "현재의 추세가 지속된다면, 21세기는 예사롭지 않은 기후 변화와 전례 없는 생태계 파괴로 우리 모두에게 심각한 결과가 초래되는 것을 목격하게 될 것입니다."⟨찬미받으소서⟩ 24항)

➜ 180 ➜ 373, 2415~2418 ➜ 50

우리는 하느님이 아닙니다. 지구는 우리보다 앞서 존재하였고 우리에게 주어졌습니다. …… 모든 공동체는 생존에 필요한 것은 무엇이든 풍요로운 땅에서 얻을 수 있으면서도, 동시에 이 땅을 보호하고 후손들을 위하여 이 땅이 계속해서 풍요로운 열매를 맺을 수 있게 해야 하는 의무도 있습니다.
프란치스코 교황, ⟨찬미받으소서⟩ 67항

현재와 미래 세대들을 위하여 자원을 보존할 수 있는 순환 방식을 여전히 채택하지 못하고 있는 것입니다. 이를 위해서는 재생 불가능한 자원 사용의 최소화, 소비 절제, 효율 극대화, 재사용, 재활용이 필요합니다.
프란치스코 교황, ⟨찬미받으소서⟩ 22항

257 창조를 보전한다는 것은 무엇을 의미하나요?

'창조를 보전하라.'라는 명령은 우리가 그리스도인들로서 자연 전체를 마치 보호의 대상으로 유지하라는 뜻이 아닙니다. 자연은 진화하고 발전하며 움직이는 질서이지 계속 정지된 상태의 저장고가 아닙니다. 자연에서 보전해야 할 만한 가치가 있는 것을 신학적·생태학적·경제학적·미학적·문화적으로 명확하게 말하는 사람만이 무엇을, 언제, 왜 그리고 어떻게 보호하고 가꿀 수 있는지 등을 의미 있게 숙고할 수 있습니다.

➡ 166, 180, 461, 465~468 ➡ 344, 354, 2415~2418
➡ 57, 288

> 계곡, 산비탈, 수풀, 아무것도 건드리지 마십시오. 돌도 건드리지 마십시오. 풀의 줄기도 나무도 파괴하지 마십시오. 모래알도 제자리에 놓아두고, 산도 제자리에 놓아두기 바랍니다. 모든 것에는 정신이 있습니다. 당신이 바꾸기를 원하는 것이 무엇입니까? 당신이 더 잘 만들 수 있습니까? 저녁 바람은 온전히 스스로 일고, 꽃도 온전히 스스로 집니다. 세상을 바꾸기 전에 세상을 파괴하지 않는 것이 더 중요할 것입니다.
>
> **폴 루이 샤를 마리 클로델**
> (1868~1955년), 프랑스의 외교관

258 생태학은 전문가들만의 특수한 분야가 아닌가요?

아닙니다. 요한 바오로 2세 성인 교황이 2002년 요하네스버그에서 개최된 지속 가능한 발전을 위한 세계 회의에서 강조했던 것처럼, 모든 그리스도인은 어느 때보다 이 시대에 더 절박하게 '생태적 소명'을 지니고 있습니다. 교황의 주된 개념은 '생태적 인간성'이었습니다. 그 중심에는 인간 존엄성이 자리 잡고 있습니다. 여기에는 우리가 '생명 존중', '노동'과 '책임' 등의 주제를 그 자체로 선한 창조주이신 하느님으로부터 이해하는 것도 포함되어 있습니다. '창조주 하느님과 함께 누리는 평화'는

> 경제적 여유가 있어서 더 많이 소비하고 지출할 수 있어도 난방을 하는 대신에 습관적으로 옷을 더 껴입는 사람은 환경 보호를 위한 신념과 태도를 보여 주는 것입니다.
>
> **프란치스코 교황,**
> 〈찬미받으소서〉 211항

> 우리는 마치 트렁크에 두 번째 지구를 가지고 있는 것처럼 이 지구를 대하고 있습니다.
>
> 제인 폰다(1937년 출생), 미국의 영화배우

🔔 모든 국가의 자율과 문화를 온전히 존중하지만 우리는 지구가 온 인류의 것이고 온 인류를 위한 것임을 결코 잊지 말아야 합니다. 어떤 사람들이 자원이 부족하고 발전도 제대로 이루어지지 않은 나라에서 태어났다고 하여 그들이 인간답지 못하게 살아가는 사실이 정당화되지는 않습니다.

프란치스코 교황, 〈복음의 기쁨〉 190항

'모든 피조물과 함께 누리는 평화'를 뜻합니다(제23차 세계 평화의 날 담화 참조). 그리스도인은 자연에 대한 당연한 존중의 결핍과 이로부터 귀결되는 자연 자원의 착취가 세계에 대한 경의를 표하는 자세의 부족과 평화에 대한 위협임을 알아야 합니다.

➡ 472 ➡ 2415~2418 ➡ 436~437

259 교회는 생태 환경에 어떻게 기여해야 하나요?

교회는 생태계에 대한 특별한 전문 지식을 가지고 있지 않습니다. 그러나 프란치스코 교황은 회칙 〈찬미받으소서〉에서 지구를 모든 사람의 "공동의 집"이라고 말했습니다. 교황은 이 집의 보전을 위해 책임을 맡은 모든 사람의 노력을 치하하고 그리스도인들에게 철저한 생태적 회개를 요구합니다. "우리의 공동의 집을 보호해야 하는 긴급한 과제에는 모든 인류 가족을 함께 모아 지속 가능하고 온전한 발전을 추구하도록 하는 일도 포함됩니다. 상황이 변할 수 있다는 것을 우리는 알고 있기 때문입니다. 창조주께서는 우리를 저버리지 않으십니다. 창조주께서는 사랑의 계획을 결코 포기하지 않으시고 우리를 창조하신 것을 후회하지 않으십니다. 인류는 여전히 우리의 공동의 집을 건설하는 데에 협력할 능력이 있습니다."(13항)

🔔 제가 지난 며칠 동안 누릴 수 있었던 지중해의 반짝거림, 북아프리카 사막의 장엄함, 아시아 산림의 무성한 녹지, 태평양의 넓음, 해가 뜨고 지는 지평, 호주 자연의 아름다움에서 빛나는 장엄한 광채 등은 깊은 경외심을 불러일으켰습니다.

베네딕토 16세 교황, 2008년 7월 17일 시드니로 가는 기내에서의 인터뷰

➡ 166, 473 ➡ 283, 2456 ➡ 57

260 통합적인 생태 발전은 무엇인가요?

프란치스코 교황은 회칙 〈찬미받으소서〉에서 이렇게 말했습니다. "우리는 환경 위기와 사회 위기라는 별도의 두 위기가 아니라, 사회적인 동시에 환경적인 하나의 복합적인 위기에 당면한 것입니다. 그 해결책을 위한 전략에는 빈곤 퇴치와 소외된 이들의 존엄 회복과 동시에 자연 보호를 위한 통합적 접근이 요구됩니다."(139항) "그러므로 생태계의 온전함만을 이야기하는 것으로는 충분하지 않습니다. 우리는 인간 생활의 온전함에 대하여 당당히 이야기하고, 모든 위대한 가치들을 촉진하고 결합해야 할 필요성을 당당하게 말해야 합니다."(224항)

➡ 166, 481 ➡ 282, 354, 2456 ➡ 426, 437

> 지금은 특히 가장 가난한 사람들이 기후 변화의 대가를 치르고 있습니다. 이러한 논리를 바꾸어야 할 때입니다. 국제법에는 '먼저 해로움을 없게 하라'(do no harm)는 원칙이 통용됩니다. 이 원칙은 기름 유출 사고에서나 원자력 발전소의 사고를 통한 피해에서도 적용됩니다. 아울러 인간에 의해 이뤄진 기후 변화의 피해에도 해당되어야 합니다.
>
> 나데레브 사노, 필리핀 기후 변화 담당관, 2013년 바르샤바에서 개최된 기후 변화 총회에서 한 연설

261 교회가 환경 윤리적으로 말해야 한다는 것은 어디에 근거하나요?

생태 환경에 대한 교회의 주요 문헌은 프란치스코 교황의 회칙 〈찬미받으소서〉입니다. 이 회칙은 생태계 위협에 대해 많은 과학자들과 함께 연구한 포괄적인 분석들을 제공하고 있으며 위기의 원인들을 언급하고 있습니다. 환경 파괴의 원인은 정치가 과학 기술과 재정에 종속되었다고 표현된 정치의 무기력과 이로부터 귀결되는 지구의 경제적인 착취에만 있는 것이 아닙니다. 재

> 우리는 모두 하느님께서 창조하신 세상을, 모든 사람이 거주할 수 있는 아름다운 정원으로 가꾸고 보호하라는 소명을 받았습니다.
>
> 프란치스코 교황, 2013년 6월 5일

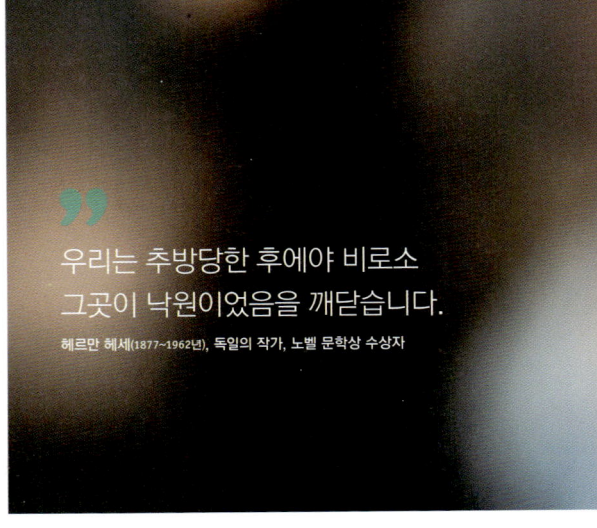

> 우리는 추방당한 후에야 비로소 그곳이 낙원이었음을 깨닫습니다.
>
> 헤르만 헤세(1877~1962년), 독일의 작가, 노벨 문학상 수상자

✝ 우리는 하느님의 피조물입니다. 그분의 모습으로 그분과 유사하게 창조되었고, 신성한 존엄성을 부여받고 영원한 생명으로 부름을 받고 있습니다. 인간이 항상 경시되는 곳에는 우리의 환경도 그 가치를 상실합니다. 우리 환경은 그 궁극적 의미를 상실하고, 그 목적을 놓치고 맙니다. 이로부터 나타나는 것은 생명의 문화가 아니라 죽음의 문화입니다. 이러한 것을 어떻게 '발전'이라고 볼 수 있겠습니까?
베네딕토 16세 교황,
2008년 7월 19일

✝ 창조를 잔인하게 이용하는 일이 이루어지는 곳은, 하느님을 인정하지 않는 곳입니다. 또한 물질을 단지 우리를 위한 물질로만 여기는 곳, 우리 자체가 최종 기준이 되는 곳, 모든 것이 단순하게 우리에게 속하고 그것을 우리를 위해서만 사용하는 곳입니다.
베네딕토 16세 교황,
2008년 8월 6일

✝ 식량이 공정하게 분배된다면, 연대성과 더불어 누구든 간에 가장 필요한 것이 결여되지 않으며, 모든 공동체는 가난한 사람의 곤경에 맞설 수 있습니다. 인간의 생태와 환경의 생태는 함께 나갑니다.
프란치스코 교황,
2013년 6월 5일

악의 주요 원인은 "나 자신, 다른 이, 하느님, 지구와 각각 맺은 관계"(70항)를 포괄적으로 파괴하는 인간 자신에서 찾을 수 있습니다. 참회는 모든 것은 서로 관계를 맺고, 우리 자신의 삶과 자연과 맺은 관계를 올바로 돌보는 것은 형제애, 정의, 다른 이에 대한 충실함과 떼어 놓을 수 없는 것이라는 사실을 가르쳐 주어 인간을 구합니다(70항 참조). 그래서 참된 생태는 환경 보호, 인간 생태, 사회 생태와 문화 생태와 하나를 이룹니다. "인간의 자유는 기술을 제한하고 그 방향을 바꾸어 기술이 다른 형태의 발전, 곧 좀 더 건전하고 인간적이고 사회적이며 온전한 발전에 이바지하게 할 수 있습니다."(112항) 〈찬미받으소서〉 외에 회칙 〈민족들의 발전〉, 〈진리 안의 사랑〉도 사회적 책임과 지구 생태계 파괴 사이의 관계를 언급한 중요 문헌입니다.

➡ 466~471 ➡ 282, 354 ➡ 436, 437

262 현 세대가, 미래 세대가 필요로 하는 것을 빼앗고 있는 것은 아닌가요?

맞습니다. 우리가 오직 연대할 경우에만 이것을 변화시

> 우리는 자연을 지배하고 극복해야 하는 우리의 적으로 보지 말아야 합니다. 오히려 자연과 협력하는 법을 다시 배워야 합니다. 자연은 약 50억 년의 장구한 경험을 가지고 있습니다. 우리의 경험은 훨씬 짧습니다.
>
> 한스 페터 뒤르(1929~2014년),
> 독일의 물리학자

킬 수 있습니다. 그래서 프란치스코 교황은 이렇게 말했습니다. "우리가 미래 세대에게 물려줄 지구를 생각하면, 우리가 거저 받은 선물을 전달하는 것에 관한 새로운 논리에 접어들게 됩니다. 땅이 우리에게 선사된 것이라면 우리는 더 이상 개인적 유익을 위한 효율과 생산성이라는 공리주의적 원칙으로만 생각할 수 없습니다."(《찬미받으소서》 159항)

> 인류에게는 하느님의 엄청난 선물인 피조물을 보호하고, 경솔한 사용에 반대할 의무가 있습니다.
>
> 베네딕토 16세 교황,
> 2008년 9월 27일

➡ 319, 470, 478 ➡ 299 ➡ 56, 57

263 지속 가능성은 새로운 사회 원리인가요?

우리는 인간 존엄성, 연대성, 보조성 등의 기본적인 사회 원리(4장 참조)의 도움으로 사회의 구조를 이해할 수 있고 또한 윤리적인 기준에 맞출 수 있습니다. 현재의 특별한 상황으로 말미암아 이러한 원리에 또 다른 것이 필요한 것으로 보이는데, 그것이 바로 '지속 가능성의 원리'입니다. 지속 가능성의 원리는 지상의 생존 조건과 관련하여 사회 윤리의 전통적인 원리를 더욱 잘 실현하고 그 원리와도 잘 결합됩니다. 지속 가능성에 대해 이야기할 때 중요한 것은 제한적인 시간 가운데 있는 생태계 자원

> 저는 우리 모두가 창조를 존중하고 지키며, 연대성과 만남의 문화를 촉진하기 위해 모든 인간에게 친절하고 사치와 낭비를 저지하는 데 진지하게 노력하기를 바랍니다.
>
> 프란치스코 교황,
> 2013년 6월 5일

> 훼손된 생태계의 복구를 위한 비용은 자연 보호보다 열 배나 더 듭니다.
>
> **팀 캐스턴, 국제 연합 환경 계획 기구 부국장**

의 자연적인 재생 능력과 그에 대한 보장성입니다.

➡ 160~163 ➡ 2415~2418 ➡ 436

264 왜 지속 가능성은 '인간 존엄성'을 필요로 하나요?

지구 생태계에 대한 걱정은 그 자체가 목적이 아닙니다. 우리에게 무엇보다 중요한 것은 인간의 절대적인 존엄성입니다. 인간은 세계의 중심입니다. 흠 없는 자연을 위해 우리가 노력할지라도, 동물들이 환경 친화적인 삶의 공간을 누린다 할지라도, 이러한 것이 인간에게 좋더라도 세계의 중심은 자연도 동물도 아닙니다. 자연 보호와 인간 보호는 그리스도교의 윤리에서 하나를 이룹니다.

> 자연과 조화를 이루며 살려는 사람은 자기 구역의 문제를 끝까지 해결하여 원인을 없애야 합니다. 하지만 우리는 정말로 자연과 조화를 이루며 살기를 원합니까?
>
> **폴 바츨라빅**

➡ 456, 457, 473 ➡ 354 ➡ 57

265 왜 지속 가능성은 '연대성'을 필요로 하나요?

지속 가능성은 오직 공동으로 실현할 수 있습니다. 만일 가장 가까운 주변 환경에서 구체적인 연대가 이루어지지 않으면, 지속 가능성은 소수의 이상주의자들을 실망시키는 원리가 되며, 어떤 사람들은 여전히 자원을 낭비할 것입니다. 만일 빈곤 퇴치를 위한 연대 활동이나 자연 자원의 보호를 위해 설립된 제도들이 없다면, 지속 가능성은 정치적으로 구속력이 없는 공허한 말에 지나지 않을 것입니다. 교회에는 국제적인 구호 기관을 통해 더 확장될 수 있는 연대성의 위대한 전통이 있습니다.

> 권력욕과 소유욕은 그 한계를 모릅니다. 이익 증대를 목적으로 모든 것을 집어삼키려 하는 이 체제 안에서, 절대 규칙이 되어 버린, 신격화된 시장의 이익 앞에서 자연환경처럼 취약한 모든 것은 무방비 상태에 놓여 있습니다.
>
> **프란치스코 교황, 〈복음의 기쁨〉 56항**

> 우리 아버지 하느님께서는 지구를 보호하라는 사명을 돈에 맡기신 것이 아니라 우리에게 맡기셨습니다. 이러한 과제가 우리에게 있습니다! 그런데 우리는 이익과 소비의 우상을 섬기고 있습니다. 이것이 '낭비'의 문화입니다.
>
> **프란치스코 교황, 2013년 6월 5일**

➡ 103, 193~195, 449, 474~478, 580 ➡ 344 ➡ 332

266 왜 지속 가능성은 '보조성'을 필요로 하나요?

보조성의 원리가 없다면 지속 가능한 발전에서 핵심 조직이 빠지게 됩니다. 곧 작은 형태의 조직이 스스로의 힘으로 실행할 수 있을 때, 지속 가능한 발전이 이루어지는 것입니다. 이것을 위에서 규제하고 조직할 필요가 없습니다. 생태 문제는 그때마다의 사회 문화적이고 자연적인 삶의 공간에 적응하는 자유로운 구조를 촉진하는 대신에 국가의 규제와 집중화를 더욱더 요구하는 방향으로 쉽게 남용되기도 하기 때문입니다.

➡ 186~188, 299, 449 ➡ 1883, 2241 ➡ 323

> 살아 있는 사람들, 후손들, 피조물들과 지구 전체 등의 파괴를 목적으로 삼는 모든 일은 그리스도교의 신앙과 일치할 수 없습니다.
>
> **도로테 죌레**

267 '지속 가능성'에 관한 부분에서 신앙은 어떤 기여를 할 수 있나요?

'지속 가능성'은 이념이 될 수도 있습니다. 곧 지속 가능성은 종종 사회적·기술적으로 만들 수 있는 것으로, 힘

> 엘리스가
> "내가 여기에서 어디로
> 가야 할지 말해 주겠니?"
> 하고 묻자, 고양이는
> "그것은 정말 네가
> 가고 싶은 곳에 달려 있어."
> 라고 대답했다.

루이스 캐럴(1832~1898년), 영국의 작가,
《이상한 나라의 엘리스》 저자

경제적 이윤이나 무분별한 착취에 휘둘리는 또 다른 힘없이 자신을 방어할 수 없는 존재들이 있습니다. 저는 피조물 전체를 말씀드리고 있는 것입니다. 우리 인간은 다른 피조물의 수혜자일 뿐만 아니라 그 관리인입니다. 하느님께서는 우리 육신을 통하여 우리를 둘러싼 세상과 긴밀하게 결합시켜 주셨습니다. 그리하여 우리는 토양의 사막화를 마치 우리 몸이 병든 것처럼 느끼고 동식물의 멸종을 우리 몸이 떨어져 나가는 것처럼 고통스럽게 느낍니다. 우리가 잠시 머물고 지나가는 자리에 우리 자신과 미래 세대의 삶에 영향을 끼칠 파괴와 죽음의 자국들을 남기지 맙시다.

프란치스코 교황,
〈복음의 기쁨〉 215항

으로 관철시키려는 정치적 계획으로 나타날 수 있습니다. 그리스도교 신앙은 이념을 비판합니다. 왜냐하면 신앙은 완벽한 해결을 믿지 않기 때문입니다. 신앙은 지속 가능하게 의롭고 인간다운 삶의 조건을 실현하기 위해 모든 노력을 다 기울이지만, 결국에는 인간의 어떤 노력으로도 창조할 수 없는 것, 곧 낙원을 하느님이 실현시킬 것이라는 희망으로 삽니다. 지속 가능성은 발전에 대한 낙관주의가 아니라 자연의 한계 안에서 성공적인 삶을 희망하는 미래를 미리 준비하는 것입니다.

➡ 100 ➡ 285

268 그리스도인들은 어떻게 자연의 한계 안에서 훌륭하게 살 수 있나요?

지속 가능성은 인간 삶의 공간에 대한 생태적, 사회적 그리고 경제적인 안전성을 보장하는 것으로, 재화의 양이 항구하게 증가하는 것을 의미하지는 않습니다. 이

환경   251

를테면 부유한 사람들은 이러한 경주를 따라갈 수 없는 사람들의 희생으로 살기 때문입니다. 지구의 유한한 자원을 낭비하지 않고, 자원의 사용을 줄일 수 있도록 많은 사람들에게 참여의 기회를 제공하는 것이 필요합니다. 이러한 형태만이 적절한 복지로 그리스도교에 수용될 수 있습니다. 이것은 '포기'를 새롭게 정의합니다. 우리가 타인에게서 영원히 빼앗아 가는 것을 포기하는 것입니다.

➡ 172, 359, 470　➡ 339, 340　➡ 45

269 하느님은 생태적 위기에서 어디에 계시나요?

생태적 위기는 신학자들과 사회학자들의 책상에서 일어나는 것이 아닙니다. 기후 변화에 해로운 영향을 받는 농부들과 수백만 명이 거주하는 대도시 빈민가의 가난한 노동자의 실제적인 생활에서 일어납니다. 그렇다면 하느님은 어디에 계실까요? 하느님은 먼저 체계적으로 함께하는 사람들 안에 계십니다. 왜냐하면 하느님은 친히 예수 그리스도를 통해 인간의 환난에 개입하셨기 때문입니다. 또한 하느님은 약탈당한 지구를 창조물로 보고 삶의 공간을 재생하기 위한 다양한 노력 안에 계십니다. 그리스도교의 인간상은 생산되고 소비된 상품들의 양에 의해 인간의 가치를 결정하지 않습니다. 오히려 재화를 신중하고 적절하게, 책임감 있게 대하는 능력을 기르고자 합니다. 교회는 가장 오래된 세계 종교이며, 그러기에 특별한 방식으로 세계적인 책임을 부여받았습니다. 왜냐하면 책임만이 생태 위기의 국면을 전환시킬 수 있기 때문입니다.

➡ 465, 470, 480　➡ 2415~2418　➡ 57, 427, 436

> 문제는 우리가 피해를 줄이는 기술을 찾는 것만이 아니라, 우리가 대안 에너지와 그 밖의 많은 것을 찾는 것도 중요합니다. 그러나 만약 우리가 새로운 삶의 양식을 찾지 않으면, 말하자면 포기의 규율, 우리와 마찬가지로 창조를 필요로 하는 타인을 인정하는 규율을 찾지 않으면, 이러한 모든 것만으로는 충분하지 않습니다.
>
> 베네딕토 16세 교황,
> 2008년 5월 11일

> 우리는 현재의 삶의 방식을 바꿀 준비를 해야 합니다. 이러한 변화는 우리 자신에 의해 계획되어 실행되든지 아니면 혼란과 고통을 동반하여 무자비한 자연법에 의해 강요되든지 둘 중 하나입니다.
>
> 지미 카터(1924년 출생),
> 미국의 대통령

> 사랑의 하느님, 권력과 재물을 소유한 이들을 깨우쳐 주시어 무관심의 죄를 짓지 않게 하시고 공동선에 호의적이며 약한 이들을 도와주고 저희가 살아가는 이 세상을 돌보게 하소서. 찬미 받으소서! 아멘.
>
> 프란치스코 교황,
> 〈찬미받으소서〉 246항 참조,
> '그리스도인들이 피조물과 함께 드리는 기도'

교회의 중요 문헌

환경

생명의 복음 ▎창조에 대한 책임

인간은 세상의 정원을 경작하고 돌보도록 부르심을 받았으므로(창세 2,15 참조), 자신이 살고 있는 환경과, 하느님께서 인간의 인격적 존엄성과 생명을 위해 봉사하도록 창조하신 피조물에 대한 특별한 책임을 지고 있습니다. 그것은 현재만을 위한 것이 아니라 장차 올 세대들을 위한 것이기도 합니다. 생태학적인 문제는 성경 안에서 생명과, 모든 생명의 큰 선익을 존중하는 해결책으로 안내해 주는 분명하고 힘 있는 윤리적 방향을 찾을 수 있습니다. 이 생태학 문제의 범위는 다양한 종의 동물들과 다른 생명 형태들을 지닌 자연 서식물들을 보존하는 문제에서 시작하여, 엄밀히 말하면 '인간 생태학'이라고 부를 수 있는 문제에까지 이릅니다. 실제로 창조주께서 인간에게 부여하신 지배권은 절대적인 권력이 아니며, 우리는 '사용하고 남용할 수 있는' 자유 또는 사물들을 자기 마음대로 처분할 수 있는 자유를 주장할 수 없습니다. 태초에 창조주께서 부과하셨고, '그 나무 열매는 따 먹어서는 안 된다.'(창세 2,16-17 참조)고 하신 금지로써 상징적으로 표현된 한계는, 자연 세계를 대할 때 생물학적 법칙만이 아니라 도덕적 법칙에도 따라야 함을 충분히 분명하게 보여 줍니다. 자연을 훼손함으로써 이 법칙을 어겨서는 안 되는 것입니다.

요한 바오로 2세 교황, 회칙 〈생명의 복음〉(1995년) 42항

생명의 복음 ▎창조주의 협력자

그 사람의 계보는 바로 인간 생식의 생물학 자체에 새겨져 있습니다. 부부가 부모로서 새로운 인간의 임신과 출산에서 창조주이신 하느님과 협력하고 있다는 사실을 긍정할 때에, 우리는 단순히 생물학의 법칙만을 말하는 것이 아닙니다. 그 대신에, 우리는 하느님 친히 인간의 부성과 모성 안에 현존하신다는 것을 강조하고자 합니다. 이는 '지상의' 다른 모든 생식의 경우 안에 계시는 하느님의 현존과는 전혀 다릅니다. 참으로, 하느님 홀로 인간이 창조 때에 부여받은 인간 고유의 저 '닮은 모습'의 근원이십니다. 출산은 창조의 계속입니다.

요한 바오로 2세 교황, 회칙 〈생명의 복음〉(1995년) 43항

🗩 공동 전략을 찾는 일

확실히 국제 공동체가 당면한 근본 문제 가운데 하나는 우리 세대와 다음 세대의 에너지 수요를 충족시키는 지속 가능한 공동 전략을 개발하는 일입니다. 이는 기술적으로 발전한 사회들이 에너지 소비를 줄이고 에너지 효율을 높여 좀 더 검소한 생활 방식을 실천할 자세가 되어 있어야 한다는 것을 의미합니다. 이와 동시에 환경에 영향을 덜 주는 에너지 형태의 연구와 활용을 촉진할 필요가 있습니다. "에너지 자원이 부족한 나라들이 에너지 자원을 이용하려면 에너지 자원의 세계적인 재분배 역시 필요합니다."
베네딕토 16세 교황, 제43차 세계 평화의 날 담화(2010년) 9항

무관심하지 않아야 한다

에너지 문제는 기후 변화처럼 세대 간의, 전 세계적이고 생태적 정의의 핵심 문제입니다. 자기 자신과 타인 그리고 환경에 대해 책임을 맡는 것은 절제와 연대성에 따른 태도와 생활 방식을 요구합니다. 경제와 생활 양식은 진지하게 점검할 필요가 있습니다. 개인은 물론 사회와 국가도 기존의 생활 방식이 주는 피해에 대해 무관심하게 머물러 있어서는 안 됩니다. 이를 위해서는 환경과 에너지를 지속적으로 대하는 새로운 원칙들과 형태들이 필요합니다.
독일 주교회의, 〈창조에 의무가 있다. 에너지를 지속적으로 대하는 조언〉 머리말

인간은 위험에 처해 있다

지구를 일구고 돌본다는 것이 무엇을 뜻합니까? 저는 '일군다.'라는 동사에서, 농부가 열매를 거두고 또 그 열매를 나누기 위해 자기 밭을 돌보는 정성이 떠오릅니다. 얼마나 많은 관심과 열정과 희생이 필요합니까! 창조를 일구고 돌보는 것은, 책임을 다하여 세상을 가꾸는 것, 세상을 정원으로 변화시키는 것, 모든 사람이 거주할 수 있는 장소로 만드는 것을 의미합니다. …… 이에 비해 우리는 종종 지배하고 소유하고 조작하고 착취하는 교만으로 살아왔습니다. 우리는 세상을 '돌보지' 않은 것이고, 세상을 존중하지 않은 것이고, 세상을 소중하게 대해야 할 무상의 선물로 대하지 않은 것입니다. '일구고 돌본다.'라는 것은 우리와 환경 사이의 관계, 곧 인간과 창조의 관계만을 포괄하는 것이 아니라 이웃과의 관계도 포괄하고 있습니다.
프란치스코 교황, 2013년 6월 5일 일반 알현

찬미받으소서   기후 변화의 희생자들

대부분 가난한 이들은 온난화와 관련된 현상에 특별한 영향을 받는 지역에서 살고 있으며, 그들의 생계는 자연 보호 지역과, 농업과 어업과 삼림업과 같은 생태계에 관련된 일에 크게 의존합니다. 이들은, 기후 변화에 적응하거나 자연재해에 대처할 수 있는 자금이나 자원을 확보하지 못하고, 사회 복지나 사회 보장 제도의 혜택을 받지 못합니다. 예를 들어, 기후 변화에 적응하지 못하는 동물과 식물이 이주하게 되면 가난한 이들 또한 생계에 타격을 받아 자신들과 자녀들의 미래에 대한 큰 불안감을 안고 고향을 떠날 수밖에 없게 됩니다.
프란치스코 교황, 회칙 〈찬미받으소서〉(2015년), 25항

질문
270~304

자유와
비폭력의 삶

평화

**나는 너희에게
평화를 남기고 간다.
내 평화를 너희에게 준다.
내가 주는 평화는
세상이 주는 평화와
같지 않다.**

요한 14,27

270 우리가 평화를 바라는 데 있어 왜 하느님이 필요한가요?

> 주여 저를 당신의 도구로 써 주소서. 미움이 있는 곳에 사랑을, 다툼이 있는 곳에 용서를, 분열이 있는 곳에 일치를, 의혹이 있는 곳에 믿음을 심도록 저를 도와주소서. 오류가 있는 곳에 진리를, 절망이 있는 곳에 희망을, 어두움에 광명을, 슬픔이 있는 곳에 기쁨을 심게 하소서.
>
> **아시시의 프란치스코 성인** (1182~1226년), '그리스도 이후 가장 위대한 그리스도교 신자'라고 불림. 신비가이자 수도회 창설자, '평화의 기도'

평화는 우리 인간에게 위임되기 이전부터 하느님의 근본 속성이었습니다. 하느님 없이 평화를 이루려는 사람은, 우리가 낙원에서 더 이상 살지 못하고 죄를 범한 존재임을 잊은 것입니다. 평화가 없는 상태는 하느님과 인간 사이의 일치가 깨졌다는 표지입니다. 인간의 역사에서는 폭력과 분열, 유혈이 계속되었습니다. 그러던 인간은 죄로 인해 잃어버렸던 평화를 갈망합니다. 이로써 인간은 고요 안에서 하느님을 갈망하게 됩니다.

➡ **488, 491~494** ➡ **374~379, 400, 410~412**
➡ **66, 70, 395**

> 평화가 너희와 함께!
>
> **루카 24,36**

271 예수님은 평화와 어떤 관계가 있나요?

예수 그리스도는 우리의 평화이십니다(에페 2,14 참조). 일찍이 구약의 예언자들은 언젠가 힘 있는 메시아('기름부음을 받은 이'라는 의미를 지닌 히브리어, 그리스어로 '그리스도')가 오실 것이라고 예언했습니다. 즉 이 메시아 곧 그리스도가 간절히 동경한 평화의 시대, "늑대가 새끼 양과 함께 살고 표범이 새끼 염소와 함께 지내는"(이사 11,6 참조) 새 세상을 실현하신다는 것입니다. 또 "평화의 군왕"(이사 9,5)이 되신다는 것입니다. 그리스도인들은 예수님이 이러한 세상의 위대한 표지이며 새 세상의 시작이시라고 믿습니다. 그분은 근본적으로 평화를 가져오시는 분이십니다. 그분은 우리 인간을 죄의 종살이에서 해방시킴으로써, 모든 불화의 뿌리를 제거하셨습니다. 예수 그리스도는 당신의 십자가 죽음을 통하여 인간을 하느님과 화해하게 하시고, 사람들 사이의 장벽인 적개심도 허무셨습니다(에페 2,14-16 참조).

➡ 488~492 ➡ 2305 ➡ 395

272 그리스도인들은 왜 평화를 확산시켜야 하나요?

예수 그리스도는 하늘과 땅 사이의 평화를 이룩하셨고 화해와 내적 평화로 생명에 이르는 모든 문을 활짝 여셨습니다. 그러나 그분의 평화는 저절로 확산되지 않습니다. 인간에게는 하느님의 화해의 손짓을 신뢰하며 받아들이거나 불신하며 거절할 자유가 있습니다. 그러나 개인의 삶이든, 국제 사회든 평화는 오로지 하느님 안에서만 가능하다는 것을 사람들이 알아야 합니다. 사람들이 이런 평화를 경험하고 느낄 수 있는 경우는 화해한 사람들, 곧 앙갚음하지 않고, 복수하지 않고, 폭력을 사용하지 않는 사람을 만날 때입니다. 말씀과 행동으로 평화의 복음을 계속 전하는 것은, 순수한 평화를 늘 새롭게 이룩하는 것입니다.

➡ 490~493 ➡ 2304 ➡ 332

> 예수님이 이 세상에 오셨을 때 평화의 복음을 선포하셨습니다. 그분이 이 세상을 떠나셨을 때 그분은 우리에게 평화를 남겨 주셨습니다.
>
> 프랜시스 베이컨(1561~1626년), 영국의 철학자

> 인간은 장벽을 세웁니다. 그러나 그리스도는 '나는 문이다.' 하고 말씀하십니다.
>
> 시몬 베유

> 우리는 그리스도의 사절입니다. 하느님께서 우리를 통하여 권고하십니다. 우리는 그리스도를 대신하여 여러분에게 빕니다. 하느님과 화해하십시오.
>
> 2코린 5,20

> 용서는 행동과 자유의 열쇠입니다.
>
> 해나 아렌트

> 평화의 기회를 주십시오!
>
> 존 레넌(1940~1980년), 영국의 가수, 비틀즈의 멤버
> 오노 요코(1933년 출생), 일본의 전위 예술가, 존 레넌의 아내

273 그리스도인들에게만 평화의 사명이 있나요?

평화는 모든 사람이 알고 있는 가치이며, 보편적인 타당성을 지닌 책무입니다. 누구도 평화의 사명에서 벗어날 수 없습니다. 평화는 소중한 선이며 동시에 깨지기 쉬운 선입니다. 우리는 날마다 새롭게 평화를 이룩해야 합니다. 평화가 존속할 수 있기 위해서는, 그리스도인들뿐만 아니라 비그리스도인들도 서로 화해하며 의롭고 호의적인 공존을 위한 책임이 있다는 것을 인식해야 합니다.

➡ 494, 495 ➡ 2304, 2305 ➡ 327, 395

> 여러분이 타인에게 사랑을 계속 줄 때마다 여러분은 자기 자신과 그들에게 다가오는 평화를 느끼게 될 것입니다.
>
> 마더 데레사 성녀

> 백성들 사이에 평화가 없으면 세상에는 평화가 없습니다. 가족의 평화가 없으면, 백성들 사이에 평화가 없습니다. 나에게 평화가 없으면 가족의 평화가 없습니다. 신과 함께하는 평화가 없으면 나에게 평화가 없습니다.
>
> 중국 격언

274 그리스도인은 평화를 이루기 위한 노력을 어떻게 시작해야 하나요?

평화는 협상의 자리에서 시작되지 않습니다. 진정한 평화는 항상 우리 각자의 마음속에서 시작됩니다. 그곳에서부터 평화가 확산되는 것입니다. 자기 자신 안에서 평화를 누리는 그리스도인은 기도 안에서 그리고 하느님의 말씀을 듣는 가운데서 평화를 발견합니다. 이때 실질적인 평화의 성사인 고해성사와 더불어 여러 성사들이 중요합니다. 또한 우리가 진실한 사랑으로 주변의 이웃을 향해 다가설 때 우리는 내적인 평화에 이릅니다. 이웃과 함께 평화롭게 살려는 그리스도인에게는 용서하고 화해하려는, 지속적이고 적극적인 마음의 준비 외에 다른 효과적인 방법이 없습니다. 자신이 누리는 평화는 가족에게, 친구들에게 그리고 사회 전체에 영향을 미칩니다.

➡ 95, 517~518 ➡ 1723 ➡ 279, 284, 311

> 행복하여라, 평화를 이루는 사람들! 그들은 하느님의 자녀라 불릴 것이다.
>
> 마태 5,9

> 부부가 다투는 것은 늘 일어나는 자연스러운 일입니다. 하지만 절대로 화해하지 않고 하루를 끝내지 마십시오.
>
> 프란치스코 교황, 2014년 9월 14일 교황 주례 혼인 미사 강론

> 여러분은 미래입니다. 사랑과 정의의 문명을 세우시기 바랍니다.
>
> 요한 바오로 2세 성인 교황, 1995년 마닐라 세계 청년 대회

275 평화란 무엇인가요?

어떤 사람들은 평화란 전쟁이 없는 상태라고 말합니다. 또 어떤 사람들은 적대 세력 사이의 힘의 균형이라고 말

> 힘과 힘의 불안한 균형으로 전쟁만 피하면 그것이 평화라고는 할 수 없다. 평화는 하느님이 원하시는 질서, 더욱 완전한 정의를 인간 사이에 꽃피게 하는 질서를 따라 하루하루 노력함으로써만 얻어지는 것이다.
>
> **바오로 6세 복자 교황,**
> **〈민족들의 발전〉 76항**

합니다. 그러나 이러한 정의는 불충분합니다. 평화는 하느님의 선하신 질서 안에서 누리는 행복입니다. 이러한 평화가 우리의 목적입니다. 우리가 사랑과 정의로 하느님의 질서 안에 있는 세상에서 일한다면, 평화의 여정 안에 있는 것입니다. 바로 여기에서 우리는, 진실한 마음으로 진리를 찾고, 정의로 자기 이웃의 행복과 안전을 돌보고, 이웃에게 사심 없는 사랑을 베푸는 모든 사람의 편에 서 있는 것입니다. 그리고 우리가 모든 사람의 권리를 촉진하고 그것을 모든 방법으로 옹호한다면, 하느님의 근본적인 일을 추구하는 것입니다.

➡ **494** ➡ **2304, 2305** ➡ **66, 395**

> 평화의 길이 결국 사랑을 통과하게 되어 있고, 사랑의 문명을 창조하게 되기 때문에, 교회는 아버지의 사랑이며 아들의 사랑이신 분만을 바라보고 있는 것입니다. 그리하여, 점증하는 위협에도 교회는 계속 신뢰를 가지고 지상에서 평화를 위해 간구하며 사람들 사이에 평화를 이룩하기 위하여 봉사하고 있습니다.
>
> **요한 바오로 2세 성인 교황,**
> **〈생명을 주시는 주님〉 67항**

276 교회가 평화를 위해 투신하고자 할 때 어떻게 시작해야 하나요?

교회의 평화 제의는 그리스도의 평화와 연결되며 다른 분쟁 해결 전략과는 구분됩니다. "나는 너희에게 평화를 남기고 간다. 내 평화를 너희에게 준다. 내가 주는 평화는 세상이 주는 평화와 같지 않다."(요한 14,27) 그리스도의 평화는 그분을 십자가 위에서 죽음에 이르게 한 사랑입니다. 그분의 상처로 우리의 병이 나았습니다. 교

 너희 마음이 산란해지는 일도, 겁을 내는 일도 없도록 하여라.
요한 14,27

> 교회는 비록 그리스도교 공동체에 소속되지 않은 사람일지라도, 사회 질서에 희생된 모든 사람에게 일종의 의무를 지고 있습니다.
>
> **디트리히 본회퍼**

회는 하느님이 모든 사람에게 베풀어 주시는 무조건적인 사랑에 대한 신앙을 가지고 있습니다. 이러한 하느님의 사랑에 대한 믿음으로, 그가 개인이든 민중 전체이든 혹 사회 집단이든 간에 타인을 향해 다가가는 새로운 길이 생깁니다. 그리스도인들이 있는 곳에는 평화

277 용서란 무엇인가요?

우리는 다른 사람에게 끔찍한 일을 할 수 있습니다. 서로 경멸하고, 속이고, 기만하고, 무언가를 빼앗기도 합니다. 그리스도인인 우리는 이러한 세상에 대해 불평만 늘어놓는 대신에 다른 방법으로 평화에 이르는 노력을 하며, 내적 평화에 다다라야 합니다. 그것이 바로 용서입니다. 용서는 죄를 경시하지 않으며, 이미 일어난 일을 일어나지 않은 것으로 만들지 않습니다. 용서란 하느님이 개입하신다는 것을 뜻합니다. 그분은 "모든 잘못을 용서하시고 모든 아픔을 낫게 하시는 분"(시편 103,3 참조)입니다. 하느님이 함께 계심으로써 인간은 용서할 힘을 지니고, 인간적으로 불가능하게 여기는 일조차 할 수 있습니다.

→ 517 → 2839, 2840 → 524

278 교회는 평화를 위해 무엇을 하나요?

교회는 실제적인 행동에 앞서 평화를 위해 기도합니다. 그리스도인들은 기도에 세상을 변화시킬 힘이 있다고 믿습니다. 나아가 기도는 평화를 위해 투신하는 그리스도인의 중요한 힘의 근원입니다. 교회는 신앙인들에게 평화를 요구하고 이에 대해 의무가 있다는 것을 끊임없이 말합니다. 교회는 매년 1월 1일에 '세계 평화의 날'을 지내고, 세계 청년 대회 등과 같은 행사에서 평화와 사랑의 분위기를 조성하려고 노력합니다. 이를 통해 교회는 사랑과 평화의 문명을 믿고 있으며, 이러한 문명이 이론적으로만

"네 이웃을 사랑해야 한다. 그리고 네 원수는 미워해야 한다."고 이르신 말씀을 너희는 들었다. 그러나 나는 너희에게 말한다. 너희는 원수를 사랑하여라. 그리고 너희를 박해하는 자들을 위하여 기도하여라. 그래야 너희가 하늘에 계신 너희 아버지의 자녀가 될 수 있다. 그분께서는 악인에게나 선인에게나 당신의 해가 떠오르게 하시고, 의로운 이에게나 불의한 이에게나 비를 내려 주신다.

마태 5,43-45

99 가장 위대한 인간의 기도는 승리가 아니라 평화를 청하는 것입니다.

다그 얄마르 앙네 칼 함마르셸드(1905~1961년), 국제 연합 사무총장, 노벨 평화상 수상자

99 예수님이 우리에게 가르쳐 주신 것처럼 인간이 복음을 실천하려고 노력할 때마다, 저는 모든 것이 변화하는 것을 체험합니다. 모든 공격성, 불안과 슬픔은 평화와 기쁨에 자리를 내어 줍니다.

쾨닉 보두앵(1930~1993년)

이 아니라 현실적으로도 가능함을 보여 줍니다. 그리스도인들이 복음을 따른다면, 이것은 세상에서 가장 큰 평화 운동이 될 것입니다.

➡ 519, 520 ➡ 763, 764 ➡ 123, 282

> **사도좌**(라틴어로 'Santa Sedes')는 교황과 교황청의 모습으로 국제법상의 법률 주체인 가톨릭 교회가 정치적으로 행동하는 개념입니다. 가톨릭 교회는 외교적인 관계를 유지하고 비국가적인 조직체를 대변합니다.

279 교회는 평화를 위해 정치적으로 어떻게 활동하나요?

교회는 **사도좌**를 통해서 외교적으로 대변되는 약 180여 개의 나라 안에서 평화를 이룩하고 또 평화를 보장하기 위한 모든 일을 행합니다. 교회는 종교의 자유와 생활 보호 등과 같은 인권을 위한 책임을 지고, 군비 축소를 강력하게 권고하며, 사회에서 평화로운 공동생활의 기초를 마련하기 위해 경제적이고 사회적인 발전을 요구합니다. 또한 사도좌는 분쟁 지역에 중재자를 파견하거나 분쟁 상황에서 비밀리에 조언하고 중재합니다. 요한 23세 성인 교황은 1961년 쿠바 위기 때에 미국의 존 F. 케네디 대통령과 소련 공산당 서기장 니키타 흐루쇼프를 중재했습니다. 그리고 산 에지디오 공동체는 모잠비크에서 평화 협정을 체결하도록 주선하여 1992년에 16년 동안 계속되던 광란의 내전을 끝내는 데 큰 역할을 했습니다.

> 가톨릭 교회는 그 보편적인 본성으로 말미암아 현대인이 고통을 겪고 있으며 희망을 두는 큰 문제들에 항상 직접 관여합니다. …… 사도좌는 그 활동력이 있는 존재를 통하여 세상의 모든 장소에서 인간의 운명을 함께 공유합니다. 한계를 극복하고 국민과 정부를 서로 강력하게 일치시키는 것은 외교의 특별한 과제입니다.
> **요한 바오로 2세 성인 교황, 2005년 1월 10일**

➡ 444, 445

280 사도좌는 국제기구들과 어떤 접촉을 하나요?

사도좌는 국제 연합(UN), 국제 연합 식량 농업 기구(FAO), 국제 연합 교육 과학 문화 기구(UNESCO), 세계 무역 기구(WTO), 유럽 연합(EU) 등 다양한 국제기구에서 영구한 옵서버(입회인)입니다. 2004년 국제 연합의 개혁으로 말미암아 회원국들은 국제 연합 총회에서 사도좌에 더 많은 권한을 주었습니다. 사도좌는 국제 연합 정기 총회 때

> 장래에 있을 전쟁의 씨앗을 비밀리에 유보한 채 체결된 평화 조약은 결단코 평화 조약이라고 할 수 없습니다.
> **임마누엘 칸트, 《영구 평화론》**

토의에 임할 수 있고, 사도좌의 관심사에 관련되는 내용에 대해 대답할 권리를 갖게 되었습니다.

→ 444, 445

281 사도좌는 국제 연합에서 왜 정회원이 아니라 단지 '옵서버'인가요?

사도좌는 정치적으로 무조건적인 중립의 의무가 있습니다. 만일 사도좌가 정회원이 된다면, 어떤 국가에서 사도좌를 정치적, 군사적 그리고 경제적 문제에 직접 연루시킬 가능성이 있습니다. 예를 들어 전쟁 개입과 같은 정치적 결정에서 사도좌는 기권해야 할 것입니다. 그리고 사도좌는 외교적인 '훌륭한 봉사', 예컨대 중재 사명을 수행하기 어려워질 것입니다.

→ 444, 445

282 사도좌가 정회원인 기구도 있나요?

사도좌가 정회원으로 속해 있는 기구에는 국제 원자력 기구(IAEO), 유럽 안보 협력 기구(OSZE), 화학 무기 금지 기구(OPCW), 국제 전기 통신 연합(ITU)과 국제 연합 난민 기구(UNHCR) 등이 있습니다.

→ 444

283 교회는 국제 연합과 그 헌장을 어떻게 생각하나요?

가톨릭 교회는 국제 연합 헌장을 지지합니다. 국제 연합은 제2차 세계 대전 이후에 생겼고 혹시라도 벌어질 수 있는 전쟁을 저지합니다. 국제 연합 헌장은 국가 사이의 대결을 폭력으로 해결하는 것을 근본적으로 금지합니다. 하지만 두 가지 예외의 경우가 있습니다. 하나는 먼저 공격을 당할 경우 그에 대한 적법한 방어를 취하는 때이고, 다른 하나는 국제 연합 안전 보장 이사회가 평

국제 연합을 통하여 국가들은 보편적인 목적을 수립했습니다. 그 목적은 비록 인류 가족의 공동선과 온전히 부합하지 않는다 할지라도, 최소한 공동선의 결정적인 일부를 드러내고 있습니다. 이 기구의 설립 원칙은 평화의 추구, 정의의 실현, 인간 존엄성의 존중, 인도주의의 공동 협력과 원조입니다. 이것은 인간 정신의 올바른 노력을 표현하고 있고, 국제적 관계가 근간으로 삼고 있는 이상을 묘사하고 있습니다.

베네딕토 16세 교황,
2008년 국제 연합 연설

평화의 하느님께서 모든 사람 안에서 대화와 화해를 향한 실제적 갈망을 일깨워 주시길 빕니다. 폭력은 폭력을 통해서 눌러지지 않습니다. 폭력은 오직 평화를 통해서만 극복됩니다.

프란치스코 교황,
2014년 7월 20일

> 전쟁은 자신이 학살에 동원되지 않을 것이라고 알고 있는 사람들을 이용하여, 아무것도 모르는 사람들을 학살하는 행위입니다.
>
> 폴 발레리(1871~1945년), 프랑스의 작가

화를 유지하기 위한 책임으로 공격할 때입니다.

→ 501 → 1930, 1931 → 329

> 전쟁을 설교하는 사람은 악마의 군종 장교입니다.
>
> 속담

284 전쟁과 폭력은 무엇으로 인해 생기나요?

> 히틀러의 입에서 나오는 모든 말은 거짓입니다. 그가 평화를 말하면, 그것은 전쟁을 의미합니다. 그가 모욕적인 방식으로 전능하신 분의 이름을 부르면, 그것은 악의 세력, 타락한 천사인 사탄을 부르는 것입니다.
>
> 히틀러를 반대하는 뮌헨의 비폭력 저항 단체 '하얀 장미' 선전 전단

많은 전쟁이 민족 사이에 지속되는 증오에 의해, 서로 다른 이념에 의해, 권력과 부에 대한 개인 혹은 집단의 탐욕에 의해 일어납니다. 또한 사람들은 정치적인 발언권이 없다고 의심할 때, 기아, 가난, 억압이나 다른 불의에 의해 고통을 겪는다고 여길 때 전쟁과 폭력적인 수단을 사용합니다. 많은 가난한 사람들의 희생으로 소수의 사람들이 사는 곳에서 벌어지는 불평등은 종종 이러한 폭력을 야기합니다.

→ 494 → 2302, 2303 → 396

285 교회는 전쟁을 어떻게 보나요?

> 그리스도인이 군인의 길을 선택하든지 혹은 전쟁 참여 거부의 길을 선택하든지, 그리스도인의 더 높은 특성을 인정하거나 혹은 다른 입장을 대변한다는 이유로 그리스도인으로서의 자격을 박탈해서는 안 됩니다.
>
> 독일 개신교 위원회의 선언 1989년

전쟁은 평화의 가장 나쁜 그리고 중대한 실패입니다. 따라서 교회는 항상 '전쟁의 야만성'을 단죄합니다(사목 헌장 〈기쁨과 희망〉 79항 참조, 〈가톨릭 교회 교리서〉 2307~2317항 참조). 전쟁은 국가 사이에 생기는 문제를 해결하기 위한 수단이 될 수 없습니다. 왜냐하면 전쟁은 참여한 모

든 사람에게 피해를 입히고, 새롭고 도 더 복잡한 갈등을 불러일으키기 때문입니다. 전쟁은 항상 '인류의 패배'입니다(요한 바오로 2세 성인 교황, 외교관들을 향한 담화 2003년 3월 13일).

➡ 497 ➡ 2307~2309 ➡ 398, 399

'죄의 구조'와 그것이 산출해 내는 죄들은 마찬가지로 평화와 개발에 철저하게 상반되는 것이니, 발전이란, 바오로 교황의 회칙에 나오는 친숙한 표현대로, "평화의 새 이름"이기 때문이다. 그리하여 우리가 제시하는 연대성은 곧 평화에 이르는 길이자 동시에 개발에 이르는 길이다.

요한 바오로 2세 성인 교황, 〈사회적 관심〉 39항

286 전쟁과 폭력을 피하기 위해 어떤 전략이 있나요?

평화를 위한 노력은 결코 군비 축소나 갈등의 폭력적인 진압만으로 성공할 수 없습니다. 폭력의 원인은 종종 거짓되고 불의합니다. 불의한 구조는 항상 착취와 불행을 가져다줍니다. 참여 부족과 자유 제한은 폭력적인 저항으로 나타납니다. 그렇기 때문에 모든 관계가 의롭게 다스려지고 모든 사람이 발전에 대한 전망을 지닌 자유로운 사회가 건설되는 곳에서만 전쟁을 지속적으로 피할 수 있습니다. 개발 도상국 원조도 전쟁을 예방합니다.

➡ 498 ➡ 2317 ➡ 397

"발전"은 "평화"의 새 이름이다.
바오로 6세 복자 교황, 〈민족들의 발전〉 76항

99 신이시여, 저에게 좋은 칼을 주시되, 그것을 사용할 기회는 주지 마소서.
격언

287 정치적인 힘으로 평화를 이룰 수 없을 경우 어떻게 해야 하나요?

가톨릭 사회 교리에서는 국가들이 효과적으로 자신들을 방어하고 평화를 지키기 위한 적절한 수단을 항상 가지고 있는 것은 아니라고 이야기합니다(〈간추린 사회 교리〉 499항 참조). 개발 도상국 원조 외에도 교회는 평화를 촉

99 인류는 전쟁을 끝내야 합니다. 그렇지 않으면 전쟁이 인류를 끝낼 것입니다.
존 F. 케네디

> 평화는 폭력이 없는 상태가 아니라 정의가 실현되는 상태입니다.
>
> **아람 1세(1947년 출생), 아르메니아 사도 교회의 총대주교**

> 한 사람이 다른 사람을 다시는 적대시하지 않아야 합니다. 거듭 그래서는 안 됩니다. 절대로 안 됩니다. …… 다시는 전쟁은 안 됩니다. 정말 안 됩니다.
>
> **바오로 6세 복자 교황, 1965년 10월 4일 국제 연합 총회 연설**

진하고 국가 사이의 신뢰를 회복시키기 위해 지역 기구와 국제기구의 일을 중시합니다. 가톨릭 교회는 국제적으로 구성되어 있으며, 민족적으로 편성될 수 없기에 종속되지 않고 판단을 내리며 부당한 정권 아래에 사는 그리스도인들을 격려할 자유를 지니고 있습니다.

→ 498, 499 → 2308 → 398

288 분쟁과 전쟁 위험에서 제재는 어떻게 보아야 하나요?

> 전쟁의 위험이 있고 적절한 힘을 지닌 관할 국제 권위가 없는 동안에는, 참으로 평화 협상의 모든 방법을 다 써 본 정부들의 정당 방위권은 부정할 수 없다.
>
> **제2차 바티칸 공의회, 사목 헌장 〈기쁨과 희망〉 79항**

> 폭력은 대화가 끊긴 곳에서 시작됩니다.
>
> **해나 아렌트**

국제 공동체의 제재는 자국민의 일부를 억압하거나 국민의 평화로운 생활을 위협하는 국가를 막는 효과적인 수단입니다. 이러한 조치의 목적은 오해받지 않도록 표현되어야 합니다. 이러한 제재는 그 효과와 일반 시민들에게 주는 실제적인 결과를 객관적으로 평가하기 위해 국제 공동체의 해당 기구에 의해 정기적으로 검토되어야 합니다. 제재의 본질적인 목적은 협상과 대화를 위한 길을 마련하는 데 있습니다. 그럼에도 불구하고 제재는 국민 전체에게 직접적으로 벌을 주는 목적으로 적용되어서는 절대로 안 됩니다. 예를 들어 경제 제재는 기간이 한정되어야 합니다. 또한 제재의 효과가 뚜렷하지 않을 때에는, 그 제재가 정당화될 수 없습니다.

→ 507

> '눈에는 눈'은
> 온 세상을 장님으로 만들 뿐입니다.
>
> 마하트마 간디

> 더 나아가서, 온갖 살인, 집단 학살, 낙태, 안락사, 고의적인 자살과 같이 생명 자체를 거스르는 모든 행위 ……, 이 모든 행위와 이 같은 다른 행위들은 참으로 치욕이다. 이는 인간 문명을 부패시키는 한편, 불의를 당하는 사람보다도 그러한 불의를 자행하는 자들을 더 더럽히며, 창조주의 영예를 극도로 모욕하는 것이다.
>
> 제2차 바티칸 공의회, 사목 헌장 〈기쁨과 희망〉 27항

289 모든 노력에도 불구하고 전쟁이 일어날 경우 어떻게 해야 하나요?

정복 전쟁과 침략 전쟁은 그 자체로 비윤리적입니다. 전쟁이 일어나면, 공격을 받은 국가의 지도자들은 무기를 사용하면서까지 정당방위를 계획할 권한과 의무를 지닙니다. 따라서 국가는 자국민을 외부의 공격에서 지키기 위한 병력과 무기를 소유할 수 있습니다. 아울러 그리스도인들은 병력이 국가의 안전과 자유에 기여하고 평화의 보장을 위해 공헌하는 한 군인이 될 수 있습니다. 그러나 아이들과 청소년을 군인으로 배치하는 것은 범죄 행위입니다. 어떠한 종류의 병력이든지 그들을 투입하는 일은 반드시 중단되어야 하고, 아이들로 구성된 기존 군인들은 다시 사회로 돌아가야 합니다.

→ 500, 502, 503, 512 → 2308 → 398

> 병력, 무장, 조직 등은 국가와 동맹국의 정당방위의 사명을 충당할 정도로, 또한 국제적 위기 극복의 범위에서 적합한 참여를 할 정도로 갖출 수 있습니다. 그 이상은 항상 악입니다.
>
> 독일 주교회의, 〈정당한 전쟁〉 231항

290 무력에 대한 정당방위의 조건은 무엇인가요?

무력에 대한 정당방위는 엄격한 조건 아래에서만 정당화됩니다. 그 조건이 충분한지 여부는 공동선에 책임을

> 전쟁이 없으면 마치 달성하지 못했을 것 같지만, 전쟁이 달성한 것은 아무것도 없습니다.
>
> **헨리 해블록 엘리스**(1859~1939년), 영국의 심리학자

> 적들이 군대의 행진을 용이하게 하지만, 전쟁의 원인은 아닙니다.
>
> **막스 프리쉬**

> 위대한 카르타고는 전쟁을 세 번 일으켰습니다. 첫 번째 전쟁 후에는 더욱 강해졌습니다. 두 번째 전쟁 후에는 그냥 살 수 있었습니다. 세 번째 전쟁 후에는 카르타고는 더 이상 찾아볼 수 없었습니다.
>
> **베르톨트 브레히트**(1898~1956년), 독일의 작가

> 전쟁이 나쁜 것은 악한 사람들을 제거하기보다 오히려 더 많이 양산하기 때문입니다.
>
> **임마누엘 칸트, 《영구 평화론》**

지고 있는 기구들이 신중하게 결정해야 합니다. 다음 네 가지 기준이 특별히 중요합니다.

1. 공격자가 가한 피해가 확실하고, 계속적이고 심각해야 합니다.
2. 발생한 피해를 저지하거나 감소시킬 다른 방법이 없어야 합니다. 갈등을 평화롭게 해결할 모든 가능성이 분명히 없어야 합니다.
3. 정당방위를 위한 무력 사용의 결과가 공격자가 유발시킨 피해보다 더 크거나 나쁘지 않아야 합니다. 이러한 점에서 대량 살상 무기의 투입이 초래할 끔찍한 결과가 신중하게 고려되어야 합니다.
4. 정당방위에 대한 실질적인 전망이 성공적이어야 합니다.

➡ 500 ➡ 2309 ➡ 399

291 무력을 통한 정당방위 전쟁의 경우에도 폭력 사용의 한계가 있나요?

비록 무력을 통한 정당방위가 합법적이라 할지라도, 공격자를 물리치기 위해 모든 수단이 다 허용되는 것은 아닙니다. 어떠한 일이 있더라도 필요와 균형이라는 전통적인 한계는 지켜야 합니다. 이것은 부당한 공격자에 대한 정당방위에서 자기 보호의 목적을 달성하는 데 반드시 필요한 만큼의 무력만을 사용할 수 있음을 뜻합니다.

➡ 501 ➡ 2313, 2314 ➡ 398

292 군인들은 전쟁에서 무엇을 준수해야 하나요?

군인들은 국제법에 어긋나는 명령을 거부할 의무가 있습니다. 예를 들어 군인은, 자신의 상관이 명령하더라도 결코 시민이나 전쟁 포로의 대량 학살에 가담해서는 안 됩니다. 이러한 경우 그는 자신의 행동에 대해 명령만을 따라야 했다고 주장하며 정당화할 수 없습니다. 군인은 자신의 행동에 책임이 있습니다.

➡ 503 ➡ 2312 ➡ 380

> 법이 그대를 불의의 하수인으로 만들면, 그 법을 없애기 바랍니다.
>
> **헨리 데이비드 소로**(1817~1862년), 미국의 사상가이자 작가

> 비록 국가가 요구할지라도 결코 양심을 거슬러 행동하지 마십시오.
>
> **하인리히 하이네**(1797~1856년), 독일의 작가

293 전쟁의 희생자는 어떻게 해야 하나요?

공격에 대항할 수 없는 무고한 사람들은 어떤 일이 있더라도 보호되어야 합니다. 이러한 보호는 비전투원에게도 해당됩니다. 한편 전쟁을 이끄는 당사자들은 난민들과 소수의 국민과 인종, 소수의 종교와 언어 등에 대해 책임이 있습니다. 특히 인종 말살이나 '인종 청소'를 통해 민족 전체를 제거하려는 시도는 하느님과 인류를 거스르는 엄청난 범죄입니다.

➡ 504~506 ➡ 2314 ➡ 379

전쟁의 희생자
● 국제 연합 난민 기구의 연간 보고서 〈전 세계 동향〉에 따르면, 2013년 말에 5,120만 명이 피난 중에 있습니다. 이것은 일 년 전보다 6백만 명이 늘어난 숫자입니다. 난민들의 전체 수는 다음 세 그룹에서 합계된 것입니다. 첫째 1,670만 명은 이미 고국을 떠났고, 둘째 3,330만 명은 내륙의 난민으로 피난 중에 있습니다. 마지막 120만 명은 망명지를 찾았습니다. 두 번째 그룹에는 어린이도 있습니다. 2015년 여름에만 난민이 벌써 6천만 명을 넘었습니다. 난민이 점점 증가하는 추세입니다.

294 인종 말살이 염려될 때 어떻게 해야 하나요?

국제 공동체는 생존에 위협을 받거나 그 기본권이 엄중하게 침해받는 집단을 위해 개입할 의무가 있습니다. 이러한 개입에서 국제법이 엄격하게 준수해야 하고, 국가 간의 기본적인 동등 원칙이 존중되어야 합니다. 이러한 맥락에서 교회는 특히 중대한 범행, 곧 인종 말살, 인류에 대한 범죄, 전쟁 범죄, 침략 행위 등에 책임이 있

> 국제 정치에서 무력 사용을 추방하는 수단은 앞으로 벌어질 수 있는 폭력에서 인간을 지키는 의무와 충돌할 수 있습니다. …… 왜냐하면 개별 국가에는 국제 사회 전체와 마찬가지로 이러한 모호한 경우에 폭력에 대항할 적절한 기구들이 없기 때문입니다.
>
> 독일 주교회의,
> 〈정당한 전쟁〉 150항

> 평화에 인류를 살인하고 파괴하는 무기와는 다른 무기를 주어야 합니다. 특히 국제법에 효력과 힘을 실어 주는 윤리적인 무기가 필요합니다. 그것은 무엇보다도 협상을 지키는 일입니다.
>
> 바오로 6세 복자 교황,
> 1976년 제9차 세계 평화의 날 담화

는 사람들을 처벌하는 국제 형사 재판소를 지지합니다.
➡ 506 ➡ 2317

295 무기 거래는 금지되지 않았나요?

교회는 "균형 있고 절도 있는 전반적인 군비 축소"(요한 바오로 2세 성인 교황, 1985년 10월 14일)를 위해 모든 노력을 다 기울입니다. 엄청난 양의 무기 증가는 안정과 평화에 심각한 위협이 되기 때문입니다. 모든 국가가 정당방위에 필요한 수단만을 소유할 수 있다는 필요 충족의 원칙은 무기를 구매하는 국가들만이 아니라 무기를 생산

하고 판매하는 국가들도 준수해야 합니다. 지나친 무기 비축과 무기를 무분별하게 거래하는 행위는 윤리적으로 정당하지 않습니다. 이른바 경미한 무기의 거래도 국가들 사이에 엄격하게 통제되어야 합니다.

➡ 508, 511 ➡ 2315, 2316

296 언제 대량 살상 무기가 허용되나요?

어느 때든, 어떠한 경우든 허용되지 않습니다. 교회는 이른바 '위협의 논리'만이 아니라 원칙적으로 대량 살상 무기와 그 사용을 명백하게 거부하며, 나아가 그러한 무기의 추방과 금지에 찬성합니다. 생물학적, 화학적 대량 살상 무기들을 통해 도시와 나라 그리고 사람을 무차별적으로 공격하려는 행위는 하느님과 인간을 거스르는 중대한 범죄입니다. 이러한 무기들을 마음대로 처리할 수 있는 사람에게는 군비 축소의 의무가 있습니다.

➡ 508, 509 ➡ 2314

297 어떠한 경우에도 사용해서는 안 되는 무기들이 있나요?

교회는 적대 행위를 마친 뒤에도 오랫동안 피해를 주는 대인 지뢰 등과 같이 모든 사람에게 무차별적으로 막대한 피해를 입히는 무기들의 금지를 요구합니다. 국제 공동체는 지뢰 제거에 모든 노력을 다해야 합니다.

➡ 510 ➡ 2316

> 전쟁이 더 이상 한정되지 않는다는 것을 우리는 체험을 통해 알 수 있습니다. 현대의 마지막 전쟁은 세계 전쟁이 되었습니다. 강대국들 가운데 어느 나라도 최소한 개입하지 않을 수 없었습니다. 우리가 전쟁에 개입할 수밖에 없다면, 전쟁을 예방하는 것만이 우리에게 남은 희망입니다.
>
> 로버트 H. 잭슨(1892~1954년), 미국의 연방 대법원 판사, 2006년 뉘른베르크 소송

> 핵전쟁에서는 승자란 없고, 희생자만 있을 뿐입니다.
>
> 베네딕토 16세 교황, 2006년 제39차 세계 평화의 날 담화

지뢰를 제거하려는 노력이 이미 이루어지고 있지만, 지금도 우리는 믿기 어려운 비인간적인 모순들을 목격하고 있습니다. 그러한 위험한 무기 사용을 영원히 끝내겠다고 명확히 표명한 정부와 국민들의 의지와는 반대로, 이미 지뢰가 제거된 지역에 다시 지뢰가 묻히고 있습니다. 소형 무기들과 경무기들이 통제도 받지 않고 대량으로 확산됨으로써 전쟁의 씨앗이 뿌려지고 있습니다. 한쪽 분쟁 지역에서 다른 분쟁 지역으로 이러한 무기들이 자유롭게 넘나들고 있어 가는 길마다 폭력을 증대시키고 있습니다. 각국 정부는 이러한 살상 무기들의 제조와 판매, 수입과 수출을 규제하기 위한 적절한 조치를 취하여야 합니다.

요한 바오로 2세 성인 교황, 1999년 제32차 세계 평화의 날 담화

누구나 테러 행위로부터 자신을 지킬 권리가 있습니다.

요한 바오로 2세 성인 교황, 2002년 제35차 세계 평화의 날 담화

> 테러를 물리치는 모든 전략은, 그러한 폭력의 근본적인 원인을 제거하는 데 가장 중요한 정치적 행동 범위의 맥락에서만 의미 있고 효과적이라는 통찰이 확산되고 있습니다.
>
> **독일 주교회의, 〈윤리적 도전으로서 테러리즘〉(2011년)**

298 억압받는 사람들은 외적 수단으로 공격할 수 있나요?

테러리즘의 폭력 행위는 엄격하게 단죄됩니다. 이 폭력 행위는 자주 임의적으로 선택된 무고한 사람들을 희생시킵니다. 폭력 행위를 저지르는 자들은 인간 생명을 완전히 경멸하고 있음을 야비한 방식으로 보여 줍니다. 그들의 행동은 무엇으로도 정당화될 수 없습니다. 폭력 행위는 증오, 유혈, 죽음, 복수와 보복 등을 부릅니다. 테러 공격의 목표는 선전 포고된 전쟁의 군사 시설이 아니라, 대체로 일상적인 삶의 장소들입니다.

➜ 513 ➜ 2297 ➜ 392

299 종교로 동기를 부여받은 테러리즘을 어떻게 생각해야 하나요?

어떤 종교도 테러리즘을 허용할 수 없는데, 하물며 그것을 전파할 수 있을까요? 하느님의 이름으로 테러리즘을 선언하고 그분의 이름으로 무고한 사람들을 살해하는 것은 하느님을 모독하는 일입니다. 아울러 테러 행위를 일삼다가 죽는 자를 '순교자'라고 부를 수도 없습니다. 그리스도교의 증인인 순교자는 신앙의 진리를 위해

우리가 진리로 여기는 것을 다른 사람들에게 폭력으로 강요하려는 행위는 인간의 존엄성에 위배되며, 궁극적으로는 인간에게 당신 모습을 새겨 주신 하느님을 거스르는 것입니다.

요한 바오로 2세 성인 교황, 2002년 제35차 세계 평화의 날 담화

죽음으로써 그 진리를 증거 하지만, 결코 다른 사람의 생명을 해치지 않습니다. 가톨릭 교회는 종교의 이름으로 행해지는 모든 테러리즘을 분명하게 멀리하고, 테러리즘의 원인을 함께 제거하며 아울러 민족들 간의 우애를 돈독히 다져 나가기를 촉구합니다.

➡ 515 ➡ 2297, 2298 ➡ 392

300 테러 행위를 어떻게 효과적으로 물리칠 수 있나요?

테러 행위를 반대하는 노력은 테러리즘을 가능하게 하는 원인들을 퇴치하는 것으로 시작합니다. 그러므로 통제하기 어려운 공격이 실행될 수 없는 환경들을 조성해야 합니다. 동시에 테러리즘에 대한 정당방위권이 도덕적·법적 규범 안에서 행사되어야 합니다. 테러 행위에 대항하는 국제적 협력도 단순히 억압과 징벌에만 국한될 것이 아니라 그 동기에도 적용되어야 합니다.

➡ 513, 514 ➡ 2297 ➡ 392

이것이 바로 확실히 짚고 넘어가야 할 점입니다. 하느님의 이름으로 전쟁을 일으키는 것은 결코 받아들일 수 없습니다! 하느님께 관한 특정한 생각이 범죄 행위의 근원이 된다면 이는 이 생각이 이미 하나의 이데올로기가 되었음을 보여 주는 것입니다.

베네딕토 16세 교황, 2007년 제40차 세계 평화의 날 담화

> 저는 가난한 사람들의 삶의 조건을 개선하는 일이 총을 위한 돈보다 더 나은 전략이라고 생각합니다. 테러리즘을 반대하는 노력은 군사 개입을 통해서 성공할 수 없습니다.

무함마드 유누스

부록

연구의 자유와 그 악용 가능성

교회는 과학의 놀라운 진보를 막으려고 하지 않습니다. 반대로, 교회는 하느님께서 인간 정신에 주신 크나큰 잠재력을 깨닫게 되어 기쁘고 또 즐거워합니다. …… 어떤 경우에 일부 과학자들이 그들 학문이 다루는 대상을 벗어나 자신의 과학적 분야를 뛰어넘는 일부 주장이나 결론을 발표하기도 합니다. 이러한 경우에, 그들이 제안하는 것은 이성이 아니라, 참되고 진지하고 생산적인 대화로 나아가는 길을 막는 특정 이데올로기입니다.

프란치스코 교황,
〈복음의 기쁨〉 243항

301 어떤 윤리적 원칙이 오늘날 자연 과학에서 인정받나요?

전 세계적으로 인정받는 네 가지 원칙이 있습니다.

1. 보편성: 검증할 수 있고 표준화된 논증을 통한 보편성 추구
2. 공동체 의식: 모든 사람이 과학의 성과에 참여하는 권리
3. 무심한 태도: 연구자의 개인적 관심은 배제
4. 회의적 태도: 특유의 성과에 대해 지속적으로 질문을 제기하는 각오

302 과학의 성과를 남용하지 않을 수 있나요?

우리는 원자 폭탄 이후에, 과학이 더 이상 윤리에서 자유롭지 못하다는 것을 알았습니다. 오늘날 이러한 사안은 특히 '생물학적 안전성' 영역에서 논의됩니다. 의료 발전이나 사회적으로 중요한 목적에 기여하지만, 동시에 생물학적 테러주의자들이나 다른 범죄자들에 악용

될 수 있는 연구를 어떻게 대해야 할까요? 실제로 생명 과학에서 많은 연구 성과가 개인과 사회의 유익을 위해서 사용될 수 있지만, 반대로 가해의 의도로도 악용될 수 있습니다.

→ 509 → 2293, 2294

303 '우려되는 이중 활용 연구'(DURC, Dual Use Research of Concern)는 무엇인가요?

생물학적 안전성에 관련된 걱정스러운 연구는, 제3자가 인간의 생명이나 건강, 환경이나 다른 법적 재화 등을 해치는 데 악용할 수 있는 지식과 생산품, 기술 양산이 포함되어 있습니다.

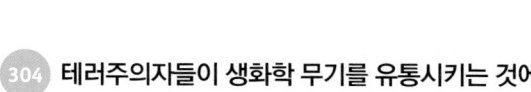

304 테러주의자들이 생화학 무기를 유통시키는 것에 대해 어떻게 해야 하나요?

먼저 우리는 '과학의 자유'에는 유효한 법질서가 필요하다는 의식을 전 세계적으로 형성해야 합니다. 과학자들에게도 윤리적인 연구 규칙이 필요합니다. 과학자들이 연구의 기술적 측면만을 걱정하는 것으로는 충분하지 않습니다. 나아가 국제적인 차원에서 관리하고, 규정을 제정하는 것이 필요합니다. 연구는 더 이상 국가적으로 한정될 수 없습니다. 오늘날 위험을 대비하는 적절한 전략을 갖추지 않는 것은 무책임한 일입니다.

 기술이 위대한 윤리 원칙들을 인정하지 않으면, 결국 모든 행위를 정당화하게 됩니다.
프란치스코 교황, 〈찬미받으소서〉 136항

> 과학 연구는 인간과 우주에 대한 새로운 진리들을 항상 깨닫게 인도합니다. …… 신앙으로 다가설 수 있는 인류의 참된 행복은 과학의 여정이 움직여야 하는 지평을 열어 줍니다. 그렇기 때문에 생명에 기여하고 질병들을 퇴치하는 데 목적을 둔 연구들은 촉진되어야 합니다. 우리의 행성과 우주의 신비들을 발견하는 연구들도 중요합니다. 물론 인간이 창조물의 영예로서, 창조물을 무의미하게 착취하기 위해서가 아니라 보존하고 거주할 수 있는 것으로 만들기 위한 의식으로 하는 연구를 말합니다. 그러므로 참되고 살아 있는 신앙은 자연 과학과 갈등에 빠지는 것이 아니라 오히려 과학과 협력합니다. 자연 과학이 모든 사람의 행복을 위해 진력할 수 있도록 신앙은 자연 과학에 근본 기준을 제공하기도 하고, 한편으로는 어떤 부분이 하느님의 본래 계획을 거스르기 때문에 인간에게 부작용을 일으킬 수 있는 모든 시도를 포기하라고 과학에게 청하는 것입니다.
>
> 베네딕토 16세 교황, 2012년 11월 21일

교회의 중요 문헌

평화

지상의 평화   **평화는 인간의 본성에서부터 생각해야 한다**

많은 사람들은 정치 공동체와 함께 인간의 관계를 우주의 비이성적인 자연법칙으로 다스릴 수 있다고 생각하고 있다. 그런데 그렇지 않다. 인간을 다스리는 법은 이것과는 상당히 다르다. 하느님께서는 인간의 본성 안에 그 법을 새겨 주셨는데, 우리는 그 법들을 어디서나 찾아야 한다.

요한 23세 교황, 회칙 〈지상의 평화〉(1963년) 6항

지상의 평화   **군비 축소의 의무**

무기 생산은 이미 알려진 대로 오늘날의 평화를 보장하는 계기가 된다고 그 정당성을 외치는 자들이 있으나, 결코 평화가 '무기라는 힘'의 균형으로 이루어질 수는 없다. 한 국가가 무기를 보강하면, 다른 국가들도 더욱 크게 무기를 보유해야만 한다. 또한 한 국가가 원자 무기를 생산하면, 다른 국가들도 비슷한 파괴적 원자 무기를 생산해야 하는 악순환이 계속된다. …… 사실, 한 전쟁에서 비롯되는 비참과 파괴들을 책임질 인간들이 없으며, 때때로 예측할 수 없고 통제할 수 없는 한 사건이 전쟁을 일어나게 한다는 것도 배제할 수 없다. 그뿐 아니라, 무기의 파괴적 결과 때문에 전쟁을 일으키지 않는다 해도, 전쟁을 목적으로 하는 핵실험이 계속되어 세상에 치명적 결과를 주는 것은 여전히 인간들을 공포에 떨게 하는 것이다. 그러기에 우리의 정의, 지성, 인간성은 무기 경쟁을 중단하고, 상호 간에 동시적으로 이미 존재하는 무기들을 축소하고, 핵무기 개발을 금지하고, 끝내는 완전한 무장 해제 상태에서 효과적 감시 체제를 운영하도록 촉구하는 것이다. …… 전쟁 목적을 위한 무기 생산의 중지와 그 실제적 축소를 실현해야 하는데, 그중 가장 중요한 것은 무장 해제가 완전하게 이루어지는 일이다. 인간들의 마음으로부터 무기를 제거하고, 전쟁에 대한 심리적 압박감을 제거하지 않고서는 무장 해제가 불가능하다는 것을 인식할 필요가 있다.

요한 23세 교황, 회칙 〈지상의 평화〉(1963년) 110~113항

지상의 평화   **국가들은 자기 결정권이 있다**

어떤 국가도 다른 국가를 억압하거나 부당하게 간섭할 권리가 없음을 의미한다. 반대로 각 국가는 모든 분야에서 그 발전을 도모하기 위해 우선적으로 주인공으로서의 의무를 이행하고, 그 솔선수범의 정신을 책임감을 갖고 향상시켜야 한다.

요한 23세 교황, 회칙 〈지상의 평화〉(1963년) 120항

`사회적 관심`   무기 거래의 불합리함

만일 무기의 생산이 인류의 필요와 그 필요를 충족시킬 만한 수단을 이용하는 데에 현 세계의 심각한 무질서라고 한다면, 무기 거래는 똑같이 부끄러워해야 할 작태가 아닐 수 없다. 아니, 후자를 두고는 도덕적 판단이 훨씬 엄하여야 마땅하다. 우리 모두가 아는 바와 같이 이것은 국경이 없는 장사이며 심지어 블록의 장막까지 넘나들 수 있는 것이다. 이것은 어떻게 하면 동방과 서방의 분단을 초월할 줄까지도 알며 무엇보다도 남북 간의 분단까지도 넘나들어 남반구를 좌우하는 각급 분야에까지 판로를 뚫고 들어가는데 이 점이야말로 참으로 심각한 것이다. 여기서 우리는 기이한 현상에 직면하게 된다. 경제 원조와 개발 계획은 도저히 극복 못할 이데올로기의 장벽에 부딪히고 관세와 무역 장벽에 부딪히는 데에 비해서 무기만은 그 출처가 어디든 상관없이 거의 완전한 자유를 구가하면서 전 세계를 휩쓴다.

요한 바오로 2세 교황, 회칙 〈사회적 관심〉(1987년) 24항

`복음의 기쁨`   정의 없이는 평화도 없다

오늘날 많은 곳에서 우리는 더욱더 안전한 삶을 요구합니다. 그러나 사회 안에서 그리고 다양한 민족들 사이에 배척과 불평등이 사라지지 않는 한, 폭력이 뿌리째 뽑힐 수는 없을 것입니다. 가난한 이들과 못사는 민족들이 폭력을 유발한다고 비난을 받지만, 균등의 기회가 주어지지 않으면 온갖 형태의 공격과 분쟁은 계속 싹을 틔울 토양을 찾고 언젠가는 폭발하기 마련입니다. 지역 사회든 국가 사회든 국제 사회든 한 사회가 그 일부 구성원을 소외시키려 하면, 어떠한 정책이나 공권력이나 감시 체제도 평온을 계속해서 보장해 주지 못합니다. 이는 단순히 불평등이 제도에서 배척당한 이들의 폭력적 반응을 유발하기 때문만이 아니라, 사회 경제 제도가 그 뿌리부터 불의하기 때문입니다. 선이 널리 퍼져 나가려 하는 것과 마찬가지로, 악에 편승하는 것, 다시 말해 불의도 그 해로운 힘을 널리 퍼뜨려, 탄탄해 보이는 정치적 사회적 제도라도 그 기반을 은연중에 파괴하려고 합니다. 모든 행동에는 결과가 따른다고 할 때, 한 사회 구조에 밴 악은 언제나 분열과 죽음의 잠재력을 지니고 있습니다. 이것은 불의의 사회 구조 안에 굳어져 버린 악으로, 더 나은 미래를 위한 희망의 바탕이 될 수 없습니다.

프란치스코 교황, 권고 〈복음의 기쁨〉(2013년) 59항

질문
305~328

개인의 참여와 공동체의 참여

사랑의 실천

너희는 내가 굶주렸을 때에 먹을 것을 주었고, 내가 목말랐을 때에 마실 것을 주었으며, 내가 나그네였을 때에 따뜻이 맞아들였다. 또 내가 헐벗었을 때에 입을 것을 주었고, 내가 병들었을 때에 돌보아 주었으며, 내가 감옥에 있을 때에 찾아 주었다.

마태 25,35-36

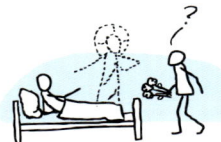

> 여러분은 분명히 우리의 봉사직으로 마련된 그리스도의 추천서입니다. 그것은 먹물이 아니라 살아 계신 하느님의 영으로 새겨지고, 돌 판이 아니라 살로 된 마음이라는 판에 새겨졌습니다.
>
> **2코린 3,3**

! **성령 칠은**에는 지혜, 통달, 의견, 용기, 지식, 공경, 하느님에 대한 경외가 있습니다.

> 거룩함은 하느님을 허용하는 것, 그분의 삶을 내 삶 안에 행하는 것입니다.
>
> **마더 데레사 성녀**

305 그리스도인은 어떤 존재인가요?

오로지 개인적인 이익을 얻으려는 사람은 누구도 그리스도인이 될 수 없습니다. 예수님께 다가서는 것, 그분과 친밀해지는 것, 그분을 추종하는 것은 공적으로 그분을 인정하는 것, 그분과 대화를 나누는 것, 그분의 말씀을 따르는 것을 의미합니다. "너희는 세상의 빛이다. 산 위에 자리 잡은 고을은 감추어질 수 없다. 등불은 켜서 함지 속이 아니라 등경 위에 놓는다. 그렇게 하여 집 안에 있는 모든 사람을 비춘다."(마태 5,14-15) 세례와 견진을 받은 우리는 비록 성직자나 수도자로 부름을 받지 않았을지라도 복음의 '사절'이며 '증인'입니다. 예수님은 우리에게 이렇게 분부하십니다. "너희는 온 세상에 가서 모든 피조물에게 복음을 선포하여라."(마르 16,15) "모든 민족들을 제자로 삼아, 아버지와 아들과 성령의 이름으로 세례를 주어라."(마태 28,19 참조) 그리고 하느님은

사랑의 실천

우리가 말과 행동으로 하느님 나라를 선포하도록 우리에게 **성령 칠은**을 내려 주십니다.

➡ 71 ➡ 763~769, 774~776, 780 ➡ 123

306 그리스도인은 왜 사회 참여를 해야 하나요?

"하느님은 사랑이십니다."(1요한 4,8 참조) 그리고 "사랑은 교회의 사회 교리의 핵심입니다."(《진리 안의 사랑》 2항) 그리스도인은 일정한 가치 태도와 신념을 받아들이는 것 그 이상으로 그리스도와 본질적이고, 인격적인 만남을 추구해야 합니다. '가장 작은 사람' 안에서 그분을 찾고(마태 25,40 참조), 그분을 추종하고, 그분을 닮는 것(토마스 폰 켐펜)이 그리스도인의 가장 본질적인 부분입니다. 예수님은 정의에 마음을 크게 두셨습니다. 또한 그분은 어린이, 가난한 사람, 병자 등 약자를 향한 자애로운 사랑으로 가득하셨습니다. 그리고 죄인들과 사회적으로 멸시당하는 사람들의 자유와 존엄성을 존중하셨습니다. 예수님은 교회의 사회적 **아젠다**이십니다. 가톨릭 사회 교리는 예수 그리스도의 충만한 현존을 체계적으로 전개하는 것일 뿐입니다. 곧 인간이 자신의 본래 존엄성을 재발견하고(인간 존엄성), 탐욕과 죄에서 해방되어 이웃에게 봉사하고(연대성), "성읍의 평화"(예레 29,7), 곧 공동체가 평화와 정의 안에서 자유롭게 나아갈 수 있는 사회를 주시하는 것(공동선)이 큰 목표입니다.

➡ 555 ➡ 91 ➡ 11

307 우리가 무엇을 행동해야 할지 어떻게 아나요?

현대의 갈등과 사회적 변혁 안에서 우리가 하느님의 뜻을 어떻게 완수할 수 있는지 상세하게 인용할 수 있는 완벽한 처방 방법으로서 사회 교리서를 교회가 우리 손에 쥐어 준 것은 아닙니다. 여기에 양심이 더해져야 합

> 저는 예수님과의 동일한 모습과 대조를 간절히 열망하지 않고서, 특히 삶의 모든 수고, 모든 어려움, 모든 고난 등에 참여를 간절히 갈망하지 않고서 사랑을 상상할 수 없습니다. 예수님께서 온갖 궁핍에서 가난하셨다면, 당신께서 힘들고 가혹한 노동 생활로 사셨다면, 주님 저는 부유할 수 없고, 안락할 수 없으며 제 재산으로 편안하게 살 수 없습니다. 그렇게 저는 사랑할 수 없습니다.

샤를 드 푸코 성인

💡 **아젠다**agenda는 라틴어로 '해야 할 것'을 의미합니다.

✝ 역사의 혁명들은 정치적이고 경제적인 체계들을 변화시켰습니다. 그러나 그 혁명 가운데 어떤 것 하나도 실제로 인간의 마음을 변화시키지 못했습니다. 예수 그리스도께서는 삶을 철저하게 변화시키는 참된 혁명을 완성하셨습니다. 바로 십자가와 부활입니다. 그리고 베네딕토 16세 교황은 이러한 혁명에 대해 "인류 역사의 가장 위대한 변화"라고 말씀하셨습니다. 이에 대해 한번 생각해 봅시다. 그것은 인류 역사의 가장 위대한 변

화이며, 그것이야말로 참된 혁명입니다. 우리는 이러한 혁명의 혁명가들입니다. 왜냐하면 우리는 인류 역사상 가장 위대한 변화의 길을 걷고 있기 때문입니다. 어떤 그리스도인이 이 시대의 혁명가가 아니라면, 그는 그리스도인이 아닙니다.

프란치스코 교황,
2013년 6월 17일

니다. 양심의 목소리는 책임 있는 결정을 위한 훌륭한 논증을 우리에게 전해 줍니다. 왜냐하면 바로 우리 자신이 결정을 내려야 하기 때문입니다. 그러나 임마누엘 칸트가 지적한 것처럼 양심이 부패할 경우, 우리의 양심도 틀릴 수 있습니다. 그러나 그리스도교의 시각에서 보자면, 양심에는 선한 것과 악한 것을 구분하는 능력이 있습니다. 하지만 우리는 우리의 양심을 하느님의 계명과 이 시대의 곤경을 바라보며 형성해야 합니다. 그렇지 않으면 양심은 생각해 낼 수 있는 모든 나쁜 것을 위한 쓸모없는 변명만 늘어놓습니다.

➔ 81~86 ➔ 1776~1779, 1783 이하
➔ 291, 295, 297, 397, 398

너희도 알다시피 다른 민족들의 통치자라는 자들은 백성 위에 군림하고, 고관들은 백성에게 세도를 부린다. 그러나 너희는 그래서는 안 된다. 너희 가운데에서 높은 사람이 되려는 이는 너희를 섬기는 사람이 되어야 한다. 또한 너희 가운데에서 첫째가 되려는 이는 모든 이의 종이 되어야 한다. 사실 사람의 아들은 섬김을 받으러 온 것이 아니라 섬기러 왔고, 또 많은 이들의 몸값으로 자기 목숨을 바치러 왔다.

마르 10,42-45

308 그리스도교적으로 함께 사는 사회는 어떻게 이루어지나요?

'권력'이 중심에 자리 잡고 있으면, 사회는 힘 있는 사람들의 권력에 맞추어 형성됩니다. 그러나 이것은 그리스도교에서 바라는 것이 아닙니다. 그 경우 공동생활은 오로지 자기 보존을 위한 몸부림이 될 것입니다. '노동'을 사회적 공동생활의 최상의 의미로 치켜세운다면, 사람들은 다람쥐가 쳇바퀴를 돌듯 무의미한 느낌을 받을 것입니다. 하느님은 우리가 '우연'과 '행운'을 최상의 것으로 여기는 것을 바라시지 않습니다. 그렇게 여기면 삶은 요행만을 바라는 복권이 됩니다. 우리는 본능과 충동만을 따를 것이고, 가장 나쁜 것을 피하기 위해서 각종 명령을 강요할 것입니다. 가톨릭 사회 교리에서는 인간의 공동생활을 위한 하느님의 기본 계획이 사회적 사랑

주님, 당신께서는 저를 살펴보시어 아십니다. 제가 앉거나 서거나 당신께서는 아시고 제 생각을 멀리서도 알아채십니다. 제가 길을 가도 누워 있어도 당신께서는 헤아리시고 당신께는 저의 모든 길이 익숙합니다.

시편 139,1-3

💬 천리 길도 한 걸음부터

속담

을 뜻한다고 말합니다. 우리를 원하셨고 지금 우리에게 무언가를 원하시는 하느님 앞에서 사는 우리는 같은 아버지를 모시는 자녀이며, 서로 형제자매입니다. 감사와 의식과 책임은 우리의 개인적 삶과 사회적 삶을 결정합니다. 이 경우 서로를 존중하는 문화가 생깁니다. 신뢰와 위로와 삶의 기쁨은 서로를 납득시킵니다. 그 결과 사회적 사랑은 메마른 정신을 극복하고, 사회 안에서 감동적인 일치를 이루어 내며, 종교의 경계선을 넘어 사회

> 사랑은 현실을 변화시키는 가장 큰 힘입니다. 왜냐하면 사랑은 이기심의 장벽을 무너뜨리고 우리를 갈라놓은 도랑을 메우기 때문입니다.
>
> **프란치스코 교황,**
> **2013년 6월 17일**

적 공동 의식을 실현합니다.

➡ 582, 583　➡ 1889, 2212　➡ 321, 324

309 신앙에 따른 사회 참여의 첫걸음은 무엇인가요?

사랑보다 더 깊은 동기를 부여할 수 있는 것은 아무것도 없습니다. 사랑하는 사람은 위대한 업적을 완수할 수 있고, 완전히 넓은 길을 갈 수 있습니다. 따라서 예수님과 늘 강한 인격적인 관계를 맺고, 교회에 대한 깊은 사랑을 늘 발전시키고 사회적인 의무를 진 삶을 사는 것이 첫걸음입니다. 이것은 예수님의 마음 깊은 곳에 있는 '가장 작은 이'를 간과하지 않도록 동기를 부여합니다. 또한 신앙을 적대시하는 환경에서조차 자신의 신앙을 증거 하도록 동기를 부여합니다. 그리고 친절과 화해와 평화 등의 생활 방식을 모색하도록 동기를 부여합니

> 여러분은 젊은이에게 복음을 전하는 가장 훌륭한 도구가 무엇인지 아십니까? 그것은 바로 다른 젊은이입니다. 두려워하지 마시고 밖으로 나가시기 바랍니다. 가장 멀리 있는 사람에게, 가장 관심을 받지 못하는 사람에게 그리스도를 전하십시오.
>
> **프란치스코 교황, 2013년 리우데자네이루 세계 청년 대회**

다. 더 나아가 진리와 정의를 위한 투신 중 부득이한 경우 자기 목숨을 바치도록 동기를 부여합니다.

→ 326, 327 → 1691~1698 → 348, 454

310 왜 우리는 분명하게 '그리스도교적으로' 참여해야 하나요?

많은 사람들은 훌륭한 사람이 되는 것이 정말 중요하다고 생각합니다. 그런데 여기에 '그리스도교적으로'라는 말이 더 필요할까요? 무신론적 특징을 지닌 순수 인본주의는 종종 인간을 경시했습니다. 하느님 곁에서보다 '인간적인 것'을 더 향상시키는 것은 어디에도 없습니다. 하느님의 뜻을 이행하는 사람은 인간이 나약하고, 도움을 필요로 하고, '무익하게' 보일지라도 인간의 참된 관심을 대변합니다. 비록 교회가 하느님의 뜻을 종종 변질시키

> 하느님처럼 행하십시오. 인간이 되십시오!
>
> 프란츠 캄파우스(1932년 출생), 독일의 주교

고 거역했을지라도, 하느님은 교회를 당신의 도움을 통하여 인간이 자비롭게 되는 장소로 삼으셨습니다. 그리스도는 당신 자신을 위해서가 아니라 '우리를 위해' 사셨습니다. 그분은 모든 사람을 위하여 돌아가셨습니다. 그것도 가장 사회적인 동기 곧 사랑 때문에 돌아가셨습니다. 그러기에 그리스도인은 자신의 것을 내어 주지 않고서는 사회적으로 행동할 수 없습니다.

→ 6, 7, 327 → 1816, 2044~2046 → 307

311 '그리스도교적으로' 참여한다면 무엇에 의지해야 하나요?

그리스도인들은 같은 희망으로 힘을 얻는 형제자매, 곧

> 예수님이 저에게 바라시는 것이 무엇인가 있다면, 저는 그분께 의지하고, 오로지 그분만을 신뢰하며, 주저 없이 저를 그분께 바칠 것입니다. …… 우리는 하느님의 행동을 통제하려고 시도하지 말아야 합니다. 우리는 그분께서 계획하시는 순례지를 가리지 말아야 합니다. 설령 자신이 표류하는 배처럼 느껴질지라도 모든 것을 오직 그분께 맡겨야 합니다.
>
> 마더 데레사 성녀

> 그리스도 없이 자신들이 '선한 인간'으로 있을 수 있는지 질문하는 사람들은 삶이 무엇인지 모르는 이들입니다.
>
> C. S. 루이스

> 당신의 친아드님마저 아끼지 않으시고 우리 모두를 위하여 내어 주신 분께서, 어찌 그 아드님과 함께 모든 것을 우리에게 베풀어 주지 않으시겠습니까?
>
> 로마 8,32

> 오직 성경만이 우리의 모든 질문에 대한 대답을 줍니다. 우리는 거기에서 대답을 얻기 위해 지속적으로 겸손하게 물을 필요가 있습니다.
>
> 디트리히 본회퍼

교회를 고향으로 여깁니다. 그리스도인들의 능력은 한계에 부딪치기도 하지만, 하느님이 우리에게 주신 것들을 통해 다시 힘을 얻습니다. 성사는 그리스도인들을 강하게 하고 인내심을 줍니다. 또한 하느님의 말씀은 그리스도인들에게 통찰력과 용기를 줍니다. 우리가 하느님의 말씀에 의지할 수 있는 것은 초대 그리스도인들이 보증해 줍니다. 그들 가운데 많은 사람들이 신앙 때문에 죽음을 감수했습니다. 만일 복음사가들이 예수님의 부활을 지어낸 것이었다면, 그들은 분명 그 때문에 모욕을 당하거나 그것을 위해 목숨을 바치지는 않았을 것입니다. 복음서에서 가끔씩 찾아볼 수 있는 모순된 진술조차도 그것이 믿을 만한 증거임을 도리어 증명해 주고 있습니다. 만일 복음사가들이 실제로 이념을 만들어 내서 세상에 제시하려고 했다면, 애초에 그들은 모순이 없게 만들어 냈을 것입니다.

➡ 1, 18, 19, 60　➡ 168, 748~750　➡ 24, 121~126

312 사회 복지 국가들은 이미 체계적인 사회 제도를 갖추고 있는데, 왜 교회가 더 참여해야 하나요?

돈만으로는 복음에서 의미하는 인간 존엄성을 제대로 성취할 수 없습니다. 병자를 방문하고, 이방인을 환대하고, 감옥에 갇힌 사람들을 돌보는 것, 이것을 오로지 공적 제도와 전문가들에게만 맡길 수는 없습니다. 국가가 조직하고 운영하는 원조는 중요합니다. 하지만 이것들은 종종 도움을 필요로 하는 사람들을 위해 더 이상 행동할 필요가 없다는 핑계가 되기도 합니다. 카리타스 기구, 사회봉사 단체, 노숙인 식당, 헌옷 재활용 등의 활동은 참으로 뛰어난 교회의 사회 참여입니다. 여기에서 도움을 필요로 하는 사람들과 도움을 주는 사람들이 인격적으로 서로 만나고, 함께 하느님께 사랑을 받고 있

주님의 천사가 다시 그를 흔들면서, "일어나 먹어라. 갈 길이 멀다." 하고 말하였다. 엘리야는 일어나서 먹고 마셨다. 그 음식으로 힘을 얻은 그는 밤낮으로 사십 일을 걸어, 하느님의 산 호렙에 이르렀다.

1열왕 19,7~8

99 저는 가장 추악한 그리스도교 세계를 가장 훌륭한 비그리스도교 세계보다 선호할 것입니다. 그 이유는 그리스도교 세계에는 비그리스도교 세계에는 없는 공간이 있기 때문입니다. 말하자면 불구자, 병자, 늙은이와 약자를 위한 공간이 있습니다. 그리고 그리스도교에는 이러한 공간보다 더 위대한 것이 있습니다. 그것은 하느님을 모르는 세계에서 무익하게 여겨졌고 또 여겨지는 사람들을 위한 공간입니다. …… 저는 그리스도를 믿고, 이 지상에 있는 8억 명의 그리스도인들이 이 지구의 얼굴을 변화시킬 수 있다고 믿습니다. 그리고 저는 사려 깊은 이 시대 사람들에게 그리스도께서 현존하시지 않았던 세계를 상상해 보기를 권유하고 싶습니다.

하인리히 뵐(1917~1985년), 독일의 작가, 노벨 문학상 수상자

📖 너희는 세상의 소금이다. 그러나 소금이 제맛을 잃으면 무엇으로 다시 짜게 할 수 있겠느냐?

마태 5,13

다는 소중한 인식이 이루어지기 때문입니다. 이러한 정신에서 차이가 있는 것입니다.

➡ 571, 572 ➡ 1889, 1892~1896 ➡ 446, 447

📖 건강한 이들에게는 의사가 필요하지 않으나 병든 이들에게는 필요하다. 나는 의인이 아니라 죄인을 부르러 왔다.

마르 2,17

99 당신과 나!

마더 데레사 성녀, 교회에서 특히 변화되어야 할 것이 무엇이냐는 질문을 받았을 때의 답변

⛪ 교회는 제 어머니입니다. 저는 그 죄와 부족함을 제 어머니의 죄와 부족함처럼 보아야 합니다. 제가 교회를 생각한다면, 저는 교회의 나약함과 잘못보다 교회가 행했던 선하고 아름다운 것을 더 많이 기억합니다.

프란치스코 교황, 2013년 3월 15일

313 우리는 왜 꼭 교회 안에서 활동해야 하나요?

교회 밖에는 그리스도인들이 함께 일하면 좋은 훌륭한 기구들이 많이 있습니다. 프란치스코 교황도 우리에게 교회에 머물러 있지 말고 변두리, 곧 사람들이 극단적인 환난을 겪는 곳으로 가라고 요구합니다. 하지만 교회가 사회에서 모든 힘을 다 써서 변화시키는 힘을 상실해서는 안 됩니다. 실제로 어떤 그리스도인들은 교회 안에서 일하기보다 교회 밖에서 활동하는 것을 더 좋아합니다. 이렇게 몇몇 사람들이 교회의 사회 복지에 대한 계획을 멀리하는 이유는 교회 구성원들의 죄나 교회 안에서의 불쾌한 경험 때문만은 아닙니다. 이러한 것들은 어느 단체나 기구에 모두 있습니다. 정확하게 말하자면, 교회를 적극적인 공무원과 소극적인 수혜자로 나눠진 기구로 보기 때문입니다. 그러나 그런 '교회'는 존재하지 않습니다. 교회는 하느님이 세상에 현존하시는 장소이며, 세례를 받은 모든 신자들로 존재하는 한 몸이고, 죄인과 의인들로 이루어진 한 백성입니다. 그러므로 우리는 모두 '교회'입니다. 교회는 항상 그 지체인 우리가 형성하는 공동체이기도 합니다. 따라서 모든 가톨릭 신자들은 교회 안에서 그리고 교회를 위해서 활동해야 하고, 교회와 함께 복음의 정신으로 사회를 가꾸는 길을 찾아야 합니다. 혼자서는 온전한 그리스도인이 될 수 없습니다. 우리는 함께 세상의 소금과 빛이 되어야 합니다.

➡ 575, 576 ➡ 770~773, 781, 782, 787~790, 823~829 ➡ 121~128

314 사회에 참여하는 그리스도인들에게 사목자가 필요한가요?

사제는 어느 사회에서든 필요로 하는 특정 기능을 수행하는 단순한 직업인이 아닙니다. 사제는 인간이 혼자 힘으로 할 수 없는 일을 합니다. 곧 사제는 그리스도의 이름으로 우리의 죄를 용서하고, 이로써 하느님께서 주도하시는 대로 우리의 삶 전체를 바꿉니다. 사제는 빵과 포도주의 봉헌 예물 위에 그리스도의 감사 기도를 바칩니다. 그리스도께서 부활하신 분으로, 당신의 몸과 피로 친히 현존하시게 하는 실체 변화의 말씀인 이 감사 기도는 세상의 요소들을 변화시켜 세상을 하느님께 열리게 하고 하느님과 세상을 결합시킵니다. 따라서 사제직은 단순한 '직무'가 아니라 성사입니다. 하느님께서는 보잘것없는 우리를 사제로 뽑으시어, 우리를 통하여 모든 사람을 위하여 현존하시고 활동하시는 것입니다. 하느님께서는 인간의 나약함을 아시지만 인간이 당신을 대신하여 활동하고 현존할 수 있다고 여기시어 당신 자신을 인간에게 맡기십니다. 하느님의 이러한 용단이 '사제직'이라는 말에 담긴 참다운 위대함입니다.

베네딕토 16세 교황, 2010년 사제의 해 폐막 미사 강론

우리가 운영하는 병원과 '임종자의 집'은 환자들로 넘쳐 나기 때문에, 우리에게는 할 일이 많았지만, 우리는 매일 한 시간씩 성체 조배를 하자고 결정했습니다. 우리가 매일 성체 조배를 한 이후부터는 예수님에 대한 우리의 사랑이 더욱 깊어졌고, 가난한 사람들에 대한 우리의 사랑도 더 깊어졌습니다. 그리고 성소자의 수도 두 배로 늘었습니다.

마더 데레사 성녀

예수님이 복음에서, 온전한 사랑으로 자신에게 맡겨진 양들을 돌보고, 양들이 길을 잃은 위급한 상황에서 그들을 찾는 '목자'에 대해 말씀하셨던 것은 의미 있는 일입니다. 사회에 참여하는 평신도들에게는 사목자에게 귀를 기울여 권고와 훈계와 위로를 듣는 것이 필요하지만, 이보다 더 중요한 것은 정기적으로 가능하다면 날마다 거룩한 성사에 참여하는 것입니다. 참된 사목자의 가장 중요한 사명은 그들에게 성사, 특히 성체성사와 고해성

> 오늘 그리스도를 통하여 하느님과 친교의 길이 열렸으니 말씀이신 성자께서 연약한 인간이 되시어 죽을 인간이 하느님의 영원한 생명에 참여하는 영예를 누리게 되었나이다.
>
> 《미사 통상문》, 성탄 감사송 3

> 우리 종교가 정말 진리라면, 복음이 정말 하느님의 말씀이라면, 설령 우리가 완전히 혼자 행할지라도 우리는 반드시 믿고, 그에 따라 살아야 합니다.
>
> 샤를 드 푸코 성인

사의 선물을 주고, 위기 상황과 중대한 결정의 시기에 그들을 도와주는 일입니다. 하느님의 백성을 향한 사도적 봉사는, 신학적이고 영성적인 감화를 통하여 신앙의 핵심 집단이 상호 의지하는 관계가 되도록 서로 연결하고 그 관계를 강화하는 데에도 있습니다. 진리를 찾는 가톨릭 신자들에게는 신앙의 심화를 위해서 확실한 교리 교육이 필요합니다. 이것이 주교와 사제를 비롯한 모든 사목자들의 참된 사명입니다.

➡ 3, 577, 580 ➡ 874, 896 ➡ 248~259

315 그리스도인들은 이웃에게 특별한 것을 제안해야 하나요?

특별한 것이 아니라, 특별한 한 분을 제안해야 합니다. 그분은 예수 그리스도이십니다. 이 시대의 곤경과 환난

> 죽은 물고기는 강물의 흐름을 거스를 수 없습니다.
>
> 익명

> 모든 인간의 아버지이신 하느님, 당신께서는 모든 이로 하여금 가난한 사람이 모욕을 당하는 곳에 사랑을, 교회가 약하게 된 곳에 기쁨을, 사람들이 분열된 곳에 화해를 전해 주기를 원하십니다. 당신께서는 이 모든 것을 우리에게 맡기시어 죄를 지은 그리스도의 몸인 당신의 교회가 이 세상에서 가난한 사람들과 인류 가족 전체를 위해 공동체를 건설하게 하시나이다.
>
> 로제 슈츠 수사(1915~2005년), 떼제 공동체의 창설자

가운데에서 인간 세계를 위해 노력하는 그리스도인들은 더 나은 사회 계획, 더 나은 경제 계획, 더 위대한 이상을 풍성하게 가지고 있지 않습니다. 그리스도인들은 오직 한 가지만을 알립니다. 그것은 사람이 되신 하느님이십니다. 철학도 다른 종교도 전능하신 분에 대해 그렇게 많이 알지 못합니다. 하느님은 우리 인성을 아시고 또 이해하십니다. 많은 사람들은 오늘날 외로움을 느끼며, 익명의 사회에서 버림을 받았다고 느낍니다. 모든 것을 가능케 하는 SNS와 더불어 인터넷도 인간적인 것을 대체하지 못합니다. 우리 자신이 있는 그대로, 우리의 강점과 약점과 함께 인간적으로

받아들여지기를 갈망하는 것입니다. 그리스도교에서는 모든 사람이 하느님에 의해 완전히 인격적으로, 있는 그대로의 모습으로 사랑받고 있다는 메시지를 전합니다. 이것은 위대한 메시지입니다. 특히 위기에 빠진 사람들, 그리고 삶의 의미와 미래에 대해 의문을 제기하는 사람들에게 위대한 메시지입니다.

➡ 577 ➡ 871~873, 898~913 ➡ 138, 139, 440

316 우리가 사회적으로 고독하게 있지 않기 위해 무엇을 할 수 있나요?

예수님과 함께 교회 안에서 살려고 하는 사람은 사회에서 외롭고 오해를 받을 위험을 무릅씁니다. 물질주의적이고 향락주의적인 계획이 세상을 아름답게 속이고, 많은 사람들을 환영과 피상적인 만족의 삶으로 유혹합니다. 그렇기 때문에 '작은 교회'가 필요합니다. 가정 교회, 기도 모임, 소공동체, 성경 모임, 영성 모임, 연구 모임 등이 그것입니다. 소수로 구성된 이러한 공동체 안에서 그리스도인들은 우애를 다지며 함께 신앙을 심화할 수

> 두 사람이나 세 사람이라도 내 이름으로 모인 곳에는 나도 함께 있기 때문이다.
> 마태 18,20

> 당신들은 웃게 될 것입니다. 성경!
> 비그리스도교 작가인 베르톨트 브레히트가 가장 좋아하는 책에 대한 물음에 대한 답변

> 우리는 하느님의 말씀 안에서 아직 이해하지 못한 것을 미리 무시하려고 하고, 밝고 명확한 것에 대해서만 진심으로 기뻐합니다.
>
> 아우구스티노 성인

열정과 끈기를 갖고 이 교리서를 공부하십시오. 이 공부에 여러분의 소중한 시간을 쓰십시오! 방에서 조용히 이 책을 읽거나, 친구와 함께 둘이서 읽거나, 스터디 그룹이나 네트워크를 만들고 인터넷을 이용해 여러분의 의견을 교환하십시오. 어떤 방식으로든 여러분의 신앙에 관해 계속 대화하십시오. 여러분은 자신이 무엇을 믿고 있는지 알아야 합니다. IT 전문가가 컴퓨터 운영 체계를 속속들이 알고 있듯, 여러분도 자신의 신앙을 정확히 알아야 합니다.

베네딕토 16세 교황, 《YOUCAT》 머리말

있습니다. 그들은 함께 기도하며 하느님의 뜻을 찾을 수 있으며, 함께 성경 연구 모임을 꾸려 갈 수 있고, 함께 교회의 가르침을 익히며 시간을 보낼 수 있습니다. 이러한 활동이 아직 없는 곳에서는, 첫 구성원이 둘이나 셋밖에 되지 않을지라도 모임이나 단체를 반드시 만들어야 합니다. 또한 이러한 단체는 정기적으로 거룩한 미사를 봉헌하는 본당 공동체에 통합되어야 합니다.

➡ 576 ➡ 1877~1882 ➡ 122, 211, 321

317 우리는 사회 참여를 위한 나침반을 어디에서 찾을 수 있나요?

그리스도인에게 성경보다 더 중요한 책은 없습니다. 아시시의 프란치스코 성인도 성경을 읽는 것은 그리스도께 조언을 청하는 것을 뜻한다고 말한 바 있습니다. 성경 외에도 가톨릭 교회는 거룩한 전통, 곧 성령의 불에 의해 지속되는 교회의 신앙으로 이어져 오고 있습니다. 《가톨릭 교회 교리서》에는 2천여 년 동안 성장하고 심화된 신앙이 구체적으로 기록되어 있습니다. 그리스도인이 자신의 신앙과 필요한 모습에 관해 알아야 하는 모든 것이 여기에 집약되어 있습니다. 또한 사회에 적극 참여하는 사람은 교회의 중요한 인식을 레오 13세 교황 이후부터 반포된 사회 회칙에서 찾을 수 있습니다. 이러한 사회 회칙은 《간추린 사회 교리》에 요약되어 있습니다. 청년들이 교리서에 보다 쉽게 다가설 수 있도록 출간된 《YOUCAT》도 있습니다. 그리고 교회의 사회 교리가 청년들 사이에 폭넓게 확산되도록 만들어진 《DOCAT》이 있습니다.

➡ 580~583 ➡ 2419~2425 ➡ 438~440

> 기쁨과 희망, 슬픔과 고뇌, 현대인들 특히 가난하고 고통받는 모든 사람의 그것은 바로 그리스도 제자들의 기쁨과 희망이며 슬픔과 고뇌이다. …… 이러한 임무를 완수하고자 모든 시대에 걸쳐 교회는 시대의 징표를 탐구하고 이를 복음의 빛으로 해석하여야 할 의무를 지니고 있다. 그렇게 함으로써 각 세대에 알맞은 방법으로 교회는 현세와 내세의 삶의 의미 그리고 그 상호 관계에 대한 인간의 끝없는 물음에 대답해 줄 수 있을 것이다.
> 제2차 바티칸 공의회, 사목 헌장 〈기쁨과 희망〉 1~4장

318 교회는 교회의 가르침을 시대 정신에 맞춰 변경할 수 있나요?

신앙의 진리는 처분에 맡겨진 것이 아닙니다. 진리는 다수결 투표의 결과가 아니며, 많은 사람들의 찬반에 구애받지 않고 존재합니다. 교회는 결코 신경credo을 고쳐 쓰지 않을 것입니다. 그리고 성사의 수나 내용도 변경하지 않고 십계명을 확장하거나 줄이지도 않을 것입니다. 교회는 전례와 기도의 본래 모습도 바꾸지 않을 것입니다. 그러나 만일 교회가 하느님이 오늘날 우리에게 말씀하시는 '시대의 징표'를 신중하게 탐구하지 않으면 성령을 거스르는 죄를 짓는 것입니다. 여기에서 얻은 인식은 교회의 신앙론을 심화하고 발전시킬 수 있지만, 신앙의 분투를 통해 얻은 교회의 확실한 인식인 교의를 결코 바꾸지 않을 것입니다. 따라서 사회 교리를 통해 교회는 자신의 탁월한 도구를 사회적, 정치적, 경제적 변화에 보다 잘 적응시킬 필요가 있습니다.

➡ 72~75 ➡ 185~197, 1084~1098, 2052~2074
➡ 13, 25~28, 143, 344~349

> 교회의 파견은 평신도들을 포기할 수 없습니다. 그들은 하느님의 말씀, 성사와 기도에서 힘을 길어 올리고, 가족, 학교, 직장, 시민운동, 노동조합, 정당과 정부의 한가운데에서 복음의 기쁨에 대해 증언함으로써 신앙을 실천하고 있습니다.
> 프란치스코 교황, 2014년 5월 19일

319 어떤 정치 정당의 입장이 그리스도교의 가르침과 항상 일치하지 않을지라도 그 정당에 가입할 수 있나요?

물론 참여할 수 있습니다. 우리는 그리스도인으로서 사회를 '사랑의 문명'으로 변화시킬 사명이 있습니다. 우리가 정당에 가입하면, 우리는 약자들과 연대하는 도구를 손에 쥐는 것입니다. 우리는 정당을 통해 인간 존엄성의 우위를 강조하고 사회의 보조적인 구조들을 숙고함으로써 공동선에 기여할 수 있습니다. 정당들은 계획을 세우고, 그 계획을 관철시키기 위해 다수가 필요합니다. 그리스도교의 강령은 종종 불편한 입장과 결합되어 있기 때문에, 그리스도교의 가르침을 일대일로 따르는 정당이 거의 없습니다. 가톨릭 신자가 신앙과 어울리는 입장을 강화하고 다수의 지지를 얻을 수 있도록 책임감 있게 협력하는 것은 대단히 중요합니다. 이러한 책임감 있는 참여를 위한 조건은 인간 존엄성, 인권과 생명 보호, 국가의 헌법에 근거를 두는 사회 안에서의 교회의 법률상 지위 등에 대한 정당의 원칙적인 지지입니다. 폭력을 주창하거나 사회 증오, 선동 정치, 인종 차별이나 계급 투쟁을 지지하는 정당은 그리스도인들에게서 아무것도 빼앗을 수 없습니다.

→ 573, 574 → 2442 → 440

> 저는 정당 의회주의의 확고한 비판자이며, 참된 국민 대표들이 그 소속된 당에 종속되지 않고 선출되는 체제의 추종자입니다. 그래야 그들이 자기 지역에서의 개인적인 책임을 알고 있고, 활동을 잘 하지 않으면 소환될 수도 있습니다. 저는 경제 연합, 협동조합, 지역 동맹, 교육 기구와 직업 기구 등을 존중합니다. 그러나 저는 정치 정당의 본성을 이해하지 못합니다.
> **알렉산드르 이사예비치 솔제니친**

320 우리는 비그리스도교적인 연합, 단체와 기구에 참여해야 하나요?

참여해야 합니다. 그리스도인들은 동일한 생각을 하는 사람들만 모여서 갇힌 곳에 있어서는 안 됩니다. 사람들에게 신뢰를 받는 축구 선수가 소속된 팀에서 스스로 가톨릭 신자라고 알리면, 이는 멋진 증언을 하는 것입니다. 마치 노동조합원이 자신이 그리스도교 신자이기 때

> 저는 아시시의 프란치스코 성인이 자기 형제들에게 했던 말을 잘 기억하고 있습니다. "항상 복음을 선포하십시오."
> **프란치스코 교황, 2013년 9월 27일**

문에 정의를 위해 투쟁한다는 것을 알리는 것과 같습니다. 하지만 이러한 사회 참여에는 세 가지 조건이 있습니다. 첫째, 그리스도교의 소명에 반하는 것(만취, 상해, 방탕한 성행위 등)을 해서는 안 됩니다. 둘째, 신앙의 표현이 방해받아서는 안 됩니다. 마지막으로, 사회 참여가 이념적으로 악용되어서는 안 됩니다. 선하게 보이는 사회적 목적이라도 그리스도교적인 것에 대해 끝까지 침묵을 지키는 것은, 이념적 관심사의 연장선일 뿐입니다. 이러한 비그리스도교 세력들이 선한 그리스도인들을 이용하려 듭니다.

➡ 71, 72, 83, 84, 327, 571~574 ➡ 2442 ➡ 440

321 우리의 신앙과 일치할 수 없는 직업이나 특정 단체가 있나요?

있습니다. 그리스도교의 인간상과 교회의 최소한의 도덕적인 기준과 명확하게 모순되는 분야의 직업들이 있습니다. 그리스도인들은 그리스도를 추종하면서 경제적인 곤경에 처해 있을지라도 직업상의 불이익을 감수할 각오를 해야 합니다. 그리스도인이면서 낙태 시술이나 안락사시키는 일을 할 수 없습니다. 매춘, 포주, 포르노의 생산과 유통뿐만 아니라 마약 거래, 인신매매, 인간을 협박하고 모욕하고 해치는 음모 등에 간접적으로도 가담해서는 안 됩니다. 은행과 같은 금융업에 종사하는 사람들은 자주 고객을 기만한 상품을 판매하라는 강요를 받기도 합니다. 언론인들은 대중 매체를 만들 때 그리스도인이라는 자신의 정체성을 잃지 않는 선이 어디까지인지 양심으로 결정해야 합니다. 예수님께 속한다는 것은 직업, 경제, 정치의 측면에서 범죄 조직과 협력하지 않는다는 것을 의미합니다. 아울러 국가의 부당한 체제에도 협력하지 않아야 합니다. 창조를 파괴하거

마피아 단원들처럼 악의 길을 선택하는 모든 사람은 하느님과의 일치 안에서 사는 것이 아닙니다. 그들은 교회 안에서 이미 파문되었습니다. …… 하느님을 경배하는 일이 돈을 숭배하는 일로 대체된다면, 죄악과 자기 이익과 억압의 길이 열려 버린 것입니다.

프란치스코 교황, 2014년 칼라브리아에서의 강론

다만 용기를 가지고 앞장서 나아가십시오. 소음을 내시기 바랍니다. 젊은이가 있는 곳에는 소음도 있어야 합니다. 삶의 여정에는 여러분을 정지시키고, 여러분의 길을 차단하기 위해 유혹하는 사람들이 있을 것입니다. …… 흐름에 역행하십시오. 여러분에게 그렇게 해를 끼치는 문명을 역행하시기 바랍니다. 이해하셨습니까? 흐름을 거스르십시오. 이것은 소음을 내며, 진선미의 가치와 함께 앞장서 가라는 뜻입니다. 이것이 제가 여러분에게 말하고 싶은 내용입니다. …… 여러분은 즐거운 젊은이가 되십시오!

프란치스코 교황,
2013년 8월 28일

그 시대와 노골적으로 대립하여 큰 소리로 외쳤던 "아니요."보다 더 어려운 것은 없고 더 위대한 것도 없습니다.

쿠르트 투홀스키(1880~1935년),
독일의 작가

나 최저 생계비에 못 미치는 임금, 질병을 야기하는 노동 조건, 어린이 노동 등 인간의 존엄성을 해치며, 교회를 압박하고 박해하고, 파괴적인 무기를 생산하고, 하느님의 정신보다 수익을 더 추구하는 기업에도 협력하지 않아야 합니다.

➡ 193, 332 ➡ 1939~1942 ➡ 440

322 그리스도인들은 공개적인 시위에 가담해야 하나요?

당연히 그리스도인들은 길거리로 나가야 합니다. 그뿐만 아니라 지금보다 더 자주 나가야 하며, 자신들의 이해가 관련되지 않은 경우에도 나갈 수 있어야 합니다. 권력이 정의를 억압하면 그리스도인들은 시위자들의 맨 앞에 있어야 합니다. 프란치스코 교황은 이렇게 말했습니다. "젊은이들이여, 길거리로 나가십시오. …… 저는 다른 사람들이 변화의 주역이 되는 것을 허락하지 말라고 여러분에게 호소합니다. 미래는 바로 여러분의 것입니다."(2013년 리우데자네이루 세계 청년 대회) 그리스도인들은 증오와 폭력이 난무할 때, 노동 조건이 비인간적일 때, 정당한 보수의 지불이 유보될 때, 자연적인 삶의 토대가 파괴될 때나 소수가 억압을 받을 때 항의해야 합니다. 때때로 그리스도인들은 선량한 시민이기를 원합니다. 그래서 공개적인 시위를 정치 집단보다 적게 하려

> 사랑하는 젊은이들이여, 삶을 '발코니'에서 보지 마십시오.
> 여러분은 세상으로 나가십시오. 예수님은 발코니에 머물러 계시지
> 않았습니다. 그분은 당신 자신을 한가운데로 내던지셨습니다. ……
> 예수님께서 하셨던 것처럼, 여러분 자신도 생명 안에 잠기길 바랍니다.
>
> 프란치스코 교황, 2013년 리우데자네이루 세계 청년 대회

고 합니다. 그러나 그리스도인들은 정치적인 의식을 형성하기 위해서뿐만 아니라 탄생에서부터 죽음에 이르기까지의 삶을 보호받기 위해서도 길거리에 나서야 한다는 것을 배워야 합니다. 그리스도교는 전 세계적으로 가장 많이 박해받는 종교이기 때문에, 또한 그리스도인들은 손해를 입고 억압당하는 그리스도인들의 권리 보호와 주일을 지키기 위해서 그리고 교회의 모욕에 반대하여 항거해야 합니다.

➡ 71, 72, 284~286 ➡ 1932, 2185~2188
➡ 332, 365, 366

323 그리스도교 청년들의 국가적 · 국제적인 만남은 어떤 의미가 있나요?

성지 순례, 청년 캠프, 기도 모임 그리고 세계 청년 대회 등은 일정한 기간을 두고 젊은 가톨릭 청년들을 함께 결합시킵니다. 이러한 행사들은 많은 국가에서 젊은 그리스도인들의 문화를 강력하게 알리는 계기가 됩니다. 또 어떤 국가에서는 이러한 행사가 신앙생활에서 고립되었다고 느끼는 가톨릭 청년들에게 열광과 위로를 주는 체험이 됩니다. 특히 세계 청년 대회는 '가톨릭 정서', 곧 사도들의 시대 이후부터 지상의 모든 민족 안에서 성장한 하느님의 새 백성에 속한다는 자부심을 키

> 저는 여러분이 훌륭한 그리스도인이 되기를 바란다는 것을 알고 있습니다. 곧 여러분은 외부에 그리스도인으로 드러나지만 내면에서는 아무것도 행하지 않는, 부분적인 그리스도인 혹은 '속물' 그리스도인이 되길 바라지 않습니다. 여러분은 외관으로만 그리스도인으로 보이는 발바닥 그리스도인이 아니라, 진정한 그리스도인이 되기를 원합니다. 또한 저는 여러분이 순간과 유행과 관심에 따라 움직이는 불안정한 자유 안에서 살기를 원하지 않는다는 것을 알고 있습니다. 저는 여러분이 위대한 것, 충만한 의미를 주는 궁극적인 결정을 원한다는 것을 알고 있습니다. 이것이 사실인가요, 아니면 제가 착각하는 것인가요? 사실 아닙니까?
>
> 프란치스코 교황, 2013년 리우데자네이루 세계 청년 대회

> 사실 성덕을 표제로 사목 계획을 세우는 것은 매우 중요한 선택입니다. 이는 다음과 같은 확신을 의미합니다. 곧, 세례는 그리스도와 한 몸을 이루고 성령 안에서 살아감으로써 하느님의 성덕에 진정으로 참여하는 것이므로, 최소한의 윤리와 피상적인 종교심으로 특징지어지는 평범한 삶에 안주하는 것은 모순일 것이라는 확신입니다.
>
> 요한 바오로 2세 성인 교황, 〈새 천년기〉 31항

위 주는 행사가 되었습니다. 적지 않은 젊은 가톨릭 신자들이 세계 청년 대회나 정기적인 기도 모임이 삶의 근본적인 결정을 위한 기폭제가 되었다고 고백합니다. 그때부터 자신의 삶은 오직 하느님의 것이 되었다는 것입니다. 물론 세계 청년 대회에 참가했던 모든 사람이 참여와 동시에 독실한 가톨릭 신자가 되었던 것은 아닙니다. 그러나 이미 신앙심이 있거나 또 지금 신앙을 찾는 사람들이 함께하는 미사와 성찬례를 통해 서로 더욱 돈독해지는 것을 체험하는 것은, 하느님과 함께하는 위대한 삶의 시작입니다.

➡ 97~99, 285, 423, 520 ➡ 2178, 2179

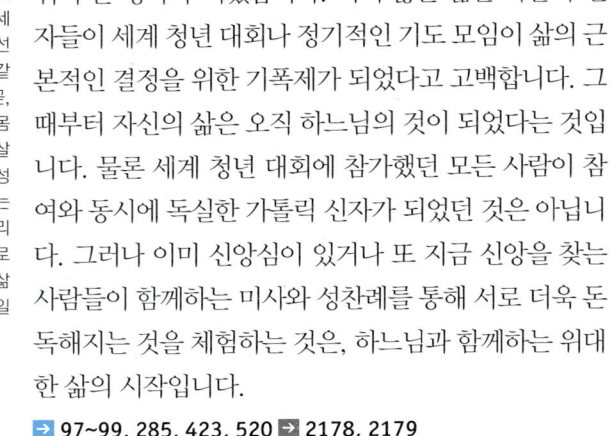

> 교회는 주름이 짜글짜글한 노파입니다.
> 그런데 그 노파는 나의 어머니입니다.
> 누구도 자기 어머니를 때리지는 않습니다.
>
> 카를 라너(1904~1984년), 독일의 신학자

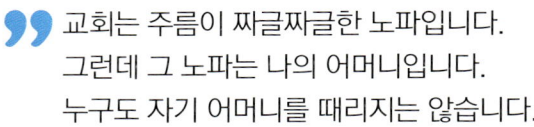

324 가톨릭 신자들은 공공연하게 교회를 비판할 수 있나요?

> 저는 모든 것을 변화시킬 수 있는 '선교 선택'을 꿈꿉니다. 교회의 관습과 행동 양식, 시간과 일정, 언어와 모든 교회 구조가 자기 보전보다는 오늘날 세계의 복음화를 위한 적절한 경로가 될 수 있기를 바랍니다.
>
> 프란치스코 교황, 〈복음의 기쁨〉 27항

사랑의 마음에서 우러나 교회가 변화하는 과정에서 교회를 도우려는 비판은 정당합니다. 시에나의 가타리나 성녀, 아시시의 프란치스코 성인, 베르나르도 성인, 베네딕토 16세 교황과 프란치스코 교황 등은 그렇게 했습니다. 자기 자신을 교회에 깊이 일치시킬수록, 예수님을 더 무조건적으로 따르고, 교회와 그 직무자들에게 더 예리하게 복음을 상기시킵니다. 그러나 사제들과 주교들을 비판하는 사람은 그들이 예수님의 특별한 약속을

받았다는 것을 항상 염두에 두어야 합니다. "너희 말을 듣는 이는 내 말을 듣는 사람이다."(루카 10,16 참조) 동시에 그들에게는 "불행하여라, 내 목장의 양 떼를 파멸시키고 흩어 버린 목자들!"(예레 23,1)이라는 말씀도 중요합니다. 가톨릭 신자로서 교회의 기본 입장을 받아들이는 사람이라면, 개별적인 부분들에 대해서 비판적으로 토론할 수 있습니다. 건설적인 논쟁은 내용적으로 근거가 있고, 가톨릭 가르침의 근본 가치와 원리와 일치한다면 크게 환영을 받을 것입니다. 교회에 대한 깊은 애정으로부터 자신들의 실제적인 이해와 입장을 표명하는 사람들을 통하여 교회는 활기차게 됩니다.

➡ 117 ➡ 790~796 ➡ 127

> 하느님의 제정으로 부여받은 성령을 통하여 사도들의 지위를 계승하는 주교들은 교리의 스승이요 거룩한 예배의 사제들이며, 통치의 교역자들이 되도록 교회 안에 목자들로 세워진다.
>
> 《교회법전》 제375조

> 인간들은 비판을 통해 개선되기보다는 칭찬을 통해 몰락하는 것을 더 좋아합니다.
>
> 조지 버나드 쇼

325 교회에서의 이탈은 언제 일어나나요?

교회의 공동체나 기구가 구체적인 문제에서 다르게 행동하거나 결정해야 한다고 생각하기 때문에, 전체 교회와의 일치에서 떠나는 일이 종종 일어납니다. 이러한 이탈은 예언적 행동을 앞당겨야 한다는 필요성에 근거를 둡니다. 예를 들면, 사회의 부당한 정권에 대항하여 무기를 사용하는 것, 교회의 계율에 반대하여 저항하는 것, 갈라진 교회의 그리스도인들과 함께 허락되지 않은 성찬례를 거행하는 것 등입니다. 실제로 교회에는 새로운 것이 교회 안에서 실현되도록 돕는 예언자들이 필요합니다. 예언자가 없었다면 교회는 노동자 문제를 놓쳤을 것이고, 표현의 자유가 교회 안에서 나타나지 않았을 것입니다. 따라서 '예언자적 용기'로 교회에 실제로 기여하고 있는지 아니면 완고함과 모든 것을 안다는 식의 태도에서 기인하여 불순종으로 분열을 일으키는지 늘 명확하게 검증해야 합니다.

➡ 460 ➡ 166, 168, 176~184

> 사랑하는 여러분, 아무 영이나 다 믿지 말고 그 영이 하느님께 속한 것인지 시험해 보십시오. 거짓 예언자들이 세상으로 많이 나갔기 때문입니다. 여러분은 하느님의 영을 이렇게 알 수 있습니다. 예수 그리스도께서 사람의 몸으로 오셨다고 고백하는 영은 모두 하느님께 속한 영입니다.
>
> 1요한 4,1-2

> 그리스도의 교회는 초대하는 교회, 문을 열어 둔 교회, 따스하고 어머니 같은 교회, 세대 간의 격차가 없는 교회, 죽은 사람들의 것이고 산 사람들의 것이며 이전에 있었던 사람들의 것이고 우리와 함께 있는 사람들의 것이며 우리 뒤에 오는 사람들의 교회, 사람들과 함께 웃고 사람들과 함께 우는 교회, 사람들이 있는 곳에 가서 그들을 찾는 교회, 곧 일터에서 가정에서 여가를 즐기는 곳에서 그들을 찾는 교회, 축제를 지내는 교회, 일상생활을 하는 교회, 업적을 요구하지 않는 교회, 실패한 사람들과 실패하고 있는 사람들의 교회, 성인들과 죄지은 사람들의 교회입니다.
> **프란츠 쾨닉 추기경**

326 사회 문제의 참여가 어떻게 교회 사이의 일치를 강화하나요?

사회 활동은 교회 일치를 위한 공동 협력의 가능성을 많이 제공합니다. 민주주의, 인권, 평화와 사회 정의를 위해 함께 투신함으로써 다양한 종파의 그리스도인들 사이에 신뢰를 싹트게 하고 연대를 강화할 수 있습니다. 그리하여 다른 영역에서도 갈라진 부분을 극복하고 복음의 진리 안에서 일치를 되찾을 수 있게 합니다.

→ 135, 159 → 820~822 → 131

327 사회 문제의 참여가 어떻게 종교 사이의 일치를 강화할 수 있나요?

다양한 종교의 신자들이 인류의 선을 위해 그 힘을 모으고 정의와 평화뿐만 아니라 창조의 유지를 위해서도 투신하는 것은 중요합니다. 이러한 일이 일어나게 하는 정신에 대해서 프란치스코 교황은 이렇게 말했습니다. "우리는 신자들을 유혹하기 위하여 그 누구도 강요하지 않으며, 어떤 교활한 술책도 사용하지 않습니다. 오히려 우리는 기쁨과 단순함으로 우리가 믿는 것과 있는 그대로의 우리 자신을 증언합니다. 왜냐하면 만일 만남이 각자 자신이 믿는 것을 옆으로 밀쳐놓고 자신에게 가장 소중한 것을 포기하듯이 행동하는 만남이라면, 분명 진정한 관계를 맺지 못할 것입니다." 따라서 다양한 종교의 사회 참여가 가능합니다. 그리스도인들은 사랑과 신뢰로 자신들과 다르게 믿는 사람들에게 다가가야 하지만, 자신들의 신앙을 분명하게 유지하는 데 주의를 기울여야 합니다. 왜냐하면 때에 따라서는 동일한 단어가 완전히 다른 절대자의 표상을 뜻할 수 있기 때문입니다. 말하자면 종교 혼합주의의 위험이 있는 것입니다. 또한 교회와 맞서 싸우고 샤리아Shari'ah(이슬람의 법 체계로 종교, 가족, 사회, 경제, 정치, 국제 관계에 이르기까지 모든 것을 규정함 — 역자 주)를 가지고 신정 국가를 세우려는 근본주의적 집단과 함께하는 사회 참여는 생각할 수도 없습니다.

➡️ 12 ➡️ 817~822, 841~848 ➡️ 130, 136

328 어떻게 하면 그리스도인과 이슬람교도 사이의 평화로운 공존이 가능한가요?

많은 나라에서 그리스도인들이 근본주의적인 무슬림에 의해 박해를 받고 있습니다. 이에 적지 않은 그리스도인들이 이슬람교 신앙 공동체 전체를 악마로 여기고, 그들을 멀리하며 모든 형태의 협력을 거절하려고 합니다. 그들은 온 마음을 다해 폭력을 단죄하는 무슬림도 있다는 것을 망각하고, 그리고 원수까지도 사랑하라는 예수님의 핵심 가르침도 잊습니다. 그리스도인들과 무슬림이 함께 사는 곳에서는 그들 모두가 서로 우호적인 분위기를 만들고 인간적인 관계를 유지해야 합니다. 그리스도인들이 먼저 첫걸음을 내딛으며 솔선수범하여 환대와 신뢰라는 표지를 보여 주어야 합니다.

➡️ 515~517, 537 ➡️ 841 ➡️ 136

우리는 가난한 사람과 약한 사람 그리고 고통받는 사람의 유익을 위해 많은 것을 할 수 있습니다. 우리는 정의를 구현하고 화해를 이루고 평화를 실현하기 위해 많은 것을 할 수 있습니다. 그러나 우리는 무엇보다도 세상 안에서 절대자에 대한 목마름을 확실하게 유지해야 합니다. 그러기 위해서는 인간이 생산하고 소비하는 것에만 인간을 한정시켜 바라보는, 이른바 인간의 일차원적 시각만 우선적으로 여기는 것을 허용해서는 안 됩니다.

프란치스코 교황, 2013년 3월 20일 여러 종교 지도자들 앞에서 연설

> 본질적인 것에는 일치를, 비본질적인 것에는 자유를, 그리고 모든 것에서 사랑을!

루퍼투스 멜데니우스(1582~1651년), 독일의 루터교 신학자

> 오늘은 남은 내 인생의 첫 날입니다.

코레타 킹(1927~2006년), 미국의 인권 운동가, 마틴 루서 킹의 아내

교회의 중요 문헌

사랑의 실천

백주년 | 배제의 위험

시대의 추세에 뒤지는 이들은 쉽게 주변화될 수 있는데, 이들은 연로한 이들, 사회생활에 잘 적응하지 못하는 젊은이들, 그리고 일반적으로는 "제4세계"라고도 불리는 약소한 이들이다. 이러한 상황에서 여성의 입장도 결코 편안하지 않다.

요한 바오로 2세 교황, 회칙 〈백주년〉(1991년) 33항

백주년 | 업적의 증거

교회는 다른 어느 때보다도 자신의 사회적 메시지가 그 내적 일관성과 논리로서보다는, 업적의 증거에 있어서 권위와 신뢰를 얻는다는 것을 의식하고 있다. 이러한 의식으로부터 다른 집단들을 배제하거나 차별하지 않는, 가난한 이들의 특별한 선호가 나오는 것이다. 오늘날의 사회에서는 경제적 빈곤뿐만 아니라 이데올로기적이고 정신적인 빈곤도 있다는 것이 잘 알려져 있기 때문에, 물질적 빈곤과 관련된 선호에 대해서만 논하는 것이 아니다. 대단히 중요하며 전통 안에서 항상 계속되어 온, 가난한 이에 대한 교회의 관심은 교회로 하여금 기술적이고 경제적인 발전에도 불구하고, 엄청난 빈곤이 지속적으로 그 모습을 드러내는 세계로 향하도록 촉구한다.

요한 바오로 2세 교황, 회칙 〈백주년〉(1991년) 57항

생명의 복음 | 생명에 보금자리를 주다

아직도 많은 부부들은 막중한 책임감을 가지고 자녀를 "혼인의 가장 뛰어난 선물"로 받아들일 준비를 갖추고 있습니다. 그리고 무엇보다도 생명에 대한 일상의 봉사 안에서, 버려진 아기들과 어려움에 빠진 남녀 어린이들과 청소년들을 기꺼이 받아들이려는 가정들도 없지 않습니다. 많은 생명 후원 센터들과 유사한 기구들은 개인과 단체들의 후원을 받고 있습니다. 이러한 개인과 단체들은 놀랄 만한 헌신과 희생으로, 곤경에 놓인 어머니들과 낙태에 의존하고 싶은 유혹을 받는 어머니들에게 정신적 물질적 도움을 제공하고 있습니다. 많은 곳에서, 가족이 없는 사람들을 따뜻하게 맞아들일 준비를 갖춘 자원 봉사자 단체들이 점차 생겨나고 있습니다. 가족이 없는 이 사람들은 특히 절망스러운 상황에 놓여 있는 사람들이거나, 파멸적인 습관을 극복하고 삶의 의미를 새롭게 발견하도록 도와줄 환경이 필요한 사람들입니다.

요한 바오로 2세 교황, 회칙 〈생명의 복음〉(1995년) 26항

`진리 안의 사랑`　　**사랑과 진리**

진리를 상대화하는 경향이 널리 퍼져 있는 현재의 사회적 문화적 상황에서 진리 안의 사랑을 실천하면 그리스도교 가치를 따르는 일이 바람직한 사회 건설과 참되고 온전한 인간 발전을 이루는 데에 유익할 뿐만 아니라 필수적이라는 것을 사람들이 이해하도록 도와줍니다. 진리 없는 사랑의 그리스도교가 있다면, 사회적 결속에는 도움이 될 수 있으나 부차적인 좋은 감정들의 집합에 불과할 것입니다. 다시 말해서 이 세상에 더 이상 하느님이 계실 그 자리가 없어지게 되는 것입니다. 진리가 없다면 사랑은 관계가 결여된 좁은 영역에 갇혀 버립니다. 사랑은, 지식과 실천의 대화를 통하여 전 세계의 인간 발전을 촉진하는 계획과 그 과정에서 배제되고 맙니다.

베네딕토 16세 교황, 회칙 〈진리 안의 사랑〉(2009년) 4항

`진리 안의 사랑`　　**사랑은 무엇인가**

사랑은 주고받는 것입니다. …… 하느님의 사랑을 받는 인간은 사랑의 주체가 됩니다. 인간은 은총의 도구가 되어 하느님의 사랑을 전파하고 사랑의 그물을 짜도록 부름 받은 것입니다. 이러한 주고받는 사랑의 역동성이 교회의 사회 교리를 이루고 있습니다. 사회 문제와 관련한 진리 안의 사랑인 사회 교리는 사회 안에서 그리스도의 사랑의 진리를 선포합니다. 이 교리는 사랑을 위한 것이지만 진리 안에 자리하고 있습니다. 진리는 계속 변화하는 역사적 사건에서 사랑의 해방시키는 힘을 보존하고 드러냅니다. 이는 신앙의 진리이며 또한 이성의 진리입니다. 이 두 인식 영역이 구별되면서 만나는 곳에 이 진리가 있습니다. 발전, 사회 복지, 인류를 괴롭히는 심각한 경제적 사회적 문제들에 대한 만족스러운 해결책 추구, 이 모든 것에 이 진리가 필요합니다. 그런데 더욱 필요한 것은 이 진리를 사랑하고 드러내는 것입니다. 진리 없이는, 참된 것에 대한 믿음과 사랑 없이는 사회적 양심과 책임이 있을 수 없고, 사회적 활동은 결국 사적인 이익과 권력의 논리를 따르게 되어, 세계화된 사회에서 특히 지금처럼 어려운 시기에는 사회적 분열에 도달하고 말 것입니다.

베네딕토 16세 교황, 회칙 〈진리 안의 사랑〉(2009년) 5항

`진리 안의 사랑`　　**사랑은 공동체를 세운다**

진리 안의 사랑은 모든 이가 받는 은총이므로 그것은 공동체를 세우는 힘이며, 어떠한 장벽이나 경계도 두지 않고 모든 사람을 일치시킵니다. 우리 스스로 세운 인간 공동체는 순전히 그 자체의 힘으로는 결코 완전한 형제 공동체가 될 수 없으며, 모든 분열을 극복하고 참으로 보편적인 공동체가 될 수도 없습니다. 모든 장벽을 초월하는 형제적 친교인 인류의 일치는 사랑이신 하느님의 말씀으로 생겨납니다. 이 중요한 문제를 다루면서 분명히 해야 할 것이 있는데, 하나는 은총의 논리가 정의를 배제하지 않을 뿐만 아니라 정의를 외부에서 덧붙여진 부차적인 요소로 나앉게 하지는 않는다는 것입니다. 또 다른 하나는 경제, 사회, 정치적 발전이 참으로 인간다운 것이 되려면 형제애의 표현으로서 무상성(無償性)의 원칙이라는 여지를 마련할 필요가 있다는 사실입니다.

베네딕토 16세 교황, 회칙 〈진리 안의 사랑〉(2009년) 34항

복음의 기쁨　　모든 사람은 요구를 받는다

하느님 백성의 모든 구성원은 그들이 받은 세례에 힘입어 선교하는 제자가 되었습니다(마태 28,19 참조). 세례 받은 모든 이는 교회 안의 역할이나 신앙 교육의 수준에 상관없이 복음화의 능동적인 주체입니다. 따라서 복음화 계획은 전문가들이나 수행하는 것이고 나머지 신자들은 그저 수동적인 수용자라고 여기는 것은 바람직하지 않습니다. 새로운 복음화는 세례받은 모든 이의 주도적인 참여를 촉구하고 있습니다. 모든 그리스도인은 지금 여기에서 적극적으로 복음화 활동을 하라는 요구를 받습니다. 분명히 구원하시는 하느님의 사랑을 진실로 체험한 사람이라면 그 누구라도 밖으로 나아가 그 사랑을 선포하는 데에 오랜 준비나 긴 시간의 훈련이 필요 없습니다. 예수 그리스도 안에서 하느님 사랑을 만난 그리스도인은 모두 선교사입니다. 우리는 더 이상 우리가 '제자'와 '선교사'가 아니라 언제나 '선교하는 제자'라고 말합니다.

프란치스코 교황, 권고 〈복음의 기쁨〉(2013년) 120항

복음의 기쁨　　자신이 살아가도록 도움을 받은 것은 전하라

물론 우리는 모두 복음화의 일꾼으로 성장하도록 부름 받고 있습니다. 아울러 우리는 더 나은 교육, 깊은 사랑, 복음에 대한 더 분명한 증언을 위하여 노력하여야 합니다. 이러한 의미에서 우리는 다른 사람들이 지속적으로 우리를 복음화하도록 내어 맡겨야 합니다. 그러나 이는 복음화 사명을 뒤로 미루라는 의미는 아닙니다. 오히려 어느 상황에서든 우리는 저마다 예수님을 전하는 길을 찾아야 합니다. 우리 모두 주님의 구원하시는 사랑을 다른 이들에게 분명하게 증언하라고 부름 받고 있습니다. 주님께서는 우리가 부족함에도 우리를 가까이 하시고 당신의 말씀과 힘을 주시며 우리 삶에 의미를 부여하십니다. 여러분은 그분께서 안 계신다면 삶이 같지 않다는 것을 마음으로 알고 있습니다. 여러분이 깨달은 것, 여러분이 살아가도록 돕고 희망을 준 것을 다른 이들에게도 전할 필요가 있습니다.

프란치스코 교황, 권고 〈복음의 기쁨〉(2013년) 121항

복음의 기쁨　　제자가 된다는 것

제자가 된다는 것은 예수님의 사랑을 다른 이들에게 전할 준비가 늘 되어 있음을 의미합니다. 그리고 이는 거리나 광장에서, 일할 때나 여행할 때와 같은 예상하지 못한 때에 어느 곳에서든 일어날 수 있습니다.

프란치스코 교황, 권고 〈복음의 기쁨〉(2013년) 127항

복음의 기쁨 선교사가 되라

복음을 전하는 공동체는 말과 행동으로 다른 이들의 일상생활에 뛰어들어 그들과 거리를 좁히고, 필요하다면 기꺼이 자신을 낮추며, 인간의 삶을 끌어안고 다른 이들 안에서 고통받고 계시는 그리스도의 몸을 어루만집니다. 따라서 복음 선포자들은 '양들의 냄새'를 풍기고, 양들은 그들의 목소리를 알아듣습니다. 복음을 전하는 공동체는 아무리 힘들고 기나긴 길이라도 한 걸음 한 걸음을 사람들과 '함께 갑니다.' 또한 사도처럼 오래 참고 기다리는 데에 익숙합니다. 복음화는 무한한 인내로 이루어지며 온갖 제약을 헤아립니다. 주님의 은총에 충실한 복음화는 또한 '열매를 맺습니다.' 복음을 전하는 공동체는 언제나 열매를 맺고자 마음을 씁니다. 주님께서 교회가 풍성한 열매를 맺기를 바라시기 때문입니다. 공동체는 밀을 돌보고, 가라지를 보아도 내버려 둡니다. 씨를 뿌린 사람은 밀 가운데 가라지가 자라는 것을 보더라도 불평하거나 지나친 반응을 하지 않습니다. 씨 뿌리는 사람은 말씀이 구체적인 상황에서 실현되고 새 생명의 열매를 맺게 하는 방법을 모색합니다. 그러한 열매가 더 영글고 설익어 보여도 그렇습니다. 제자는 예수 그리스도를 증언하며 순교에 이르기까지 자신의 온 생애를 바칠 각오가 되어 있는 사람입니다. 그의 꿈은 적들을 만드는 데 있지 않고, 하느님의 말씀이 받아들여지고 해방과 쇄신을 가져다주는 그 말씀의 힘이 드러나는 데에 있습니다. 끝으로, 복음을 전하는 공동체는 기쁨으로 가득하고, 언제나 기뻐할 줄 압니다. 또 작은 승리를 거둘 때마다, 곧 복음화의 활동에서 한 걸음씩 앞으로 내딛을 때마다 기뻐하며 경축합니다. ……

저는 모든 것을 변화시킬 수 있는 '선교 선택'을 꿈꿉니다. 교회의 관습과 행동 양식, 시간과 일정, 언어와 모든 교회 구조가 자기 보전보다는 오늘날 세계의 복음화를 위한 적절한 경로가 될 수 있기를 바랍니다. 사목 쇄신을 요구하는 구조 개혁은 이러한 의미에서만 이해될 수 있습니다. 곧 모든 구조를 더욱 선교 지향적으로 만들고, 모든 차원의 일반 사목 활동을 한층 포괄적이고 개방적인 것으로 만들며, 사목 일꾼들에게 '출발'하려는 끊임없는 열망을 불러일으켜, 예수님께서 우정을 맺도록 부르신 모든 이에게서 긍정의 대답을 이끌어 내는 것입니다.

프란치스코 교황, 권고 〈복음의 기쁨〉(2013년) 24, 27항

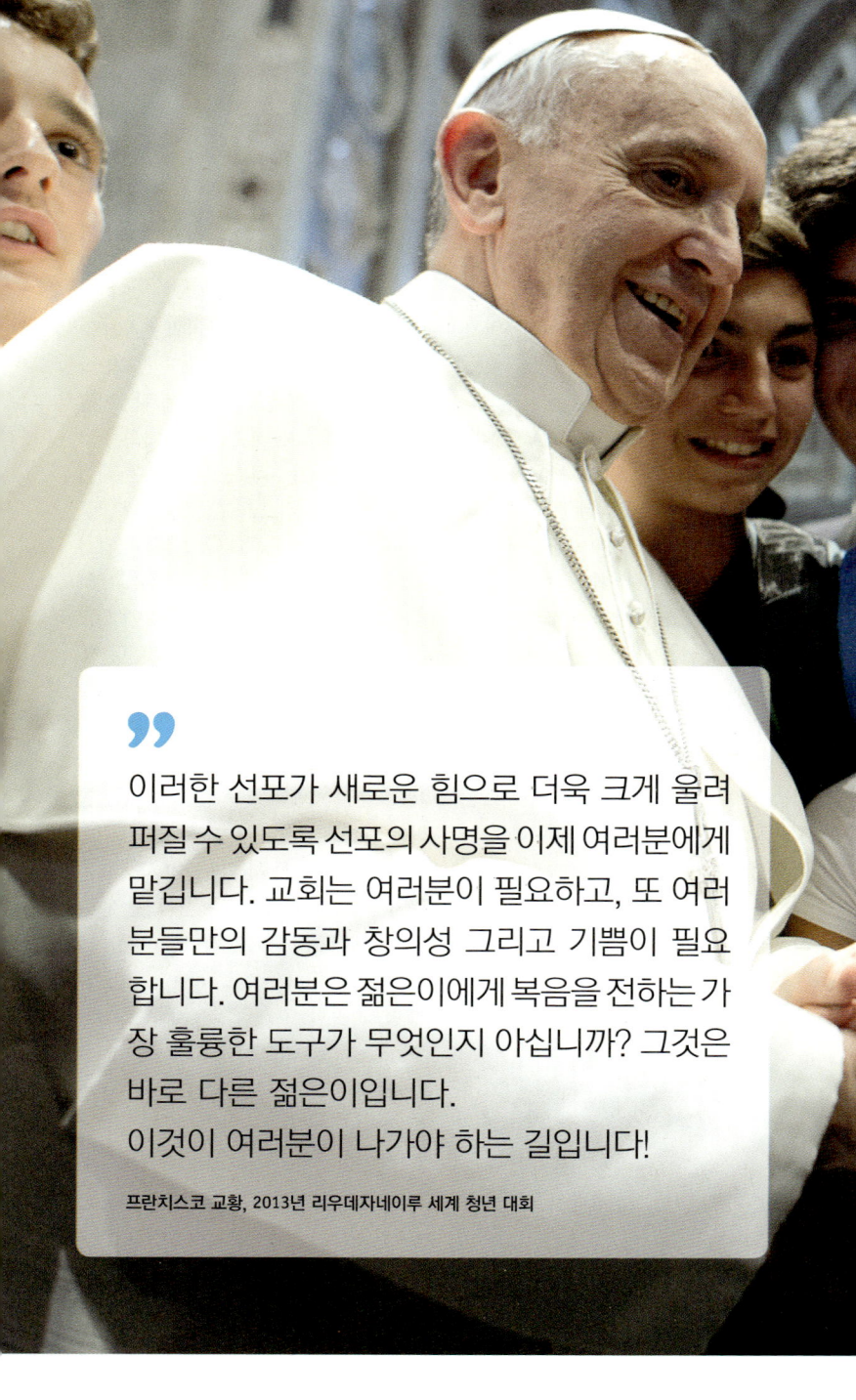

> 이러한 선포가 새로운 힘으로 더욱 크게 울려 퍼질 수 있도록 선포의 사명을 이제 여러분에게 맡깁니다. 교회는 여러분이 필요하고, 또 여러분들만의 감동과 창의성 그리고 기쁨이 필요합니다. 여러분은 젊은이에게 복음을 전하는 가장 훌륭한 도구가 무엇인지 아십니까? 그것은 바로 다른 젊은이입니다.
> 이것이 여러분이 나가야 하는 길입니다!
>
> 프란치스코 교황, 2013년 리우데자네이루 세계 청년 대회

인명 색인

C. S. 루이스 113, 198, 284
Lewis, C.S.

C. 키슬링 124
Kissling, C.

가브리엘 마르셀 22
Gabriel Marcel

가롤로 보로메오 성인 68
Karl Borromäus

게오르크 크리스토프 리히텐베르크 76, 235
Lichtenberg, Georg Christoph

게프하르트 퓌르스트 83
Fürst, Gebhard

공자 104, 125
Confucius

그레고르 기지 207
Gysi, Gregor

길버트 키스 체스터턴 203, 207
Chesterton, Gilbert Keith

나데레브 사노 245
Saño, Naderev

넬슨 만델라 74, 156, 215
Mandela, Nelson

넬슨 올드리치 록펠러 237
Rockefeller, Nelson A.

노르만 렌트롭 178
Rentrop, Norman

노르베르트 블륌 142, 199
Blüm, Norbert

노발리스 82, 87
Novalis (Friedrich Freiherr von Hardenberg)

니키타 흐루쇼프 262
Chruschtschow, Nikita

닐 포스트먼 234
Postman, Neil

다그 얄마르 앙네 칼 함마르셸 드 257
Hammarskjöld, Dag

단 아산 109
Assan, Dan

대니 케이 163
Kaye, Danny

데즈먼드 음필로 투투 29
Tutu, Desmond

도로테 죌레 233, 249
Sölle, Dorothee

돔 헬더 카마라 99
Dom Hélder Câmara

드와이트 데이비드 아이젠하워 217
Eisenhower, Dwight David

디트리히 본회퍼 208, 260, 284
Bonhoeffer, Dietrich

라빈드라나트 타고르 127
Tagore, Rabindranath

라이너 포르스트 223
Forst, Rainer

라인하르트 마르크스 148, 170
Marx, Reinhard

레오 13세 교황 Leo XIII., Papst
39, 42, 58, 88, 114, 136, 145, 154, 156, 157, 170, 184, 210

레오나르도 다 빈치 216
Leonardo da Vinci

로드 액턴 195
Lord Acton

로마의 라우렌시오 성인 102
Laurentius, Diakon

로버트 H. 잭슨 271
Jackson, Robert H.

로버트 라이시 216
Reich, Robert B.

로버트 스페만 73, 79, 128, 144, 223
Spaemann, Robert

로베르트 보슈 154
Bosch, Robert

로제 슈츠 수사 288
Schutz, Frère Roger

루이스 캐럴 250
Carroll, Lewis

루이제 오토-페터스 70
Otto-Peters, Louise

루트 파우 31
Pfau, Ruth

루트비히 뵈르네 165
Börne, Ludwig

루트비히 에르하르트 134
Erhard, Ludwig

루퍼투스 멜데니우스 301
Meldenius, Rupertus

르네 레몽 176
Rémond, René

리 아이어코카 154
Iacocca, Lee

마거릿 미드 192
Mead, Margaret

마그리트 케네디 226
Kennedy, Margrit

마더 데레사 성녀 Mutter Teresa
26, 28, 44, 45, 69, 107, 129, 191, 235, 259, 280, 284, 286, 287

마르쿠스 툴리우스 키케로 167, 190
Cicero, Marcus Tullius

마르틴 니묄러 47
Niemöller, Martin

마르틴 부버 50
Buber, Martin

마리 폰 에브너에셴바흐 103, 143, 227
Ebner-Eschenbach, Marie von

마리아 몬테소리 124
Montessori, Maria

마이스터 에크하르트 24, 69
Meister Eckhart

마크 트웨인 205
Twain, Mark

마티아스 클라우디우스 109, 110
Claudius, Matthias

마틴 루서 킹 106, 141, 209
King, Martin Luther

마하트마 간디 Mahatma Gandhi
102, 108, 111, 155, 197, 234, 267

막스 베버 191, 202
Weber, Max

막스 프리쉬 144, 268
Frisch, Max

만프레드 슈피쳐 54
Spitzer, Manfred

맹자 104
Mencius

메릴린 먼로 68
Monroe, Marilyn

모세 헨리 카스 150
Cass, Moses Henry

무함마드 유누스 166, 273
Yunus, Muhammad

미셸 에켐 드 몽테뉴 123
Montaigne, Michel de

바르톨로메 데 라스 카사스 66
Bartolomé de las Casas

바실리오 성인 218
Basilius der Große

바오로 6세 복자 교황 Paul VI., Papst
27, 43, 45, 90, 101, 121, 260, 265, 266, 270

발터 루딘 175
Walter Ludin

발터 오이켄 179
Eucken, Walter

밥 겔도프 107
Geldorf, Bob

베네딕토 16세 교황 Benedikt XVI., Papst
20, 26, 33, 34, 39, 43, 45, 49, 51, 52, 54, 57, 60, 64, 69, 75, 79, 86, 87, 93, 98, 99, 105, 116, 132, 146, 148, 164, 165, 169, 179, 180, 185, 186, 196, 203, 207, 216, 226, 239, 242, 244, 246, 247, 253, 263, 271, 273, 275, 287, 290, 298, 303, 304

베네딕토 성인 231
Benedikt von Nursia

베르나르도 성인 102
Bernhard von Clairvaux

베르톨트 브레히트 268, 289
Brecht, Bertolt

보리스 레오니도비치 파스테르나크 208
Boris Pasternak

브루스 윌리스 53
Willis, Bruce

블레즈 파스칼 57, 204
Pascal, Blaise

비오 11세 교황 42, 103
Pius XI., Papst

비오 12세 교황 77, 103
Pius XII., Papst

빅토르 마리 위고 146
Hugo, Victor

빌 게이츠 178
Gates, Bill

빌리 브란트 135
Brandt, Willy

빌헬름 엠마누엘 폰 케텔러 145
Ketteler, Wilhelm Emmanuel von

빌헬름 폰 훔볼트 191
Humboldt, Wilhelm von

샤를 드 푸코 성인 27, 29, 281, 288
Foucauld, Charles de

샤를 루이 드 세콩다 몽테스키외 98
Montesquieu, Charles-Louis de

세네카 109, 134
Seneca, Lucius Annaeus

쇠렌 오뷔에 키르케고르 108
Kierkegaard, Søren Aabye

스웨덴의 비르지타 성녀 166
Birgitta von Schweden

스타니슬라브 예지 래츠 202
Lec, Stanislaw Jerzy

스티븐 라이트 167
Wright, Steven

시몬 베유 113, 145, 176, 205, 257
Weil, Simone

십자가의 데레사 성녀 21, 107
Stein, Edith

아기 예수의 데레사 성녀 29
Thérèse von Lisieux

아돌프 콜핑 복자 121, 144, 174
Kolping, Adolph

아람 1세 266
Aram I.

아리스토텔레스 100, 113, 154, 190
Aristoteles

아스트리드 린드그렌 122, 124, 232
Lindgren, Astrid

아시시의 에지디오 복자 41, 235
Aegidius von Assisi

아시시의 프란치스코 성인 256, 290
Franz von Assisi

아우구스트 베벨 150
Bebel, August

아우구스티노 성인 Augustinus
30, 66, 121, 141, 195, 290, 293

안톤 파블로비치 체호프 222
Tschechow, Anton Pawlowitsch

알렉산드르 이사예비치 솔제니친 97, 294
Solschenizyn, Alexander

알렉산드리아의 클레멘스 성인 171
Clemens von Alexandrien

알베르트 슈바이처 26, 44, 177
Schweitzer, Albert

알베르트 아인슈타인 127, 193
Einstein, Albert

알프레드 델프 218
Delp, Alfred SJ

암브로시오 성인 110
Ambrosius von Mailand

앙드레 폴 기욤 지드 176
Gide, André

앙투안 드 생텍쥐페리 73, 204, 237
Saint-Exupéry, Antoine de

애덤 스미스 100
Smith, Adam

앰브로즈 비어스 169
Bierce, Ambrose

얀 아르튀스 베르트랑 179
Arthus-Bertrand, Yann

에드워드 애비 203
Abbey, Edward

에르난도 데 소토 151
Soto, Hernando de

에른스트 볼프강 뵈켄푀르데 46, 192
Böckenförde, Ernst-Wolfgang

에마뉘엘 레비나스 69
Levinas, Emmanuel

에블린 베아트리체 할 74
Hall, Evelyn Beatrice

에이브러햄 링컨 13, 235
Lincoln, Abraham

엘리 위젤 224
Wiesel, Elie

엘리너 루스벨트 105
Roosevelt, Eleanor

엠마뉴엘 31, 102
Schwester Emmanuelle

여불위 104, 111
Lü Bu We

예수의 데레사 성녀 142
Teresa von Avila

오노 요코 257
Yoko Ono

오스발트 폰 넬-브로이닝 126, 141
Nell-Breuning, Oswald von

요제프 프링스 101
Frings, Josef Kardinal

요아힘 가우크 200
Gauck, Joachim

요제프 라칭거(베네딕토 16세) 31, 163
Ratzinger, Joseph

요제프 피퍼 28
Pieper, Josef

요제프 회프너 162
Höffner, Josef

요하네스 라우 216
Rau, Johannes

요한 23세 성인 교황 Johannes XXIII., Papst
32, 42, 88, 89, 136, 157, 211, 219, 238, 276

요한 마리아 비안네 성인 24
Vianney, Jean Marie (Pfarrer von Ars)

요한 바오로 2세 성인 교황 Johannes Paul II., Papst
25, 27, 32, 33, 43, 47, 59, 66, 74, 79, 90~93,
100, 115, 116, 122, 125, 131, 136, 137, 140,
142, 146, 147, 150, 152, 158, 159, 163, 170,
172, 174~176, 184, 211, 215, 232, 238, 239,
252, 259, 260, 262, 265, 270, 272, 273, 277,
298, 302

요한 볼프강 폰 괴테 125
Goethe, Johann Wolfgang von

요한 크리소스토모 성인 99
Johannes Chrysostomos

요한 하인리히 페스탈로치 124
Pestalozzi, Johann Heinrich

우도 디 파비오 126
Di Fabio, Udo

워런 버핏 110, 237
Buffett, Warren

월터 배젓 170
Bagehot, Walter

위르겐 보르헤르트 133
Borchert, Jürgen

위르겐 페터스 154
Peters, Jürgen

윈스턴 처칠 131, 171, 196
Churchill, Sir Winston

윌리엄 로저스 122
Rogers, William

율리우스 프론티누스 235
Frontinus, Julius Sextus

이냐시오 데 로욜라 성인 23
Ignatius von Loyola

임마누엘 칸트 65, 262, 268, 282
Kant, Immanuel

장 파울 66
Jean Paul

장 폴 게티 163
Getty, Jean Paul

제인 폰다 244
Fonda, Jane

조지 버나드 쇼 70, 204, 299
Shaw, George Bernard

조지 오웰 71
Orwell, George

존 F. 케네디 98, 193, 262, 265
Kennedy, John F.

존 레넌 257
Lennon, John

존 웨슬리 38
Wesley, John

존 헨리 뉴먼 성인 20
Newman, John Henry

주디스 재미슨 173
Jamison, Judith

지미 카터 251
Carter, Jimmy

카를 라너 298
Rahner, Karl SJ

카를 마르크스 145, 147, 198
Marx, Karl

칼 야스퍼스 50
Jaspers, Karl

캣 스티븐스 222
Stevens, Cat

코레타 킹 301
King, Coretta

코피 아타 아난 215
Annan, Kofi

콘라드 아데나워 199
Adenauer, Konrad

쾨닉 보두앵 261
König Baudouin von Belgien

쿠르트 투홀스키 296
Tucholsky, Kurt

크레티앵 드 트루아 97
Chrétien de Troyes

클라우디오 마리아 첼리 51, 60
Celli, Claudio Maria

클리포드 스톨 52
Stoll, Clifford

테오도어 폰타네 191
Fontane, Theodor

토니 캠폴로 201
Campolo, Tony

토마스 모어 성인 85
Morus, Thomas

토마스 바섹 140
Vašek, Thomas

토마스 아퀴나스 성인 Thomas von Aquin
22, 49, 66, 68, 96, 113, 208, 226

토마스 폰 켐펜 281
Thomas von Kempen

토머스 홉스 217
Hobbes, Thomas

팀 버너스 리 50, 51
Berners-Lee, Tim

팀 캐스턴 248
Kasten, Tim

파울 키르히호프 134, 149
Kirchhof, Paul

페터 로제거 27
Rosegger, Peter

페터 하네 29
Hahne, Peter

폴 루이 샤를 마리 클로델 243
Claudel, Paul

폴 바츨라빅 51, 249
Watzlawick, Paul

폴 발레리 264
Valéry, Paul

표도르 M. 도스토옙스키 30, 70, 72, 206
Dostojewski, Fjodor Michajlowitsch

프란츠 요제프 폰 부스 151
Buss, Franz Joseph von

프란츠 캄파우스 284
Kamphaus, Franz

프란츠 쾨닉 204, 300
König, Franz

프란치스코 교황 Franziskus, Papst
29, 35, 38~40, 43, 44, 46, 48, 49, 52, 55, 56, 60, 61, 71, 72, 75, 80~82, 93, 96, 102, 106, 108, 117, 121, 124~126, 129, 131, 132, 137, 141, 148, 152, 159, 164, 169, 171, 175, 177, 180, 182, 183, 186, 187, 194, 195, 197, 200~202, 215, 220, 231, 232, 237, 242~246, 250, 251, 253, 259, 263, 274, 275, 277, 282, 283, 286, 291, 294~298, 300, 301, 304~306

프랑수아 드 라로슈푸코 104
Rochefoucauld, François de la

프랑수아 페넬롱 30
Fénélon, François

프랑크 마이어 56
Meyer, Frank A.

프랜시스 베이컨 257
Bacon, Francis

프레데릭 베그베데 180
Beigbeder, Frédéric

프렘 왓사 163
Watsa, Prem

프리드리히 2세 206
Friedrich der Große

프리드리히 니체 196, 198, 223
Nietzsche, Friedrich

프리드리히 뒤렌마트 207
Dürrenmatt, Friedrich

프리드리히 빌헬름 라이파이 젠 154
Raiffeisen, Friedrich Wilhelm

프리드리히 실러 111
Schiller, Friedrich

프리드리히 엥겔스 147
Engels, Friedrich

프리드리히 폰 보델슈빙 108
Bodelschwingh, Friedrich von

플라톤 197
Platon

피에르 부르디외 149
Bourdieu, Pierre

피터 턱슨 153, 217, 218
Turkson, Peter

필 보스만스 81
Bosmans, Phil

필리보 네리 성인 22
Philipp Neri

하인리히 뵐 285
Böll, Heinrich

하인리히 하이네 269
Heine, Heinrich

한스 요나스 224
Jonas, Hans

한스 페터 뒤르 247
Dürr, Hans-Peter

한스–페터 짐머만 172
Zimmermann, Hans-Peter

해나 아렌트 109, 148, 196, 199, 227, 257, 266
Arendt, Hannah

헤르만 그마이너 97
Gmeiner, Hermann

헤르만 헤세 246
Hesse, Hermann

헨리 데이비드 소로 269
Thoreau, Henry David

헨리 포드 127
Ford, Henry

헨리 해블록 엘리스 268
Ellis, Havelock

헬무트 슈미트 173
Schmidt, Helmut

헬렌 켈러 72
Keller, Helen Adams

호르헤 마리오 베르골료(프란치스코 교황) 31
Bergoglio, Jorge

힐데가르트 성녀 146
Hildegard von Bingen

성경 색인

창세 1,26-27 64
창세 1,28 121
창세 2,15 141
창세 2,15-19 165
창세 2,17 141
창세 2,18 40, 120
창세 2,20.22-23 120
창세 2,23 65
창세 4,9 40
창세 11,4-8 54
창세 11,6-9 218

탈출 3,7-8 23
탈출 19-24장 25
탈출 20,12 122
탈출 20,13 83, 84
탈출 22,20 77

레위 19,18 27, 96

신명 6,5 96
신명 10,12 194
신명 10,18-19 152
신명 22,4 224
신명 25,4 153

1열왕 19,7-8 285

토빗 4,7 97

시편 7,2 233
시편 71,9 127
시편 85,11-12 41
시편 103,3 261
시편 104,24 21
시편 127,3 127
시편 139,1-3 282

잠언 30,7-9 166

지혜 11,24 23

이사 9,5 257
이사 11,6 257
이사 49,15 41
이사 55,8-9 25

예레 1,5 78
예레 22,3 111
예레 23,1 299
예레 29,7 281

에제 37,23 193

마태 5,3 166
마태 5,9 259
마태 5,13 286
마태 5,14-15 280
마태 5,43-45 261
마태 6,11 165
마태 6,19-21 143
마태 6,24 173
마태 6,33 219
마태 6,34 167
마태 10,8 100
마태 11,5 39
마태 13,33 44
마태 13,43 111
마태 18,6 151
마태 18,20 289
마태 19,6 128
마태 20,26 198
마태 22,21 194, 197
마태 25,14-30 142, 165
마태 25,35-36 280
마태 25,36-40 209
마태 25,40 98, 281
마태 25,44-45 48
마태 26,11 102
마태 28,18 198
마태 28,19 280

마르 2,17 286
마르 10,42-45 282
마르 16,15 280

루카 4,18-21 31
루카 6,31 27
루카 10,16 299
루카 12,16-21 165
루카 12,20 167
루카 19,12-27 165
루카 24,36 256

요한 8,32 70
요한 13,34 27
요한 14,9 26
요한 14,27 256, 260
요한 18,36 170

사도 2,5-11 54

로마 7,15 24
로마 8,32 284

1코린 12,26 107
1코린 13,3 113
1코린 13,4 113
1코린 13,8 24
2코린 3,3 280
2코린 5,20 257

2코린 6,4-7 110

갈라 6,2 106

에페 2,14 256
에페 2,14-16 257

필리 4,8 201

1티모 6,10 167

히브 4,15 141

1요한 1,8 66
1요한 4,8 141, 281

묵시 4,11 21
묵시 21,2 44
묵시 21,3 41

표제어 색인

본문의 문항 번호를 삽입하여 아래의 항목에 대한 내용을 쉽게 찾아볼 수 있도록 했습니다.

DOCAT 317

SNS 39~43, 315

YOUCAT 317

가격 160, 177, 178, 189
가난 164, 165, 168, 169, 230, 236, 260, 284
가난한 사람을 위한 선택 94, 233, 238, 250
가르침의 자유 225
가사 133
가장 작은 이 32, 228, 309
가정 33, 48, 49, 65, 85, 95, 112~127, 149
가정과 국가 120, 132
가정과 직업 149, 150
가정의 권리 133
가족 정책 130, 133
가치 23, 34, 46, 47, 56, 57, 76, 104, 105, 110, 113, 202, 203, 213, 243, 244
가치 상대주의 202
가치 존중 54, 115
간섭 금지 95
간추린 사회 교리 317
간호 81, 121
갈등 285, 288
갈망 4
강생 9, 315
개발 도상국 30, 151, 245, 254, 286, 287
개인 54, 196
개인의 구원 26
개인주의 17
거래 관계 252, 255
거룩함 306
거짓 107, 190
건강 87, 161, 241
건물과 토지 159
결사의 자유 225
경배 139
경외심 259

경쟁 144, 178, 198, 199
경제 34, 90, 152, 153, 158~193
경제 비판 162
경제 성장 193
경제 순환 90
경제 제재 288
경제 질서 90, 159, 173
경찰 157
계급 투쟁 141, 319
계시 9~11, 13, 18
계약(하느님과의) 11, 200, 235
계획 경제 171, 177, 182
고대 그리스 204
고문 208, 228
고용주 150, 154~157
고유한 자율성 95
고유한 책임 133
고통 6, 21, 77, 78, 83
고해성사 274, 314
공격 283, 289, 290, 293, 300
공공 생활 157, 214, 226, 236
공공 재화 91
공급과 수요 189, 199
공동 결정 205
공동생활 12, 33, 34, 97, 111, 125, 221, 279, 308
공동선 38, 45, 46, 62, 84~88, 91~94, 106, 111, 146, 153, 159, 172, 191, 201, 210~212, 216, 290, 306, 319
공동의 집 259
공동의 책임 98
공동체 26, 28, 40, 61, 98, 99, 107, 117, 234~236
공리주의 262
공정 155, 253
공정 거래 251~255
관계 26, 48, 49, 51, 84, 116
관계의 파괴 261
관료주의 210
관용 186, 214
교리 318

교리서 317
교육 37, 40, 57, 87, 117, 119, 120, 127, 137, 164, 193, 225, 230, 245
교의 318
교환 정의 109
교황 247
교회 94, 313, 325
교회 일치 326
교회에 대한 비판 324
교회와 국가 31, 200, 224
교회와 국가의 분리 214, 224
교회의 가르침 318
교회의 권리 33, 224
교회의 독립 224
교회의 사명 20, 27
교회의 중립 281
구원 17, 20, 26~30, 125, 207
구호 기관 240, 265
국가 31, 116, 187, 193
국가와 가정 120, 130, 131
국가와 경제 181~194
국가와 교회 31, 223
국제 연합 교육 과학 문화 기구(UNESCO) 280
국제 연합 난민 기구(UNHCR) 282
국제 연합 식량 농업 기구(FAO) 280
국제 연합 헌장 66, 283
국제 연합(UN) 96, 233, 242, 246, 247, 280~283
국제 원자력 기구(IAEO) 282
국제 형사 재판소 294
국제기구 280~282
국제법 67, 68, 96, 217, 292, 294
국제적 협력 233, 241~243, 247, 249, 259, 300
군비 축소 286, 295
군인 6, 68, 289, 292
군인 윤리 292
군주 204, 206
권력 173, 194, 200, 203, 208, 209, 212, 216, 242, 284, 308, 322
권력의 합법성 203
권리 12, 56, 65~67
권위 99, 192, 206, 216, 217, 242

귀족 204, 206
규제 266
그리스도를 본받음 306
그리스도의 몸 13, 20
그리스도의 증인 305
그리스도의 추종 306, 324
그리스도의 평화 270~272, 276
근로 빈곤층 148
금융 시장 191, 192
금융 자본 191
기도 138, 164, 274, 278, 316, 318, 323
기도 모임 316, 323
기본권 68, 73, 212, 214, 294
기부금 169
기아 68, 230, 237, 284
기업 45, 93, 143, 147, 171, 174, 176, 178, 184~187, 190
기업의 덕행 185
기업의 자유 174
기후 변화 101, 230, 269
길거리 고아 122

나약함 13, 310, 314
나자렛 13, 113
낙원 50, 170, 267, 270
낙태 68, 72, 74, 220, 321
난민(이주민) 31, 101, 148, 152, 241, 248, 250, 282, 293
남녀평등 58
남자와 여자 48, 59, 123~126
낭비 160, 162, 237
내전 279
노동 134~157, 308
노동 계약 154
노동 문제 140, 141
노동 생산력 143
노동 시장 148
노동 조건 141, 144, 157, 169, 254, 321
노동권 65, 147, 148
노동력 159
노동의 열매 174

표제어 색인

노동의 주체 143
노동자 계급 140
노동자의 보호 31
노동자의 참여 145
노동조합 25, 31, 149, 155, 157, 177, 320
노숙인 312
노인 71, 121, 138
농민 152, 269
농업 153
농업 개혁 153
농촌 이탈 153, 181
누룩 28, 194
능력 60, 70, 99, 115, 117, 134, 154, 194, 259, 307, 316

다르게 믿는 사람들 327
다수 213, 222, 318, 319
다양성의 풍요로움 236
단죄 43, 142, 285, 298, 328
단체 95, 133, 183, 210, 312, 320
대도시 269
대량 살상 무기 290, 296
대화 34, 39, 53, 100, 116, 120, 288
덕 16, 102, 119, 213
도덕적 습성 206
도둑질 190
도움 48, 75, 85, 95, 97, 102, 146, 169, 174, 182, 234, 240, 310
독점 177, 189
돈 138, 160, 175, 180, 191, 312
동등한 권리 64, 150, 253
동물 49, 57, 61, 106, 264
동성(同性) 124
동정심 102
디지털 대륙 43
디지털 세계 44
디지털 양극화 40
디지털 혁명 180

마르크스주의 142

마약 68
마약 거래 177, 321
마피아 321
만남 37
맘몬 175
매체 37~46
매체 소비 41
매체와 종속 44
매체의 남용 44, 45
매체의 상업화 44
매체의 책임 42
매춘 68, 321
메시아 208, 271
명령 거부 292
목자 314
목적 2, 20, 29, 40, 55, 87, 138, 196, 211, 215, 264
무기 282, 289, 290, 296, 297, 321, 325
무신론 310
무한성 4
문명 14, 51, 102, 278, 319
물질주의 316
미래 61, 92, 102, 119, 131, 167, 175
미래 준비 267
미사 139
민주주의 32, 37, 90, 98, 202, 204~206, 213, 214, 219, 220, 326

바벨 6, 42, 235
바티칸 247
박해 248
박해받는 그리스도인 322
받아들여짐 315
발전 29, 36, 39, 100, 117, 134, 140, 153, 161, 170, 193, 230, 233, 242, 252, 255
배려 49, 72, 75, 87, 119, 148, 160
배아 70, 71, 73, 74, 80, 220
배제(배척) 40, 54, 55, 60, 97, 99, 203, 204, 214

법 111, 201, 218, 223
법 위반 228
법치 국가 87, 223, 224
변화 18, 21, 29, 51, 126, 211, 229, 232, 254, 262, 278, 313, 319, 322
병역 218
병자 70, 80, 306, 312
보완 48
보조성 84, 95~97, 101, 132, 133, 182, 242, 263, 266
보편성 301
복수 16, 272, 298
복음의 기쁨 43
복종 217
복지 39, 193, 268, 313
본당 공동체 316
본보기 121, 149, 256
봉사 134, 138, 163, 165, 171, 209, 210, 306, 314
부모 41, 76, 113, 117, 120, 131, 133, 149
부유 164, 166, 210, 245
부패 190, 194, 210
부활 311
분배 109, 158, 162, 194, 237
분배 정의 109
분열 141, 174, 270, 325
불가해소성 123
불멸 52
불법 이주민 248~250
불순종 325
불신 107
불의 6, 22, 23, 33, 56, 150, 151, 190, 217, 230, 238, 284, 286
블로그 43
비영리 186
비전투원 293

사도 314, 323
사도좌 247, 279~282
사랑 59, 105, 110, 115, 209, 308, 315
사랑(사회적) 226

사랑과 정의 28, 35, 51, 179
사랑의 계명 14
사랑의 문명 14, 51, 102, 319
사목자 83, 314
사법부 223
사유 재산 90, 91, 92, 146, 174
사이버 따돌림 45
사제 75, 314, 324
사치 237
사형 220, 228
사회 18, 49, 87, 114, 132
사회 교리 22~25, 34~36, 141, 142, 145, 147, 150, 151, 153, 155, 162, 194
사회 교리의 원리 23, 24, 84~111
사회 문제 84, 99, 109, 325~327
사회 복지 국가 312
사회 생태 261
사회 제도 312
사회 질서 23, 102
사회의 변두리 94, 148, 238
사회적 22, 84
사회적 사랑 111, 226, 308
사회적 시장 경제 160, 177
사회적 죄 51
사회적 책임 49, 70, 118, 146, 261
사회화 119
산업화 140, 141, 145, 151, 229
삶에 필요한 것 89
삶의 공간 69
삶의 조건(더 나은) 173, 229, 240, 267
삼권 분립 223
삼위일체 15
상대주의 202
새 예루살렘 29
새로운 과학 기술 70
새로운 매체 39, 41
생계 노동 147, 151
생계비 65, 136, 149, 151
생명 69
생명 윤리 69, 70, 80
생명권 72, 74

생명의 맞춤형 상품화 76
생명의 문화 115
생명의 보호 73, 132, 261
생명의 시작 71
생물 안전 302
생물학 무기 296
생산 159, 160, 162, 171, 174, 229~232
생산 논리 19, 229
생산 장소 180, 229
생산 조건 229
생존의 기초 151
생태 251, 256~261, 264, 268, 269
생태계 256, 259~264
생태적 소명 258
생태적 인간성 258
서비스 158
선거권 99, 204
선과 악 57
선교하는 교회 323
선동 정치 319
선량한 인간 35
선별 76
선포 28~30, 38, 43, 172, 305
성(性) 124, 125
성경 14, 112, 113, 135, 136, 139, 164, 200, 235, 316, 317
성경 모임 316
성공(경제적) 138, 176, 187
성령 칠은 305
성사 13, 20, 21, 125, 274, 305, 311, 314, 318
성장의 한계 268
성적 방종 320
성찬례 323, 325
성폭행 75
세계 무역 기구(WTO) 280
세계 시장 109, 253
세계 청년 대회 278, 322, 323
세계화 101, 144, 180, 181, 229~233, 236, 251
세금 182

세대 115
세대 간 배려 92, 102
세례 20, 305, 313
세상의 빛 313
세상의 소금 313
세속주의 214
소명 106, 163, 320, 258
소방관 157
소비 19, 41, 158, 161, 186, 269
소비자 178, 269
소비 주의 161
소수 17, 51, 67, 153, 161, 205, 212, 222, 265, 284, 293, 316
소작인 252
소통 37~40, 43, 180, 212, 229, 244
소통 38
소통 방식 43
소통 수단 40
속임 277
손님 후대 249, 312, 327
수익 174, 176, 321
수익 추구 176, 187
수입 44, 147, 155
수입 보장 253
순교자 299, 311
스마트폰 45
시대의 징표 25, 233, 318
시민 183, 195, 197, 199, 224
시민 우애 227
시민 참여 32, 222, 226, 322
시민법 222
시위 322
시작 14, 18, 21, 28, 29, 48, 51, 71, 114, 132, 234, 271, 274, 323
시장 177, 199
시장 경제 140, 145, 154, 160, 177
시장의 논리 118, 160
시장의 법칙 160
시장의 한계 179
식량 122, 165, 280
신경(credo) 318

신뢰 123, 127, 165, 167, 233, 243, 272, 287, 308, 320, 326, 327
신앙 161
신앙의 대화 317
신앙의 스승 324
신앙의 실천 321
신앙의 증거 21, 319
신의 113, 125
실직 134, 147, 182
십계명 11, 12, 318
십자가 137, 169, 209, 276

아동 포르노 45
아버지 120, 149, 234, 235, 305, 308
악 7, 50, 277
악의 구조 6, 7, 42, 50, 135, 165, 175, 190, 286
안락사 69, 77~79, 81
안식일 139
안전 68, 116, 151, 193, 198, 275, 289
양심 57, 206, 214, 218, 307
양심 교육 57
양심의 오류 57
양심의 자유 213, 214, 223
양육 65, 87, 120
양육권 65, 120, 122
어린이 군인 289
어린이 권리 122
어린이 노동 25, 122, 151, 253, 321
어린이 매매 122
어린이 보호 122
어머니 74, 120, 149, 150
억압 65, 202, 325
언어 42, 67
여성 노동 149, 150
여성의 동등한 존엄성 48, 58, 150
여자 59, 74, 75, 112, 123~126
역사 17, 61, 270
연구 69, 70, 80, 220, 301~304
연구 모임 316
연구의 남용 301~304

연대성 19, 22, 27, 67, 72, 84~85, 98, 100~103, 115, 118, 120, 156, 161, 181~183, 193, 199, 227, 234, 239, 255, 262, 265, 306, 319
열매 46, 48, 89, 128, 135, 174
염색체 73
영성 모임 316
영성체 21
영원한 구원 30
영원한 생명 17, 83
영혼 52
영혼의 불멸 52
예배 138
예수 그리스도 9, 13, 15, 17, 20, 21, 51, 134~138, 165, 207, 208, 236, 269, 271, 272, 306, 315
예수님의 사랑 14
예언자 10, 271, 325
온난화 대책 230, 232, 241
온실가스 241
온전한 발전 161, 193, 259, 261
왜곡된 정보 44
외교 279, 281
외국인 처우 250
외로움 82, 112, 118, 315
욕구 88, 158, 178, 179, 227
용서 151, 165, 179, 274, 277
우려되는 이중 활용 연구(DURC) 303
우연 308
우정 39, 179, 316
운송 180
원료 93, 159, 245
원수 사랑 272, 328
원죄 50, 135
위기(인간적) 314, 315
위로 75, 83, 308, 314, 323
유럽 안보 협력 기구(OSZE) 282
유럽 연합 96, 280
유물론 52
유심론 52
유전병 76
유전자 결함 74, 76

유전자 연구 69
유전자 진단 76
육신 경시 52
육신과 영혼의 일치 52
융합(난자와 정자의) 71
은행 191
의무 12, 33, 55, 66, 68, 78, 86, 94, 136, 145, 173, 222, 226, 233, 236, 240
의미 134, 136, 235, 261, 309, 315, 319, 322
의사 76~79
의회주의 222, 319
이기주의 57, 62, 178, 308
이념 17, 64, 132, 142, 202, 211, 212, 215, 267, 284, 311, 320
이방인 312
이성 9, 10, 22, 35, 57, 64, 84, 172, 203, 213, 216, 217, 239
이스라엘 10, 11, 200, 201
이슬람교 328
이웃 사랑 14, 22, 30, 77, 84, 138, 173, 178
이주 노동 152
인간 변호인(교회) 33
인간 생명(선물의 의미로) 78, 83, 122
인간 생태 260, 261
인간(태어나지 않은) 64, 70, 132
인간애 19, 186, 199
인간의 공동체적 본질 61, 112
인간의 도구화 55
인간의 사회 관련성 22, 48, 196
인간의 유한성 4
인간의 존엄성 23, 46, 47, 54, 56, 58, 64, 69, 72, 99, 109, 110, 116, 122, 143, 171, 196, 205, 216, 258, 306, 319, 321
인간의 하느님과 관련성 8, 47
인격 14, 47~60, 65, 69, 71, 72, 100, 106, 115, 152, 206, 212, 228
인권 32, 63~65, 67~69, 87, 96, 141, 156, 205, 206, 230, 243, 326
인류 가족 234, 235, 237, 242, 247, 259
인신매매 68, 177, 179, 321
인정 51, 53, 64, 115, 131

인종 청소 293
인터넷 39~45
인터넷 선교 43
인터넷 익명 45
인터넷 접근성 40
일요일 154
일자리 134, 146, 152, 169
일중독 138
일치 235, 325~328
임금 31, 140, 141, 144, 148, 149, 154, 155
임금 덤핑 154, 177
임금 수준 230
임산부 75, 150
임신 71, 74~76
임신 조절법 129
임의 198, 205, 216, 222, 298
임종 도움 77, 79, 81~83
입법부 223
입양 120, 128

자기 결정권 239
자기 보호 291
자기 신뢰 97
자기 인식 47
자녀 48, 65, 113, 117, 120, 123~131, 133, 151
자녀 수 129
자녀 출산 124, 127~129
자녀가 없음 128
자본 144
자본주의 171
자비 11, 77, 83, 94, 103, 105, 111, 169, 310
자비의 활동 169
자살 79
자선 186
자아실현 147
자연 9, 49, 52, 87, 114, 153, 257, 258, 260, 261, 263~268
자연 과학 34, 301
자연법 12, 57, 217

자원 92, 107, 159, 160, 162, 177, 178, 237, 258, 263, 265, 268
자유 7, 28, 37, 47, 50, 61, 64, 65, 78, 90, 105, 106, 110, 130, 160, 171, 177~179, 198, 202, 212, 214, 225, 239
자유 시장의 한계 179
자유 열망 106
자치권 224
장애 60, 69, 72, 73, 76, 119, 160
장애인 60, 76, 80
재단 183, 199
재산 90, 146, 168, 171, 174
재산의 사회적 의무 146, 174
재화 158
재활용 256, 312
저당권 174
저항 218, 248, 286, 325
적개심 271
전례 30, 318
전염병 101
전쟁 68, 236, 248, 275, 281, 283~286, 288~295
전쟁 거부 285
전쟁 범죄 294
전쟁 희생자 293
전체주의 120, 215
전통 119, 121, 263, 265, 291, 317
절대자 4, 327
절약 178
정당 211, 319
정당방위 283, 289~291, 295, 300
정당성 권리 239
정보 37
정복 전쟁 289
정의 16, 23, 89, 99, 105, 108~111, 163, 173, 188, 227, 239, 243, 275
정의(균등하게 하는) 109, 252
정의(법적) 109, 111
정의(사회적) 109, 200, 226
정의와 사랑 120, 163, 189, 275
정의와 평화 109, 247, 327
정직 107

정체성 52, 59, 119, 181, 321
정치 28, 31, 32, 51, 96, 106, 109, 195
정치 윤리 215, 225
정치가 219
정치의 무기력 261
정치적 종교 207
제3의 부문 199
제자 305
제재 288
조부모 117
조합 183
종교 152, 207, 214
종교와 정치의 분리 207
종교의 개인화 26
종교 자유 87, 223, 225, 279
종교적 폭력 사용 299
종살이 10, 51, 271
종속 82, 98, 245, 253
죄 6, 19, 21, 50, 51, 75, 102, 270, 277, 286, 294, 313
죄의 구조 6, 51, 102, 285
죄의 타락 6, 135, 285
주교 314, 324
주일 휴식 139
죽음 77, 82, 83
줄기 세포 연구 70
증거 299, 309, 311
증오 16, 284, 298, 319, 322
지뢰 297
지배 32, 59, 174, 200, 208, 210
지상의 재화 109
지속 가능성 92, 263~268
지속 가능성의 원리 92, 263
지원 지시 95
지적 재산권 93
직업 134, 136, 137, 143, 149, 321
진리 107
진리 57, 105, 107, 203, 212, 236, 275, 299, 309, 314, 318
진보 46, 80, 121, 301
진통제 77, 79, 81

질서 22, 159, 173, 198, 201, 209, 213, 217, 221, 228, 257, 275
집단 87, 183
집중화 95, 266
집회의 자유 87

차별 60, 76, 109, 150, 184, 238
착상 전 유전자 진단(PGD) 76
착취 49, 55, 62, 67, 68, 122, 139, 144, 150~152, 174, 176, 179, 189, 240, 258, 261
참여 26, 28, 31, 40, 49, 60, 80, 93, 98, 99, 128, 134, 145, 147, 162, 164, 178, 182, 268
참여 정의 98, 99
참여(교회적) 99, 136, 247, 250, 306, 309~312
참여(사회적) 15, 28, 32, 88, 98, 99, 133, 147, 199, 314, 316, 317
참여(정치적) 31, 88, 98, 99, 211, 212, 219, 238, 253
참여권 212
창조 235, 256
창조 질서 57
창조 책임 49
창조성 184
창조에 대한 보호 57, 163, 261, 264
창조주 4, 6
책임 49, 56, 61, 66, 70, 86, 90, 91, 98, 106, 117~119, 126, 129, 133, 146, 184, 186, 203, 218, 233~235, 243, 258, 259, 269
청년 121, 317, 322, 323
청년 캠프 323
체류권 248
초월 53, 197
최고 경영자 155
최저 생계비 321
최저 가격 253
최저 임금 155
추방 68, 248, 249, 294, 296
침략 전쟁 289, 294

타인 53, 99, 100, 102, 103, 110, 168, 169, 188, 227, 240, 256, 268, 276
탈렌트 137
탐욕 175, 306
테러 215, 298~300, 302
테러주의자 302, 304
통합 116, 152, 173, 260, 316
투명성 107, 192, 194, 251
투자 146, 186, 191
특전 166

파업 157
페미니즘 59
평등 58, 239
평화 20, 28, 67, 90, 109, 120, 233, 245, 247, 258, 270~279, 285~287, 326
평화 보장 209, 279, 289
평화 운동 276
평화 협정 279
평화와 정의 28, 109, 306
평화의 건설 274
포기 165, 268
폭력 51, 68, 122, 235, 236, 270, 272, 283, 284, 286, 291, 298, 319, 322
폭력 예찬 44
폭력 포기 16
표현의 자유 65, 87, 202, 325
품질 160
피고용자 31, 148, 154~157, 174, 185

하나의 세계 229
하느님 모독 209, 299
하느님 인식(자연적) 9
하느님의 강생 9, 315
하느님의 계명 18, 84, 307
하느님의 나라 21, 28, 170, 305
하느님의 도시 327
하느님의 뜻 50, 163, 307, 310, 316

하느님의 말씀 9, 13, 20, 135, 274, 311
하느님의 모상 47, 64, 104
하느님의 백성 10, 314
하느님의 사랑 1, 6, 8, 13, 20, 27, 110, 113, 276
하느님의 자기 계시 9~11, 13, 18
해방 17, 20, 51, 57, 202, 207, 271, 306
핵심 계명 84
행동 12, 21, 23, 30, 31, 35, 51, 56, 62, 102, 103, 110, 163, 182, 188, 211, 232, 234, 256, 272, 278, 305, 307, 310
행동의 기준 3, 110
행복 17, 26, 116, 121, 134, 164, 236, 275
행복 선언 94
행정 210
협동조합 178
협력자 26, 112
형벌 135, 228
형제자매 94, 233, 234, 261, 308, 311, 313
호스피스 77, 81
호의 16, 111, 273
혼인 123~128
혼합주의 327
화학 무기 금지 기구(OPWC) 282
화해 51, 142, 271~274, 309
환경 69, 187, 232, 253, 256, 260, 261, 264, 303
환경 문제 232, 256
환경 보호 256, 261
환경 위기 256~259
환난 21, 249, 269, 313, 315
환자의 의지 77
황금률 14
회개 18, 51, 126, 259
회의주의 203
훈련 16
휴가의 권리 25, 154
휴식 139
희망 17, 28, 29, 75, 83, 256, 267
희생 14, 15, 103, 208
힘의 균형 275

지은이 • YOUCAT 재단

YOUCAT 재단은 전 세계 교회가 새롭게 복음화될 수 있도록 힘쓰고 있다. 독자층에 맞는 교리 문답서와 흥미로운 성경을 개발하고 있으며, 디지털을 활용하여 특히 청년들이 교리 상식을 익히고 서로 나눌 수 있도록 도움을 주고 있다.

옮긴이 • 김선태 사도 요한 주교

1989년 사제품을 받은 후 스위스 프리부르 대학교에서 기초 신학 박사 학위를 받았다. 전주 가톨릭 신학원 원장을 거쳐 솔내 성당, 산동 성당, 연지동 성당, 삼천동 성당 주임 신부를 역임하였으며, 2017년 3월 프란치스코 교황에 의해 전주교구장 주교로 임명되어 2017년 5월 주교 서품을 받았다. 역서로는 《물고기 뱃속의 지혜》, 《예수 수난, 그 여정의 인물들》 1~4권, 《예수, 자유의 길》, 《사랑을 그리는 숨은 꽃, 데레사》, 《죽음 후에는 무엇이 오는가?》, 《내 삶을 가꾸는 50가지 방법》, 《위기는 선물이다》, 《하늘은 땅에서 열린다》, 《베네딕토 16세 교황의 마지막 이야기》 등이 있다.

감수 • 유경촌 티모테오 주교

1992년 사제품을 받은 후 독일 뷔르츠부르크 대학교와 프랑크푸르트의 상트게오르겐 대학교에서 신학을 전공, 박사 학위를 받았다. 서울대교구 목5동 성당 보좌 신부를 거쳐 가톨릭대학교 교수, 통합사목연구소 소장, 명일동 성당 주임 신부를 역임하였으며, 2013년 12월 프란치스코 교황에 의해 서울대교구 보좌 주교로 임명되어 2014년 2월 주교 서품을 받았다.
저서로는 《21세기 신앙인에게》, 《사순, 날마다 새로워지는 선물》, 《우리는 주님의 생태 사도입니다》 등이 있다.

감사의 말

YOUCAT 재단은 이 사회 교리서의 출간을 위해 자신들의 지식과 수고로 봉사해 준 많은 저자들과 편집자들에게 감사드립니다. 그뿐만 아니라 《DOCAT》을 만들기 위해 재정적으로 후원했던 가톨릭 경제 연합회(**KKV**)와 베른트 베너 회장에게도 감사드립니다. 아울러 제작에 다양한 도움을 주었던 뮌헨글라트바흐에 있는 가톨릭 사회 과학 본부에도 감사드립니다. 또한 자신들의 사진들을 기쁜 마음으로 《DOCAT》에 제공한 모든 사진작가들에게도 감사드립니다. 특별히 바르바라 뮐러, 닐스 베어, 마르코 보낙커, 알렉산더 폰 렝게르케, 베른하르트 모이저 등의 지도 아래 이 책을 검토했던 젊은 비평가들인 라우린 빌트, 파울 크레머, 로레나 헬프리히, 나탈리 카이플러, 유디트 클라이베, 벤노 클레, 다니엘 루이, 슈테판 파이퍼, 라르스 쉐퍼, 얀 슈펠바인, 마리아 쉬프, 마르셀 우르반에게 진심으로 감사드립니다.

사진 출처

《DOCAT》 한국어 판에 사용된 모든 사진은 원서인 독일어 판의 사진을 그대로 사용한 것입니다. 모든 사진의 저작권은 **YOUCAT Foundation**에 있습니다.

프란치스코 교황님의 뜻에 동참하여 《DOCAT》을 후원해 주신 분들

경문선 글라라, 고현상 토마스, 곽주연 세레나, 그리스도의 교육 수녀회, 금영란 세레나, 금영희 테레사

김경수 프란치스코, 김경아 마리아, 김경은 베로니카, 김경희 마리아, 김규성 가브리엘, 김기홍 안드레아

김기환 하상 바오로, 김남성 요셉, 김대웅 스테파노, 김대환 크리스토폴, 김도윤 이시도르, 김동호 요셉

김두름 스콜라스티카, 김명환 갈리스토, 김미애 오틸리아, 김보민 세실리아, 김봉량 가롤로, 김상영

김상윤 요셉, 김상진 에바리스또, 김샛별 로사, 김선미 데레사, 김수연 에스델, 김숙경 소피아

김순영 스테파니아, 김아름 안나, 김연순 파비올라, 김연지 수산나, 김영숙 플로라, 김옥기 빈첸시오

김옥춘 프란치스카, 김유경 아녜스, 김윤자 크리스티나, 김은수 세레나, 김은순 올리바, 김은자 스텔라

김응주 대건 안드레아, 김정훈 마르가리타 마리아, 김정희 카타리나, 김종여 마리아고레띠

김종열 미카엘, 김주영 시몬, 김준곤 베드로, 김지연 마르첼라, 김진석 라파엘, 김채민 사도 요한

김태수 다윗, 김현석 베드로, 김현정 대 데레사, 김현지 엘리사벳, 김혜미 에디나, 김호산 세례자 요한

김홍명 스텔라, 김후조 수산나, **나도진** 안젤로, 남궁 라우렌시오, 남소임 엘리사벳, **류재우** 아우구스티노

맹충조 타태오, **문미숙** 율리안나, **문청민** 프란치스코, **문현일** 모세, **민미숙** 엘리사벳

민남준 바오로, **강유정** 헬레나, **민승호** 라파엘, **민지호** 안젤라, **박금선** 임마누엘, **박나희** 마리아

박선옥 안젤라, **박수빈** 라파엘라, **박승국** 예레미야, **박영수** 세례자 요한, **박영숙** 마르타

박유진 스텔라, **박정미** 소피아, **박종엽** 바오로, **박지윤** 유스티나, **박진호** 요셉, **박진희** 클라라

박홍순 율리아나, **배성희** 프란체스카, **배진숙** 엘리사벳, **백하정** 엘리사벳, **변찬영** 젬마, **변충희** 사비나

서숙 루시아, 서현주 세실리아, **성혜연** 헬레나, **소완섭** 클라라, **손상락** 미카엘, **송미령** 젬마

송지현 나탈리아, **신언주** 스텔라, **신윤화** 루드밀라, **신지영** 소화데레사, **신창희** 카타리나

심유진 마리스텔라, 심주현 유디트, 안선 수산나, 안연희 가타리나, **안젤라**, 양대동 안드레아

양인경 율리안나, 양희재 안젤라, 양희정 율리아나, 양희정 세실리아, **오미카엘라** 미카엘라

오주경 소피아, 오향미 보나, 오화석 요셉, 오희숙 엘리사벳, 옥혜경 크리스티나, 왕용휘 파우스티노

우창원 신부, 원미진 바울라 엘리자베타, 유선영 보나, 유성모 아우구스티노, 유우성 마르코

유정규 요셉, 유지선 안나, 윤재성 발렌티노, 윤주형 마리베다, **이강호** 스테파노, **이나경** 엘리사벳

이도윤 이냐시오, **이도현** 다니엘, **이맑음** 크리스티나, **이미영** 베로니카, **이미향** 율리안나

이보련 아녜스, **이상숙** 마리아, **이상인** 세례자 요한, **이상진** 미카엘, **이선영** 로사, **이선주** 스텔라

이성희 율리안나, **이수열** 요셉, **이수형** 모나, **이숙자** 골룸바, **이순자** 마틸다, **이순후** 헬레나

이슬희 첼리나, **이승희** 마리아, **이연숙** 뮤리엘, **이영성** 요셉, **이옥경** 히야친타, **이완석** 라파엘

이용재 유스티노, **이유선** 마리아, **이윤임** 안나, **이재임** 소피아, **이재호** 베드로, **이정욱** 다니엘

이정택 스테파노, **이정혁** 루치아노, **이정현** 엘리사벳, **이종빈** 요한, **이준석** 로베르토, **이지은** 비비안나

이진경 안드레아, **이해정** 루시아, **이혜경** 마리아, **이호재** 제오르지오, **임미숙** 제노베파, **임선경** 요세피나

임성원 모니카, **임성희** 마리아, **장기연** 수산나, **장동민** 사도 요한, **장민주** 노엘, **장현주** 실비아

장혜선 마리아, **전문일** 안드레아, **전민경** 크리스티나, **전은정** 스콜라스티카, **전지민** 미카엘라

전지현 요안나, **전지환** 안토니오, **전창현** 안토니오, **정경수** 하상 바오로, **정예하** 마들렌 소피바라

정우선 이레네, **정원영** 바오로, **정윤복** 미카엘라, **정인경** 크리스티나, **정재중** 레오, **정정숙** 데레사

정지영 도미니카, **정창현** 스테파노, **정해숙** 아녜스, **정현실** 젤뚜루다, **조명자** 루치아, **조양경** 로사

조용성 미카엘라, **조윤용** 효주 아녜스, **조현규** 빈첸시오, **조현진** 수산나, **조현희** 렐리아, **조효심** 레베카

주영숙 아녜스, **지선영** 나탈리아, **차승연** 글라라, **차영순** 젤뚜루다, **최광희** 베로니카, **최성철** 스테파노

최영롱 가브리엘라, **최영선** 미카엘라, **최영실** 로사, **최윤서** 리디아, **최은경** 프란치스카

최은희 마르가리타, **최인자** 요안나, **최재희** 세실리아, **최준호** 마태오, **최진우** 라파엘, **최현** 프란치스코

최현미 레지나, **프란치스코와 라파엘라**, **한빛** 미리암, **한성원** 아드리아나, **한숙현** 마리스텔라

한은비 그라시아, **한재연** 안드레아, **한태철** 모세, **허지원** 안젤라, **호기만** 사도 요한, **홍준호** 사도 요한

황미경 비비안나, **황병현** 요한 에우데스, **황순금** 루시아, **황연순** 효주 아녜스, **황유정** 유스티나

황정구 플로렌시오, **황정희** 소피아, **황혜민** 아델라, **KwonEunjoo** Anastatia